Zeitschrift für Pädagogik · 69. Beiheft

Zeitschrift für Pädagogik · 69. Beiheft

(Post-)Sozialistische Bildung – Narrative, Bilder, Mythen

Herausgegeben von
Sabine Reh, Meike Sophia Baader und Marcelo Caruso

Die in der Zeitschrift veröffentlichten Beiträge sind urheberrechtlich geschützt.
Alle Rechte, insbesondere das der Übersetzung in fremde Sprachen, bleiben
dem Beltz-Verlag vorbehalten.
Kein Teil dieser Zeitschrift darf ohne schriftliche Genehmigung des Verlages in
irgendeiner Form – durch Fotokopie, Mikrofilm oder ein anderes Verfahren –
reproduziert oder in eine von Maschinen, insbesondere Datenverarbeitungsanlagen,
verwendbare Sprache übertragen werden. Auch die Rechte der Wiedergabe durch
Vortrag, Funk- und Fernsehsendung, im Magnettonverfahren oder auf ähnlichem
Wege bleiben vorbehalten. Fotokopien für den persönlichen oder sonstigen eigenen
Gebrauch dürfen nur von einzelnen Beiträgen oder Teilen daraus als Einzelkopie
hergestellt werden. Jede im Bereich eines gewerblichen Unternehmens hergestellte
oder genützte Kopie dient gewerblichen Zwecken gem. § 54 (2) UrhG und verpflichtet
zur Gebührenzahlung an die VG Wort, Abteilung Wissenschaft, Goethestr. 49,
80336 München, bei der die einzelnen Zahlungsmodalitäten zu erfragen sind.

ISSN: 0514-2717
ISBN 978-3-7799-7353-9 Print
ISBN 978-3-7799-7407-9 E-Book (PDF)
Bestellnummer: 447353

1. Auflage 2023

© 2023 Beltz Juventa
in der Verlagsgruppe Beltz · Weinheim Basel
Werderstraße 10, 69469 Weinheim
Alle Rechte vorbehalten

Herstellung: Annette Hopp
Satz: text plus form, Dresden
Druck und Bindung: Beltz Grafische Betriebe, Bad Langensalza
Printed in Germany

Weitere Informationen zu unseren Autoren und Titeln finden Sie unter: www.beltz.de

Inhaltsverzeichnis

Meike Sophia Baader/Marcelo Caruso/Sabine Reh
Einleitung. (Post-)Sozialistische Bildung – Narrative, Bilder, Mythen 9

**Teil I: (Nach-)Leben des deutschen Sozialismus:
Narrative und Mythen der DDR**

Meike Sophia Baader/Sandra Koch/Friederike Neumann
Von Soldaten und Lehrerinnen. Geschlechterverhältnisse
in Bildungsmedien der DDR 21

Kerrin von Engelhardt
‚Wissenschaftlichkeit' ohne ‚Parteilichkeit'?
Der naturwissenschaftliche Unterrichtsfilm der DDR 40

Cäcilia von Malotki/Sabine Reh
‚Wissenschaftlichkeit' des Unterrichts in der DDR.
Motive und Inszenierungen in Filmaufzeichnungen aus dem Deutschunterricht
der 1970er und 1980er Jahre 56

*Felix Linström/Katja Koch/Tilman von Brand/Juliane Lanz/Clemens Decker/
Kristina Koebe*
Die Relevanz Pädagogischer Lesungen als Quelle
der historischen Bildungsforschung 75

Michael Corsten/Simon Gordt/Melanie Pierburg
Schicksal oder Romantik? Identifikation und Rekonstruktion
von Bildungsmythen in erzählten Bildungserfahrungen der DDR 90

**Teil II: Geteilte Narrative und Mythen?
Die DDR und ihre transnationalen Verflechtungen**

Gert Geißler/Ulrich Wiegmann
Sowjetisierung. Zur Geschichte west- und ostdeutscher Narrative
über die Schule und Pädagogik in der SBZ/DDR 106

Jane Weiß
30 Jahre Freundschaft, Partnerschaft und Austausch: Die verflochtene
Mythologisierung der Bildungskooperationen von Finnland und DDR 127

Sónia Vaz Borges
Teaching Math as a Narrative of Solidarity. GDR Educational Cooperation
and Unforeseen Collaborations in the FRELIMO Mozambican Math Textbooks
(1971–1975) 145

Marcelo Caruso/Luis Kliche
Mythos der Etappe. Der Weg zum Sozialismus, Schulpolitik
und die Nicaragua-Kuba-DDR-Beziehungen (1979–1985) 163

Teil III: (Post-)Sozialismus und die Arbeit an Narrativen und Mythen in transnationaler Perspektive

Tomáš Kasper
Mythos 1989. Vererbte Konzeptionen und die Sehnsucht
nach der Vollendung von Bildungsreformstrategien in der tschechischen
postsozialistischen pädagogischen Diskussion und Praxis 182

Iveta Kestere/Arnis Strazdins/Inese Rezgorina
"Happy Soviet Childhood". Forgotten Disciplining Tools in Latvia's
Public Space 197

Mnemo ZIN
Myth-making in Everyday Life: The 'West' in Childhood Memories
and (Post)socialist Futures 215

Table of Contents

Meike Sophia Baader/Marcelo Caruso/Sabine Reh
Introduction. (Post)Socialist Education – Narratives, Images, Myths 9

Part I: The (After)Life of German Socialism: Narratives and Myths of the GDR

Meike Sophia Baader/Sandra Koch/Friederike Neumann
Of Male Soldiers and Female Teachers. Gender in the Educational Media
of the GDR 21

Kerrin von Engelhardt
'Scientificity' without 'Partisanship'? The Science Education Film
of the GDR 40

Cäcilia von Malotki/Sabine Reh
'Scientificity' in School Teaching in the GDR. Motifs and Stagings
in Records of German Classes of the 1970s and 1980s 56

*Felix Linström/Katja Koch/Tilman von Brand/Juliane Lanz/Clemens Decker/
Kristina Koebe*
Pedagogical Readings as a Source for Historical Educational Research 75

Michael Corsten/Simon Gordt/Melanie Pierburg
Fate or Romance? Identification and Reconstruction of Educational Myths
in Narrated Educational Experiences of the GDR 90

Part II: Shared Narratives and Myths? The GDR and its Transnational Entanglements

Gert Geißler/Ulrich Wiegmann
Sovietization. On the History of West and East German Narratives
about School and Pedagogy in the SBZ/GDR 106

Jane Weiß
30 Years of Friendship, Partnership and Exchange:
The Entangled Mythologizing of Educational Cooperation between Finland
and the GDR 127

Sónia Vaz Borges
Teaching Math as a Narrative of Solidarity. GDR Educational Cooperation
and Unforeseen Collaborations in the FRELIMO Mozambican Math Textbooks
(1971–1975) 145

Marcelo Caruso/Luis Kliche
The Myth of the Stage. The Road to Socialism, School Politics
and Nicaragua-Cuba-GDR Relations (1979–1985) 163

Part III: (Post)Socialism: Working on Narratives and Myths in Transnational Perspective

Tomáš Kasper
Myth 1989. Inherited Conceptions and the Nostalgia for the Completion
of Educational Reform Strategies in Czech „Post-Socialist" Educational
Discussion and Practice 182

Iveta Kestere/Arnis Strazdins/Inese Rezgorina
"Happy Soviet Childhood". Forgotten Disciplining Tools
in Latvia's Public Space 197

Mnemo ZIN
Myth-making in Everyday Life: The 'West' in Childhood Memories
and (Post)socialist Futures 215

Meike Sophia Baader/Marcelo Caruso/Sabine Reh

Einleitung. (Post-)Sozialistische Bildung – Narrative, Bilder, Mythen

1. Zum Problem: Das lebendige Nachleben des Sozialismus in Bildung und Erziehung

„Bei PISA hätte die DDR immer weit vorn gelegen", heißt es in einem vor ein paar Jahren veröffentlichten populären Buch zur deutschen Geschichte (von Ditfurth, 2019, S. 552). Unbeachtet von schon älterer Kritik im Detail (Kolb, 2009; Schuler, 2010) verbreitete sich dieses zentrale Motiv offensichtlich weiter. Umfragen in der Bundesrepublik zufolge, nach denen das öffentliche Bild der DDR deutliche Ost-West-Differenzen aufweist, zeigen, dass das in besonderem Maße auf das Urteil über die Erziehungs- und Bildungsinstitutionen der DDR (von der Familien- und Kinderkrippenerziehung über die Schule bis hin zur Betreuung im Hort) zutrifft. 1997 betrug etwa der Anteil von befragten Ostdeutschen, die der Ansicht waren, dass sich das DDR-Bildungswesen bewährt habe und hier in besonderer Weise Bildungsversprechen umgesetzt wurden, ein Drittel.[1] Und noch immer werden vielfach im Osten Deutschlands die Erziehungseinrichtungen in der DDR von Schüler:innen wie von gegenwärtigen Eltern- und Großelternjahrgängen deutlich besser beurteilt als die Schule im Westen von ihrer Klientel.

Positive Stellungnahmen zum Nachleben sozialistischer Bildungssysteme stellen aber weder ein deutsches Syndrom in der Auseinandersetzung um das DDR-Erbe nach der Wiedervereinigung noch ein Thema dar, das ausschließlich im Bereich populärwissenschaftlicher Bildungsdebatten verhandelt wird. Nach Veröffentlichung der vielbeachteten Studie von Martin Carnoy über die hohen Leistungen des kubanischen Primarschulsystems (Carnoy, 2007) vermehrten sich die positiven Hinweise auf das Bildungssystem des sozialistischen Kuba sowohl in der Öffentlichkeit (Gomez & Hare, 2015) wie auch in der Forschung (Sobe & Timberlake, 2010). Die OECD thematisierte die günstigen Auswirkungen sozialistischer Vergangenheiten auf aktuelle Leistungen der Bildungssysteme und markiert damit eine bemerkenswerte Position entsprechender Länder im Ranking und Wettbewerb um anerkennbare schulische Leistung (Waldow & Steiner-Khamsi, 2019). Die ehemaligen sozialistischen Länder, die an PISA teilnehmen, „combine high academic segregation between schools with low social segregation within schools" (Lockheed, Prokic-Bruer & Shadrova, 2015, S. 99). Sie scheinen genuin meritokratische Ideen eher zu verwirklichen, während viele Länder Lateinamerikas, die an PISA teilnehmen, immer noch das Bild ungerechter Schulsysteme unter den Ländern mit einem mittleren Bruttoinlandsprodukt (BIP) abgeben.

---

1 Vgl. z. B. Martens (2020); des Weiteren: Schröder & Deutz-Schröder (2008).

Die (durchaus selektive, aber) positive Bezugnahme auf eine sozialistische Bildung und insbesondere ein sozialistisches Schulsystem steht jetzt und gerade da wieder auf der Tagesordnung, wo den – mit dem Neoliberalismus in Verbindung gebrachten – verschiedenen Reformen des Schulwesens der letzten 30 Jahre mit zunehmender Skepsis begegnet wird, weil sie nicht die erhofften Wirkungen zeigen. Weder scheint so nach Jahren der Unterrichts- und Schulreformen eine angemessene individuelle Förderung umfassend durchgesetzt noch ist eine gleiche oder tendenziell gleichwertige Bildungsbeteiligung aller Schichten und Milieus erreicht – um nur zwei deutlich unterschiedene Reformziele der vergangenen Jahrzehnte in Deutschland zu nennen. Und selbst in den USA, wo Auseinandersetzungen um *socialism* im Wahlkampf öffentliche Stellungnahmen zur sozialistischen Schule etwa in Kuba hervorriefen (Santiago, 2020), zeigte sich eine teilweise geradezu anachronistisch anmutende Attraktivität des Sozialismus und der damit verbundenen Vorstellungen über Bildung und Schule (McLaren & Cole, 2013; Ginsburg, 2021). Diese bieten scheinbar wieder neu eine Alternative zu Ökonomisierung und Wettbewerbsorientierung, wie sie in den Diskursen über neoliberal ausgerichtete Bildungssysteme bis heute propagiert werden. Dabei werden häufig diffus bleibende Ideen über einen Sozialismus mobilisiert, die sich nicht unbedingt in direkter Fortsetzung marxistischer Theoriebildung sehen, sondern mitunter lediglich wohlfahrtsstaatliche bzw. sozialdemokratische Konzeptionen und Versuche zur Lösung gesellschaftlicher Problemlagen reaktivieren. Hatte Bildungspolitik in den 1960er Jahren den Charakter einer Ungleichheit bekämpfenden Sozialpolitik (Rudloff, 2007; 2014) erhalten, so änderten sich nach dem Ende des „goldenen Zeitalters" (Kershaw, 2021, S. 198), „nach dem Boom" bzw. im Zuge des „Strukturbruchs" in den 1970er und 1980 Jahren (Doering-Manteuffel & Raphael, 2012, S. 12) auch in der Bundesrepublik Deutschland Prinzipien der staatlichen Bildungspolitik.

> Seit den großen Reformdebatten der 1960er und frühen 1970er Jahre vollzog sich das [die Bildungsexpansion, d.A.] geradezu unauffällig, fast wie ein Naturprozeß. An dessen Ende steht ein tiefgreifendes Legitimationsdefizit der Bildungspolitik, weil deren Zielsetzungen sowie die Leistungsfähigkeit von Schulen und Hochschulen je länger je weniger harmonieren (Doering-Manteuffel & Raphael, 2012, S. 17).

In Kritik dieser Entwicklungen und der gegenwärtigen Lage des Bildungswesens verbinden sich heute verschiedene Sehnsüchte und Erwartungen teilweise mit zirkulierenden Narrativen und Bildern über Erziehung und Bildung in sozialistischen Staaten. Sie entfalten eine bestimmte Wirkmächtigkeit, teilweise geradezu eine mythische Wirkung und verdichten sich möglicherweise zu dem, was wir hier vorläufig „Bildungsmythen" nennen wollen. Zu nennen sind etwa Narrative über die Einheitsschule, Erzählungen über einen sozial nicht eingeschränkten Zugang zu Bildung und damit auch über das, was Bildung vermag, über den besseren, weil systematischeren naturwissenschaftlichen Unterricht bis hin zum Narrativ eines auch mit Hilfe der Bildung hergestellten gleichberechtigten Geschlechterverhältnisses. ‚Narrative' und ‚Mythen' in der Geschichte und

Gegenwart der Thematisierung sozialistischer Bildung bilden das Hauptthema des vorliegenden Beihefts.

2. Zum Zugang: Narrative und Mythen als Modi der Kommunikation kollektiver Erfahrungen

Bereits zu Lebzeiten der sozialistischen Welt lassen sich Narrative zum eigenen Werden und Durchbruch sozialistischer Bewegungen ausmachen. Narrative zur Diktatur des Proletariats, zum Übergang in ein sozialistisches System, zur Kollektivierung, zum Kalten Krieg und auch zur Bildungsentwicklung wurden verbreitet, um den kollektiven Erfahrungen einer Sozialordnung zum Ausdruck zu verhelfen, die das Neue ankündigten, auch wenn dies bereits zunehmend alt wirkte. Das Fortleben und/oder die Veränderung dieser Narrative zur Schulbildung stellen eine Problemlage dar, mit der gegenwärtige Bildungsforschung, wenn sie sich dem Sinnhorizont von historisierend-nostalgischer Bezugnahmen bei der Suche nach Alternativen zu unbefriedigender neoliberaler Gegenwart analytisch widmet, einen Perspektivwechsel auf die Kollektiverfahrung und weiterhin wirksame Verheißung des Sozialismus vornimmt.

Erzählungen bzw. Narrationen stellen einen spezifischen Diskursmodus dar (Zemann, 2020, S. 466). Sie nehmen Verknüpfungen und Anordnungen von Ereignissen vor, generieren damit Bedeutung sowie Zusammenhänge und folgen unterschiedlichen Mustern und Formen, die sich typisieren lassen, etwa als Bildungsroman, als Tragödie oder Komödie, als Romanze oder als Verfalls- oder Fortschrittsgeschichte. Hayden White hat darauf aufmerksam gemacht, dass auch die wissenschaftliche Form der Herstellung von Zusammenhängen, allemal die „realistische" Art der Historiographie, bestimmten Mustern des Erzählens folgt und als solche präsentiert wird (White, 1991, S. 189–190). Narrative sind verdichtete und damit schon verfestigte Erzählungen bzw. Narrationen, die sich wiederholen und vergleichbare Erzählstrukturen, narrative Muster, wiedererkennbare Plotstrukturen und möglicherweise auch spezifische Figurenkonstellationen sowie Deutungsmuster oder ähnliche bzw. vergleichbare *story lines* aufweisen. Narrative, so Link, seien elementare Erzählformen. Mythen gehören für ihn zu solchen elementaren Erzählformen (Link, 2013, S. 13). In der Erziehungswissenschaft haben die Biografieforschung (vgl. Reh, 2003), die pädagogische Anthropologie (Wulf, Hänsch & Brumlik, 2008) sowie die Auseinandersetzung mit den Potentialen literarischer Erzählungen für pädagogische Fragen (Koller & Rieger-Ladich, 2005) ein besonderes Augenmerk auf Fragen des Erzählens und ihre Strukturierung in verdichteten Narrationen gelegt.

Die Sprachzentrierung des ‚Erzählens' sollte jedoch nicht so verstanden werden, dass Sprache das alleinige Medium von Narrativen darstellt. Denn auch Bilder und ihr Einsatz erzählen Geschichten auf ihre Art, sei es, indem sie Anlass zur Versprachlichung geben, sei es, indem sie neben dem Erzählen einfach gezeigt werden. Gegenüber der Sprache verweisen Bilder aber auf eine Differenz, die sich sowohl auf den Raum als auch die Zeit beziehen. Bilder ermöglichen Formen der Gleichzeitigkeit der Darstellung, und verfahren damit anders als die Ordnungen des sprachlichen Erzählens. Diese Differenz zur Sprache charakterisiert ikonische Bilder. Bilder, so Assmann, „stören" die sprachliche Ordnung und „erweitern" sie „potentiell" (Assmann, 2007, S. 152). Die Beiträge des vorliegenden Bandes thematisieren sozialistische Narrative – oder Narrative im Sozialismus – in unterschiedlicher Akzentuierung ihrer sprachlichen und bildlichen Verfasstheit.

Narrative zur sozialistischen Bildung in Text und Bild können – auch in der Zeit nach dem Scheitern im Systemwettbewerb 1989 – in ihrer Verbindlichkeit und Überzeugungskraft derart gesteigert werden, dass sie gegenüber abweichenden Argumenten und Faktenlagen gegen Kritik bzw. ‚Dekonstruktion' immunisiert werden. In diesen Fällen thematisieren einige Beiträge des Beiheftes besondere Narrative zu Bildung und Erziehung, die wir hier als ‚Mythen' bezeichnen wollen. In der in den Beiträgen entwickelten Perspektive verstehen wir unter Bildungsmythen Fragen von Bildung und Erziehung berührende Narrative, die – auch in einzelnen Milieus oder Gruppen – tradiert sind, kollektiv Sinn stiften, Identität sichern bzw. bestätigen, imaginäre Elemente und eine relative Beständigkeit aufweisen. Sie besitzen eine hohe symbolische Kraft; sie beanspruchen Geltung und entfalten eine besondere Art der Aura. Sie bieten eine orientierende, von Verunsicherung entlastende, komplexitätsreduzierte, zumeist Vielfalt und Widersprüche reduzierende Deutung von Prozessen, (nach wie vor) bewegenden Ereignissen, von sozialen Situationen, von Personen und Dingen im Feld der Bildung.

Mit dem Konzept des *Mythos* steht ein Begriff im Zentrum vieler Beiträge dieses Beiheftes, der eine reichhaltige Erforschung und Theoretisierung aufweist (vgl. Schlesier, 1997). In der 1944 veröffentlichten „Dialektik der Aufklärung" haben Adorno und Horkheimer die Entgegensetzung von Mythos und Aufklärung in Zweifel gezogen, spätestens aber seit der Arbeit von Roland Barthes über die Mythen des Alltags wurden diese nicht mehr als vormodern, sondern in ihrer Funktionsweise innerhalb moderner Gesellschaften in den Blick genommen (Barthes, 1957/2003). In ihnen sind Bedeutungen verschoben oder ‚entwendet' (Barthes, 1957/2003), und sie können als Operatoren kultureller Orientierung erfasst und analytisch zugänglich gemacht werden. Der Mythos, an den keine weiteren Fragen herangetragen werden, weise eine spezifische Funktion der Bekämpfung von Angst und der Stiftung von Beständigkeit auf (Barthes, 1957/2003), ob das nun als Rückbindung an eine „Sphäre des Heiligen" (Frank, 1982, S. 81) geschieht oder ob andere, die Identitäts- und kollektive Sinnstiftung in besonderer Weise gewährleistende Angebote an ihn gekoppelt werden, mit ihm ist eine „Wahrheit höherer Ordnung, die nicht einfach nur stimmt, sondern darüber hinaus auch noch normative Ansprüche stellt und formative Kraft besitzt" (Assmann 1992, S. 76), verbunden. Mythen sind immer auch Narrative, Geschichten, „die man sich erzählt, um sich über sich selbst und die Welt zu orientieren" (Assmann, 1992, S. 76). Der Mythos entziehe sich – so fassen Corsten & Jafke (2021, S. 11) die Diskussionen für eine gegenwärtige Nutzung des Konzeptes zusammen – der Differenz wahr/falsch und er „besitzt als Form eines kollektiven Wissens und sozialen Gedächtnisses eine konstitutive Funktion für gesellschaftliche Ordnungsbildung" (Corsten & Jafke, 2021, S. 11).

Das Verhältnis von Narrativen und Mythen, obgleich nicht in toto zu systematisieren, ähnelt der Figur eines konzentrischen Kreises. Es gibt keine Mythen ohne Narrative; aber nicht jedes Narrativ wird verbindlich zugespitzt und emotionalisiert bzw. nicht jedes Narrativ entfaltet mythische Effekte, indem Angebote zur Sinn- und Identitätsstiftung gemacht werden, die dann in ihrer Geltung unhinterfragt bleiben. Der Übergang von Narrativ zum Mythos bzw. die Frage, unter welchen Umständen Narrative mythische Wirkungen entfalten können, wird in den Beiträgen des Heftes unterschiedlich problematisiert und verarbeitet. Aber Mythisierung bleibt dabei einen Spezialfall der Narrativierung von Gesellschaft und Geschichte. Wenn Narrative über Erziehung und Bildung Vorstellungen über die ‚Moderne' und zur Entstehung von Nationalstaaten ergänzen, bildet Mythisierung, neben Modernisierung, einen der Modi der narrativen Verarbeitung kollektiver Erfahrungen (Assmann, 2006, S. 41). Somit wird mit der Untersuchung von Bildungsnarrativen und Bildungsmythen auch eine Grundlage für weiterführende Fragen nach den Modi der Nationsbildung gelegt.

Wir verstehen Mythen als Bestandteile eines kollektiven Gedächtnisses, welches das individuelle Gedächtnis überschreitet und durch „Erzählen, Vergegenwärtigen und kommunikativen Austausch entsteht" (Assmann, 2006, S. 29). Mythen bilden einen „kollektiven Bezugsraum der narrativen Symbolisierung von Gesellschaft" (Corsten & Jafke, 2021) und so können wir entgegen Münklers Diagnose über eine „mythenfreie" deutsche Gegenwart (Münkler, 2009, S. 9; vgl. auch Sabrow, 2015) Narrative ausmachen, die durchaus das Potenzial für Mythen besitzen – und zwar gerade solche im Zusammenhang mit Bildung. Das ist der Ausgangspunkt dieses Heftes. Darauf verweist nicht zuletzt eine Veröffentlichung aus dem Jahr 2020, in der unter dem Titel *Mythos Bildung. Die ungerechte Gesellschaft, ihr Bildungssystem und seine Zukunft* (El Mafaalani, 2020) augenfällig wird, in welcher Weise ‚Bildung' als Erzählung über individuelle Emanzipation so gut wie über gesellschaftlichen Aufstieg ganzer Bevölkerungsgruppen zu einer Art Identitätsstiftung einer ‚modernen' Gesellschaft beigetragen hat.

3. Zum Ziel des Beihefts

Die Texte des Beiheftes basieren zu einem größeren Teil auf Projekten aus einem seit 2019 vom BMBF geförderten, interdisziplinären Verbundprojekt „Bildungsmythen. Zum Nachleben einer Diktatur" (2019–2023). Sie beabsichtigen, das Funktionieren von Narrativen zu Erziehung und Bildung in der DDR, ihre Entstehung und Herkunft und ihr Weiterwirken zu rekonstruieren und zu analysieren. Sie tun das, indem (a) Bilder und Vorstellungen, die zu Erzählungen und Narrativen verdichtet wurden und teilweise als Bestandteile eines kollektiven Gedächtnisses fungierten, analysiert und (b) deren Grundlegung in der Zeit der sozialistischen Regimes rekonstruiert werden. Es geht dabei nicht darum zu zeigen, ‚wie es eigentlich gewesen ist', sondern darum, strukturelle Merkmale der Erziehungs- und Unterrichtsverhältnisse in der Produktion von Narrativen und Bildern, deren im Quellen- und Datenvergleich erkennbare Widersprüchlichkeit und schließlich deren Gerinnung zu identifizierbaren und wirksame Bildungsmythen aufzuweisen. Diese können daher sowohl in ihrer Genese wie in ihrer Tradierung und Langlebigkeit – über den Anfang und das Ende sozialistischer Staaten hinaus – erkannt werden.

Die Beiträge werden die Verhältnisse in der DDR zum Thema machen, um dort wirksame Mythenbildungen in pädagogischen Zusammenhängen zu thematisieren. Der sozialistisch-deutsche Staat DDR wird dabei jedoch nicht isoliert betrachtet, sondern auch in Verflechtungskonstellationen sowohl mit der Bundesrepublik einerseits und weiteren sozialistischen Staaten andererseits analysiert. Die internationale Ausrichtung sozialistischer Länder gebietet eine in der Anlage komparative und internationale Perspektivierung; deshalb wurden in dieses Beiheft auch Beiträge aufgenommen, die nicht dem Projektkontext entstammen.

Dass gerade in sozialistischen Ländern offizielle Erzählungen über die Vergangenheit, eine offizielle Erinnerungspolitik und ein kommunikatives Gedächtnis, das also, was die Menschen sich über etwa drei Generationen hinweg erzählen (Assmann 2006, S. 54), auseinanderfallen können (Niethammer, von Plato & Wierling, 1991), stellt sich für die Erforschung von Bildungsmythen als Herausforderung, aber auch als Potential dar. Narrative und Bilder über Bildung und Erziehung, die im kollektiven Gedächtnis der DDR, aber auch anderer sozialistischer Staaten eine zentrale Rolle spielen, sind teilweise aus dem offiziellen ‚Stoff' der sozialistischen Ideologie und offiziellen Erzählungen, aus den dort transportierten Narrativen und Bildern schon bald nach dem Ende des Krieges entstanden. Sie haben sich teilweise über Jahre verstärkt, enthalten zumeist positive Einschätzungen über das sozialistische Erziehungs- und Bildungswesen und wirken damit auch identitätsstiftend. Narrative zur sozialistischen Erziehung und Schule ergänzen unter Umständen den Gründungsmythos der DDR, also die Erzählung über die Bedeutung des Antifaschismus im Aufbau eines neuen Staates (Niethammer et al., 1991; Münkler, 2009, S. 423). Diese Narrative sind als Teil von Deutungskämpfen um die Vergangenheit und um Bildungssysteme zu verstehen, sowohl in der Phase des sogenannten ‚Kalten Krieges' als auch im ‚Postsozialismus', und sie schließen Bezugnahmen auf die historischen Vorgeschichten vor 1945 zugleich ein. Die Untersuchung solcher möglicherweise als Mythen wirkenden Narrative über Bildung und Erziehung erlauben es zu zeigen, wie im Falle vor allem der DDR zur Legitimation der Staatsbildung sowohl auf institutionelle ‚Modernisierungen', wie aber eben auch auf Narrative, auf ‚moderne' Mythen zurückgegriffen wurde bzw. wie sie miteinander verknüpft waren und welche Rolle gerade Bildung und das Bildungssystem dabei spielten.

Die gar nicht so mythenarme Gegenwart hat sich über die ehemalige DDR hinaus entwickelt. Das macht es erforderlich, auf das Konzept des Postsozialismus zurück zu greifen. Der Begriff des Postsozialismus wird in den Sozialwissenschaften und der Geschichtswissenschaft einschlägig diskutiert; er weist sowohl eine zeitliche wie eine räumliche Dimension auf (vgl. Chari & Verdery, 2009) und wird auch in erziehungswissenschaftlichen Forschungen verarbeitet (Griffiths & Millei, 2013). Zum einen lenkt der Begriff die Aufmerksamkeit auf die gemeinsamen ‚Hinterlassenschaften' sozialistischer Regimes (Segert, 2007); zum anderen weist dieses Konzept auf eine komplexere Lage dieser Gesellschaften, als der optimistische, fast modernisierungstheoretisch gefasste

Begriff des ‚Übergangs', der in den 1990er Jahren hoch im Kurs war, vermuten lässt (Stykow, 2013). Einzelne Beiträge des Beiheftes thematisieren Narrative und Mythen, die in der sozialistischen Zeit konturiert wurden, andere solche, die erst nach dem Fall staatssozialistischer Regimes entstanden sind.

4. Zu den Beiträgen des Beihefts

Nicht nur das Verhältnis von Narrativen und Mythen ähnelt demjenigen von konzentrischen Kreisen. Die Gruppierung und Anordnung der Beiträge des vorliegenden Heftes nimmt auch eine Logik der Erweiterung eines bestimmten Kerns vor: des deutschen Sozialismus, wie dieser in der DDR verwirklicht wurde. In einem ersten Teil stehen deshalb Narrative und Mythen dieses deutschen Sozialismus im Zentrum der Analysen. In einer zweiten Gruppe von Beiträgen stehen *geteilte* Narrative und Mythen in Fokus, d.h. diejenigen Narrative und Mythen, die einen eindeutigen DDR-Bezug aufweisen, aber in transnationalen Verflechtungen produziert, zirkuliert und verarbeitet wurden (vgl. Miethe & Weiss, 2020). Schließlich stehen in einer dritten Gruppe Forschungsbeiträge, die die post-sozialistische Verarbeitung des nun verabschiedeten Sozialismus in ihrer mythisierenden Kraft explizit adressieren.

Der Teil zu den DDR-Narrativen und Mythen wird von einem Text von *Meike Sophia Baader, Sandra Koch* und *Friederike Neumann* eröffnet. Sie diskutieren einen zentralen Mythos dieses Sozialismus, den der Geschlechtergleichheit als Charakteristikum und damit Identitätsmerkmal der DDR, anhand der Analyse von Bildungsmedien. Sie zeigen, dass Bildungsmedien, teilweise subtil, von einer Darstellung verschiedener Geschlechterungleichheiten durchzogen sind und Erziehungs-, Sorge- und Haushalthaltstätigkeit in den textlichen sowie bildlichen Darstellungen von Schul- und Kinderbüchern den Frauen vorbehalten war. Die Darstellung ihrer Berufstätigkeit erscheint als Chiffre für die Vereinbarkeit von Mutterschaft und Erwerbstätigkeit, insbesondere in dieser Verbindung waren Frauen im Schul- und Kinderbuch „bildwürdig", um einen Begriff von Irene Dölling aufzugreifen (vgl. Dölling, 1991).

Die folgenden Beiträge befassen sich mit besonderen Narrativen, die in ihrer vielfältigen und wiederholten Nutzung das Potenzial für Mythen aufweisen. Prominent rangiert dabei das Narrativ der objektiven Wissenschaft bzw. von Wissenschaftlichkeit, das – deutlich älter als die DDR – auch hier reaktiviert wurde und eine besondere Funktion erfüllte. Diese Problemstellung wird von zwei Beiträgen aufgenommen. *Kerrin von Engelhardt* analysiert in ihrem Beitrag zum naturwissenschaftlichen Unterrichtsfilm in der DDR, wie es gleichzeitig durch spezifische filmische Mittel gelingt, die Autorität einer objektiven Naturwissenschaft zu inszenieren und gleichzeitig emotional ‚Parteilichkeit' zu erzeugen. Das Narrativ einer objektiven Wissenschaft blieb aber keineswegs auf die naturwissenschaftlichen Schulfächer begrenzt. Anhand von audiovisuellen Aufzeichnungen aus dem Deutschunterricht der DDR in den 1970er und 1980er Jahren zeigen *Cäcilia von Malotki* und *Sabine Reh,* wie in der Spannung zwischen Objektivität und Parteilichkeit das alte Narrativ in der DDR weitererzählt und nach der Wende in der pädagogischen Rede über den Unterricht wieder aufgegriffen wird. Kritisch gegenüber gängigen Narrativen zur DDR-Bildungsgeschichte ist hingegen der Beitrag von *Felix Linström* et al. (Autorenkollektiv) zur Relevanz *Pädagogischer Lesungen* als Weiterbildungsformat für schulische Lehrkräfte seit den 1960er Jahren. Die Autor:innen arbeiten dabei die Besonderheit dieser Textgattung im Spannungsfeld von staatlicher Lenkung einerseits und professioneller Autonomie andererseits heraus. Dabei machen sie deutlich, dass sowohl zwischen Schulformen als auch thematischen Bereichen unterschieden werden muss, und können so zeigen, dass etwa für den Bereich der Hilfsschule das gängige Narrativ der Distanzierung der DDR-Schulpolitik von der Reformpädagogik nicht zutrifft.

Schließlich rekonstruieren in ihrem sowohl empirisch wie theoretisch positionierten Beitrag zum Mythenbegriff und zur Diskussion um Bildungsmythen *Michael Corsten, Simon Gordt* und *Melanie Pierburg* zwei biographische Erzählungen, die auf etwas rekurrieren, das sich als ‚Bildungserfahrungen' in der DDR bezeichnen lässt. Die Autor:innen schlagen auf dieser Grundlage Kriterien vor, mit denen mythisierendes Sprechen von Deutungsmuster abgrenzbar identifiziert werden kann. Damit verfolgen sie das Ziel, Mythen als ein besonderes sprachliches Repräsentationskonzept zu verstehen, das Individuum und Gesellschaft aufeinander bezieht.

Die zweite Gruppe von Beiträgen zu Narrativen und Mythen, die im Zusammenhang mit der DDR im transnationalen Verflechtungsraum entstanden sind, wird von einer Analyse von *Gerd Geißler* und *Ulrich Wiegmann* zum Narrativ der Sowjetisierung von Pädagogik und Schule in der DDR eröffnet. Mit ihrer materialreichen Darstellung der Konjunkturen und Motive dieses Narrativs im Ost-West-Vergleich können sie Momente seiner Verdichtung bzw. Verflüssigung belegen. Eine entschieden andere Perspektive nimmt *Jane Weiß* in ihrem Beitrag zur langjährigen Bildungskooperation zwischen der DDR und Finnland ein. Mit ihrer Rekonstruktion von Themen und Formen dieser Kooperation zeigt sie einen Prozess der verflochtenen Mythologisierung dieser Bildungskooperation selbst. Erkennbar werden Motive einer zugespitzten Thematisierung dieser Kooperation, die während und nach dem Sozialismus auf diese Weise einen vereinfachenden Charakter erlangten.

Ob die Kooperationen der DDR im ungleich dramatischeren Kontext der Dekolonisierung und der Befreiungskämpfe als Prozesse der Mythenbildung zu charakterisieren sind, ist schwer zu bestimmen. In jedem Fall wählt *Sonia Vaz Borges* in ihrem Beitrag zur Beschreibung der Netzwerke bei der Konzeption und Publikationen des ersten postkolonialen Mathematiklehrbuchs für Schulen in Mosambik in den früheren 1970er Jahren den Begriff des Narrativs. Sie folgt der Geschichte dieses Schulbuches als einer Geschichte der tätigen Solidarität, die für sich beansprucht, nicht so einfach in die dekonstruierende Rede von ‚Mythen' einbezogen werden zu können. Im Fall des Beitrags von *Marcelo Caruso* und *Luis Kliche* werden dagegen durchaus Mythos bzw. Prozesse der Mythenbildung in den Blick genommen. Mit der Idee der rationalisierten Mythen, angelehnt an die neo-institutionalistische Soziologie, wird hier ein Raum eröffnet, in dem Mythen Verflechtungen ermöglichten und begründeten. Der Mythos einer gemeinsamen ‚Etappe', und zwar der Etappe der ersten sozialistischen Transformation, so ihre These, kann die ansonsten nicht naheliegende Hinwendung der jungen nicaraguanischen Revolution zur DDR bei der Frage der Kaderbildung im Schulsystem plausibilisieren.

Die dritte Gruppe von Beiträgen nimmt dezidiert die postsozialistische Zeit im internationalen Kontext in den Blick und widmet sich Narrativen und Mythen, wie sie sich nach dem Fall sozialistischer Systeme zeigen. *Tómaš Kasper* nimmt sich in seiner Untersuchung zum Mythos 1989 die angebliche Epochenwende vor, die mit dieser Jahreszahl markiert wird, und zeigt unvermutete Kontinuitäten auf der Ebene des pädagogischen Wissens. Im Mittelpunkt des Beitrags von *Iveta Kestere, Arnis Strazdins* und *Inese Rezgorina* über die Inszenierung einer glücklichen sowjetischen Kindheit im nationalen Geschichtsmuseum in Lettland steht eine kritische Betrachtung der ausgewählten Exponate. Diese werden mit der Rolle und dem Stellenwert von Disziplin im kindlichen Erfahrungsraum der sowjetischen Zeit kontrastiert; das weist auf eine Operation der Mythisierung einer nostalgisch betrachteten Kindheit hin. Schließlich legt ein zweites Autorenkollektiv mit dem Namen *Mnemo ZIN* eine Analyse narrativer Interviews über Kindheit im Sozialismus vor, die sich auf die Frage des Westens als subjektivierende Fläche beziehen. Die Autorinnen – *Zsuza Millei, Iveta Silova* und *Nelli Piattoeva* – charakterisieren diese rekonstruktiven Erinnerungsübungen als Mythen aus der Zukunft. Das bezieht sich sowohl auf den Sprecher:innenort der Interviewten als auch die spezifische Sicht, in der der Westen für eine bessere oder zumindest andere Zukunft stand. Damit leisten beide Texte einen Beitrag zur spezifischen Verknüpfung von Mythen und Kindheitsvorstellungen (Baader, 2004).

Insgesamt arbeiten die thematisch und geographisch vielfältigen Beiträge des Heftes heraus, dass Bildungsnarrative und Bildungsmythen im Sozialismus und Postsozialismus sich in zwei große Gruppen mit unterschiedlichen Grundrichtungen einteilen lassen. Zum einen geht es um solche, die substanziell sozialistischer Herkunft und ‚Natur' sind (zur Spezifik: Caruso, 2020), die Eigenheiten dieses Theorie- und Sinnzusammenhangs sowie der sich auf diese berufenden politischen Regime ansprechen, wie beispielsweise im Falle des Narrativs einer im Sozialismus verwirklichten Geschlechtergleichheit oder Narrative über die Erreichung des Sozialismus in Etappen, eines ‚Etappismus'. Davon zu unterscheiden sind diejenigen Narrative und Mythen, die sich im Sozialismus bzw. in sozialistischen Verflechtungen ergaben und teilweise dort veränderten, sich verschoben, aber nicht unbedingt ausschließlich sozialistisch sind, wie das einer objektiven Wissenschaft bzw. Wissenschaftlichkeit oder der internationalen Solidarität. Diese unterschiedliche Charakteristik der Narrative und Mythen weist auf Möglichkeiten des Vergleichs und der weiterführenden Erforschung hin. Sicher ist: Die Erforschung des Sozialismus und seines Nachlebens, dieses Gespensts, das nicht nur in Europa umgeht, wird ein lohnendes Unterfangen für das Verständnis von Utopie, Projektion und Sehnsucht in Erziehungs- und Bildungszusammenhängen bleiben.

Literatur

Assmann, A. (2006). *Der lange Schatten der Vergangenheit. Erinnerungskultur und Geschichtspolitik.* München: Beck.
Assmann, A. (2007). *Geschichte im Gedächtnis. Von der individuellen Erfahrung zur öffentlichen Inszenierung.* München: Beck.
Assmann, J. (1992). Frühe Formen politischer Mythomotorik. Fundierte, kontrapräsentische und revolutionäre Mythen. In D. Harth & J. Assmann (Hrsg.), *Revolution und Mythos* (S. 39–61). Frankfurt/M.: Fischer.
Baader, M. S. (2004). Der romantische Kindheitsmythos und seine Kontinuitäten in der Pädagogik und der Kindheitsforschung. *Zeitschrift für Erziehungswissenschaft* (3), 416–430.
Barthes, R. (1957/2003). *Mythen des Alltags.* Frankfurt/M.: Suhrkamp.
Carnoy, M. (2007). *Cuba's Academic Advantage. Why Students in Cuba Do Better in School.* Stanford: Stanford University Press.
Caruso, M. (2020). Brain Drain or the Specifics of a Socialist Globalization. In I. Miethe & J. Weiss (Hrsg.), *Socialist Educational Cooperation and the Global South* (S. 297–304). Berlin: Peter Lang.
Chari, S., & Verdery, K. (2009). Thinking Between the Posts: Postcolonialism, Postsocialism, and Ethnography after Cold Ward. *Comparative Studies in Society and History 51* (2009), 6–34.
Corsten, M., & Jafke, L. (2021). Mythos. In M. Berek et al. (Hrsg.), *Handbuch Sozialwissenschaftliche Gedächtnisforschung* (S. 1–13). Wiesbaden: VS Springer. https://doi.org/10.1007/978-3-658-26593-9_82-1.
Dölling, I. (1991). *Der Mensch und sein Weib. Frauen- und Männerbilder. Geschichtliche Ursprünge und Perspektiven.* Berlin: Dietz.
Doering-Manteuffel, A., & Raphael, L. (2012). *Nach dem Boom. Perspektiven auf die Zeitgeschichte seit 1970* (3. Aufl.). Göttingen: Vandenhoeck & Ruprecht.
El-Mafaalani, A. (2020). *Mythos Bildung: Die ungerechte Gesellschaft, ihr Bildungssystem und seine Zukunft.* Köln: Kiepenheuer & Witsch.
Frank, M. (1982). *Der kommende Gott. Vorlesungen über die neue Mythologie.* Frankfurt/M.: Suhrkamp.
Ginsburg, M. (2021). Constituting Socialism for the Twenty-First Century: Examining Cuba's 2019 Constitution. *International Journal of Cuban Studies, 13*(2), 303–330. https://doi.org/10.13169/intejcubastud.13.2.0303.
Gomez, A. S., & Hare, P. W. (2015). How Education Shaped Communist Cuba. *The Atlantic* (26.02.2015). https://www.theatlantic.com/education/archive/2015/02/how-education-shaped-communist-cuba/386192/ [01.12.2022].
Griffiths, T. G., & Millei, Z. (2013). Introduction: Discovering and Negotiating Socialist Educational Logics under Post-socialist Conditions. In T. G. Griffiths & S. Millei (Hrsg.), *Logics of Socialist Education. Engaging with Crisis, Insecurity and Uncertainty* (S. 1–20). Dordrecht: Springer.
Kershaw, I. (2021). *Achterbahn. Europa 1950 bis heute.* München: Pantheon.
Kolb, M. (2009). Schein und Sein. DDR-Legenden auf dem Prüfstand. *Süddeutsche Zeitung* (02.11.2009). https://www.sueddeutsche.de/politik/ddr-legenden-auf-dem-pruefstand-schein-und-sein-1.151150 [01.12.2022].
Koller, C., & Rieger-Ladich, M. (Hrsg.) (2005). *Grenzgänge. Pädagogische Lektüren zeitgenössischer Romane.* Bielefeld: Transcript.
Link, Jörg (2013). Diskurs, Interdiskurs, Kollektivsymbol. Am Beispiel der aktuellen Krise der Normalität. *Zeitschrift für Diskursforschung* (1), 7–23.
Lockheed, M., T. Prokic-Bruer & A. Shadrova (2015). *The Experience of Middle-Income Countries Participating in PISA 2000–2015.* Washington/Paris: PISA, World Bank, OECD.

Martens, Bernd (2020). Der Blick zurück: Erwartbare Enttäuschungen. *Bpb online.* http://www.bpb.de/geschichte/deutsche-einheit/lange-wege-der-deutschen-einheit/47525/blickzurueck?type=galerie&show=image&k=2 [01.12.2022].
McLaren, P., & Cole, M. (2013). Searching for the Future in the Streets of Caracas. *Cultural Studies, Critical Methodologies, 13*(6), 544–553.
Miethe, I., & Weiss, J. (Hrsg.) (2020). *Socialist Educational Cooperation and the Global South.* Berlin: Peter Lang.
Münkler, H. (2009). *Die Deutschen und ihre Mythen.* Berlin: Rowohlt.
Niethammer, L., von Plato, A., & Wierling, D. (1991). *Die volkseigene Erfahrung. Eine Archäologie des Lebens in der Industrieprovinz der DDR. 30 biographische Eröffnungen.* Berlin: Rowohlt.
Reh, S. (2003). *Berufsbiographische Texte ostdeutscher Lehrer und Lehrerinnen als „Bekenntnisse". Interpretationen und methodologische Überlegungen zur erziehungswissenschaftlichen Biographieforschung.* Bad Heilbrunn: Klinkhardt
Rudloff, W. (2007). Bildungspolitik als Sozial- und Gesellschaftspolitik. Die Bundesrepublik in den 1960er und 1970er Jahren im internationalen Vergleich. *Archiv für Sozialgeschichte 47,* S. 237–268.
Rudloff, W. (2014). Ungleiche Bildungschancen, Begabung und Auslese. Die Entdeckung der sozialen Ungleichheit in der bundesdeutschen Bildungspolitik und die Konjunktur des „dynamischen Begabungsbegriffs" (1950 bis 1980). *Archiv für Sozialgeschichte 54,* S. 193–244.
Sabrow, M. (2015). Mythos Einheit? Die deutsche Wiedervereinigung als zeitgeschichtliche Herausforderung. In M. Sabrow & A. Koch (Hrsg.), *Experiment Einheit. Zeithistorische Essays* (S. 9–26). Göttingen: Wallstein.
Santiago, F. (2020). I went to school in Cuba under Castro. Here's what it's like, Bernie Sanders. *Miami Herald* (25.02.2020). https://www.miamiherald.com/news/local/news-columns-blogs/fabiola-santiago/article240425431.html [01.12.2022].
Schlesier, R. (1997). Mythos. In C. Wulf (Hrsg.), *Vom Menschen. Handbuch Historische Anthropologie* (S. 1079–1086). Weinheim/Basel: Beltz.
Segert, D. (2007). *Postsozialismus: Hinterlassenschaften des Staatssozialismus und neue Kapitalismen in Europa.* Wien: Braumüller.
Schröder, K., & Deutz-Schröder, M. (2008). *Soziales Paradies oder Stasi-Staat? Das DDR-Bild von Schülern – ein Ost-West-Vergleich.* Stamsried: Ernst Vögel.
Schuler, R. (2010). Der Mythos Ostschule. *Frankfurter Allgemeine Zeitung* (16.08.2010). https://www.faz.net/aktuell/politik/inland/bildungspolitik-der-mythos-ostschule-1577783.html [01.12.2022].
Sobe, N. W., & Timberlake, R. N. (2010). Staying the (Post)Socialist Course: Global/Local Transformations and Cuban Education. In I. Silova (Hrsg.), *Post-socialism is Not Dead: Reading the Global in Comparative Education.* Bingley: Emerald (S. 351–368).
Stykow, P. (2013). Postsozialismus. *Docupedia-Zeitgeschichte* (22.04.2013). https://doi.org/10.14765/zzf.dok.2.250.v1.
von Ditfurth, Ch. (2019). *Deutsche Geschichte für Dummies* (3. Aufl.). Weinheim: Willey.
Waldow, F., & Steiner-Khamsi, G. (2019) (Hrsg.). *Understanding PISA's Attractiveness. Critical Analyses in Comparative Policy Studies.* New York: Bloomsbury.
White, H. (1991). *Metahistory. Die historische Einbildungskraft im 19. Jahrhundert in Europa.* Frankfurt/M.: Fischer
Wulf, C., Hänsch, A., & Brumlik, M. (Hrsg.) (2008). *Das Imaginäre der Geburt. Praktiken, Narrationen und Bilder.* München: Fink
Zemann, S. (2020). Grammatik der Narration. *Zeitschrift für Germanistische Linguistik, 48*(3), 457–494.

Anschrift der AutorInnen

Prof. Dr. Meike Sophia Baader,
Universität Hildesheim,
Institut für Erziehungswissenschaft,
Universitätsplatz 1, 31141 Hildesheim, Deutschland
E-Mail: baader@uni-hildesheim.de

Prof. Dr. Marcelo Caruso, Humboldt-Universität zu Berlin,
Institut für Erziehungswissenschaften,
Unter den Linden 6, 10099 Berlin, Deutschland
E-Mail: marcelo.caruso@hu-berlin.de

Prof. Dr. Sabine Reh, Humboldt-Universität zu Berlin,
DIPF | Leibniz-Institut für Bildungsforschung und Bildungsinformation,
Warschauer Straße 34–38, 10243 Berlin, Deutschland
E-Mail: sabine.reh@hu-berlin.de

Teil I: (Nach-)Leben des deutschen Sozialismus: Narrative und Mythen der DDR

Meike Sophia Baader/Sandra Koch/Friederike Neumann

Von Soldaten und Lehrerinnen

Geschlechterverhältnisse in Bildungsmedien der DDR

Zusammenfassung: Der Beitrag befasst sich mit der Thematisierung von Geschlechterverhältnissen in Bildungsmedien der DDR, d.h. konkret in Schulbüchern und Kinderliteratur. Er fragt nach dem Text-Bild-Verhältnis und den darin dargestellten Geschlechterverhältnissen. Die Gleichberechtigung der Geschlechter gehörte zum Selbstverständnis des Sozialismus in der DDR. Frauen werden allerdings vor allem in ihrer Sorge- und Care-Tätigkeit „bildwürdig" (vgl. Dölling, 1991). Anhand von drei Thesen wird gezeigt, dass Frauen besonders als ‚berufstätige Mütter' präsentiert werden, Reproduktionsarbeit zumeist weiblich dargestellt wird und es hauptsächlich junge Mädchen sind, die bei Care-Tätigkeiten und gesellschaftlichen Reproduktionsaufgaben gezeigt werden. Die Annahme einer Geschlechtergleichheit im Bildungsbereich erweist sich damit als Mythos und ist zu den Bildungsmythen der DDR zu zählen.

Schlagworte: Kinderbuch, Schulbuch, Geschlechterverhältnisse, Generation, Text-Bild-Verhältnis

1. Einleitung

Der Beitrag befasst sich mit der Thematisierung von Geschlechterverhältnissen in Bildungsmedien der DDR. Wir fragen danach, wie Geschlechterverhältnisse in Schulbüchern sowie in Kinderliteratur der DDR in Text und Bild dargestellt werden. Diese Perspektive erfordert eine methodologische und methodische Reflexion des Text-Bild-Verhältnisses, deren Grundlagen wir eingangs entfalten werden. Bei unserer Analyse von Bildungsmedien nehmen wir den gesamten Zeitraum der DDR-Geschichte in den Blick.

Geschlechtergleichheit, Gleichberechtigung bzw. Geschlechtergerechtigkeit gehörten zum zentralen Selbstverständnis des DDR-Staates und bestimmen auch retrospektiv bis heute das Narrativ über Frauen in der DDR (vgl. Brandes & Decker, 2019), sodass die Geschlechtergleichheit auch über die Existenz der DDR hinaus zum festen Bestandteil von Erinnerungskulturen geworden ist. Allerdings hat die Forschung, etwa bezogen auf die politische Partizipation von Frauen gezeigt, dass die Rede von der Geschlechtergleichheit in der DDR sich bei vertiefter Analyse als Mythos erweist (vgl. Bühler, 1997). Wir fragen nun in unserem Beitrag, wie es um die Darstellung von Geschlechtergleichheit in den genannten und von uns analysierten Bildungsmedien bestellt ist. Dabei arbeiten wir heraus, dass sich die gängige Annahme der Geschlechtergleichheit in Erziehung und Bildung der DDR im Kontext der Bildungsmedien gleichfalls als Mythos erweist und damit Teil DDR-spezifischer Bildungsmythen ist.[1]

Zunächst stellen wir unsere grundsätzlichen Zugänge und Fragestellungen genauer dar, dabei klären wir unser geschlechtertheoretisches Verständnis und geben einen Einblick in den Forschungsstand zum Geschlechterverhältnis in der DDR. Daran anschließend diskutieren wir die Spezifik von Bildungsmedien in der DDR mit Blick auf Schulbücher und Kinderliteratur sowie deren Gemeinsamkeiten und Differenzen. Nach einer Spezifizierung des Materialkorpus entfalten wir unser Verständnis des Text-Bild-Verhältnisses, um anschließend in einem vierten Kapitel unsere Analyse von Geschlechterverhältnissen in Schul- und Kinderbüchern der DDR in Bildern und Texten vorzunehmen. Im letzten Kapitel diskutieren wir schließlich unsere Ergebnisse bezogen auf den Bildungsmythos. Bei der Frage nach der Thematisierung von Geschlechterverhältnissen in den Bildungsmedien lassen wir uns von drei übergreifenden Thesen leiten, die wir aus dem Material heraus entwickelt haben. Diese formulieren wir im Kontext unserer Überlegungen zum Geschlechterverhältnis, um sie dann am Material zu präzisieren. Abschließend fragen wir danach, was die von uns herausgearbeitete Darstellung von Geschlechterungleichheit und Differenz für die „Erziehung zur allseitig gebildeten sozialistischen Persönlichkeit" (Ministerrat, 1965, S. 1) bedeutet, welcher ‚heimliche Lehrplan' sich mit Blick auf Geschlechterverhältnisse in den Bildungsmedien abbildet und welche subtilen Zuschreibungen dabei vorgenommen werden.

2. Theoretische Zugänge zu Geschlecht und Bildungsmedien

2.1 Geschlechterverhältnisse in der DDR

Die Gleichberechtigung der Geschlechter gehörte zum Selbstverständnis der DDR und wurde 1949 in der ersten Verfassung festgehalten. Damit wurde zugleich an ein älteres Versprechen der sozialistischen Gesellschaftstheorie angeknüpft, wonach durch die Eingliederung von Frauen in die Produktion und deren Erwerbstätigkeit die Geschlechterungleichheit beseitigt würde. Grundlegend ausformuliert wurde dieses Programm bereits im 19. Jahrhundert in August Bebels Schrift „Die Frau und der Sozialismus" (1879), ein in viele Sprachen übersetzter Longseller, der die Emanzipation der Frauen zu einem wichtigen Ziel des Sozialismus erklärte und zugleich unterstrich, dass die Gleichberechtigung von Frauen *nur* durch den Sozialismus realisiert werden könne.

---

[1] Unsere Forschung zu den Bildungsmedien in der DDR ist im Kontext eines größeren Verbundprojektes zu Bildungsmythen der DDR angesiedelt, das vom BMBF gefördert wird (siehe Einleitung in diesem Heft).

Geschlechtergleichheit, die im Kapitalismus nicht erreicht werden könne, gehörte also zum Kernnarrativ des sozialistischen Versprechens auf die Zukunft, genau wie der Weg dahin über Integration in den Arbeitsmarkt beschrieben wurde, wie ihn dann auch die DDR beschritt. Das Ziel der Gleichberechtigung der Frauen verfolgte die Staatspolitik der DDR in mehreren Phasen, die Trappe (1995) genau untersucht hat.[2] Geschlechtergleichheit ist demnach sowohl Teil des „public transcript", die mit Scott als offizielle Diskurse der machthabenden Eliten zu beschreiben sind (vgl. Scott, 1990), als auch ein wesentliches Element der Systemkonkurrenz gegenüber der BRD, mit dem sich die DDR als moderner(er) Staat profilieren konnte, der das Zukunftsversprechen des Sozialismus eingelöst und realisiert hat. Und so stellte Inge Lange, Leiterin der Abteilung Frauen des Zentralkomitees der DDR, 1970 fest: „Wir gewähren allen Bürgern unseres Landes – Männern wie Frauen – gleiche Rechte, und wir können deshalb auch ohne Einschränkungen sagen, dass […] die Gleichberechtigung der Frau verwirklicht ist" (Lange, 1974, S. 44).

Gleichberechtigung ist auch Ziel der Erziehungspolitik gewesen. Erna Scharnhorst, Mitarbeiterin der Akademie der Pädagogischen Wissenschaften mit Schwerpunkt Familienpädagogik, erklärte ebenfalls 1970 im Zusammenhang mit der ‚Erziehung zur Gleichberechtigung', dass dieser Grundsatz auch

> „bei den Kindern und Jugendlichen zur rational und emotional verfestigten Überzeugung werden [muss]. Sie müssen wissen, daß erst unter sozialistischen Bedingungen die Gleichberechtigung der Frau gesichert ist und daß die Berufstätigkeit der Frau die wichtigste Grundlage und Voraussetzung für ihre Gleichberechtigung darstellt" (Scharnhorst, 1970, S. 5.).

Dieser Politik der Integration in den Arbeitsmarkt folgend, erreichte die Erwerbsquote von Frauen in der DDR Ende der 1980er Jahre 92.4 % (Kaminsky, 2016, S. 97).

Allerdings fokussierte die Gleichstellungspolitik der DDR nicht auf beide Geschlechter und damit gerade *nicht* auf Geschlechterverhältnisse in einer relationalen Perspektive, wie sie unseren Überlegungen zugrunde liegt.[3] Obwohl die Gleichberechtigung der Geschlechter zum Selbstverständnis des Sozialismus in der DDR gehörte, ist die traditionelle Zuordnung von Frauen in ihrer Verantwortlichkeit für Reproduktions-, Care- und Erziehungsaufgaben im Kern nicht in Frage gestellt worden (vgl. Trappe, 1995) und die Geschlechterordnung innerhalb der Familie nicht Gegenstand der Gleichstellungspolitik. Kaminsky, die ebenfalls zum Ergebnis kommt, dass die Gleichberechtigung der DDR ein Mythos war, zeigt, dass die moderne sozialistische Frau die Haus-

---

2 Phasen nach Trappe (1995): 1945–1949: Unmittelbare Nachkriegszeit, 1949–1957: Frauenarbeitspolitik in der Umbruchphase, 1958–1964: Verallgemeinerung der Berufstätigkeit von Frauen, 1965–1971: Renaissance der Familie, 1971/72–1975: Das „neue Paradigma" der Familien- und Bevölkerungspolitik, 1976–1989/90: Die Relativierung des bisherigen Vereinbarkeitskonzepts (Trappe, 1995, S. 46–77).
3 Zu Geschlecht als mehrfach relationale Kategorie siehe Opitz-Belakhal, 2010, S. 36–38.

arbeit in den offiziellen Darstellungen ‚mit links' erledigte (vgl. Kaminsky, 2016). Zu diesen Ergebnissen kommt auch Irene Dölling, sie hat herausgearbeitet, dass sich gerade in ikonischen Bildern aus der DDR, etwa aus dem Arbeits- oder Familienleben, eine Vielzahl von stereotypisierten Darstellungen zu Geschlechtern und Geschlechterverhältnissen finden lassen (vgl. Dölling, 1991). Schulbücher und Kinderliteratur standen bislang aus geschlechtertheoretischer Sicht kaum im Fokus der Forschung. Die Untersuchungen stammen zumeist aus den 1990er Jahren und konzentrieren sich häufig auf die Untersuchung der Berufstätigkeit von Frauen. So stellt Panzner (1996) zu Frauen- und Mädchenfiguren im Englischlehrbuch fest, dass die ideologisch geprägte Darstellung von stereotypen Geschlechterbildern sich im Laufe der Jahre ändert und die DDR-Frauen – im Gegensatz zu den britischen Frauen – in qualifizierten Berufen gezeigt werden. Ebenso wie Scherer (2016) unterstreicht sie, dass Frauen marginalisiert abgebildet und trotz ihrer Berufstätigkeit meist allein für den Haushalt verantwortlich sind.

Vor diesem Hintergrund fragen wir nach den bildlichen und narrativen Darstellungen von Geschlecht in Schulbüchern und in der Kinderliteratur, fokussieren also die bildlichen und textlichen Narrationen und damit die Geschlechternarrative, für die in der Geschlechterforschung auch der Begriff „narrating gender" geprägt wurde (Opitz-Belakhal, 2010, S. 30–33). Dabei interessieren wir uns insbesondere für eine mögliche Differenz zwischen Text und Bild sowie für Subtilitäten in der Thematisierung von Geschlechterverhältnissen. Wir lenken unser Augenmerk also auf mögliche ‚hidden gender structures' und fragen im Anschluss an die These von Angelika Wetterer zur „rhetorischen Modernisierung" (vgl. Wetterer, 2003) der Geschlechterverhältnisse, die sie für die Zeit um 2000 für die BRD feststellte, ob sich jene Ungleichzeitigkeit auch in den Bildungsmedien der DDR abbildet, sodass die These von einer oberflächlichen Modernisierung der Geschlechterverhältnisse auch auf die DDR zuträfe.

Ausgehend von der Analyse unseres Materials haben wir drei Thesen entwickelt, die wir im dritten Kapitel genauer entfalten. Unsere erste These lautet: Männer werden in erster Linie als berufstätig dargestellt, Frauen hingegen als berufstätige Mütter. Allerdings bleiben der jeweilige genaue Beruf der Mutter und die konkrete berufliche Tätigkeit von Frauen zumeist unklar. Es sind jedoch in erster Linie die Mütter und Frauen, die im Hinblick auf die Reproduktionsarbeit präsent und „bildwürdig" sind (Dölling, 1991, S. 212). Die Reproduktionsarbeit wird laut unserer zweiten These zumeist weiblich thematisiert. Drittens sind es vor allem die weiblichen Kinder, die bei der Care-Arbeit helfen, was im Material auf einen Modus ihrer Erziehung zur Care-Tätigkeit verweist.

2.2 Bildungsmedien in der DDR

Das Bildungssystem der DDR wurde im Laufe der 1950er Jahre auf die Erziehung „allseitig und harmonisch entwickelter sozialistischer Persönlichkeiten" (§ 1 Abs. 1, S. 1 aus dem Gesetz über das einheitliche sozialistische Bildungssystem) (Ministerrat 1965) ausgerichtet. Bildung orientierte sich an der Bereitschaft zum Klassenkampf, der unabhängig von Geschlecht und Herkunft gleiche Chancen für Kinder und Jugendliche ermöglichen sollte, indem sich jedes Individuum „in den Dienst des sozialistischen Kollektivs" (Droit, 2014, S. 34) stellt und die Kindheit damit dem Sozialismus verpflichtet ist (Andresen, 2006, S. 179). Dahinter verbirgt sich die Idee einer planmäßigen Erziehung zum „neuen sozialistischen Menschen" (Droit, 2014, S. 14), die auch auf den Bereich der Freizeit ausgedehnt wurde. Das heißt, die erzieherischen Bemühungen setzen nicht nur im Rahmen der schulischen Bildung an, sondern wurden durch die außerschulischen Organisationen der Pionierorganisationen und der Freien Deutschen Jugend ergänzt (vgl. Andresen, 2001). In diesem Zusammenhang haben wir an anderer Stelle ein „doppeltes Generationenverhältnis" herausgearbeitet, wonach nicht nur Erwachsene Kinder im Sinne der ‚sozialistischen Persönlichkeit' erziehen, sondern auch Jugendliche diese Rolle gegenüber den Kindern übernehmen (vgl. Baader, Koch & Kroschel, 2021).[4] Diese ‚sozialistische Persönlichkeit' sollte auch über kulturelle Vermittlungen von Bildungsmedien erreicht werden (vgl. Tenorth, 2017; Schwenger, 1998). Dementsprechend waren dem marxistisch-leninistischen Verständnis nach alle Medien auch Bildungsmedien, d. h., alle Medien und kulturellen Erzeugnisse, besonders aber die Literatur als Leitmedium, sollten einen sozialistischen Erziehungsauftrag erfüllen. Kinderliteratur hatte als Teil dieses Leitmediums der DDR-Kultur (vgl. Schwenger, 1998, S. 348) eine besondere didaktische Funktion, ähnlich wie Schulbücher diente sie dem Ziel, eine zukünftige sozialistische Generation zu erziehen (vgl. Becker, 2020, S. 62). Dafür wurde ein umfassendes Bibliothekssystem etabliert, um gerade junge Leser*innen an Bücher heranzuführen. Ausgewählte DDR-Kinderliteratur wurde außerdem als ergänzendes Unterrichtsmittel verwendet und war neben dem Schulbuch materieller Begleiter im Schulleben von Kindern.

In diesem Sinne war Lesen als eine „Breitenkultur" vorgesehen (Links, 2010, S. 205). Die staatliche Lenkung der Schulbücher äußerte sich darin, dass diese stets für die gesamte DDR publiziert und vom Staat subventioniert wurden. Während der Schulbuchverlag „Volk und Wissen" strenge Vorlagen vom Ministerium für Volksbildung (vgl. Matthes, 2022) hatte, waren die Kinderbuchverlage stärker von gesellschafts- und kulturpolitischen Schwankungen abhängig (vgl. Links, 2016), obwohl auch sie staatlicher Lenkung im zentralisierten Verlagswesen der DDR unterlagen. Auch wenn die künstlerische Öffnung in der Literatur nach der Machtübernahme Erich Honeckers 1971 nur kurze Zeit währte, erweiterte sich das thematische Spektrum der künstlerischen Auseinandersetzung mit der sozialistischen Gesellschaft in der Kinderliteratur ab den 1970er Jahren (vgl. Becker, 2020, S. 63). Sowohl Kinderliteratur als auch Schulbücher waren „Medien, die in einer für die jeweils nächste Generation höchst formativen Entwicklungsphase flächendeckend verbreitet […] und nahezu jedem Kind und Ju-

---

4   Wir beziehen uns hier auf ein pädagogisches Verständnis des Generationenverhältnisses als Verhältnis zwischen einer älteren und einer jüngeren Generation, dabei steht mit Walter Benjamin gerade die Ordnung dieses Verhältnisses im Zentrum von Erziehung (vgl. Baader, 2018; Benjamin, 1928/1972, S. 125). Wenn wir mit Bezug auf die DDR vom „doppelten Generationenverhältnis" sprechen, meinen wir, dass ältere Kinder gegenüber jüngeren eine Erziehungsfunktion einnehmen. In der DDR, so unsere These, war dies über die Massenorganisationen fest institutionalisiert und damit Teil der offiziellen Erziehungspolitik.

gendlichen zur Verfügung" (Lässig, 2010, S. 202) gestellt werden sollten. Im Gegensatz zum Schulbuch, das aufgrund seiner langen Entwicklungsphasen nur verfestigtes gesellschaftliches Wissen enthielt, reagierten Kinderbücher flexibler auf kulturpolitische Schwankungen. Vor diesem Hintergrund materialisierte sich in den Bildungsmedien das kulturelle Wissen der DDR, sodass diese als eine Art Erinnerungsspeicher sozialer Ordnungen und gesellschaftlich dominanter Diskurse analysiert werden können. In besonderem Maße fungieren hierbei „visuelle Medien […] (sowohl) als Quelle, die soziale und kulturelle Muster tradieren können", als auch als „Muster der Darstellungsweisen" (Te Heesen, 2018, S. 326).

3. Auswahl der Schul- und Kinderbücher und methodologische Überlegungen

3.1 Materialkorpus

Für die Analyse des Materials aus den Bildungsmedien hinsichtlich ihrer Darstellung von Geschlecht wurden ca. 50 Deutschlehrbücher für die Klassenstufen eins bis vier und ca. 40 Bücher der Kinderliteratur aus der Zeit 1949 bis 1990 ausgewertet. Bei den Schulbüchern handelte es sich um Fibeln, Lesebücher sowie Bücher für den Muttersprachenunterricht, die im Untersuchungszeitraum von 1949 bis 1990 jeweils zu Beginn eines Jahrzehnts veröffentlicht oder neu aufgelegt wurden. Bei den Kinderbüchern handelt es sich um Kinderbücher für Kinder im Alter von ein bis sechs und sechs bis zehn Jahren aus unterschiedlichen DDR-Verlagen. Die Auswahl sowohl der Schul- als auch Kinderbücher wurde in Anlehnung an die seriell-ikonographische Bildanalyse nach Pilarczyk und Mietzner (2005), die sich wiederum an der ikonographisch-ikonologischen Analyse von Panofsky (1978) orientiert, getroffen. In der ersten explorativen Sichtung des Materials orientierten wir uns an Dimensionen und Aspekten, in denen Geschlecht als ordnende Kategorie visuell auftrat. Wir haben also danach gefragt, wie Geschlecht in einzelnen Motiven gezeigt, wiederholt und als „Struktur" gefestigt wird (vgl. Nünning & Nünning, 2004). Das Augenmerk lag bei beiden Gattungen auf der jeweiligen Thematisierung der Geschlechter und auf den ausgeführten Tätigkeiten – also darauf, wer an dem abgebildeten oder erzählten Geschehen beteiligt und wer unbeteiligt war. Zentral für die diskursanalytisch ausgerichtete Analyse (vgl. Fegter, 2012) war die Position der vergeschlechtlichten Körper im dargestellten Raum sowie solche bildkompositorischen Elemente, die Geschlecht chiffrieren. Aus dem so gesichteten Material haben wir mehrere Beispiele – jeweils aus Schul- und Kinderbüchern – ausgewählt, anhand welcher sich unsere Analyseergebnisse exemplarisch aufzeigen lassen.

3.2 Bild und Text als Dimensionen des Erzählens in diskursanalytischer Perspektive

Beide Bildungsmedien zeichnen sich durch die Gleichzeitigkeit einer bildlichen und textlichen Dimension aus und in diesem Sinne handelt es sich in besonderer Weise um einen „multimodalen Text" (Staiger, 2014, S. 12), der Bild und Text miteinander verschränkt. Eine Analyse dieser Verschränkung von sprachlichem und bildlichem Erzählen zielt darauf ab, die „Idee der Interdependenz, der Überlagerung, der Verflechtung" als „Frage nach dem Zwischen, dem Transitbereich" (Uhlig, Lieber & Pieper, 2019, S. 10) zu eröffnen. Mit Foucault gesprochen materialisieren sich damit Beziehungen zwischen dem Sichtbaren und Sagbaren sowie dem, was nicht sichtbar wird oder unsagbar ist (vgl. Foucault, 2001, S. 794–795). Bilder sind nach Boehm (1994) und – im Falle unseres Materials – Illustrationen in spezifischer Weise durch eine „ikonische Differenz" gekennzeichnet. Damit fasst Boehm „die Eigenart des Bildes", die dadurch gekennzeichnet ist, „der materiellen Kultur unaufhebbar zugehör[ig]" zu sein und „auf unverzichtbare Weise in Materie eingeschrieben ist, darin aber einen Sinn aufscheinen lässt, der zugleich alles Faktische überbietet" (Boehm, 1994, S. 30). In einem „doppelten Zeigen" (vgl. Boehm, 2007) beruhen Bilder darauf „nämlich etwas zu zeigen und sich zu zeigen" (Boehm, 2007, S. 19). Dies korrespondiert aus diskursanalytischer Perspektive mit der Performativität von Sprache (vgl. Butler, 1991), indem davon ausgegangen wird, dass sich Wirklichkeit im Vollzug von Sprache herstellt. Im „Bildakt" (vgl. Bredekamp, 2013), ähnlich wie im „Sprechakt", werden machtvolle und wirklichkeitskonstituierende Dimensionen sozialer Wirklichkeit produziert. Auch im diskursanalytischen Zugang nach Landwehr handelt es sich bei Sprache und Bildern als „semiotische Systeme […] nicht, wie vielfach immer noch oft unterstellt, um transparente Phänomene, die Welt einfach abbilden", sondern um „Wirklichkeiten jeglicher Art", die „produzieren, reproduzieren und transformieren" (Landwehr, 2008, S. 163). Bilder, ebenso wie Texte, verstehen wir vor diesem Hintergrund als Bestandteile diskursiver Ordnungen, die in spezifischer Weise (machtvolles) Wissen und Formen der Subjektivierung hervorbringen. Zur Frage steht, ob Bilder im Verhältnis zum Text Ungleichzeitigkeiten in der Thematisierung von Geschlechterverhältnissen hervorbringen.

4. Analyse zu Geschlechtern und Geschlechterverhältnissen in Schulbüchern und Kinderliteratur der DDR

Im Folgenden stellen wir bezogen auf die Kinder- und Schulbücher unsere Analysen anhand von drei übergreifenden Thesen dar. Dafür nutzen wir drei ausgewählte Bilder, die wir insofern als Exempel verstehen, als diese über das Einzelbeispiel hinausweisen. Grundlage für die Exemplarität ist der gesichtete Materialkorpus, d. h., vergleichbare Konstellationen finden sich auch in anderen Beispielen. Unsere *erste* These zielt auf die Berufstätigkeit der Geschlechter und lautet: *Männer werden in erster Linie als berufs-*

tätig dargestellt, Frauen hingegen als berufstätige Mütter. Im Kinderbuch zeigt sich eine große Varianz in der Darstellung von Berufstätigkeit bei Männern, diese reicht von der Darstellung von Polizisten, Schornsteinfegern, Bauern bis hin zu Straßenbahn- und Busfahrern. Frauen hingegen werden zwar ebenfalls als berufstätig gezeigt, dies allerdings weniger variantenreich, d. h., neben der durchaus öfter abgebildeten Kranfahrerin dominiert im Kinderbuch die berufstätige Frau als Erzieherin oder Lehrerin. Im Schulbuch werden unter den männlichen Erwachsenen am häufigsten Soldaten, oft in Interaktion mit Kindern, und Landarbeiter, bevorzugt Traktoristen oder Erntemaschinenfahrer, abgebildet. Bei den Frauenberufen rangierte die (Unterstufen-)Lehrerin an erster Stelle. Zwar gibt es auch Darstellungen von Frauen, die in der Fleisch- und Milchindustrie arbeiten, aber auch sie stehen im Horizont der Versorgung (von Tieren). Schon diese Zuordnung von Geschlechtern und beruflichen Tätigkeiten verweist auf ein Geschlechterverhältnis, das sich an stereotypen und traditionellen Vorstellungen von Männlichkeit (Soldat) und Weiblichkeit (Lehrerin/Erzieherin) orientiert.

Aufschlussreich für unsere Frage nach der Darstellung der Geschlechter und den damit zusammenhängen Geschlechterverhältnissen ist, dass die dargestellten Berufe von Frauen sich durch einen hohen Anteil von Care-Tätigkeiten auszeichnen, d. h., in erster Linie werden Frauen als Lehrerinnen oder als Erzieherinnen dargestellt. Dies lässt sich im Hinblick auf die Schulbücher noch weiter spezifizieren: Denn wenn die Lehrerin in

Abb. 1: Autorenkollektiv (1980): Lesebuch 2. Berlin: Volkseigener Verlag Volk und Wissen. Illustrator: Werner Klemke, S. 60.

der pädagogischen Situation des Klassenzimmers gezeigt wird, beugt sie sich fürsorglich in Richtung ihrer Schüler*innen, hilft ihnen oder lässt eine Schülerin an der Tafel eine Aufgabe lösen.

Lehrer, die wesentlich seltener abgebildet sind, werden im Gegensatz dazu meist im Rahmen einer offiziellen Übergabe von Auszeichnungen, Blumen oder Urkunden wie in der Illustration von Werner Klemke (Autorenkollektiv, 1980, S. 60) gezeigt. Die handelnden, männlichen Figuren sind hier rahmend um eine Schüler*innengruppe in Pionieruniform positioniert, während die Lehrerin klein und passiv im Hintergrund, halb verdeckt von ihrem männlichen Kollegen steht. Obwohl also beide Geschlechter im selben Beruf gezeigt werden, unterscheidet die Bildsprache geschlechterspezifische Differenzen und Hierarchien innerhalb dieser Berufsgruppe (vgl. Dölling, 1991). Mehrere Beispiele zeigen, wie die Lehrerin im Hintergrund oder am Bildrand positioniert wird, sobald eine weitere männliche Person wie ein Soldat oder weiterer Lehrer im Bild erscheint. Dies gilt nicht nur für die Berufsgruppe Lehrer*innen, denn während es Geschichten und Abbildungen gibt, die eine Traktoristin in gesonderter Form herausheben, werden weibliche Angehörige der Nationalen Volksarmee, die es in der DDR durchaus gab, äußerst selten dargestellt. Männer werden zumeist von vorn, in Distanz zum Kind und hinter der (Familien-)Gruppe positioniert. Oft stehen männliche Kinder oder Erwachsene am Bildrand und rahmen damit das Geschehen oder die abgebildete Gruppe. Frauen hingegen werden von hinten, ganz nah beim Kind bzw. bei den Kindern oder (teilweise) verdeckt dargestellt.

Auffällig ist, dass die meisten weiblichen Figuren ohne spezifische Berufsmerkmale bzw. eher in einer Fürsorgeposition (Mutter oder Großmutter) in der (Freizeit-)Betreuung der Kinder abgebildet werden. Ebenso wie die Lehrerinnen werden sie den Kindern als emotional zugewandt und als fürsorglich präsentiert. In dieser fürsorgenden Position werden Frauen als berufstätige Mütter auch im Kinderbuch häufig dargestellt. Die Frauen werden zwar ohne spezifische Merkmale oder Tätigkeiten abgebildet, die auf einen qualifizierten Beruf hinweisen, trotzdem wird deutlich, dass es meist berufstätige Mütter sind. Die Berufstätigkeit tritt damit hinter die Funktion und Tätigkeit als Mutter zurück.

Die Berufstätigkeit der Frau ist damit eine unspezifische Alltagsgröße, während die mütterlichen Care-Tätigkeiten im Schul- wie Kinderbuch auf verschiedene Weise in (Bilder-)Geschichten stärker thematisiert werden. Verborgen wird dabei jedoch nicht, dass Mütter zwischen der Berufs- und Reproduktionsarbeit durchaus zerrissen und für diese Bewältigung auf Unterstützung angewiesen sind. Nicht selten helfen die Großmütter im Haushalt und bei der Kinderbetreuung aus oder ältere, meist weibliche Kinder werden am Haushalt und der Versorgung jüngerer Geschwister beteiligt. Die Berufstätigkeit der Mütter wird also wie selbstverständlich in den Geschichten und Bildern vorausgesetzt. Indem aber der genaue Beruf der Mutter zumeist unklar bleibt, rückt also einerseits die konkrete berufliche Tätigkeit von Frauen in den Hintergrund, damit wird andererseits die Reproduktionsarbeit von Müttern präsenter gemacht und in diesem Sinne „bildwürdig" (Dölling, 1991, S. 212). Zugespitzt lässt sich formulieren, die berufstätige Frau symbolisiert in erster Linie als Mutter die Vereinbarkeit von Familie

Abb. 2: Autorenkollektiv (1960): *Der Zukunft zugewandt. Lesebuch für die dritte Klasse. Stadt.* Berlin: Volkseigener Verlag Volk und Wissen. Illustrator: Erich Gürtzig, S. 13.

und Beruf, denn vor allem in dieser Positionierung, der Vereinbarung von Familie und Beruf, waren Frauen *bildwürdig*.

Dies führt uns zu unserer *zweiten* These, dass die *Reproduktionsarbeit zumeist weiblich thematisiert wird*. Auf dem Bild im Lesebuch für die dritte Klasse (Autorenkollektiv, 1960, S. 13) vom Illustrator Erich Gürtzig wird eine solche ‚berufstätige Mutter' dargestellt. Hier helfen Kinder der Mutter, indem sie die Hausarbeit erledigen. Das Bild bezieht sich auf das vierstrophige Gedicht „Das geht uns alle an!". Die abgebildete Szene zeigt am rechten Bildrand, wie die Mutter im Profil vermutlich von draußen in die Küche kommt. Vor ihr frontal den Betrachtenden zugewandt, stehen vier Kinder aufgereiht, die die Mutter anblicken. Im Hintergrund ist mit einem Tisch, Fenster und Geschirr eine Küche angedeutet. Drei der Kinder sind als männlich, eines als weiblich markiert. Von links nach rechts stehen zuerst drei Jungen (durch ihre Namen im Gedicht männlich benannt) der Größe nach, wobei sie Besen, Eimer und Handfeger halten. Alle Jungen haben kurze Haarschnitte, Hemden und Hosen an. Die Ärmel der Hemden sind hochgekrempelt. Der Besen des dritten Jungen ist genau auf der Bildmitte und teilt das Bild damit in zwei Hälften. In der rechten Hälfte stehen ein Mädchen und die Mutter. Das Mädchen ist gekennzeichnet durch lange Haare, die zu zwei Zöpfen geflochten sind, sowie einen knielangen Rock. Sie hält zwei Flaschen in den Händen. Alle Kinder tragen Schürzen und lächeln die Mutter an. Die Mutter ist deutlich größer, mit einem Kurzhaarschnitt und in einem Kleid abgebildet. In den Händen hält sie eine Einkauftasche. Sie hat ihren Mund leicht geöffnet, als ob sie gerade die Zeile aus dem Gedicht spricht: „Fein sieht die Küche aus!".

Allein durch die Blickrichtung der dargestellten Personen wird eine Hierarchie suggeriert, denn zuerst kommen die drei männlichen Kinder in den Blick, bevor sich die Aufmerksamkeit auf die als weiblich dargestellten Personen richtet. Der Besen teilt das Bild zudem in eine männliche und eine weibliche Hälfte. An der Kleidung der Kinder lässt sich diese Differenz weiterverfolgen, denn während die locker sitzenden Schürzen der Jungen auf eine Arbeitskleidung als Provisorium hindeuten, gibt die faltenfreie Schürze des Mädchens einen Hinweis darauf, dass einzig das Mädchen über passende Putzkleidung verfügt. Zudem wirkt die Körperhaltung der Jungen entspannter, denn das Mädchen steht aufrecht und mit geschlossenen Beinen. Darüber hinaus steht sie in direkter Nähe zur Mutter. Während die Jungen, je größer sie werden, sich umso weiter von der Mutter und der durch sie dargestellten Reproduktionstätigkeit entfernen. Denn die Arbeit der Kinder im Haushalt bzw. in der Küche wird im Text als außergewöhnlich gekennzeichnet: Die „Mutter kommt heut spät nach Haus" (Autorenkollektiv, 1960, S. 12) und nur deshalb wird ihr geholfen. Sonst hätte sie diese Reinigungstätigkeit selbst ausführen müssen. Zumal sie, wie die schicke Einkaufstasche zeigt, nach der Arbeit schon einkaufen war. Der Vater fehlt gänzlich, sowohl textlich als auch bildlich. Der häusliche Bereich wird demnach als rein weiblich markiert – auch wenn die Jungen, aber eben keine Männer, dieses Mal helfen.

Damit überschreitet die Illustration die textliche Ebene, in der *alle* als Helfer angesprochen sind. Im Text, hier in der Form eines Gedichts, wird die Hilfe der Kinder im Haushalt als selbstmotiviert dargestellt. Hierin wurde jede*r (unabhängig von der generationalen Position) zum Helfen verpflichtet. Die abgebildeten Kinder haben diese Verpflichtung zur Hilfe schon verinnerlicht, d.h., im Schulbuch werden positive Vorbilder abgebildet, die die berufstätige Mutter unterstützten, wodurch die Vereinbarkeit ‚mit links' gelingt.

Zwar werden im Schulbuch grundsätzlich Kinder beiden Geschlechts bei der Hausarbeit abgebildet, quantitativ aber mehr Mädchen. Oft werden sie auf der Textebene und manchmal auch auf der Bildebene als besonders verantwortlich angesprochen und gezeigt. Ordentlichkeit und Sauberkeit sind in den ausgewählten Schulbüchern häufig bearbeitete Themen. Auf der Textebene finden Szenen, in denen die Kinder beim Helfen im Haushalt abgebildet werden, häufig am Frauen- oder Muttertag statt. Die Ansprache im Bild bedient also die Selbstverständlichkeit der Unterstützung weiblicher Reproduktionsarbeit, während der Text sie eher als Ausnahmen beschreibt. Merkmale bzw. Dimensionen der ‚sozialistischen Persönlichkeit' werden hierbei also durch die Aspekte der Sauberkeit, Ordentlichkeit und Hilfe weiblich inszeniert. Demnach ist die Verantwortung für die Reproduktionstätigkeit in der Familie sowohl im Schul- als auch im Kinderbuch zumeist bei den Frauen bzw. Müttern verortet. Einzige Ausnahme bildet in fast allen untersuchten Schulbüchern die Zubereitung des Frühstücks am Muttertag, die immer in den Händen des Vaters liegt.

Männer werden mit Kindern in der Kinderliteratur und im Schulbuch beim ‚Spaßhaben' abgebildet. Auf textlicher Ebene werden diese Szenen als spontan beschrieben,

Frauen hingegen werden zusammen mit Kindern in einem erziehenden Verhältnis abgebildet: Sie spielen fast nie mit den Kindern, sondern werden fast immer in Versorgungs- oder Betreuungssituation gezeigt. Väter (oder Großväter) stehen in Abbildungen von Familien aufrecht hinter dem Geschehen. Dies hat Dölling (1991) für die bürgerlichen Familienbilder des 19. Jahrhunderts als typisch herausgearbeitet. Männer stehen zur Familie etwas in Distanz, z. B. hinter einem Tisch, der den räumlichen Abstand zu den Frauen und Kindern deutlich macht. Erst ab den 1980er Jahren treten Väter in versorgender Tätigkeit im Kontext der Familie in Erscheinung. Beispielsweise findet sich in den Illustrationen von Werner Klemke für die Fibel im Jahr 1989 eine Verschiebung in einem Bildmotiv, in dem bis dahin die Mutter allein mit zwei Kindern das Sandmännchen schaut. In einer späteren Version steht der Vater hinter einem Sessel, auf der Mutter und Kinder Platz genommen haben (Autorenkollektiv, 1989, S. 38). Auffällig ist jedoch, dass Väter zwar zunehmend in der Kinderbetreuung helfen, bei der Hausarbeit jedoch auch weiterhin hauptsächlich die weiblichen Personen gezeigt werden.[5]

Daran anknüpfend lautet unsere dritte These: Es sind *vor allem junge Mädchen, die bei der Care-Tätigkeit und bei gesellschaftlichen Reproduktionsaufgaben gezeigt werden.* Insbesondere in den bildlichen Darstellungen im Kinder- und Schulbuch zeigt sich die Verschränkung von Generationen- und Geschlechterverhältnissen, indem Mädchen in die Verantwortung für die Hausarbeit, bspw. den Abwasch, eintreten. Dass vor allem Mädchen schon sehr früh im Kindergartenalter in die Sorge für Andere eintreten, zeigt exemplarisch die abgebildete Illustration aus dem Kinderbuch „Klaus im Kindergarten" von Ingeborg Meyer-Rey (1960).

Auf dem Bild sind eine erwachsene weibliche Person und drei Kinder abgebildet, wobei zwei davon weiblich und eine männlich sind. In der Bildmitte steht Klaus, dem „Sabinchen" am ausgestreckten Arm lächelnd die Hand reicht. Die Mutter steht hinter Klaus und hält behütend ihre Hände am Rücken von Klaus. Alle drei – Mutter, Klaus und Sabinchen – sind seitlich abgebildet und bilden damit eine Reihe, d. h., Klaus wird von den weiblichen Personen eingerahmt. Oder anders formuliert: Klaus ist mittig in der ununterbrochenen Kette einer Sorgebeziehung positioniert. Aufschlussreich ist dabei, dass Klaus nicht von der Mutter an eine andere erwachsene Person, also eine Erzieherin oder einen Erzieher in die Institution Kindergarten übergeben wird, sondern ein doppelt weiblich gestaltetes Sorgeverhältnis gegenüber dem männlichen Kind inszeniert wird. Denn indem das Mädchen Sabinchen den ungefähr gleichaltrigen Klaus aus den Armen und Händen der Mutter in der Institution Kindergarten in Empfang nimmt, entsteht eine Sorgebeziehung um Klaus, die hier ausschließlich weiblich codiert ist. Neben der Positionierung des Jungen im Mittelpunkt des Bildes trägt auch die Anordnung der anderen drei weiblichen Personen sowie deren Blickrichtung, die sich auf den Jungen konzentriert, dazu bei, dass in diesem Bild der Junge das Zentrum des Geschehens bildet.

---

5 Ob diese Verschiebungen Ende der 1980er Jahre sich auf die Phaseneinteilung nach Trappe (1995) und die Relativierung des Vereinbarkeitskonzeptes beziehen lassen, müsste weiter überprüft werden, genau wie die Frage, inwieweit die Phaseneinteilung nach Trappe (1995) sich in den Bildungsmedien abbildet.

„Guten Tag, Klaus. Komm, wir spielen."

Abb. 3: Ingeborg Meyer-Rey (1960): Klaus im Kindergarten. Berlin: Kinderbuchverlag. Illustratorin: Ingeborg Meyer-Rey, S. 1.

Dieses Geschehen – der Übergang von der Familie in die Institution der öffentlichen Erziehung – wird durch die Abbildung eines weiteren Mädchens, das am hinteren rechten Bildrand positioniert ist, beobachtet und damit gewissermaßen gerahmt. Sie stützt aus naher Distanz das Sorgegeschehen um Klaus. Auch dieses Mädchen ist freundlich lächelnd mit einem Blick auf Klaus abgebildet.

Mutter und Mädchen stehen in dieser exemplarisch ausgewählten Illustration also in der Position, dem Jungen den Übergang in die Institution zu erleichtern und darüber hinaus dessen Entwicklung und Autonomie zu ermöglichen, wenn in einer weiteren Illustration in diesem Buch Klaus an späterer Stelle allein und stolz mit Bauklötzen spielt. Das Helfen ist in der DDR Teil des Bildungsziels der Erziehung zur ‚sozialistischen Persönlichkeit' gewesen. Allerdings können wir mit unseren Analysen auf einer breiten Materialbasis zeigen, dass diese Hilfsbereitschaft geschlechterstereotyp codiert war. Denn es sind Mädchen, die hier in die weiblich konnotierte Care- und Sorgearbeit hineingerufen werden.

An anderen Stellen zeigt sich, wie bereits ältere Kinder oder Jugendliche adressiert wurden, für die Gestaltung von Erziehung und Bildung verantwortlich zu sein und somit gleichsam zur Erziehung von Kindern autorisiert wurden. In der Fibel von 1990 (DDR-Ausgabe: Autorenkollektiv, 1990, S. 81) werden Juliane und ihr kleiner Bruder

Stefan gleichwertig beim Abtrocken gezeigt. Der Text erzählt jedoch, dass Juliane den Abwasch bereits allein erledigt hat und sie ihren kleinen Bruder mehrmals zum Helfen auffordern musste. Hausarbeit, aber auch die Betreuung jüngerer Geschwister, werden hier eindeutig an das weibliche Kind verwiesen. Diese Erziehungsfunktion wurde in der DDR auch institutionell gerahmt, indem die Jugendorganisation FDJ für die Kinderorganisationen der Jung- und Thälmannpioniere verantwortlich war, was sich als ein institutionalisiertes „doppeltes Generationenverhältnis" fassen lässt (vgl. Baader, Koch & Kroschel, 2021).

5. Geschlechtergleichheit als Bildungsmythos: Ergebnisse

Was genau kann unsere Analyse von Text und Bild nun zeigen: In Bezug auf die Geschlechterverhältnisse in den Illustrationen lässt sich in unserem Materialkorpus eine Hierarchisierung zwischen den Geschlechtern feststellen. Diese Hierarchisierung zeigt sich u. a. auf der Ebene der Berufe der Geschlechter, nicht nur werden Männer in ihren Tätigkeiten variantenreicher gezeigt, sondern Frauen werden auch beruflich öfter in Care- und Sorgeberufen verortet.

Aufschlussreich ist, dass im Bild der Bildungsmedien eine andere Ebene angesprochen wird als im Text. Die Gleichzeitigkeit von Text und Bild, wie sie für Kinderliteratur und Schulbücher typisch ist, offenbart allerdings eine Ungleichzeitigkeit bezogen auf die Geschlechterverhältnisse. Im Bild kommt zum Ausdruck, was im Text nicht gesagt wird oder gesagt werden kann. Die Mehrfachbelastung von Frauen durch Beruf, Haushalt und Familie ist allerdings weder im Text noch im Bild präsent.[6]

Unsere Analysen können zeigen, dass sich in den Schulbüchern und der Kinderliteratur der DDR subtile Darstellungsformen und Bildpolitiken hinsichtlich der Geschlechterverhältnisse finden. Diese verweisen auf etwas, was sich als ‚halbierte Gleichberechtigung' bezeichnen ließe. Diese wird allein am Maßstab der Integration der Frauen in den Arbeitsmarkt festgemacht und berücksichtigt weder die politische Partizipation noch die jeweiligen Berufe der Frauen, vor allem aber bezieht sie sich nicht auf die Geschlechterverhältnisse, die familiale Ordnung, die Care- und Hausarbeit. Die Berufstätigkeit der Frau wird dadurch zur *Chiffre* für die Erfüllung des sozialistischen Versprechens auf Gleichberechtigung und die Berufstätigkeit der Mutter wird dabei zur *Chiffre* dafür, dass diese mit dem Aufziehen von Kindern gut vereinbar ist. Macht- und

---

6 Zusätzlich zu den hier exemplarisch ausgewählten Beispielen aus den Schul- und Kinderbüchern muss betont werden, dass es zwischen beiden Medien einen Unterschied in Bezug auf das Verhältnis von Text und Bild gibt. Während im Schulbuch Bild- und Textverhältnisse wenig spannungsreich sind, wird im Kinderbuch durch die Illustration eine andere Erzählebene und -struktur aufgemacht. Die Bilder im Schulbuch sind meist eine unmittelbarere und damit auch eindeutigere und konkretere Übersetzung des Textes, die das Potential der Uneindeutigkeit von Bildern dann überlagern. Im Kinderbuch hingegen scheint diese Übersetzung abstrakter und damit deutungsoffener.

Ungleichheitsverhältnisse im Geschlechterverhältnis bleiben dabei allerdings de-thematisiert.

Ein weiteres wichtiges Ergebnis unserer Analysen ist, dass die Doppelbelastung von Erwerbs- und Reproduktionsarbeit durch die Darstellungen von Geschlecht und Geschlechterverhältnissen von einer weiblichen Generation an die nächste weitergegeben wird. Der Dienst der Kinder gilt ausschließlich der Hilfe für die Mutter und nicht etwa für die Familie als Ganzes. Die Unterstützung der Kinder betont den Aspekt, dass Haus- und Reproduktionsarbeit ‚mit links' zu erledigen seien. Erst mit dem Wandel des Männlichkeitsbildes in den Achtzigern änderte sich auch die Darstellungsweise in den Bildungsmedien und auch Väter werden vermehrt bei der Kinderbetreuung, nicht jedoch bei der Hausarbeit gezeigt.

Unsere Resultate lassen sich ins Verhältnis setzen zu der Studie „Ostdeutsche Biographien" (Zoll, 1999), in der insgesamt auf die hohe Bedeutung der Erwerbsarbeit verwiesen wird sowie auf das in der DDR vorherrschende „Leitbild der berufstätigen Mutter" (Kröplin, 1999, S. 191). Das „identitätsstiftend[e]" (Kröplin, 1999, S. 190) Moment im Hinblick auf die berufstätige Mutter verweist jedoch gerade nicht darauf, dass die „Tatsache der gleichzeitigen Berufs- und Familienarbeit […] das Ergebnis einer abwägenden, nach Sinnhaftigkeit fragenden Entscheidung [ist], sondern [auf] die selbstverständliche Lebenskonstellation einer Frau" (Kröplin, 1999, S. 191). In den Soziobiographien dieser Studie, wie auch in unseren Analysen zum Kinder- und Schulbuch, liegt die „Alleinverantwortlichkeit für die Belange der Familie" (Kröplin, 1999, S. 191) bei den Frauen. Die Gleichberechtigung wird also narrativ in soziobiographischen Erzählungen der Nachwendezeit und in den von uns analysierten Kinder- und Schulbüchern performativ auf der Ebene der narrativen Dimension sowie im Bildakt auf der Ebene der Berufstätigkeit hergestellt. Dass oftmals die schemenhafte Andeutung von Frauen ausreicht, plausibilisiert möglicherweise diese Selbstverständlichkeit der berufstätigen Mutter als Argument für die Gleichberechtigung. Denn sie symbolisiert schließlich die Einlösung des sozialistischen Versprechens und repräsentiert den politisch vorgegebenen Maßstab und ist damit Teil einer spezifischen „rhetorischen Modernisierung" (Wetterer, 2003) der DDR. Damit wäre jedoch eine begrenzte Geschlechtergerechtigkeit ein Merkmal der Geschlechterpolitik in der DDR, die sich auch in den Bildungsmedien, teilweise auf subtile Weise, zeigt.[7]

---

[7] Ein Vergleich der Geschlechterpolitiken der BRD und der DDR und der Thematisierung von Geschlechterverhältnissen in den Bildungsmedien kann hier nicht geleistet werden. Allerdings konnte gezeigt werden, dass Aspekte der „rhetorischen Modernisierung", also der oberflächlichen Modernisierung, auch die Geschlechterpolitik der DDR auszeichnen. Merkmale dieser „rhetorischen Modernisierung" und einer „halbierten Gleichberechtigung" stellen, so eine These, bei aller Unterschiedlichkeit, Momente der Geschlechterpolitiken beider deutscher Staaten dar. Festgehalten werden kann jedoch, dass die Vereinbarkeit, die hier für die DDR als *Chiffre* herausgearbeitet wurde, für die BRD erst nach der Wende geschlechterpolitisch leitend wurde (Baader, 2020). Ein Vergleich der Darstellung von Geschlechterverhältnissen in Bildungsmedien beider Länder könnte lohnenswert sein.

Abschließend lässt sich pointiert zusammenfassen: Die berufstätige Mutter erscheint als *Chiffre,* die Hausarbeit und Versorgung der Kinder erledigt sie mit der Unterstützung ihrer Kinder nebenbei, allerdings sind es die weiblichen Kinder, die ihr bei dieser Tätigkeit in erster Linie bzw. besser oder qualifizierter helfen. Damit gibt es in den Bildungsmedien so etwas wie einen ‚heimlichen Lehrplan' der Erziehung des weiblichen Geschlechts zur Sorge- und Reproduktionstätigkeit. Legt man jedoch ein umfassenderes Verständnis von Gleichberechtigung zugrunde, in dem auch die Geschlechterverhältnisse und Sorge- wie Familienaufgaben berücksichtigt sind, dann sind Jungen und Mädchen nicht gleichberechtigt und die Gleichberechtigung der DDR ist ein Bildungsmythos. Damit erweist sich darüber hinaus auch die Erziehung zur ‚allseitig gebildeten sozialistischen Persönlichkeit' als vergeschlechtlicht, anders als es die offizielle Rhetorik postuliert.

Literatur

Andresen, S. (2001). „Sozialisten werden nicht geboren, sondern erzogen." Kindheit und Politik – Pionierbiographien der DDR. In I. Behnken & J. Zinnecker (Hrsg.), *Kinder, Kindheit, Lebensgeschichte. Ein Handbuch* (S. 998–1015). Seelze-Velber: Kallmeyer.

Andresen, S. (2006). *Sozialistische Kindheitskonzepte. Politische Einflüsse auf die Erziehung,* München & Basel: Ernst Reinhardt Verlag.

Autorenkollektiv (1960). *Der Zukunft zugewandt. Lesebuch für die dritte Klasse. Stadt.* Berlin: Volk und Wissen Volkseigener Verlag.

Autorenkollektiv (1980). *Lesebuch 2,* Berlin: Volk und Wissen Volkseigener Verlag.

Autorenkollektiv (1989). *Unsere Fibel* (16. Aufl.). Berlin: Volk und Wissen Volkseigener Verlag.

Autorenkollektiv (1990). *Meine Fibel* (1. Aufl.). Berlin: Volk und Wissen Volkseigener Verlag.

Baader, M. S. (2018). „Miteinander sprechen das ist r(w)ichtig". Generationale Ordnung, Generationenverhältnisse und Erziehung in der BRD seit den 1970er Jahren. In T. Betz, S. Bollig, M. Joos & S. Neumann (Hrsg.), *Institutionalisierungen von Kindheit. Childhood Studies zwischen Soziologie und Erziehungswissenschaft* (S. 78–93). Weinheim/Basel: Beltz Juventa.

Baader, M. S. (2020). Von der Antiautorität zur Diversität. Soziale Differenzen in Kinderläden und Elterninitiativen in der Bundesrepublik von den 1970er Jahren bis heute. *Geschichte und Gesellschaft. Zeitschrift für Historische Sozialwissenschaft, 46*(2), 200–230.

Baader, M. S., Koch, S., & Kroschel, F. (2021). Kinder und Jugendliche als Erziehende. Umkämpfte Kindheit und Jugend in Bildungsmedien der DDR. In M. S. Baader & A. Kenkmann (Hrsg.), *Jugend im Kalten Krieg. Zwischen Vereinnahmung, Interessenvertretung und Eigensinn* (S. 159–178). Göttingen: V&R unipress.

Bebel, A. (1879). *Die Frau und der Sozialismus.* Zürich-Hottingen: Verlag der Volksbuchhandlung.

Becker, M. (2020). Geschichte der Kinder- und Jugendliteratur in der DDR. In T. Kurwinkel & P. Schmerheim (Hrsg.), *Handbuch der Kinder- und Jugendliteratur* (S. 61–67). Berlin: J. B. Metzler.

Benjamin, W. (1928/1972). *Einbahnstraße.* Frankfurt am Main: Suhrkamp.

Boehm, G. (1994). Die Wiederkehr der Bilder. In G. Boehm (Hrsg.), *Was ist ein Bild?* (S. 11–38). München: Fink.

Boehm, G. (2007). Die Hintergründigkeit des Zeigens. Deiktische Wurzeln des Bildes. In G. Boehm (Hrsg.), *Wie Bilder Sinn erzeugen* (S. 19–33). Berlin: Fink.

Brandes, T., & Decker, M. (2019). *Ostfrauen verändern die Republik.* Berlin: Ch. Links.

Bredekamp, H. (2013). *Theorie des Bildakts*. Berlin: Suhrkamp.
Butler, J. (1991). *Das Unbehagen der Geschlechter*. Frankfurt am Main: Suhrkamp.
Bühler, G. (1997). *Mythos Gleichberechtigung in der DDR. Politische Partizipation von Frauen am Beispiel des Demokratischen Frauenbunds Deutschlands*. Frankfurt am Main: Campus.
Dölling, I. (1991). *Der Mensch und sein Weib. Frauen- und Männerbilder. Geschichtliche Ursprünge und Perspektiven*. Berlin: Dietz.
Droit, E. (2014). *Vorwärts zum neuen Menschen? Die sozialistische Erziehung in der DDR (1949–1989)*. Köln/Weimar/Wien: Böhlau.
Fegter, S. (2012). *Die Krise der Jungen in Bildung und Erziehung. Diskursive Konstruktion von Geschlecht und Männlichkeit*. Wiesbaden: Springer VS.
Foucault, M. (2001). *Die Ordnung des Diskurses*. Frankfurt am Main: Fischer.
Kaminsky, A. (2016). *Frauen in der DDR*. Berlin: Ch. Links.
Kröplin, R. (1999). Das Selbstbild ostdeutscher Frauen. In R. Zoll (Hrsg.), *Ostdeutsche Biographien. Lebenswelt im Umbruch* (S. 189–198). Frankfurt am Main: Suhrkamp.
Landwehr, A. (2008). *Historische Diskursanalyse*. Frankfurt am Main: Campus.
Lange, I. (1974). *Aktuelle Probleme der Arbeit mit den Frauen bei der weiteren Verwirklichung der Beschlüsse des VIII. Parteitages der SED (Vorträge im Parteilehrjahr der SED 1973/74)*. Berlin: Dietz.
Lässig, S. (2010). Wer definiert relevantes Wissen? Schulbücher und ihr gesellschaftlicher Kontext. In E. Fuchs, J. Kahlert & U. Sandfuchs (Hrsg.), *Schulbuch konkret. Kontexte Produktion Unterricht* (S. 199–215). Bad Heilbrunn: Julius Klinkhardt.
Links, Ch. (2010). Leseland DDR. Bedingungen, Hintergründe, Veränderungen. In Th. Großbölting (Hrsg.), *Friedensstaat, Leseland, Sportnation? DDR-Legenden auf dem Prüfstand* (S. 196–207). Bonn: Ch. Links.
Links, Ch. (2016). *Das Schicksal der DDR-Verlage. Die Privatisierung und ihre Konsequenzen* (2. Aufl.). Berlin: Ch. Links.
Matthes, E. (2022). Schulbücher und sonstige Unterrichtsmittel in der DDR. In J. Benecke (Hrsg.), *Erziehungs- und Bildungsverhältnisse in der DDR* (S. 125–139). Bad Heilbrunn: Julius Klinkhardt.
Meyer-Rey, I. (1960). *Klaus im Kindergarten*. Berlin: Kinderbuchverlag Berlin.
Ministerrat der Deutschen Demokratischen Republik (1965). Schulgesetz der DDR 1965–1991/1992 – Gesetz über das einheitliche sozialistische Bildungssystem der DDR vom 25. Februar 1965.
Opitz-Belakhal, C. (2010). *Geschlechtergeschichte*. Frankfurt am Main: Campus.
Nünning, V., & Nünning, A. (2004). *Erzähltextanalyse und Gender Studies*. Stuttgart: Springer.
Panofsky, E. (1978). Ikonographie und Ikonologie. Eine Einführung in die Kunst der Renaissance. In E. Panofsky (Hrsg.), *Sinn und Deutung in der bildenden Kunst* (S. 36–67). Köln: DuMont Schauberg.
Panzner, A. (1996). „Haunted by Peggy". Zur Darstellung von Mädchen- und Frauengestalten in Englischlehrbüchern der DDR. *Neusprachliche Mitteilungen aus Wissenschaft und Praxis, 49* (1), 38–42.
Pilarczyk, U., & Mietzner, U. (2005). *Das reflektierte Bild. Die seriell-ikonografische Fotoanalyse in den Erziehungs- und Sozialwissenschaften. Habilitation-Humboldt-Universität, Berlin*. Bad Heilbrunn: Klinkhardt.
Scharnhorst, E. (1970). *Süppchen kochen ... Zeitung lesen ... Erziehung zur Gleichberechtigung* (Schriftenreihe Elternhaus und Schule). Berlin: Volk und Wissen Volkseigener Verlag.
Scherer, J. (2016). „Geschlecht" in der Bildersprache von Leselernbüchern – Ein Vergleich von bildlichen Darstellungen zweier Fibeln aus der ehemaligen DDR und der BRD in den 1970er Jahren. In S. Reh & D. Wilde (Hrsg.), *Die Materialität des Schreiben- und Lesenlernens. Zur Geschichte schulischer Unterweisungspraktiken seit der Mitte des 18. Jahrhunderts* (S. 285–306). Bad Heilbrunn: Julius Klinkhardt.

Schwenger, H. (1998). Medien. In Ch. Führ & C.-L. Furck (Hrsg.), *Handbuch der deutschen Bildungsgeschichte, Band VI, 1945 bis zur Gegenwart. Zweiter Teilband. Deutsche Demokratische Republik und neue Bundesländer* (S. 341–358). München: C. H. Beck.

Scott, J. (1990). *Domination and the Arts of Resistance. Hidden Transcripts.* New Haven: Yale University Press.

Staiger, M. (2014). Erzählen mit Bild-Schrifttext-Kombination. Ein fünfdimensionales Modell der Bilderbuchanalyse. In J. Knopf & U. Abraham (Hrsg.), *BilderBücher. Band 1 Theorie* (S. 12–23). Baltmannsweiler: Schneider Verlag Hohengehren.

Te Heesen, K. (2018). Die Kunst gibt nicht das Sichtbare wieder, sondern macht sichtbar. Über das Wechselspiel von künstlerischer Darstellung, soziokultureller Wahrnehmung und erziehungswissenschaftlicher Reflexion im Bild von Familie am Ende des 18. Jahrhunderts. *Zeitschrift für Pädagogik, 64*(3), 325–341.

Tenorth, H.-E. (2017). Die „Erziehung gebildeter Kommunisten" als politische Aufgabe und theoretisches Problem – Erziehungsforschung in der DDR zwischen Theorie und Praxis. *Zeitschrift für Pädagogik 63* (Beiheft 63), 207–274.

Trappe, H. (1995). *Emanzipation oder Zwang. Frauen in der DDR zwischen Beruf, Familie und Sozialpolitik.* Berlin: De Gruyter.

Uhlig, B., Lieber, G., & Pieper, I. (2019). *Erzählen zwischen Bild und Text,* München: kopaed.

Wetterer, A. (2003). Rhetorische Modernisierung. Das Verschwinden der Ungleichheit aus dem zeitgenössischen Differenzwissen. In G.-A. Knapp & A. Wetterer (Hrsg.), *Achsen der Differenz. Gesellschaftstheorie und feministische Kritik 2* (S. 286–319). Münster: Westfälisches Dampfboot.

Zoll, R. (Hrsg.) (1999): *Ostdeutsche Biographien. Lebenswelt im Umbruch.* Frankfurt am Main: Suhrkamp.

Abstract: This article studies how gender and relationships between genders are addressed in educational media of the GDR, i.e., in schoolbooks and children's books. It investigates the relationship between text and picture and the depictions of gender within. Gender equality was part of the socialist identity in GDR. But women were especially worthy of depiction only in regard to care and reproductive work. Three theses show that women are presented as working mothers, that reproductive care is mainly female and predominantly girls do societal reproductive work. Thus, it appears that gender equality in education is a myth of the GDR.

Keywords: Children's Book, Schoolbook, Gender Equality and Relations, Generation, Text-Picture-Relation

Anschrift der Autorinnen

Prof. Dr. Meike Sophia Baader, Stiftung Universität Hildesheim,
Institut für Erziehungswissenschaft,
Universitätsplatz 1, 31141 Hildesheim, Deutschland
E-Mail: baader@uni-hildesheim.de

Dr. Sandra Koch, Stiftung Universität Hildesheim,
Institut für Erziehungswissenschaft,
Universitätsplatz 1, 31141 Hildesheim, Deutschland
E-Mail: kochsa@uni-hildesheim.de

Friederike Neumann, Stiftung Universität Hildesheim,
Institut für Erziehungswissenschaft,
Universitätsplatz 1, 31141 Hildesheim, Deutschland
E-Mail: kroschel@uni-hildesheim.de

Kerrin von Engelhardt

‚Wissenschaftlichkeit' ohne ‚Parteilichkeit'? Der naturwissenschaftliche Unterrichtsfilm der DDR

Zusammenfassung: Der Beitrag befasst sich in bildungshistorischer Perspektive mit dem naturwissenschaftlichen Unterrichtsfilm der DDR und fragt danach, in welcher Weise mit der Vermittlung von Fachwissen zugleich politisch nachwirkende Bilder vermittelt wurden. Audiovisuelle Lehr-Lernmittel wie Unterrichtsfilme galten in der DDR als besonders effektive Instrumente zur Haltungserziehung. Insbesondere bei naturwissenschaftlichen Unterrichtsfilmen kann von einer spannungsreichen Kopplung von ‚Wissenschaftlichkeit' und ‚Parteilichkeit' ausgegangen werden, da die Technik- und Naturwissenschaften wichtige Fixpunkte im Selbstverständnis sozialistischer Pädagogik waren. Sequentiell analysiert werden im Beitrag drei Unterrichtsfilme der Fächer Physik, Chemie und Biologie, um Darstellungspraktiken und Narrativbezüge zu diskutieren.

Schlagworte: Unterrichtsfilm, Naturwissenschaften, Wissenschaftsnarrative, DDR, wissenschaftlich-technische Revolution

Im Rahmen des Verbundprojektes „Bildungs-Mythen – eine Diktatur und ihr Nachleben" untersucht die Fallstudie zum naturwissenschaftlichen Unterrichtsfilm, in welcher Weise mit der Vermittlung von Fachwissen zugleich politisch nachwirkende Bilder vermittelt wurden. In der DDR war eine möglichst frühe Heranführung an ‚Wissenschaftlichkeit' schulpolitisches Ziel (Fischer, 1992, 59). Besonders die Lehrplanreformen zwischen 1965 und 1972 sollten den Fachunterricht wissenschaftlich ausrichten und sozialistisch einbetten (Geißler, 2015). In dialektisch-materialistischer Perspektive wurden dabei ‚Wissenschaftlichkeit' und ‚Parteilichkeit' so aufeinander bezogen, dass das marxistisch-leninistische Weltbild zugleich als richtig, wahr, objektiv und damit als wissenschaftlich bestimmt wurde und umgekehrt, dass sich Wissenschaft innerhalb dieses politischen Wertungsgefüges bewegen musste (Rosenow, 1970, S. 21–22).

1970 wurde in der „Internationalen Zeitschrift für Erziehungswissenschaft" der Artikel „Wissenschaftlich-technische Revolution und Bildungsreform in der Deutschen Demokratischen Republik (DDR)" von Gerhard Neuner veröffentlicht. Neuner war als erster Direktor der Akademie der Pädagogischen Wissenschaften der DDR (APW) in die Steuerung des DDR-Bildungssystems eingebunden und legitimiert in diesem Artikel die tiefgreifenden Lehrplanreformen der DDR (Geißler, 2015; Fischer, 1992, S. 42–44). Der an eine internationale – d.h. auch eine westliche – erziehungswissenschaftliche Leserschaft gewandte Artikel war sprachlich formell gehalten und referierte im kybernetischen Steuerungsverständnis.[1] Ein wissenschaftliches Bild der Welt wurde

---
1 Zur Stellung der Kybernetik und grundlegend zum Wissenschaftsverständnis in der DDR: Witte, 2011.

darin als Grundlage des sozialistischen Bewusstseins ausgewiesen und die ‚wissenschaftlich-technische Revolution' als allgemeine, zeitbestimmende Tendenz bestimmt, in deren Folge Wissenschaft Industrie und gesellschaftliches Leben durchdringe. Da wissenschaftliche Erkenntnis in der DDR dem übergreifenden Ideologiebezug der Wissens- und Erfahrungssysteme verpflichtet sei, so Neuner, ziele das Lehrplanwerk der DDR mit der Vermittlung wissenschaftlicher Kenntnisse nicht nur darauf, Handlungsfähigkeiten lebensnah zu vermitteln, sondern diese auch moralisch und politisch weltanschaulich klar einzuordnen und zu bewerten (Neuner, 1970).

Mit dem Narrativ der ‚wissenschaftlich-technischen Revolution', das seit den 1960er Jahren auch für das Selbstverständnis und die Selbstbehauptung der Naturwissenschaften in der DDR ein wichtiger Bezugspunkt war (Pasternack, 2021, S. 19), umkreise Neuner somit einen Anspruch der Moderne, der auch als ‚Verwissenschaftlichung' (Böhle, 1997) oder ‚Scientification' (Sorgo, 2020) gefasst werden kann. Für das Selbstbild der DDR wurde ‚technische Überlegenheit' elementarer Bestandteil des Staatsmythos einer ‚wissenschaftlichen Weltmachtstellung', der auf die besondere Leistungsfähigkeit der Volkswirtschaft abhob und die Relevanz wissenschaftlichen Wissens begründete (Malycha, 2009a; Abele, 2009). Dieses Wissenschaftsverständnis bildete den Hintergrund der seit 1967 in der DDR verfolgten Strategie, die modernen Naturwissenschaften als wirtschaftliche Produktivkraft zu fassen und damit als Faktor im so genannten ‚Systemwettstreit' zu nutzen (Laitko, 1996, S. 33–34). Globale Entwicklungen, die seit den 1960er Jahren zu sozialen und ökonomischen Wandlungsprozessen geführt hatten, wurden in einem sozialistischen Sinne als ‚wissenschaftlich-technische Revolution' interpretiert (Laitko, 1996, S. 34–35). Als zentrale Denkfigur – Begriff und Konzept wurden auch von anderen sozialistischen Ländern genutzt (Laitko, 1996, S. 37) – war die ‚wissenschaftlich-technische Revolution' nicht nur Zeitdiagnose, sondern auch Handlungsorientierung. Damit verknüpfte sich ein zukunftsorientiertes Narrativ (Müller, 2019, S. 2), das globale Veränderungen des 20. Jahrhunderts in Analogie zur industriellen Revolution des 19. Jahrhunderts deutete und dabei der Wissenschaft eine Steuerungsfunktion beimaß (Laitko, 1996, S. 40). Nicht zuletzt im Bildungsbereich der DDR wurde der Bezug auf dieses Metanarrativ genutzt, um Reformen als gesamtgesellschaftlich relevant zu begründen (Meyer, 2020, S. 325).

Audiovisuelle Lehr-Lernmittel wie Unterrichtsfilme galten in der DDR als besonders effektive Instrumente, um weltanschauliche Haltungen zu vermitteln; man war sicher, mit ihrer Hilfe sei ‚Wissenschaftlichkeit' überzeugend mit ‚Parteilichkeit' zu verknüpfen (Wörner, 1979; Fuchs & Kroll, 1982, 25). In diesem Sinne erachtete Ewald Topp, ab 1971 stellvertretender Leiter des Instituts für Unterrichtsmittel, eine gute technische Grundausstattung der Schule als unbedingt notwendig und postulierte: „Die Vermittlung und Aneignung von Kenntnissen und die Ausbildung von Fähigkeiten muß untrennbar mit der Herausbildung von Einstellungen, ideologischen Überzeugungen und Charaktereigenschaften verbunden werden. In der gesamten Bildungs- und Erziehungsarbeit ist immer die Einheit von Wissenschaft und Ideologie herzustellen" (Topp, 1973, S. 20).

Der vorliegende Beitrag möchte der bildungshistorischen Auseinandersetzung um die Widerstandskraft von Fachlichkeit gegen eine politisierende Indienstnahme von Unterricht bzw. um ihre Eignung als Träger gerade dafür (Tenorth, 1995; Schluß, 2007) eine weitere Facette hinzufügen. Der Beitragt fragt anhand naturwissenschaftlicher Unterrichtsfilme, wie Wissensbestände und Wissenspraktiken mit Haltungserziehung gekoppelt wurden. Unterrichtsfilme werden dabei als Speicher kultureller Praktiken und als Beobachtungsmedien verstanden (Etmanski, 2004).

Es existieren bisher keine Überblicksstudien zum deutschen Unterrichtsfilm wie etwa für den niederländischen oder angelsächsischen Raum (Masson, 2012; Orgeron, Orgeron & Streible, 2012; Dahlquist & Frykholm; 2019; Geoff, 2010); die Auseinandersetzung mit deutschen Lehrfilmen in der historischen Bildungsforschung setzt mit der Schulfilmbewegung ein und konzentriert sich insbesondere auf die Weimarer Republik (Annegarn-Gläß, 2020; Degenhard, 2001). Auch für die Zeit des Nationalsozialismus wurden bereits Medienanalysen zur Bildsprache von Lehrfilmen und ihrer Ideologisierung vorgenommen (Imai, 2015; Niethammer, 2016; Kühn, 1998). 2001 widmete sich eine Studie dem Geschichtsfilm und der Darstellung des Nationalsozialismus in der Schule der DDR (Kneile-Klenk, 2001). Darüber hinaus wurde die Sammlung von Gesundheitsfilmen des Hygiene-Museums Dresden beschrieben und im Hinblick auf staatliche Strategien der Gesundheitsversorgung in der DDR ausgewertet (Schwarz, 2011). Außerdem wurden Emotionalisierungsstrategien des Gesundheits- und Medizinfilms der DDR beleuchtet, der nicht nur überzeugend, sondern handlungsleitend wirken sollte (Laukötter, 2016, 2020); desgleichen wurde die mediale Indoktrination in DDR-Bildungskontexten analysiert (Mitgutsch, 2007). Der pädagogische Hochschullehrfilm der DDR wurde insbesondere für videografische Unterrichtsaufzeichnungen an der Humboldt-Universität zu Berlin untersucht (Schluß & Jehle, 2013). Zur Geschichte der Filmproduktion im Kontext der Deutschen Film AG (DEFA), dem staatlichen Filmunternehmen der DDR, finden sich detailreiche Publikationen (Jordan, 2009; Knopfe, 1996). Für die alten Bundesländer wurden das „Institut für den Wissenschaftlichen Film" (IWF) (Sattelmacher, Schulze & Waltenspül, 2021) und das „Institut für Film und Bild in Wissenschaft und Unterricht" (FWU) (Paschen, 1983) beleuchtet.[2] Ist ein Teil des bundesdeutschen naturwissenschaftlichen Lehrfilmbestands bereits über das Filmportal der Technischen Informationsbibliothek Hannover auswertbar, fehlt es für die DDR an vergleichbaren Strukturen, denn der Bestand an DDR-Unterrichtsfilmen des Filmarchivs des Bundesarchivs (zugleich auch Rechteinhaber) ist bislang nicht frei recherchierbar.

Weitgehend unerforscht sind die naturwissenschaftlichen Unterrichtsfilme der DDR; dies ist umso erstaunlicher, da Technik- und Naturwissenschaften, wie eingangs beschrieben, wichtige Fixpunkte im Selbstverständnis sozialistischer Pädagogik waren und hier von einer durchaus spannungsreichen Kopplung von ‚Wissenschaftlichkeit' und ‚Parteilichkeit' auszugehen ist. Der vorliegende Beitrag analysiert nach einer kurzen Einführung zu den Institutionen des DDR-Unterrichtsfilms exemplarisch drei Unterrichtsfilme der Fächer Physik, Chemie und Biologie und diskutiert Darstellungspraktiken und Narrativbezüge. Der Beitrag nimmt eine Anregung Brandts auf, die in Bezug

---

2   Zur Auseinandersetzung mit Unterrichtsfilmen nach 1945 aus geschichtsdidaktischer und bildungsgeschichtlicher Perspektive siehe: Crivellari, 2010.

auf die Narrativität naturwissenschaftlicher Fachartikel eine weitere Differenzierung für andere „wissenschaftliche Textgenres (Fachartikel, Lehrbuchtext, Darstellung in populären Wissenschaftsmagazinen)" (Brandt, 2009, S. 108) empfohlen hatte, und begreift damit auch den ‚Unterrichtsfilm' als wissenschaftliches Genre, insofern er sich auf die Darstellung naturwissenschaftlicher Wissensinhalte und -praktiken bezieht.

1. Institutionen des DDR-Unterrichtsfilms

Obwohl das Bildungssystem der DDR zentral und hierarchisch organisiert war, ist das Feld des Unterrichtsfilms aus heutiger Sicht erstaunlich unübersichtlich. So änderten sich beispielsweise die Namen und Funktionen der zuständigen Institutionen und Abteilungen mehrfach. 1950 wurde das „Zentralinstitut für Film und Bild in Unterricht, Erziehung und Wissenschaft" gegründet.[3] Es war für den Bereich der Schulen, Berufsschulen und Hochschulen für die Planung, Produktion und Prüfung von Filmen, Lichtbildern, Schallplatten und Tonbändern zuständig. Es erteilte Forschungsaufträge und erarbeite Richtlinien zum Medieneinsatz. Außerdem führte es Fortbildungsveranstaltungen für Lehrende durch. Im Laufe der nächsten zwei Jahrzehnte erfolgten mehrere Umstrukturierungen. 1964 wurde die Lehrfilmproduktion für das Hoch- und Fachschulwesen mit dem „Institut für Film, Bild und Ton" (ifbt) ausgegliedert.[4] Der schulische Lehrfilm fiel 1970 mit Gründung der APW in das Aufgabenfeld des dort angesiedelten „Instituts für Unterrichtsmittel", das bis zum Ende der DDR bestand. An diesem Institut arbeiteten bis 1989 dreiundfünfzig wissenschaftliche und achtzehn technische Mitarbeiter:innen. Die APW war eine staatliche, außeruniversitäre Forschungseinrichtung, die in der DDR die wissenschaftlichen Grundlagen für die schulische Unterrichtspraxis schaffen sollte; sie war zudem für Lehrpläne und Bildungsmedien verantwortlich (Zabel, 2009, 124; Malycha, 2009b, S. 147; Kneile-Klenk, 2001, S. 51–57). 1970 wurde zudem die „Zentralstelle für Rationalisierungsmittel der Lehreraus- und -weiterbildung" an der Pädagogischen Hochschule Erfurt eingerichtet, die analog zur APW Forschungs- und Entwicklungsaufgaben (auch zu audiovisuellen Lehr- und Lernmitteln) im Bereich Lehrerbildung übernahm.

Die Zuständigkeit für die Bereitstellung der DDR-Unterrichtsfilme lag seit den 1970er Jahren bei der Hauptverwaltung für Lehrmittel und Schulbedarf des „Ministeriums für Volksbildung", gefolgt vom „Institut für Unterrichtsmittel" der APW, dann bei den Bezirksstellen und Kreisstellen für Lehrmittel und schließlich bei den einzelnen Schulen und deren Mitarbeiter:innen. Für die filmischen Umsetzungen waren das „DEFA-Studio für Dokumentarfilm" und das „DEFA-Studio für Populärwissenschaftlichen Film" zuständig. Die 1946 gegründete DEFA (Deutsche Film-Aktiengesellschaft) war die staatliche Produktionsgesellschaft der DDR, deren Abteilungen und Studios für

---
3 Siehe zur Ausrichtung des „Zentralinstituts" und der Unterrichtsfilmproduktion der DDR: Hortschansky, 1951.
4 Zum Filmbestand des ifbt siehe: Engelhardt & Ruedel, 2022.

die Filmproduktion in allen Bereichen vom Nutz- bis zum Unterhaltungsfilm zuständig waren. Die Teams der DEFA-Studios produzierten die jeweiligen Filme in ständiger Absprache mit den Verantwortlichen der Pädagogischen Hochschule und den Fachleuten der Disziplinen (Knopfe, 1996).

Bisher gibt keine Filmografie Auskunft über den Gesamtbestand der in der DDR produzierten Unterrichtsfilme. Mit Hilfe von Lehrmittelverzeichnissen lassen sich für den Zeitraum zwischen 1950 und 1982 ca. 170 Filmtitel für Chemie, ca. 107 für Physik und ca. 240 für Biologie an den allgemeinbildenden Schulen der DDR ermitteln. Da in den Verzeichnissen mitunter auch die Produktionsjahre der Filme aufgelistet wurden, deutet sich zugleich an, dass die Schulen und Leihstellen insgesamt über einen recht heterogenen Filmbestand verfügten.[5] Um den Lehrer:innen hier Richtwerte zur Auswahl an die Hand zu geben, wurde in den Verzeichnissen teilweise die „Eignung" bzw. die Entsprechung mit den aktuellen Lehrplänen dreistufig gewichtet (Deutsches Pädagogisches Zentralinstitut, 1965; Hauptverwaltung Unterrichtsmittel und Schulversorgung, 1973, S. 4). 1982 gab das „Institut für Unterrichtsmittel" der APW einen „Katalog-Unterrichtsfilme" heraus, der „alle wesentlichen Filme, die zur vollständigen Erfüllung aller Bildungs- und Erziehungsaufgaben in der sozialistischen Schule ab 1970 in der Deutschen Demokratischen Republik produziert wurden" (Institut für Unterrichtsmittel, 1982, S. 1), listete, mit kurzen Inhaltsangaben vorstellte und zur Nutzung empfahl. Zeitgenössische Quellen deuten allerdings darauf hin, dass die verbindlichen Unterrichtsfilme nicht wie angedacht eingesetzt wurden, da die Lehrer:innen Spielräume hatten (Steuding, 1972), die Filme nicht zugänglich waren (es gab nicht genügend Filmkopien oder die Leihstellen waren für die Lehrkräfte nicht erreichbar) oder die technische Ausstattung (z. B. mit Projektoren) an Schulen ungenügend blieb (Heichel, 1975).

2. Naturwissenschaftliche Unterrichtsfilme

Für den vorliegenden Beitrag wurden die Filme „F 992 Elektromagnetische Induktion IV" (DDR, 1976) für Physik, „TF 1007 Herstellung von Roheisen" (DDR, 1977) für Chemie und „F 1008 Entwicklung der Bohne" (DDR, 1977) für Biologie ausgewählt. Diese Unterrichtsfilme wurden 1982 im genannten annotierten Verzeichnis des „Instituts für Unterrichtsmittel" aufgeführt und waren somit als verbindlich für die Verwendung in den jeweils angegeben Stoffeinheiten und Klassenstufen eingestuft. 1976/77, zum Zeitpunkt der Filmveröffentlichungen, war in der DDR die zentrale Lehrplanreform durchgesetzt, die Unterrichtsfilmproduktion institutionell gefestigt und die filmischen Darstellungsprinzipien waren durch Praxisstudien erziehungswissenschaftlich reflektiert und begründet (Fischer, Grunau & Warkus, 1994). Diese drei Beispielfilme

---

5 Z. B. lassen sich so für Chemie unter den 170 Titeln 39 Filme eindeutig einer Produktionszeit vor 1945 zuordnen.

waren digital zugänglich[6] und weisen eine filmische Varianz (in Bezug auf Länge und Komplexität) auf, die nach derzeitigem Kenntnisstand als exemplarisch für die Gesamtproduktion der naturwissenschaftlichen Filme der DDR in diesem Zeitraum gelten kann. Sie wurden mit Sequenzprotokollen hinsichtlich ihrer Bildlichkeit, Akustik und ihrer Montagedynamik analysiert. Gefragt wurde dabei insbesondere, wie sich ‚Wissenschaftlichkeit' vermittelt und inwiefern weltanschauliche Bezüge hergestellt wurden.

2.1 Physikfilm

Bei dem Film „F 992 Elektromagnetische Induktion IV: Entstehung einer Spannung durch Ablenkung bewegter Ladungen in einem magnetischen Feld Elektromagnetische Induktion IV" (ca. 8 min) von 1976 handelt es sich um einen Film ohne Ton. Er war mit einer Länge von 8 Minuten für den Physikunterricht der Klasse 9 der Polytechnischen Oberschulde der DDR vorgesehen und wurde von H. Fischer als Autor verantwortet. Die sprachliche Vermittlung erfolgt in diesem reinen Animationsfilm durch Zwischentitel. Visualisiert werden physikalische Prozesse, die sonst nicht sichtbar wären. Er ist in der Dramaturgie monoton und bleibt in der Rhythmik der Bildbewegung statisch. Änderungen in der Anordnung der Bildelemente sind mitunter so minimal, dass kaum erfassbar ist, ob es sich um eine Wiederholung oder um eine Variation handelt. Bei der Sequenzanalyse wird jedoch deutlich, dass die Länge der Abblende, also wie lang jeweils ein schwarzer Bildschirm zu sehen ist, entweder eine thematische Variation (kürzer) oder einen neuen Themenkomplex (länger) signalisiert. Die Aufmerksamkeit der Betrachter:innen wird vornehmlich durch Bewegung oder Aufblinken gelenkt. Der Film verwendet dabei ein Farbkodierungsprinzip, das auch bei einer auf Grau und Blau beschränkten Tonalität Wiedererkennen und Zuordenbarkeit durch ein konsistentes Farbschema erzeugt. Grundsätzlich ähnelt die Grafik mit schwarzem Hintergrund und weißer Beschriftung dem klassischen Tafelbild – hier sind es weiße Pfeile als Symbol für Bewegungsrichtung und wirkende Kräfte (bzw. Ladungsausgleich) sowie − und + für elektrische Ladungen. Und obwohl Räumlichkeit durch einfache Schattenperspektive und Kavaliersperspektive (Schrägprojektion) – mit einer stark mathematisch-geometrischen Anmutung – suggeriert wird, folgt die Animationsdarstellung dem Prinzip elektronischer Schaltkreise. Diese grafisch abstrahierte Modelldarstellung verlangt den Schüler:innen eine entsprechende Modell- und Medienkompetenz ab (Frankhauser-Inniger & Labudde-Dimmler, 2010; Grünkorn, Upmeier zu Belzen & Krüger, 2014). Vorherige Erläuterungen oder begleitende mündliche Kommentare der Lehrkraft sind daher für das Filmverständnis notwendig. Schaltkreisschemata und Modelldarstellungsweise erzeugen in diesem Unterrichtsfilm als visuelle Marker den Ein-

---

6 Momentan ist nur ein Teilbestand der DDR-Unterrichtsfilme digital zugänglich: Siehe insbesondere Homepage „The Wende Museum" in L.A., USA. Weitere Filme liegen der Autorin in Form digitaler Arbeitskopien vor.

druck von ‚Wissenschaftlichkeit'. Außerdem folgt der Plot dem Vorgehen eines kontrollierten Experiments, das in einem Versuchsaufbau nur einen Faktor variiert und die Veränderungen so kausal zuordenbar macht.

2.2 Chemiefilm

Der Film „TF 1007 Herstellung von Roheisen" (ca. 13:15 min) von 1977 war für Klasse 7 vorgesehen. Autor:innen des Films sind N. Fraanke, H. Krieger, S. Schneider, D. Wagner. In diesem Tonfilm ist die Bildebene komplexer aufgebaut als im Fall des vorher beschriebenen: viel Bewegung im Bild, viele Schnitte zwischen wechselnden Settings. Die Dramaturgie setzt dabei auf das Prinzip der variierenden Wiederholung. Dies erzeugt eine fast liedhafte Anmutung mit gleich aufgebauten Strophen und einem sich wiederholenden Refrain – der Film ist durch wiederkehrende Bildmuster so auffällig rhythmisiert. Die Tonebene nutzt sowohl Originalgeräusche und verstärkt so den dokumentarischen Charakter der Filmaufnahmen als auch orchestrale Musik für dramatische Effekte und ein auktorial-männliches Voice-Over für Lernstoff.

Der komplexe Plot ist als Narration mit Anfang und Schluss zu lesen: Zur Einführung wird auf die Wichtigkeit von Roheisen für Transport und Industrie verwiesen, im ersten Hauptteil werden die zur Herstellung notwendigen Rohstoffe kartografisch verortet, im zweiten Hauptteil werden die im Hochofen ablaufenden chemischen Prozesse

Abb. 1: Darstellung eines Arbeiters in Schutzkleidung bei der Roheisenproduktion im Chemiefilm.

visualisiert und erläutert, bevor der Film auf den Höhepunkt zuläuft, die Produktion von Roheisen, deren filmische Darstellung ein nahezu episches Ende findet, das von orchestraler Musik untermalt wird. Die filmische Inszenierung der Roheisenproduktion zeigt das glühende Metall für Momente wie die fließende Lava eines ausbrechenden Vulkans.

Auch in didaktischer Hinsicht ist dieser Film komplexer; so wird in der sequenziellen Auswertung deutlich, dass auditive und visuelle Pausen eingefügt sind. Das Geschehen bleibt quasi stehen bzw. läuft noch weiter, obwohl der Kommentar schon geendet hat, so dass in der akustischen Unterbrechung Merksätze notiert werden können. In diesem Sinn simuliert der Film den Kommentar einer Lehrkraft, die Zeit zum Notieren lässt, bevor sie weiterspricht und dabei Lernwörter durch eine besondere Sprechweise (z. B. Wiederholung) betont. Diese Betonung erfolgt im Film visuell durch Aufblinken oder einen dramaturgischen Effekt, wenn ein Wort gezeigt, aber nicht gesprochen wird, und erst in der nächsten Einstellung der Begriff eher beiläufig im Kommentartext fällt.

Dieser Chemiefilm nutzt mit wirtschaftsgeografischen Kartendarstellungen und chemischen Gleichungen eine ‚wissenschaftliche' Bildsprache. Die Animation folgt Abstraktionsprinzipien mit der Verwendung von Farbschemata und Richtungspfeilen. Es wird das Prinzip des Aufblinkens genutzt und die chemischen Gleichungen werden mit weißer Schrift auf einem schwarzen Bildfeld gezeigt. Die chemischen Prozesse werden dabei sowohl über chemische Formeln und animierte Modelldarstellung als auch in ihrer industriellen Anwendung präsentiert. Wissenschaft wird so, wie Neuner es formulieren würde, als Anwendung gezeigt. Zudem verweist der Filmkommentar explizit auf die wirtschaftliche Kooperation sozialistischer Länder (im ersten Hauptteil) und stellt die hohen Qualitätsanforderungen der sozialistischen Industrie heraus (im Schluss). Grundsätzlich vermittelt der Film dabei durch Montagen ständig zwischen Karte und Realraum bzw. zwischen schematischer Darstellung und dem Zeigen von Industrieanlagen und wechselt in der Kameraführung in ähnlicher Weise zwischen Totaler und Close-Up, zwischen Frosch- und Normalperspektive. Zur Transition zwischen den Szenen wird das Prinzip der strukturellen Ähnlichkeit genutzt, so wird z. B. das Gleiche aus verschiedenen Perspektiven gezeigt. Der Film wechselt also beständig vom Ganzen zum Detail und wieder zurück, vom Realräumlich-Konkreten zur Abstraktion des Modells, der Karte oder der chemischen Gleichung und wieder zurück zum Realraum. Die gezeigten Transportmittel und Maschinen bewegen sich wie von allein, erst im letzten Teil des Filmes werden Menschen ins Bild gesetzt. In den eindrucksvollen Bildern der Industrieanlagen und der darin Tätigen, deren eigenes Fasziniertsein im Kommentar hervorgehoben wird, lassen sich als Reflexe auf die Darstellungsprinzipien der so genannten ‚Babelsberger Schule des Dokumentarfilms' lesen (Stanjek, 2012). In ihrer groben Schutzkleidung wirken die Gestalten jedoch archaisch und bleiben ohne individuelle Merkmale (vgl. Klinger, 2016). Die ‚schönen' Bilder, mit denen Industrieanlagen wie gemalte Landschaften in Szene gesetzt werden, knüpfen dabei auch an Traditionen des Industriefilms an (Hediger & Vonderau, 2009).

2.3 Biologiefilm

1977 wurde der Film „F 1008 Entwicklung der Bohne" (ca. 6:10 min) publiziert. Regie und Kamera verantwortete Siegfried Bergmann, als Autor fungierte N. Simon. Der Film war für die Verwendung im Biologieunterricht der Klassen 5 und 9 vorgesehen. Im Film wird das Wachstum einer Bohne vom Keimen bis zur Fruchtreifung gezeigt und die Teile des Keimlings werden benannt. Der Farbfilm ohne Ton nutzt Trick- und Zeitrafferaufnahmen, schnelle Schnitte und wechselnde Kameraperspektiven vom Close-Up zur Totalen. Das Publikum wird vom Feld zu Pflanze, Bohnenschote, Bohne und in ihr Inneres, zu Keimung und Wurzelwachstum und schließlich zur Bohnenernte geführt. Die Schnitt-Transitionen erfolgen zumeist über Ähnlichkeiten, d. h. etwa von quellenden Bohnen im Reagenzglas wird zu quellenden Bohnen im Erdreich überblendet. Naturvorgänge werden in diesem Film als geregelt, symmetrisch, parallelisiert und synchronisiert dargestellt. Besonders eindrücklich sind Zeitrafferaufnahmen der tänzerisch schwingenden, wippenden und drehenden Bewegungen der Bohnenblätter im Wachstum. Auch in diesem Film werden Wiederholung und Variation bestimmter Bildmuster wie das Reihenabstandsmuster der Bohnenpflanzen als visuelle Grundprinzipien genutzt.

Das Setting wechselt zwischen verschiedenen Laborsituationen und Freiluftaufnahmen auf dem Feld. Teilweise vollziehen sich Settingwechsel aufgrund des engen Bildausschnitts mit einem gleichbleibend bläulichen Hintergrund fast unmerklich und sind nur über leicht unterschiedliche Lichtverhältnisse oder sich plötzlich im Wind bewegende Blätter zu identifizieren. In Trickaufnahmen werden die Teile des Keimlings farbig gekennzeichnet und ihre fachterminologischen Benennungen in weißer Schrift auf schwarzem Grund daneben schrittweise eingeblendet, womit Kreideschrift auf einer Wandtafel zitiert wird. Das Aufblinken einzelner Elemente lenkt die Aufmerksamkeit der Betrachter:innen. Auch in diesem Filmbeispiel sind im Bildfluss Pausen bemerkbar, die Zeit für etwaige Kommentare der Lehrkraft oder Notate der Schüler:innen lassen.

Auch in diesem Unterrichtsfilm sind in den wissenschaftlichen Experimentalaufbauten vor schwarzem Hintergrund und den Laborsettings keine Hände zu sehen. Indem das menschliche Eingreifen nicht gezeigt wird, werden die dabei dargestellten Vorgänge objektiviert. Am Ende des Films öffnet sich der Kamerafokus und im oberen Bildfeld wird eine Horizontlinie sichtbar, auf der sich Erntefahrzeuge bewegen. Mit Schnitt auf ein Close-Up auf Räder und Erntevorrichtung sowie auf eine abzuerntende Pflanzenreihe wird der Blick schließlich auf Erntearbeiter:innen gerichtet. Am Körperbau sind zwei Frauen in Berufskleidung mit Kopftuch erkennbar, sie lächeln und füllen die geernteten Bohnenschoten in Säcke ab. Sie personifizieren quasi Sinn und Zweck des Bohnenwachstums. Es werden weitere Unterarme und Hände gezeigt, die mit dem Handling der geernteten Bohnen befasste sind. Der Film, der den Wachstumsprozess als wissenschaftlich rationalisierten und normierten Vorgang zeigt, endet mit einer am Horizont verschwindenden Erntemaschine – Botanik findet so zur landwirtschaftlichen Anwendung.[7]

---

[7] Siehe zur Auswertung dieses Films auch im Vergleich zum westdeutschen Unterrichtsfilm den Abschnitt zum educational film: Degler, Juen, Klinger & Markert, 2019.

3. ‚Wissenschaftlichkeit' im Unterrichtsfilm

Das Beispiel der hier untersuchten Filme verweist auf die Bandbreite naturwissenschaftlicher DDR-Unterrichtsfilme sowohl hinsichtlich der Nutzung grafisch gehaltener Animationen und dokumentarischer Filmpraktiken als auch hinsichtlich der dramaturgischen Gestaltung durch Montage und Ton. Auf eine naturwissenschaftliche ‚Wissenschaftlichkeit' deuten in den Filmen wissenschaftliche Settings wie Labore oder Experimentalaufbauten sowie abstrakte Zeichensysteme (wie Diagramme, Schaltpläne, Schema- und Modelldarstellungen, aber auch Formeln und Ikons) hin. Mit weißer Schrift auf schwarzem Hintergrund wurde zudem ein Bildmuster aufgerufen, das auf das in dieser Zeit übliche Schreiben auf einer dunklen Wandtafel in akademischen wie schulischen Lehrkontexten verweist. Außerdem wurden wissenschaftliche Bilder wie Mikroskopaufnahmen integriert. Ferner wurden dokumentarische Aufnahmen genutzt, die verschiedene, professionell agierende Akteure als Werktätige ins Bild setzten – darin werden Einflüsse eines den Dokumentarfilmbereich prägenden sozialistischen Realismus spürbar (Braun, 2015, S. 195).[8] Grundsätzlich aber wurde mit diesen filmischen Strategien – Dokumentarstil, wissenschaftliche Grafik usw. – der Eindruck einer besonderen (naturwissenschaftlichen) ‚Faktizität' erzeugt (Brandt, 2009, S. 103). Gerade die um Authentizität bemühte filmische Dokumentation der Produktions- und Wachstumsprozesse knüpfte dabei an eine Bildargumentation an, die im Rückgriff auf das ältere Medium der Fotografie ein besonderes Objektivitätsversprechen gab, das Daston und Gallison unter dem Terminus „mechanische Objektivität" (Daston & Galison, 2007, S. 133–145) fassen. Der englische Naturwissenschaftler William Henry Fox Talbot hatte sein Buch – das erste mit Fotografien überhaupt – „Pencil of Nature" (1844) genannt und betonte, die Natur bilde sich auf fotografischem Wege selbst ab und werde so unmittelbar beobachtbar (Fromm, 2013, S. 30–32). Zugleich scheint damit das ältere, aufklärerische Ideal der Augenzeugenschaft auf, das wesentlich mit der Genese der modernen Naturwissenschaften verbunden war (Meyer, 2018, S. 33).

Im Fall des Chemiefilms betonte der nüchterne Off-Kommentar unter Verwendung chemisch-technischer Terminologie auch akustisch die ‚Wissenschaftlichkeit' des Gezeigten.[9] Auf diese Weise kann eine Autorität von ‚Wissenschaftlichkeit' filmisch konstruiert werden, die sich auf naturwissenschaftliche Methoden in Experiment, Notation und Terminologie beruft und so wissenschaftliche Objektivität beansprucht. Damit rückt ein Wissenschaftsverständnis ins Blickfeld, das zwischen ‚reiner' und ‚angewandter' Wissenschaft unterschied. Diese Differenzierung war für die Genese und das Selbstverständnis der modernen Naturwissenschaften elementar, wobei die ‚reine' Wissenschaft als Grundlagenforschung ohne jegliche Anwendungsbezüge höher bewertet wurde

---

8 Bemerkenswert sind in diesem Zusammenhang auch die Betrachtungen in: Moldenhauer & Steinkopff, 2001.
9 Die auktoriale Männlichkeit dieses Voice-Over – die Stimme lässt an einen Mann in seiner zweiten Lebenshälfte denken – stellt sich überdies in den Dienst männlich dominierter Machtstrukturen im Wissenschaftsbetrieb (Reichert, 2007, 39).

(Ziche, 1998) und sich zudem eine gewisse Skepsis gegenüber einer vereinfachenden Popularisierung andeutete (Seidel, 2002). Besonders der Physikfilm vermittelt das Image einer kausalen Prinzipien folgenden Wissenschaft, die logisch agiert, aber deren Bildlichkeit eine Informiertheit – wie etwa Modellkompetenz – voraussetzt, ohne die sich das Dargestellte für die Betrachtenden nicht erschließt. Seine sachliche Animationsästhetik mutet unpolitisch bzw. ‚neutral' an, doch wie bereits Imai für den nationalsozialistischen Lehrfilm aufzeigt, kann gerade eine betont sachliche Bildsprache politisch konnotiert sein und das Dargestellte ‚objektivierend' legitimieren (Imai, 2015). Alle analysierten Unterrichtsfilme stellen ‚rein' naturwissenschaftliche Inhalte wie Formeln und gesetzmäßige Abläufe dar und rahmen sie teilweise (wie im Falle des Chemie- und Biologiefilms) durch Anwendungsbezüge realsozialistisch ein.

Diese Anwendungsszenarien lassen sich als Verweise auf ein übergeordnetes Metanarrativ verstehen. Dies entspricht Brandts These, dass naturwissenschaftliche Fachartikel „grundlegende wissenschaftliche Werte und Ideale der modernen Naturwissenschaften, etwa der Objektivitätsanspruch, der Wahrheitsanspruch oder die Vorstellung des wissenschaftlichen Fortschritts bzw. der wissenschaftlichen Revolution selbst als ‚Metanarrative' der Moderne" (Brandt, 2009, S. 85) nutzen. Wenn die Unterrichtsfilme also als Formulierungen von Deutungsvarianten des Narrativs ‚wissenschaftliche Revolution' begriffen werden, ist festzuhalten: ‚Wissenschaftlichkeit' wurde im Biologie- und Chemiefilm als parteilich charakterisiert, ohne dabei ein wissenschaftliches Objektivitätsversprechen aufzugeben.[10] In diesen Unterrichtsfilmen wurde mit systematisch gegliederten Sequenzen die faktuale ‚Wissenschaftlichkeit' des dargebotenen Lernstoffs betont. Darüber hinaus wurden Abstraktes und Konkretes filmisch aufeinander bezogen, wodurch die wissenschaftlichen Wissensbestände in größere Zusammenhänge eingebettet und Verbindungslinien zu landwirtschaftlicher bzw. industrieller Produktion im Sozialismus gezogen wurden. Visuelle Anwendungsbezüge und konkrete Ideologeme (über den Kommentar) implementierten die Vermittlungsinhalte dabei in das sozialistische Wertesystem. Ein zu vermittelndes Schulwissen wurde so räumlich und zeitlich gebunden – und zugleich als gesellschaftlich relevant legitimiert. Hier wurde ‚Wissenschaftlichkeit' als ‚sozialistische Wissenschaftlichkeit' ins Bild gesetzt und durchaus dramatisch gestaltet – wie die wechselnden Kameraperspektiven auf Bohnenfeld und Ernte oder die mit orchestraler Musik begleiteten Szenen der Metallschmelze zeigen. In solchen Momenten erzeugt die filmische Gestaltung einen auf Regelmäßigkeit und wiederkehrender Rhythmik basierenden Bedeutungsüberschuss, der die tanzenden Bohnenreihen und Industrielandschaften fast poetisch anmuten lässt. Anwendungsbezüge, d. h. weltanschaulich relevante Bezüge, werden so ‚künstlerisch' als besonders ansprechend gestaltet – was sich mit damaligen Überlegungen zum gesellschaftswissenschaftlichen Unterrichtsfilm deckt (Wörner, 1979, S. 80).

Tenorth hat im Nachdenken über die Grenzen der Indoktrination in der DDR-Schule angemerkt, dass sich Unterricht gerade durch seine Interaktivität in der Vermittlung fachlichen Wissens einer politisierenden Indienstnahme entziehe (Tenorth, 1995). Im

---
10 Siehe zur gesellschaftlichen Funktion von Technikutopien: Jasanoff, 2015.

Vergleich zum Unterrichtsgeschehen war der Unterrichtsfilm von vornherein im Ablauf festgelegt und dabei grundsätzlich um Eindeutigkeit bemüht. Doch ein Unterrichtsfilm wirkte nie allein, die Lehrkraft musste ihn aufgrund seiner Kürze in das Unterrichtsgeschehen implementieren (Klinger, 2016), den Film einführen und kommentieren (insbesondere, wenn der Film ohne Ton war), sie konnte nur einen Ausschnitt zeigen oder die Projektion für die Klasse pausieren, indem der Projektor zwar weiterlief, aber aus dem Raum geschoben wurde (Nordhaus, 1976, S. 36). Daraus folgt – und dies wurde auch in einer zeitgenössischen Praxisstudie bestätigt (Steuding, 1972, S. 154) –, die Wirkung des Unterrichtsfilms wurde wesentlich durch die Lehrkraft gesteuert. Somit ergaben sich auch beim Einsatz von Unterrichtsfilmen Spielräume, die Tenorths Einschätzung unterstützen könnten. Seine Überlegungen lassen sich auch durch Hinweise darauf bekräftigen, dass sich gerade die eher erzählenden Filme[11] bei den Fachlehrer:innen mit Verweis auf didaktische Erwägungen wohl nicht uneingeschränkter Beliebtheit erfreuen, wohingegen Filme, die wie der Physikfilm auf eine konkrete Themeneinheit konzentriert waren, als geeignetere didaktische Instrumente betrachtet wurden (Steuding, 1972, S. 16). Aber auch diese Filme waren als ‚objektive' Darstellungen gestaltet und vermitteln so ein spezifisches, wenngleich nicht im engeren Sinne als sozialistisch lesbares Bild moderner Naturwissenschaft.

Literatur

Abele, J. (2009). Technik und nationale Identität in der DDR. In S. Schleiermacher & N. Pohl (Hrsg.), *Medizin, Wissenschaft und Technik in der SBZ und DDR. Organisationsformen, Inhalte, Realitäten* (S. 243–258). Husum: Matthiesen.
Annegarn-Gläß, M. (2020). *Neue Bildmedien revisited. Zur Einführung des Lehrfilms in der Zwischenkriegszeit.* Bad Heilbrunn: Klinkhardt.
Böhle, F. (1997). Verwissenschaftlichung als sozialer Prozess: Zum Einfluss der Naturwissenschaft auf die Organisation und Ziele technischer Entwicklungen. In D. Bieber (Hrsg.), *Technikentwicklung und Industriearbeit. Industrielle Produktionstechnik zwischen Eigendynamik und Nutzerinteressen* (S. 153–180). Frankfurt am Main/New York: Campus.
Brandt, C. (2009). Wissenschaftserzählungen. Narrative Strukturen im naturwissenschaftlichen Diskurs. In C. Klein & M. Martinez (Hrsg), *Wirklichkeitserzählungen. Felder, Formen und Funktionen nicht-literarischen Erzählens* (S. 81–109). Stuttgart: Metzler.
Braun, M. (2015). Zensur in Kunst und Kultur der DDR. In A. Barnert (Hrsg.), *Filme für die Zukunft. Die Staatliche Filmdokumentation am Filmarchiv der DDR* (S. 193–224). Berlin: Neofelis.
Crivellari, F. (2010). Zeitgeschichte und Unterrichtsfilm. Desiderate und Perspektiven. In S. Popp, M. Sauer, B. Alavi, M. Demantowsky & G. Paul (Hrsg.), *Zeitgeschichte – Medien – historische Bildung* (S. 171–189). Göttingen: V&R unipress.
Dahlquist, M., & Frykholm, J. (Hrsg.) (2019). *The Institutionalization of Educational Cinema: North America and Europe in the 1910s and 1920s.* Bloomington: Indiana University Press.
Daston, L., & Galison, P. (2007). *Objektität.* Frankfurt a.M: Suhrkamp.

---

11 Zu den Darstellungsprinzipien und Charakteristiken dieses Filmtyps siehe: Engelhardt, im Druck.

Degenhard, A. (2001): „*Bedenken, die zu überwinden sind ...*" *Das neue Medium Film im Spannungsfeld reformpädagogischer Erziehungsziele, von der Kinoreformbewegung bis zur handlungsorientierten Filmarbeit Adolf Reichweins.* München: KoPäd.

Degler, W, Juen, A., Klinger, K., & Markert, M. (2019). Staging nature in twentieth-century teacher education and classrooms. *Paedagogica Historica. International Journal of the History of Education, online 2019.* DOI: 10.1080/00309230.2019.1675731.

Deutsches Pädagogisches Zentralinstitut (1965). *Physik. Verzeichnis der Unterrichtsfilme, Lichtbildreihen und Magnettonbänder.* Berlin: DPZI.

Engelhardt, K. v. (im Druck). Complex Associations: On the Emotional Impact of Educational Film in the German Democratic Republic (1950–1990). In N. Teughels & K. Wils (Hrsg.), *Teaching with light projection – Media Performance Histories.*

Engelhardt, K. v., & Ruedel, U. (2022). Collecting and Using Audiovisual Educational Aids from East Germany. In P. Carrier & A. Hertling (Hrsg.), *Collections, Collectors and the Collecting of Knowledge in Education* (S. 111–125). New York/Oxford: Berghahn.

Etmanski, J. (2004). *Der Film als historische Quelle. Forschungsüberblick und Interpretationsansätze.* https://epub.ub.uni-muenchen.de/558/6/etmanski-film.pdf [25.03.2022].

Fankhauser-Inniger, R., & Labudde-Dimmler, P. (2010). Bildrezeption und Bildkompetenz im naturwissenschaftlichen Unterricht: Herausforderungen und Desiderata. *Zeitschrift für Pädagogik, 56*(6), 849–860.

Fischer, A. (1992). *Das Bildungssystem der DDR: Entwicklung, Umbruch und Neugestaltung seit 1989.* Darmstadt: WBG.

Fischer, A., Grunau, H., & Warkus, H. (1994). Medienpädagogische Bemühungen in der DDR. Ansprüche und Widersprüche – Aufbrüche und Abbrüche. *Zeitschrift der Gesellschaft für Medienpädagogik und Kommunikationskultur 36,* 79–93.

Fromm, K. (2013). *Das Bild als Zeuge. Inszenierungen des Dokumentarischen in der künstlerischen Fotografie seit 1980.* Berlin: Diss. HU.

Fuchs R., & Kroll, K. (1982). *Audiovisuelle Lehrmittel* (2. Aufl). Leipzig: Fotokinoverlag.

Geißler, G. (2015). *Schule und Erziehung in der DDR.* Erfurt: Landeszentrale f. polit. Bild. Thüringen.

Geoff, A. (2010). *Academic Films for the Classroom: A History.* Jefferson, NC: McFarland.

Grünkorn, J., Upmeier zu Belzen, A., & Krüger, D. (2014). Assessing students' understandings of biological models and their use in science to evaluate a theoretical framework. *International journal of science education, 36*(10), 1651–1684.

Hauptverwaltung Unterrichtsmittel und Schulversorgung (1973). *Verzeichnis der Unterrichtsfilme.* Berlin: Volk und Wissen.

Hediger, V., & Vonderau, P. (2009). *Films that work. Industrial film and the productivity of media.* Amsterdam: Univ. Press.

Heichel, G. (1975). *Analyse des Ausstattungsstandes, des Ausnutzungsgrades, des methodischen Einsatzes von Unterrichtsmitteln und der erzieherischen Einflußnahme bei der Arbeit mit Unterrichtsmitteln im Biologieunterricht der allgemeinbildenden polytechnischen Oberschulen der DDR.* Halle-Wittenberg: Diss. Martin-Luther-Universität.

Hortschansky, W. (1951). *Unterrichtsfilme und Lichtbilder in der Schularbeit.* Berlin: Volk u. Wissen.

Imai, Y. (2015). Ding und Medium in der Filmpädagogik unter dem Nationalsozialismus. *Zeitschrift für Erziehungswissenschaft 25,* 229–251.

Institut für Unterrichtsmittel (1982). *Katalog-Unterrichtsfilme.* Berlin: APW.

Jasanoff, S. (2015). Future Imperfect: Science, Technology, and the Imaginations of Modernity. In: S. Jasanoff and S.-H. Kim (Hrsg.), *Dreamscapes of Modernity. Sociotechnical Imaginaries and the Fabrication of Power* (S. 1–33). Chicago/London: The University of Chicago Press.

Jordan, G. (2009). *Film in der DDR: Daten, Fakten, Strukturen.* Potsdam: Filmmuseum.
Klinger, K. (2016). Functional bodies. On Scientific Educational Film During the Cold War. *medienimpulse-online, bmb,* 4/2016, 1–9.
Kneile-Klenk, K. (2001). *Der Nationalsozialismus in Unterrichtsfilmen und Schulfernsehsendungen der DDR.* Weinheim: Beltz.
Knopfe, G. (1996). Der populärwissenschaftliche Film der DEFA. In G. Jordan & R. Schenk (Hrsg.), *Schwarzweiß und Farbe. DEFA-Dokumentarfilme 1946–92* (S. 294–341). Berlin: Jovis.
Kühn, M. (1998). *Unterrichtsfilm im Nationalsozialismus: Die Arbeit der Reichsstelle für den Unterricht/Reichsanstalt für Film und Bild in Wissenschaft und Unterricht.* Mammendorf: Septem Artes.
Laitko, H. (1996). Wissenschaftlich-technische Revolution: Akzente des Konzepts in Wissenschaft und Ideologie der DDR. *Utopie kreativ 7,* 33–50.
Laukötter, A. (2016). How Films Entered the Classroom. Emotional Education of Youth through Health Education Films in the US and Germany, 1910–1930. *Osiris,* 181–200.
Laukötter, A. (2020). „One feels so much in these times": Visual History in the GDR. In A. Laukötter & C. Bonah (Hrsg.), *Body, Capital & Screens. Moving Images and Individual's Health in Economy-based 20th Century Societies* (S. 205–230). Amsterdam: University Press, 2020.
Malycha, A. (2009a). Wissenschafts- und Hochschulpolitik in der SBZ/DDR 1945 bis 1961. Machtpolitische und strukturelle Wandlungen. In: S. Schleiermacher & N. Pohl (Hrsg.), *Medizin, Wissenschaft und Technik in der SBZ und DDR. Organisationsformen, Inhalte, Realitäten* (S. 17–40). Husum: Matthiesen.
Malycha, A. (2009b). *Die Akademie der Pädagogischen Wissenschaften der DDR 1970–1990.* Leipzig: Akademische Verlagsanstalt.
Masson, E. (2012). *Watch and learn: Rhetorical devices in classroom films after 1940.* Amsterdam: University Press.
Meyer, A. (2018). *Die Epoche der Aufklärung.* Berlin/Boston: De Gruyter.
Meyer, S. (2020). Narrativität. In T. Heimerdinger & M. Tauschek (Hrsg.), *Kulturtheoretisch argumentieren. Ein Arbeitsbuch* (S. 323–350), Münster/New York: Waxmann.
Mitgutsch, K. (2007). Indoktrination als Phantom. Über die Intentionalität des Medieneinsatzes im Lehr-Lernprozess. In H. Schluß (Hrsg), *Indoktrination und Erziehung* (93–112). Wiesbaden: VS.
Moldenhauer, G., & Steinkopff, V. (Hrsg.) (2001). *Einblicke in die Lebenswirklichkeit der DDR durch dokumentare Filme der DEFA.* Oldenburg: BIS.
Müller, M. (2019). Narrative, Erzählungen und Geschichten des Populismus. Versuch einer begrifflichen Differenzierung. In M. Müller & J. Precht (Hrsg.), Narrative des Populismus (S. 1–10). Wiesbaden: Springer Fachmedien.
Neuner, G. (1970). Wissenschaftlich-technische Revolution und Bildungsreform in der Deutschen Demokratischen Republik (DDR). *Internationale Zeitschrift für Erziehungswissenschaft, 16*(3), 286–297.
Niethammer, V. (2016). Indoktrination oder Innovation? Der Unterrichtsfilm als neues Lehrmedium im Nationalsozialismus. *Journal of Educational Media, Memory & Society, 8*(1), 30–60.
Nordhaus, V. (1976). *Die Nutzung der günstigen materiellen und organisatorischen Bedingungen des Fachunterrichtsraunsystems durch die Lehrer für ihre Unterrichtsvor- und -nachbereitung [...].* Merseburg: Päd. Lesung.
Orgeron, D., Orgeron, M., & Streible, D. (Hrsg.) (2012). *Learning with the Lights Off: Educational Film in the United States.* New York: Oxford University Press.
Paschen, J. (1983). *AV-Medien für die Bildung. Eine illustrierte Geschichte der Bildstellen und des Instituts für Film und Bild in Wissenschaft und Unterricht.* München: FWU.

Pasternack, P. (2021). *MINT und Med. in der DDR. Die DDR-Natur-, Ingenieur- und medizinischen Wissenschaften im Spiegel ihrer dreißigjährigen Aufarbeitung und Erforschung seit 1990* (unter Mitarbeit von Daniel Hechler). Berlin: BWV.

Reichert, R. (2007). *Im Kino der Humanwissenschaften.* Bielefeld: transcript.

Rosenow, O. (1970). *Die Vertiefung und Weiterentwicklung der marxistisch-leninistischen Kenntnisse der Lehrer und Erzieher unter Leitung des Direktors an der Schule als wichtige Voraussetzung für Wissenschaftlichkeit und Parteilichkeit des Unterrichts* (maschinenschriftl, Diss.). Potsdam: Pädag. Hochsch.

Sattelmacher, A., Schulze, M., & Waltenspül, S. (2021). Introduction: Reusing Research Film and the Institute for Scientific Film. *Isis 112,* 291–298.

Schluß, H. (2007). Indoktrination und Fachunterricht – Begriffsbestimmung anhand eines Exempels. In H. Schluß (Hrsg.), *Indoktrination und Erziehung – Aspekte der Rückseite der Pädagogik* (S. 57–74). Wiesbaden: VS.

Schluß, H., & Jehle, M. (Hrsg.) (2013). *Videodokumentation von Unterricht – Historische und vergleichende Zugänge zu einer Quellengattung der Unterrichtsforschung.* Wiesbaden: Springer.

Schwarz, U. (2011). Vom Jahrmarktspektakel zum Aufklärungsinstrument. Gesundheitsfilme in Deutschland und der historische Filmbestand des Deutschen Hygiene-Museums Dresden. In S. Rößiger (Hrsg.), *Kamera! Licht! Aktion! Filme über Körper und Gesundheit 1915 bis 1990* (S. 12–49). Dresden: Sandstein.

Seidel, R. (2002) (Hrsg.). *Die exakten Wissenschaften zwischen Dilettantismus und Professionalität: Studien zur Herausbildung eines modernen Wissenschaftsbetriebs im Europa des 18. Jahrhunderts.* Heidelberg: Palatina.

Sorgo, G. (2020). Technoscientification and the oblivion of the social dimension of knowledge. In A. Michaels & C. Wulf (Hrsg.), *Science and Scientification in South Asia and Europe* (S. 206–215). London: Routledge.

Stanjek, K. (Hrsg.) (2012). *Die Babelsberger Schule des Dokumentarfilms.* Berlin: Bertz + Fischer.

Steuding, K. (1972). *Untersuchung zur Bestimmung der pädagogisch-methodischen Wirksamkeit von Unterrichtsfilmen im Unterrichtsprozeß des Faches Chemie der Zehnklassigen Allgemeinbildenden Polytechnischen Oberschule.* Erfurt/Mühlhausen: Diss. Päd. Hochschule Theodor Neubauer.

Tenorth, H.-E. (1995). Grenzen der Indoktrination. In P. Drewek, K.-P. Horn, C. Kersting & H.-E. Tenorth (Hrsg.), *Ambivalenzen der Pädagogik – Zur Bildungsgeschichte der Aufklärung und des 20. Jh.* (S. 335–350). Weinheim: Beltz.

Topp, E. (1973). *Zur Funktion, Nutzung und Weiterentwicklung der technischen Grundausstattung der Oberschulen der DDR.* Berlin: Volk und Wissen.

Witte, V. (2011). *Wandel mit System? Eine Denkstilanalyse der Kybernetik in der DDR, ca. 1956 bis 1971.* Bielefeld: Universitätsbibliothek.

Wörner, G. (1979) *Audiovisuelle Unterrichtsmittel und erziehungswirksamer Unterricht.* Berlin: Volk und Wissen.

Zabel, N (2009). *Zur Geschichte des Deutschen Pädagogischen Zentralinstituts der DDR.* Chemnitz: Universitätsbibliothek.

Ziche, P. (1998). Von der Naturgeschichte zur Naturwissenschaft. Die Naturwissenschaften als eigenes Fachgebiet an der Universität Jena. *Berichte zur Wissenschaftsgeschichte 21,* 251–263.

Abstract: The article deals with the GDR's science education films from an educational-historical perspective and asks to what extent the teaching of scientific knowledge was accompanied by the transmission of politically resonant images. Audiovisual teaching aids such as educational films were considered particularly effective instruments for conveying ideological attitudes in the GDR. Especially in the case of science education films, a tension between 'scientificity' and 'partisanship' can be assumed since technology and the sciences were important references in the self-image of socialist pedagogy. In this article, three educational films from the subjects of physics, chemistry and biology are analysed in order to discuss representational practices and narrative references.

Keywords: Educational Film, Sciences, Science Narratives, GDR, Scientific-Technical Revolution

Anschrift der Autorin

Dr. Kerrin von Engelhardt, Humboldt-Universität zu Berlin,
Abteilung Historische Bildungsforschung,
Unter den Linden 6, 10099 Berlin, Deutschland
E-Mail: kerrin.engelhardt@hu-berlin.de

Cäcilia von Malotki/Sabine Reh

‚Wissenschaftlichkeit' des Unterrichts in der DDR

Motive und Inszenierungen in Filmaufzeichnungen aus dem Deutschunterricht der 1970er und 1980er Jahre

Zusammenfassung: Der vorliegende Beitrag beschäftigt sich mit der Wirkmächtigkeit des Motivs der ‚Wissenschaftlichkeit des Unterrichts', das in der DDR eine große Rolle gespielt hat. Ausgehend von einer Nachwende-Debatte über die Wissenschaftlichkeit des Deutschunterrichts der DDR und vor dem Hintergrund eines Verständnisses von Wissenschaft und Parteilichkeit in pädagogischen Diskursen der DDR werden Aufzeichnungen aus dem Deutschunterricht der 1970er und 1980er Jahre untersucht. Dabei zeigt sich, dass Wissenschaftlichkeit hier inszeniert wird als Orientierung an unhintergehbaren Fakten – selbst dann, wenn es sich um Lyrikinterpretationen und moralische Urteile handelt. Die produzierten Bilder eines den Unterricht klar strukturierenden Lehrers und dessen sachlich legitimierter Autorität bieten Ansatzpunkte für den Mythos einer ‚reinen', nicht von Fragen der Politik und Macht durchkreuzten Wissenschaft.

Schlagworte: DDR, Schulgeschichte, Bildungsmythen, Deutschunterricht, Unterrichtsvideographie

Das gegenwärtige Deutschland, diagnostiziert Herfried Münkler, sei eine „weithin mythenfreie Zone" und er spricht damit das Fehlen nationaler politischer „Gründungs- und Orientierungsmythen" an (Münkler, 2009, S. 9). Mythen in Münklers Sinne sind nicht unwahr und es muss ihnen keine rationale Sichtweise entlarvend entgegengesetzt werden. Vielmehr sind Mythen zu verstehen als symbolträchtige Erzählungen, die Identifikationsmöglichkeiten liefern, kollektiv Sinn stiften, ein Orientierungswissen bereitstellen und so in historischen Situationen Teil von Deutungskämpfen werden können (vgl. Baader, Caruso & Reh i. d. B.). In unserem Beitrag möchten wir zeigen, dass in der DDR durchaus Motive[1] existierten, die bis heute den Stoff für solche Mythen bilden können. Sie sind eng verknüpft mit einer Geschichte der ‚Moderne', zu deren Kernbestand die „neuzeitliche Naturwissenschaft" gehört (Ash, 1997, S. 1). Auch wenn umstritten ist, inwiefern die DDR ein moderner Staat war[2], entwickelte sich doch dem

---
1 Münkler spricht – sich auf Lévi-Strauss beziehend (Münkler, 2009, S. 22–23) – von Vorläufern der Mythen als „Mythemen" (Münkler, 2009, S. 472). Da wir hier offenlassen wollen, inwiefern sich aus diesen Elementen in einem engeren Sinne nationale politische Mythen werden bilden können (Münkler, 2009, S. 9–30), sprechen wir von „Motiven".
2 Die geschichtswissenschaftliche Diskussion um „die Moderne" als einen umstrittenen „europazentrierten Epochenbegriff" (Greven, 2008, 43) kann hier nicht nachgezeichnet wer-

sozialistischen Fortschrittsdenken folgend mit der „Wissenschafts- und Technikgläubigkeit" (Ash, 1997, S. 2) eine Art ‚moderne' Identität – unabhängig davon, dass es nicht gelang, eine andere Art der ‚Moderne' zu schaffen oder auch nur Modernitätsrückstände aufzuholen (Ash, 1997, S. 24–25).

Ein Motiv aus diesem Umfeld ist das seit dem 19. Jahrhundert wirkmächtige einer ‚reinen', objektiven Wissenschaft (vgl. Daston & Galison, 2007, S. 394–398), die unabhängig von subjektiven Perspektiven und politischen Machtfragen Erkenntnisse und Wahrheit produziert und in ihrer Anwendung dem gesellschaftlichen Fortschritt wie dem individuellen Fortkommen dient und Leistungen sichtbar macht. So findet sich insbesondere in der Rede über das Bildungswesen dieses Motiv, um das sich viele Narrative und Bilder ranken, die bis heute Orientierung bieten. Wie dieses Motiv über unterschiedliche Zeiten und Gesellschaftssysteme hinweg Stoff für Mythenbildungen bereithielt, lässt sich in der deutschen Bildungsgeschichte nach 1949 beobachten. Nicht zuletzt in den politischen Auseinandersetzungen um die Bewertung des Unterrichts in der DDR und die Anerkennung der Lehrkräfte versprachen sich nach 1990 verschiedene Akteure im Bildungswesen, mit Hilfe eines Bezuges auf Wissenschaft nachträglich Legitimitätsgewinne für das DDR-Erziehungssystem sowie die eigene berufliche Tätigkeit erzielen zu können. Obwohl das Motiv der Wissenschaftlichkeit des Unterrichts in der DDR vor allem in Berichten über den mathematischen oder den naturwissenschaftlichen Unterricht der DDR und seine daraus abzuleitende Qualität bemüht wird (vgl. Spiewak, 2013), zeigte es seine Wirkmächtigkeit auch in Bildern und Narrativen über andere Unterrichtsfächer, wie etwa über den Deutschunterricht nach 1990. Das ist interessant, da es dieses Fach auch „mit Wissensmomenten zu tun" hat, „die nicht in seiner Fachlichkeit liegen" (Kämper-van den Boogaart, 2019, S. 25), d.h. nicht in ihrem Bezug zur universitären Disziplin der Germanistik, und die ihm im Fächerkanon der DDR eine herausragende Stellung beim systematischen Aufbau einer sozialistischen Gesellschaft haben zukommen lassen, gerade weil sie das Fach ideologisch ausbeutbar machten (vgl. MfV, 1969, S. 5; Malycha, 2009).

Wir wollen daher untersuchen, in welcher Weise das Motiv einer ‚reinen' Wissenschaft in Bildern und Narrativen über den Deutschunterricht in der DDR Bedeutung entfaltete und Vorstellungen von ‚Wissenschaftlichkeit' aufgegriffen, (re)präsentiert und transportiert wurden.[3] Ausgehend von einer kurzen Darstellung, wie auf dieses Motiv

---

den; der Begriff bietet dennoch einen anregenden Ausgangspunkt zeithistorischer Studien (vgl. Raphael, 2008, S. 75) und hat die Debatten um den Charakter der DDR als ‚moderne' Diktatur angetrieben (vgl. Kocka, 1993), wenn auch die Forschung zumeist zum Ergebnis eines als „semimodern" (Pollack, 2004, S. 205) zu bezeichnenden Staates kommt.

3 Das Projekt, über dessen Ergebnisse hier berichtet wird, ist unter dem Titel „Indoktrinierender Unterricht – Bilder über Fachunterricht in Filmaufzeichnungen der DDR" eine sogenannte „Fallstudie" aus dem Verbundprojekt „MythErz – Bildungsmythen. Zum Nachleben einer Diktatur", das vom BMBF gefördert und an der Humboldt-Universität zu Berlin, der Universität Hildesheim, der Universität Rostock und der Bibliothek für Bildungsgeschichtliche Forschung des DIPF | Leibniz-Institut für Bildungsforschung und Bildungsinformation durchgeführt wird; vgl. Baader, Caruso & Reh i.d.B.

über den Deutschunterricht nach 1990 in fachdidaktischen Debatten rekurriert und damit zu dieser Zeit an die Idee des ‚wissenschaftlichen Unterrichts' angeknüpft wurde (1), skizzieren wir den historischen Kontext eines allgegenwärtigen Bezuges auf Wissenschaft und Wissenschaftlichkeit im pädagogischen Diskurs der DDR seit den 1950er Jahren (2). Anschließend werden wir anhand von Aufzeichnungen zweier Deutschstunden aus den 1970er und 1980er Jahren rekonstruieren, wie hier vor und hinter der Kamera Bilder und Narrative von ‚Wissenschaftlichkeit' im Deutschunterricht inszeniert wurden (3) und abschließend ihr mythenbildendes Potenzial reflektieren.

1. Nach 1990: Auseinandersetzungen um Wissenschaftlichkeit im fachmethodischen und pädagogischen Diskurs

In Texten über den Fachunterricht der DDR in Zeitschriften und eigenständigen Publikationen zum Deutschunterricht häuft sich im Zuge der Wiedervereinigung das Motiv eines wissenschaftlichen Unterrichts. Insbesondere Akteure in Forschung und Praxis, die sich während der Transformation darum sorgten, im schulischen und wissenschaftlichen Betrieb tätig bleiben zu können, rekurrierten wiederholt auf ‚Fachlichkeit' und auf den ‚wissenschaftlichen' Charakter der Unterrichtskonzeption in der DDR. Dies ging einher mit dem Verweis darauf, dass ein solches Potenzial durch das Engagement von Fachmethodiker:innen[4], Lehrkräften und Schüler:innen in der Zeit nach dem Mauerfall erst klar ersichtlich geworden sei.[5]

Das bildet sich auch in Auseinandersetzungen über den Deutschunterricht in den Jahren 1990 und 1991 ab. Für den Teilbereich Muttersprache, dem innerhalb des in den 1980er Jahren reformierten Lehrplanwerks der Polytechnischen Oberschule die Funktion eines „Eckpunkt[es] des Gesamtkonzepts" (Neuner et al., 1987, S. 8) zukam, resümiert Bodo Friedrich, leitender Mitarbeiter im Zentralinstitut der Akademie der Pädagogischen Wissenschaften der DDR (APW)[6], 1990: „Was den Muttersprachunterricht als Ganzes betrifft, so vertrete ich folgende Auffassung: Es hat fast alles Bestand, was wir in den vergangenen Jahren […] konzipiert haben" (Friedrich 1990, S. 103). Probleme hätten sich eher aus dem schwachen Widerstand gegen die Einflussnahme des Ministeriums für Volksbildung (MfV) ergeben: „Wir haben als Wissenschaftler gegen

---

4   Die Bezeichnung „Fachmethodik" entspricht der in der BRD üblichen der „Fachdidaktik"; vgl. zur institutionellen Selbstbezeichnung einer entsprechenden Forschung z.B. Stellenpläne des Deutschen Pädagogischen Zentralinstituts (DPZI) (o. V.), 1951. Stellenplanüberwachungsliste Berlin und Zweigstellen 1949–1951, DIPF/BBF/Archiv, APW DPZI 1018a.

5   Vgl. Bienioschek & Schmidt, 1990, S. 11–14; Fuhrmann, 1997, S. 154–155; Kreisel, 1996, S. 7–8.

6   Die APW wurde 1970 als außeruniversitäre Forschungsinstitution der DDR mit dem Ziel der Zentralisierung von Bildungsforschung und -planung gegründet und war als nationale Leiteinrichtung dem MfV direkt unterstellt. Fachabteilungen erstellten zentrale Lehrplanwerke und Materialien für die Lehrkraftbildung der DDR (vgl. Eichler & Uhlig, 1993, S. 118–120).

die Unterordnung der Wissenschaft unter eine ideologisch hypertrophierte Schulpolitik nicht immer sehr erfolgreich und auch nicht immer sehr konsequent angekämpft" (Friedrich, 1990, S. 105). Die Idee einer unabhängigen wissenschaftlichen Qualität des Unterrichts bekräftigt er in einer öffentlichen Antwort auf die in „Praxis Deutsch" publizierte Kritik einer bundesdeutschen Erziehungswissenschaftlerin im selben Jahr (Biesenbaum, 1990, S. 4–6). Deren Vorwurf an den jüngsten DDR-Lehrplan lautet, von der Priorität des „Stoffes vor dem Menschen" (Biesenbaum, 1990, S. 4) geprägt gewesen zu sein; die sprachwissenschaftliche Terminologie könne nicht verbergen, dass hier „nebulöse Vorstellungen von Unterrichtspraxis" (Biesenbaum, 1990, S. 7) vorherrschten. Friedrich widerspricht mit dem Bild einer pädagogischen Praxis, deren grundlegende Prinzipien subversiv gegen die ideologischen Ansprüche der DDR-Führung gewendet werden konnten:

> Die offiziell immer wieder verlautbarten Ziele (Aufbau einer Gesellschaft mit der gerechtesten und sozialsten aller denkbaren Ordnungen, […] Allseitigkeit der Bildung usw.) eröffneten Wissenschaftlern immer wieder die Möglichkeit, sie wörtlich zu nehmen, mit ihnen gegen pragmatisch-ideologische Verkürzungen Front zu machen und eigene Konzepte eines humanen Unterrichts zu entwickeln (Friedrich, 1991, S. 5).

Den Vorwurf einer umfassenden Einflechtung von marxistisch-leninistischen Grundprinzipien will er nicht gelten lassen:

> H. Biesenbaum definiert in ihrem Beitrag ‚Parteilichkeit': sie […] hätte in der DDR ‚die Anerkennung der führenden Rolle der Arbeiterklasse' bedeutet. Ein Blick aber in das philosophische Wörterbuch, hrsg. von G. Klaus und M. Buhr, hätte klären können, dass dieser Begriff, der in der BRD offenbar negativ konnotiert ist, in der DDR durchaus positiv im Sinne einer Parteinahme für den Menschheitsfortschritt verstanden wurde (Friedrich, 1991, S. 5).

Der von ihm angeführte Lexikon-Eintrag des Standardwerkes weist jedoch in Original und Überarbeitung die Einheit von Parteilichkeit und Wissenschaft als Fortschritt gegenüber der spätbürgerlichen Gesellschaft aus. Parteilichkeit zielt der sozialistischen Staatsdoktrin der DDR folgend niemals nur auf einen allgemeinen, als humanistisch qualifizierten Fortschritt, sondern auf die Verwirklichung des Kommunismus: „Da der revolutionäre Kampf der Arbeiterklasse um die Errichtung einer menschenwürdigeren, von Ausbeutung freien sozialistisch-kommunistischen Gesellschaftsordnung sich auf wissenschaftlicher Grundlage vollzieht, fällt die Parteinahme für diesen Kampf mit der wissenschaftlichen Objektivität in eins" (vgl. Klaus & Buhr, 1964, S. 407; Klaus & Buhr, 1974, S. 914). Friedrich lässt derartige Implikationen unerwähnt und kann so ein zentrales Prinzip der DDR-Unterrichtspraxis, ihren expliziten Bezug auf Wissenschaft und Wissenschaftlichkeit nutzen, um Anschlussmöglichkeiten aufzuweisen. Er scheint davon ausgegangen zu sein, dass sich auf Wissenschaft und damit auf Fortschritt zu beziehen auch im Schulwesen des vereinten Deutschland einen großen Stellenwert besitzen wird.

Im Folgenden wollen wir zeigen, wie und in welchen Schritten ein „marxistisch-leninistisches" Wissenschaftsverständnis und eine Konzeption von Parteilichkeit sich entwickelte und die Vorstellung vom Fachunterricht in der DDR durch mehrere Jahrzehnte beeinflusst hat.

2. Das Prinzip der Wissenschaftlichkeit des Unterrichts in der DDR zwischen 1950 und 1989

In einer 1950 vom MfV unter Paul Wandel erlassenen Verordnung wurden sechs „didaktische Prinzipien der deutschen demokratischen Schule" angeführt, die bis 1990 gültig blieben und sich nicht nur gegen eine inhaltlich reduzierende Volkstümlichkeit, sondern vor allem gegen „Methoden der sogenannten bürgerlichen Schulreformer, wie z. B. ‚Erziehung vom Kinde aus', ‚freie Erziehung', ‚Arbeitsschulunterricht', ‚Auflösung des Klassenunterrichtssystems durch ‚Gruppenunterricht […]'" richteten (MfV, 1950, S. 5). Als erstes Prinzip wurde das „der Verbindung der Wissenschaftlichkeit des Unterrichts mit der Erziehung der Schüler zu fortschrittlichen Demokraten" genannt und im dritten Punkt „das Prinzip des systematischen Charakters des Unterrichts" angeführt (MfV, 1950, S. 5), mit dem eine Ausrichtung der Inhalte des Unterrichts jeder Schule an den Wissenschaften propagiert wurde. Die zentrale Bedeutung, die dem Prinzip der Wissenschaftlichkeit hier beigemessen wurde, änderte sich im Laufe des Bestehens der DDR nicht, wohl aber sollten sich mit dem formelhaften Ausdruck variierende Vorstellungen und Problemlagen verbinden. Im Pädagogischen Wörterbuch der APW von 1987 wird betont, dass das gesamte Bildungssystem an Wissenschaftlichkeit ausgerichtet sei: „Über eine wissenschaftliche, parteiliche und lebensverbundene Bildung soll die Jugend die Wahrheit erkennen, die Gesetzmäßigkeiten in Natur und Gesellschaft verstehen, ein richtiges Weltbild gewinnen. […] Wissenschaftlichkeit und die Aneignung einer wissenschaftlichen Weltanschauung gehören zusammen" (Laabs et al., 1987, S. 420). Die Diktion hatte sich verändert – statt Erziehung zu fortschrittlichen Demokraten wurde nun Parteilichkeit und Lebensverbundenheit der Bildungsangebote in Aussicht gestellt, um Wahrheit erkennbar zu machen. Wie war es dazu gekommen und was war vor diesem Hintergrund unter Parteilichkeit zu verstehen?

Übereinstimmend wird in der historischen Forschung zur Entwicklung der Wissenschaft in der DDR und ihres Verhältnisses zur Politik und Staat davon ausgegangen, dass schon Ende der 1940er Jahre mit verschiedenen Kampagnen gegen den „bürgerlichen Objektivismus" (vgl. Malycha, 2002, S. 98) die Position einer prinzipiellen Parteilichkeit der Wissenschaft formuliert wurde, die sich im Laufe des folgenden Jahrzehnts als alternativlos etablierte.[7] Wissenschaftlich waren nicht mehr nur die Grundlagen des Marxismus, vielmehr wurde der Marxismus-Leninismus selbst zur Grundlage jeder

---
7 Vgl. bei Ash, 1997; Kocka, 1998; Burrichter & Diesener, 2002.

Wissenschaft überhaupt erhoben, deren Qualität die Führung der SED beurteilen konnte (Malycha, 2002, S. 87–89). Die begleitenden wissenschaftstheoretischen Diskussionen fanden 1964 im „Philosophischen Wörterbuch" – jenes Wörterbuch, das auch Friedrich anführte – eine Zusammenfassung (Klaus & Buhr, 1964, S. 614–616). Wissenschaft sei als das „aus der gesellschaftlichen Praxis erwachsende, sich ständig entwickelnde System der Erkenntnisse über die wesentlichen Eigenschaften, kausalen Zusammenhänge und Gesetzmäßigkeiten der Natur, der Gesellschaft und des Denkens" zu verstehen, das in und an der Praxis überprüft werde und der Beherrschung der natürlichen und der gesellschaftlichen Umwelt diene (Klaus & Buhr, 1964, S. 614). Die „moderne Wissenschaft" – ausdrücklich unterschieden von Wissenschaft überhaupt – habe „riesige Ausmaße" angenommen (Klaus & Buhr, 1964, S. 614). Vor dem Hintergrund der wissenschaftlichen und industriellen Entwicklung, der „wissenschaftlich-technischen Revolution", werde der Prozess der Entwicklung der Naturwissenschaft zu einer unmittelbaren Produktivkraft erheblich beschleunigt[8] und im Kommunismus – so die feste Überzeugung – könne dieser Prozess schließlich vollendet werden (Klaus & Buhr, 1964, S. 615). Trotz der Differenzierung in verschiedene Disziplinen sei wissenschaftliche Erkenntnis nicht chaotisch zersplittert, „[...] denn zwischen allen Wissenschaften besteht ein innerer Zusammenhang, eine Ordnung, die objektive Grundlagen hat. Die objektive Grundlage für die Einheit aller Wissenschaften ist in der Einheit ihres Gegenstandes, der materiellen Welt, zu sehen" (Klaus & Buhr, 1964, S. 615). In diesem Sinne sei die Wissenschaft eine in gesellschaftlicher Arbeitsteilung entstandene, „spezifische Form des gesellschaftlichen Bewusstseins [...] soziale Institution und unmittelbare Produktivkraft" (Klaus & Buhr, 1964, S. 615). Wie jede Form gesellschaftlichen Bewusstseins – so wird unter dem Stichwort „Parteilichkeit" (Klaus & Buhr, 1964, S. 405–408) erläutert – sei auch die Wissenschaft parteilich, „Ausdruck der Klassengebundenheit" und stehe im Gegensatz zum „Objektivismus" (Klaus & Buhr, 1964, S. 397) ‚bürgerlicher' oder idealistischer Wissenschaftstheorie, die die materielle Gebundenheit der Bewusstseinsformen leugne.[9] Bezugnahmen auf „Parteilichkeit" finden sich in diesen

---

8 Die Konzeption der „wissenschaftlich-technischen Revolution" sei gekennzeichnet von zunehmender Verwissenschaftlichung der Produktionsmittel und der Arbeitsformen bzw. -organisation wie auch der Hebung des Bildungsniveaus bzw. steigender Qualifikation der Arbeitenden, interpretiert Bialas in den in der BRD stattfindenden Debatten (1978, S. 366) die Äußerungen im „Philosophischen Wörterbuch", vgl. insgesamt zum Verhältnis zwischen dem Konzept „Wissenschaftlich-Technische Revolution" und Entwicklungen im Bildungswesen Jessen 2004, S. 218–221. Vorweggenommen sind darin Aspekte dessen, was in der Zeitgeschichte als „Verwissenschaftlichung" verstanden wird (vgl. Raphael, 1996, Szöllösi-Janze, 2004; zur Entwicklung in der DDR auch Burrichter & Diesener, 2002).

9 Der Theorieentwicklung in der DDR wurde von Seiten westdeutscher Marxisten der Vorwurf eines dualistischen, ‚zerfällenden' Denkens gemacht. Das habe einen Schematismus entstehen lassen, der, weil unterkomplex, gerade kein angemessenes marxistisches Verständnis von gesellschaftlichen Bewusstseinsformen wie der Wissenschaft entstehen ließ, vgl. Sandkühler, 1978; die Beiträge gingen zurück auf eine Tagung, an der u. a. auch zwei Mitglieder der Akademie der Wissenschaften der DDR beteiligt waren, u. a. Manfred Buhr, und auf Beiträge in einem Argument-Sonderband (Projekt-Ideologie-Theorie, 1979).

Jahren vermehrt auch in der pädagogischen Reflexion und Forschung. Hier offenbart sich allerdings auch, wie einfach und widerspruchslos – man könnte auch sagen: tautologisch – die Zusammenhänge gedacht werden konnten. Zu vermitteln seien „objektiv wahre" Sachverhalte und Wahrheit wird als identisch mit dem verstanden, was im Marxismus-Leninismus als solche bestimmt wird (Rosenow, 1970, S. 21–22). Damit fallen Parteinahme für die Wahrheit, für Wissenschaftlichkeit und für den Marxismus-Leninismus in eins und prägen die gegenseitigen Bezüge: „Eine Wissenschaftlichkeit ohne eindeutige Parteinahme ist keine Wissenschaftlichkeit und führt zum Objektivismus, das heißt sie lässt ‚mehrere Varianten der Wahrheit' offen." (Rosenow, 1970, S. 21–22).[10] Aus dem Kampf gegen den bürgerlichen „Objektivismus" ist das Plädoyer für marxistisch-leninistisch autorisierte „objektiv wahre" Sachverhalte geworden.

Die Diskussionen, die sich seit Mitte der 1970er Jahre zur Wissenschaftlichkeit des Unterrichts anbahnten, legten noch ein anderes Problem offen. Über Parteilichkeit wurde nun weniger diskutiert, den „Objektivismus" explizit zu bekämpfen verlor an Bedeutung. Die APW (1979a) unterstrich zwar erneut die Ausrichtung an Wissenschaft und betonte das Ziel, dass Schüler:innen objektive gesellschaftliche Gesetzmäßigkeiten erkennen könnten und in der Lage sein sollten, den wissenschaftlich-technischen Fortschritt zu beschleunigen (APW, 1979a, S. 12–13); dafür müsse allerdings – so jetzt die Position – der Unterricht neu gestaltet werden (APW, 1979a, S. 25).[11] Bei der Lektüre der Materialien wird deutlich, dass die eigentlichen Probleme nicht in der prinzipiellen Produktion einer parteilichen Wissenschaftlichkeit, sondern in der Erhöhung der Leistungsfähigkeit der Schüler:innen und ihrer Unterstützung der sozialistischen Gesellschaftsordnung gesehen wurden.[12] Es gelte, fachliches Wissen zu sichern, vor allem aber dieses anwendbar zu machen. Allgemeine geistige Fähigkeiten, Flexibilität sowie ein tieferes Verständnis sollten entwickelt werden, die Schüler:innen selbständige Lö-

---

10 So formuliert in einer 1970 an der Pädagogischen Hochschule Potsdam eingereichten Dissertation von Otto Rosenow, vgl. dazu auch den Beitrag von Kerrin v. Engelhardt (i. d. B.). In dieser Dissertation entpuppt sich die Problematik der unterkomplexen Auseinandersetzung mit dem Thema der Wissenschaftlichkeit; das Gutachten zu dieser nur mit „cum laude" bewerteten Arbeit kritisiert den dort aufgebauten Wissenschaftlichkeitsbegriff als gleichgesetzt mit dem des Marxismus-Leninismus; d. h., es gebe eben keine erkenntnistheoretische Reflexion (Wilms, G. 1970. Gutachten zur Dissertation von Otto Rosenow, Güstrow, DIPF/BBF/Archiv, Nachlass Wilms, WILMS 79, S. 1–5).

11 Vgl. auch die Auslassungen zum Mathematikunterricht und zu den für diesen Unterricht geforderten Qualitätssteigerungen (APW, 1979b, S. 13/14, S. 22).

12 Auch aus verschiedenen soziologischen Untersuchungen und Jugendstudien in der DDR, etwa des Zentralinstituts für Jugendforschung (vgl. Peter Förster: Junge Ostdeutsche auf der Suche nach der Freiheit. Eine Längsschnittstudie zum politischen Mentalitätswandel bei jungen Ostdeutschen vor und nach der Wende. Leske & Budrich 2002, insbes. S. 33–45) hätte schon einige Jahre vor dem Zusammenbruch der DDR herausgelesen werden können, dass Jugendliche in eine gewisse Distanz zur herrschenden Ideologie gingen. Die politisch Verantwortlichen nahmen dieses oder wollten dieses allerdings nicht wirklich zur Kenntnis nehmen (Malycha, 2008, S. 299); vgl. auch Walter Friedrich: Zum Entwicklungsstand und zu Entwicklungsproblemen unserer Jugend – 1987, abgedruckt in Schulz, 1998, S. 201–205, insbes. zu Veränderungen in der Wertorientierung S. 203.

sungen finden können. Dazu bedürfe es einer höheren „Lebensverbundenheit", erforderlich sei „wissenschaftliche Exaktheit bei stärkerer Beachtung von Fachlichkeit und Altersgemäßheit" (APW, 1979b, S. 22). Die sich hier andeutende Tendenz verstärkte sich in den der DDR bis zum ‚Mauerfall' verbleibenden Jahren. Die APW vermerkte 1987, welche Anforderungen in der Unterrichtspraxis aus ihrer Sicht nicht erfüllt wurden. Ausgehend davon, dass Schüler:innen einerseits lernen müssten, „Gesetzeszusammenhänge" zu begreifen und zu erklären, Begriffe sauber zu definieren und Erkenntnisse zu formulieren (APW, 1987, S. 24), andererseits aber höhere Anforderungen, wie es heißt, „schöpferische Herausforderungen" (APW, 1987, S. 25) an die Schüler:innen gestellt würden[13], wird nun die zu starke Orientierung der Schulfächer und des Unterrichts an der Wissenschaftlichkeit der Fachwissenschaften vorsichtig kritisiert und als negatives Gegenbild eine „Scientifikation" wie im Westen an die Wand gemalt (APW, 1987, S. 28). Nichts für den Unterricht sei einfach aus Wissenschaftsdarstellungen zu übernehmen (APW, 1987, S. 33); abstrakte Begriffsarbeit solle nicht in den Vordergrund gestellt werden (APW, 1987, S. 32) und Systematik sei nicht um ihrer selbst willen zu favorisieren (APW, 1987, S. 34).

Wissenschaftlichkeit des Unterrichts meinte in allen Phasen der DDR die Ausrichtung der Inhalte des Unterrichts an wissenschaftlichen Erkenntnissen. Und auch wenn sich das zunächst primär gegen volkstümliche Inhalte und reformpädagogische Methoden richtete, schloss Wissenschaftlichkeit – entsprechend der Geschichte des Wissenschaftsverständnisses in der DDR – seit den 1950er Jahren ein klares Bekenntnis zum Marxismus-Leninismus ein. Spätestens seit dem Ende der 1970er Jahre bestimmte ‚Parteilichkeit' in diesem Sinne allerdings weniger die Debatten um den Unterricht – die Schwierigkeiten einer ineffektiven, ‚szientifischen' Ausrichtung der Unterrichtspraxis rückten mehr in den Vordergrund der Problemerhebung. Aber auch in diesem Kontext blieb der Rückzug auf „objektiv wahre" Sachverhalte und ein anscheinend sicheres wissenschaftliches Wissen für Lehrkräfte risikoarm. Wie dies im Deutschunterricht geschehen konnte und hier die Wissenschaftlichkeit über die Inszenierung unbestreitbarer Fakten und Tatsachen betont und die Autorität des wissenden Lehrers präsentiert wurde, ist Gegenstand des folgenden Abschnittes.

---

13 Dies wird explizit auch schon 1986 in sogenannten „Bilanzmaterialien" formuliert; im muttersprachlichen Unterricht z. B. liegt der Fokus auf fehlender Schüleraktivität, deren Voraussetzungen und Bedingungen auch stärker zu beforschen seien, vgl. etwa BBF/DIPF/Archiv, APW 0.0.1, 561, Bl. 19, 31.10.77; vgl. auch BBF/DIPF/Archiv, APW 0.0.2., 157, Beratung 27.10.1986, Bl. 1. Vgl. dazu auch Untersuchungen zur Diskrepanz, so wurde es damals interpretiert, zwischen Wünschen und Erwartungen Jugendlicher, etwa ein selbstbestimmtes Leben führen zu wollen, und Fähigkeiten, Werturteile und begründete Entscheidungen treffen zu können; Akademie der Wissenschaften, 1990, S. 29.

3. Inszenierung von Wissenschaftlichkeit des Unterrichts – die Rede von Fakten

Dazu werfen wir einen Blick auf audiovisuelle Unterrichtsaufzeichnungen aus der DDR der 1970er und 1980er Jahre[14], die für den Einsatz in der Lehrkräftebildung erstellt wurden. Selbsterklärtes Ziel dieser Produktionen war es, Erfahrungswerte aus der Schulpraxis für Studierende und Forschende erfassbar zu machen.[15] Im Folgenden konzentrieren wir uns auf zwei Deutschstunden eines Lehrers, hier Herr Thoma genannt. Wir möchten Untersuchungsergebnisse zu ausgewählten Sequenzen vorstellen, mit denen Darstellungsmuster der Akteure vor und hinter der Kamera näher bestimmt, Unterrichtsinteraktionen analysiert und die Ergebnisse ins Verhältnis zu pädagogischen, fachdidaktischen und bildungspolitischen Diskursen in der DDR und der Zeit um 1990 gesetzt werden können.[16]

Eine im Oktober 1977 im Pädagogischen Labor der Humboldt Universität zu Berlin (HU) produzierte Aufnahme zeigt Unterricht in einer neunten Klasse, auf einem einige Jahre später[17] bespielten Band aus dem Labor der Akademie der pädagogischen Wissenschaften, das in die Räume der „Forschungsschule"[18] Heinrich-Heine in Berlin-Mitte

---

14 Die Aufzeichnungen wurden in den 2000er Jahren zusammengetragen, digitalisiert, erschlossen und schließlich als Online-Bestand zur wissenschaftlichen Nutzung bereitgestellt, vgl. Schluß & Jehle, 2013.

15 Die Aufnahmen der Filmlabore wurden für die Lehrerbildung bzw. Praxisevaluation genutzt (vgl. Heun, 1978, S. 112; Mirschel, 2013, S. 254) und im Fall der APW methodisch vorbereitet, es fand kein Einüben des Ablaufs mit den Schüler:innen statt. Herrn Thomas Beziehungen zum HU-Labor sind unklar, er absolvierte als Forschungslehrer an der Heinrich-Heine-Schule obligatorische Weiterbildungsmaßnahmen im Kontext der erfolgenden Unterrichtsaufzeichnungen (vgl. o. V., Konzeption für die Weiterbildung der Forschungslehrer in den Forschungseinrichtungen der APW und ihrer Kooperationspartner, Bestand 1972–1975, DIPF/BBF/Archiv, APW 7134, Bl. 1–2).

16 Im Projekt werden audiovisuelle Aufzeichnungen von Fachunterricht auf der Grundlage einer Beschreibung der Aufzeichnung einer gesamten Unterrichtsstunde, der detaillierteren Beschreibung von nach bestimmten Kriterien ausgewählten Sequenzen und der Transkription der Tonspur in diesen genauer beschriebenen Sequenzen Ebenen der Darstellung und Repräsentation unterschieden, genau analysiert und in bildungshistorischem Kontext interpretiert. Angelehnt haben wir das Analyse-Verfahren an Vorschläge von Wiegmann (2013) und Reh & Jehle (2020).

17 Dem Videoband ist kein Datum zugeordnet, nach den Unterlagen der Forschungsschule Heinrich-Heine war Herr Thoma zur Gründung des Pädagogischen Labors 1978 Forschungslehrer (Hofer, E., Entwurf Schuljahresarbeitsplan 1978/79 (1978), DIPF/BBF/Archiv, APW 16.115, Bl. 5). Die Aufnahme „Linker Marsch" wurde von ihm initiiert (Mirschel, 2013, S. 259). Das Labor verblieb bis 1986 in Betrieb (ebd., S. 253).

18 Die systematische Einrichtung von Forschungsschulen wurde vom DPZI über rechtliche Vorgaben angestrengt (o. V., Entwurf Vertragliche Vereinbarung zwischen dem DPZI und dem Rat des Stadtbezirks Berlin-Mitte, 1964, DIPF/BBF/Archiv, APW DPZI 0.0.1. 205, Bl. 23–27). Ziel war die Umsetzung von Untersuchungen der pädagogischen Praxis und Transfer der Forschungserkenntnisse in den Schulalltag (vgl. o. V., Protokoll der Beratung beim Generalsekretär 9.10.1972, DIPF/BBF/Archiv, APW 7314, Bl. 1–3).

integriert war, ist eine Stunde mit einer achten Klasse aufgenommen. Bei der Aufnahme[19] wurde Herr Thoma in einem als Klassenzimmer mit frontaler Sitzordnung eingerichteten Raum von fünf Kameras vor der Klasse gefilmt, ein:e Mitarbeiter:in des Labors war mit einer beweglichen Kamera zugegen; im Schneideraum nebenan entschied eine:r der pädagogischen Mitarbeiter:innen über die eingesetzten Kameraperspektiven in Echtzeit. Im APW-Labor wurde Thoma von dessen Leiter ebenfalls in Echtzeitschnitt von 4 feststehenden Kameras beim Literaturunterricht mit einer Klasse der Heinrich-Heine-Schule gefilmt.[20] In den Interaktionen der zwei Unterrichtsstunden – eine zur historischen und ästhetischen Einordnung eines russischen Gedichtes von Wladimir Majakowski, eine mit Übungen zur „Diskussion", also zum „mündlichen und schriftlichen Ausdruck" (Ministerrat DDR, 1969, S. 15) – fiel die wiederkehrende, inhaltlich stark variierende Nutzung des Begriffs „Fakt" oder „Fakten" auf: Es finden sich über 20 Erwähnungen. Dabei verwendet im Literaturunterricht nur einmal eine Schülerin das Wort; im aufgezeichneten Muttersprachunterricht fällt das Wort „Fakt" auf Schüler:innenseite gar nicht, während Thoma es hier im ersten Drittel der Stunde nutzt, um eine systematisierende Vorgehensweise anzukündigen. In der im Projekt angefertigten Beschreibung heißt es:

Im ersten Teil des grobkörnigen, kontrastarmen Schwarz-Weiß-Films wird der schlanke, hochgewachsene Lehrer in Jeans und Pullover auf langen Strecken frontal und im schrägen Portrait von unten fokussiert. Er trägt eine dunkle, leicht wellige Kurzhaarfrisur und einen Schnurrbart, der die Sichtbarkeit seiner Gesichtsmimik einschränkt. Auf den hohen Lehrertisch gestützt, verortet er das Stundenthema ‚Diskussion' im ‚mündlichen Ausdrucksunterricht'. Danach gibt er den Stundenverlauf deutlich und akzentfrei artikuliert vor, während er immer wieder eindringlich zu den Schüler:innen blickt: „Wir wollen die verschiedenen Fakten vielleicht erstmal zusammentragen und dann ordnen und dann vielleicht anschließend selbst mal eine Diskussion führen." Im folgenden Unterrichtsgespräch, bei dem die Kameraperspektive wiederholt zwischen Thoma und fokussierten Schüler:innengruppen wechselt, erfragt und ergänzt der Lehrer mögliche Gegenstände, Regeln und Techniken einer Diskussion und wiederholt Sätze wie: „Man muss sich üben, seine Gedanken,

---

19 Schluß, Henning u. a. (Hrsg.) (2011). „Diskussion" (v_hu_12) [Video (1977): Version 1.0]. In Audiovisuelle Aufzeichnungen von Schulunterricht in der DDR – Unterrichtsbeobachtung (Daten): Rettung, Erschließung und Veröffentlichung im Internet von aufgezeichnetem Unterricht aus der DDR [Version 1.0]. Rechteinhaber: Original: ZAL Humboldt-Universität zu Berlin, Digitalisat: Humboldt-Universität zu Berlin. Veröffentlichungsort: Frankfurt am Main, Forschungsdatenzentrum Bildung am DIPF, http://dx.doi.org/10.7477/4:1:17.
20 Schluß, Henning u. a. (Hrsg.) (2011). „Linker Marsch" (v_apw_209) [Version 1.0]. In Audiovisuelle Aufzeichnungen von Schulunterricht in der DDR – Unterrichtsbeobachtung Quellensicherung und Zugänglichmachung von Videoaufzeichnungen von DDR-Unterricht der APW und der PH-Potsdam [Datenkollektion: Version 1.0]. Rechteinhaber: Senatsverwaltung für Bildung, Jugend und Wissenschaft Berlin. Veröffentlichungsort: Frankfurt am Main, Forschungsdatenzentrum Bildung am DIPF, http://dx.doi.org/10.7477/4:2:33.

seine Fakten zu formulieren: Es geht um die Überzeugungskraft der von uns dargelegten Fakten."[21]

Zunächst wird also gesammelt, wie Teilnehmer:innen einer Diskussion ihre Rede aufzubauen und wie sie zu argumentieren haben. Der Lehrer unterstellt mit seiner ersten Äußerung, dass das, was an Wissen über Diskussionen zusammengetragen wird, „Fakten" seien und bringt damit auch zum Ausdruck, dass sie als verlässliche Lerninhalte anzuerkennen sind. Er fasst zusammen, wie man vorgeht, um zu überzeugen; hier taucht das Wort „Fakt" bzw. „Fakten" zweimal auf. Die Rede ist einerseits von den ‚eigenen' Fakten der jeweiligen Diskussionsteilnehmer:innen, also von der rhetorischen Funktion, die ein Inhalt im Rahmen einer Argumentation erhält. Andererseits ist unterstellt, dass es sich dabei nur um objektiv wahre Sachverhalte, um Tatsachen handeln könne. Der Begriff des „Faktes" wird in diesem Teil der Unterrichtsstunde also in unterschiedlicher Hinsicht genutzt. Damit wird der fachlich bestimmte Unterrichtsgegenstand der Rhetorik in seiner Bedeutung unterminiert – dass die Überzeugungskraft von Argumenten in der Rede rhetorisch hergestellt wird. Dem Lehrer erlaubt der beharrliche und beharrende Bezug auf „Fakten" dem, was unterrichtet wird, eine Form der Autorität zu verleihen. In der zweiten Hälfte der Unterrichtsstunde wird dies während einer Übung deutlich, die sich nicht im Lehrmaterial findet (Schreinert et al., 1969., S. 72–75) – eine Diskussion zu möglichen Streber:innen in der Klasse. Hier stellt Thoma Anschluss an die Erfahrungsrealität der Schüler:innen her und führt die Aufgabenstellung mithilfe akzentuierter Mimik und Artikulation ein.

> „Und jetzt bitteschön, können wir unsere Meinung äußern. Was sind Streber, was ist das?" Thoma hebt seine Arme und öffnet die Handflächen nach oben; er legt den Kopf leicht schräg, sein Tonfall wird vertraulich: „ganz persönliche Gründe – also nicht, ob es richtig oder falsch ist, das wollen wir versuchen, zu klären. Ja?" Verschiedene Zoomeinstellungen der beweglichen Kamera filmen Schüler*innen, die sich melden und von Thoma zügig mit Handzeichen drangenommen werden. Einig sind sich alle nach Nachfragen von Herrn Thoma, dass die mangelnde Hilfsbereitschaft gegenüber den Klassenkameraden den ‚echten Streber' ausmache. Der Lehrer, wieder frontal im Bild, stellt fest: „So, wir haben dort eine Menge Fakten zusammengetragen." Er lehnt sich sacht mit seiner linken Hüfte ans Pult und fährt nach einer gerade merklichen Pause fort: „Was verurteilen wir im Prinzip an einem Streber?" Der Schüler, hier Jo genannt, der weit in seinem Stuhl zurückgelehnt sitzt, antwortet, die Stirn leicht gerunzelt: „Na eigentlich verurteilen wir ihn also bloß, weil er nur an sich denkt oder so." Thoma blickt in die Runde: „Das ist eigentlich das Wichtigste, was Jo festgestellt hat." Dann fordert er laut und mit fester Stimme ein, die Streber der Klasse zu benennen: „Man kann auch gern mit Namen und Adresse

---

[21] Forschungsdaten des Projektes DIPF/BBF/FoPro IndU/Videoanalyse/APW029/Beschreibungen/Sequenzen Fakten, S. 2.

arbeiten." Während dieser Aussage wird das Rascheln von Kleidung und einsetzendes Flüstern im Raum hörbar. Herr Thoma stützt sich schräg mit seinem Ellenbogen auf dem Pult ab: „denn wir sind uns einig", hier hält er kurz inne und hebt eine Hand auf Augenhöhe der Schüler:innen, die Finger dabei sehr gerade, die Handfläche nach unten ausgestreckt. Als keine Geräusche mehr hörbar sind, fährt er fort: „– was ein Streber tatsächlich ist. Und jetzt müssen die Leute, die vorhin festgestellt haben: ‚in der Klasse gibt es Streber', Rede und Antwort stehen." Er pausiert und schaut die Schüler:innen fest an, bis ein Schüler sich meldet.[22]

„Fakten" wird in dieser Situation verwendet, um die mit den Schüler:innen gesammelten Merkmale eines Strebers als Tatsache festzustellen, nicht etwa als Ergebnis einer sozialen Übereinkunft. Entscheidendes Merkmal des Strebers sei seine Weigerung, anderen zu guten Leistungen zu verhelfen. Als „Fakten", ähnlich wie Elemente des Diskussionsverfahrens, sind Bestandteile einer Beschreibung von Verhalten zusammengetragen, mit denen zugleich ein moralisches Urteil gefällt wird. Beides wird unterschiedslos als Fakt bezeichnet, eine Differenzierung nicht vermittelt. Die Orientierung, die Thoma durch diese Kennzeichnung bereitstellt, wird von einer Kameraführung begleitet, die ihm nicht nur den Großteil der Bildschirmzeit zuteilt, sondern ihn über Einstellungen inszeniert, in denen er körperliche Lässigkeit mit exakter Gestik verbindet. Zusammen mit den langen Blicken auf die Schüler:innen kann dies als Widerspiegelung sachlicher Autorität verstanden werden. Die gemessene, durch wenige Füllworte unterbrochene Sprache wird mit mimischen und sprachlichen Äußerungen der Schüler:innen im Gespräch zusammengeschnitten, Thomas' zusammenfassende oder korrigierende Bemerkungen bilden meist Abschluss und Überleitung im Takt der Aufzeichnung. So entsteht das Bild eines effektiv agierenden Pädagogen, sicher in der Kenntnis des Stoffes und präsent im Umgang mit der Klasse, dem man die bewusste Inszenierung auf allen sprachlichen und mimischen Ebenen zuzutrauen geneigt ist. Beim näheren Hinsehen zeigt sich jedoch, dass der vielfältige Gebrauch der Worte „Fakt" und „Fakten" und die Vermittlung von verlässlichen Orientierungspunkten gerade zulasten systematischer Überlegungen geht. Dies wird anhand der zweiten von uns ausgewählten Aufzeichnung im Literaturunterricht im Labor der Heinrich-Heine-Schule noch deutlicher, in der weitere Sinnebenen evoziert werden:

In der ersten Hälfte des Unterrichts fordert Thoma die Schüler:innen auf, an einem Gedicht Wladimir Majakowskis, dem „Linken Marsch" von 1918, nachzuvollziehen, wie im Sinne der revolutionären Sache „Kunst als Waffe" eingesetzt werden könne. „Was meinen Sie? Kunst als Waffe?" fragt Thoma, während er den erhobenen Zeigefinger vor weit von sich streckt. Die Kamera wechselt in eine verschwommene Weitwinkelaufnahme, in der man die Tischreihen überblicken, die Schüler:in-

---

22 Forschungsdaten des Projektes DIPF/BBF/FoPro IndU/Videoanalyse/APW029/Beschreibungen/Sequenzen Fakten, S. 2–3.

nen jedoch nur schemenhaft wahrnehmen kann. Ein Schüler in der ersten Reihe zeigt kurz auf: „Na, ein Gedicht muss begeistern." Thoma erwidert, man könne nicht nur „irgendwie begeistern", man „müsse vom Fakt her" denken und ruft eine Schülerin auf, sie antwortet: „Anhand von Fakten und Material." „Ja, das ist sehr wichtig", sagt er abschließend, „und ich glaube, wenn wir uns diese Fakten etwas konkreter vor Augen führen, dann ist es äh vielleicht möglich – auch nötig – diese Überzeugungskraft noch genauer zu betrachten."[23]

Thoma war vertraut mir der Klasse; als zugeteilter Fachlehrer hat er, so erzählte er in einem Zeitzeugengespräch, die Klasse vor der Aufzeichnung ‚eingeschworen', dem Unterricht zu folgen – inhaltlich aber nicht vorgearbeitet.[24] Als Forschungslehrer mit einem festen Kontingent von unterrichtsfreien Stunden[25] war er mit der fachlichen, didaktischen und programmatischen Konzeption von Unterrichtsstunden in Zusammenarbeit mit Wissenschaftler:innen des MfV und der APW vertraut, der Unterrichtsentwurf lag demnach im Regieraum vor (Mirschel, 2013, S. 263). Thoma beschrieb später, dass er in Aufzeichnungen etwas mehr beachtet habe, was er fachlich und politisch sagen konnte.[26] Die Kontextmaterialien verweisen bei beiden Aufzeichnungen auf ein Setting, in dem experimentelle Freiheit in gewissen methodischen Fragen gegeben und Teil der Inszenierung des jeweiligen pädagogischen Labors war – eine Erprobung von Stoff und Methode durch eingearbeitete Lehrkräfte zur Umsetzung wissenschaftlichen Unterrichts (Mirschel, 2013, S. 257–259). Das zeigt sich hier u. a. daran, dass der Lehrplan durch Thoma frei ausgelegt und die Maxime „Kunst ist Waffe" des DDR-Lyrikers Friedrich Wolf (vgl. Wolf, 1928/1969) als Bezugspunkt für die gemeinsame Ausdeutung des Gedichts von Majakowski Anwendung findet. In diesem Zusammenhang wird das Wort „Fakten" genutzt, um Sachverhalte mit Überzeugungskraft zu bezeichnen. Historische Fakten können offensichtlich „gut" oder schlecht sein – sie werden danach bewertet, ob sie dabei helfen, ein als kollektiv gesetztes, politisches Ziel zu erreichen. Der Zweck der unterrichtlichen Arbeit ist hier, herauszuarbeiten, welche „guten" Fakten das sein können:

> Die darauffolgende Kameraeinstellung nimmt eine kleinere Gruppe von Schüler:innen in den Fokus, die unbeweglich nach vorn blicken, und schneidet nach kurzer Zeit wieder in eine Totale auf Thoma, der die „kämpferische Form" des Gedichts mit Bezügen zum Kampf gegen die Entente erfragt. Die Kamera nimmt die Position der frontal vor ihm Sitzenden ein, während er schildert, dass Majakowski das Gedicht

---

23 Forschungsdaten des Projektes DIPF/BBF/FoPro IndU/Videoanalyse/APW029/Beschreibungen/Sequenzen Fakten, S. 4.
24 Forschungsdaten BBF/DIPF/INDU/Videoanalyse/APW029/Notizen Zeitzeugengespräch, S. 3.
25 DIPF/BBF/Archiv, APW 16.115, Arbeitspläne Schuljahr 198/1982, Bl.1.
26 Forschungsdaten BBF/DIPF/INDU/Videoanalyse/APW029/Notizen Zeitzeugengespräch, S. 3.

für eine große Versammlung von Matrosen in Leningrad geschrieben habe: „So vom Inhalt her, wenn mit dem Gedicht argumentiert werden soll, kann man nicht irgendwie argumentieren, sondern da sitzen also tausende von Matrosen und da muss man gute Fakten bringen!" Eine Schülerin meldet sich: „Er versucht den Weg zu zeigen, wie sie das lösen können." Thoma erwidert, die Stimme gesenkt: „Sehr wichtig. Da fehlt der Eindruck von dem Gesamtzusammenhang, also immer dieser gegenwärtigen Ereignisse, über die Klarheit geschaffen werden soll. Da fehlt Vergangenheit immer, ne? Also die Grundlagen, die in der Vergangenheit geschaffen wurden für das Gegenwärtige, damit unsere Zukunft so und so aussehen kann."[27]

Entstehungszeit und -bedingungen und die zeitgenössischen Adressaten des Gedichts von 1918 werden von Thoma zur Grundlage der vorzunehmenden Deutung gemacht. Das war so selbstverständlich, dass Thoma später schildern wird, er sei lange nicht auf die Idee gekommen, sich etwa mit der Biographie Wladimir Majakowskis und möglichen Rezeptionsschwierigkeiten seiner futuristischen Lyrik zu befassen.[28] Das ‚Nachfühlen' der revolutionären Situation war im geltenden Lehrplan bei der Behandlung des Gedichtes vorgegeben (vgl. Ministerrat DDR/MfV, 1979, S. 79–82). Während der Aufzeichnung macht Herr Thoma deutlich, dass von ihm erfragte, im Gedicht angesprochene „Fakten" dann gut seien, wenn sie für den revolutionären Kampf der Matrosen werben könnten. Dass dies der Zweck der eingesetzten Stilmittel sei, wird im Unterricht festgestellt. Diese Perspektivierung ermöglicht es dem Lehrer ganz im Rahmen der marxistischen Geschichtsdeutung zu verbleiben. Aufgrund der ausschließlichen Nutzung der im Lehrplan vorgegebenen Übersetzung des Majakowski-Gedichtes werden sprachliche Mehrdeutigkeiten, die die russische Originalversion im Vergleich mit der Übersetzung bietet, nicht thematisiert.[29] In der Folge wird die Wissenschaftlichkeit einer Gedichtinterpretation als Eindeutigkeit eines Bezuges auf historische „Fakten" inszeniert und es werden Polyvalenzen der ästhetischen Sprache ausgeblendet. Lyrik erscheint ausschließlich funktional auf die Unterstützung des revolutionären Kampfes der Matrosen gerichtet, ohne dass das Konzept von ‚Kunst als Waffe', mit dem auch auf Emotionalisierung gesetzt wird, im Unterricht historisiert würde.

4. Fazit

Pädagogische Akteure haben sich in den Debatten, die nach 1990 um den Unterricht in DDR und BRD und deren Legitimität und Qualität geführt wurden, verschiedener Motive bedient, die eng mit einer Geschichte der ‚Moderne' und der Vorstellung einer ‚reinen', allen gesellschaftspolitischen Wirrungen und politischer Macht entzogenen

---

27 Forschungsdaten BBF/DIPF/INDU/Videoanalyse/APW029/Beschreibung 1, S. 2.
28 Forschungsdaten BBF/DIPF/INDU/Videoanalyse/APW029/Protokoll Zeitzeugengespräch, S. 3.
29 Vgl. Zacharias et. al., 1974, S. 193–196. u. Ministerrat DDR/MfV, 1979, S. 79–82.

Wissenschaft verknüpft sind. Gezeigt werden konnte, wie dabei das Narrativ eines wissenschaftlichen Unterrichts zur Zeit der DDR erzeugt wurde, der, so die Position des Fachmethodikers Bodo Friedrich, auf die Zukunft – auch solche, die, wie der Zusammenbruch der DDR, gerade nicht erwartbar gewesen war – vorbereitete. Er wurde von Lehrkräften gestaltet, deren Ethos die Wissenschaftlichkeit des Unterrichts war und die dieses, wie Friedrich zugesteht, doch immer wieder auch unterboten. Die erkennbare Tendenz, das marxistische Konzept einer parteilichen Wissenschaft und damit ein bestimmtes Verständnis von Wissenschaftlichkeit im Nachhinein, also in der postsozialistischen Phase nach 1990, von einer zur Zeit der DDR schematisch verstandenen Parteinahme für die Arbeiterklasse und die SED zu ‚reinigen', muss so zu einer Reduktion der Konzeption von Wissenschaft auf ein nicht konstitutiv von Fragen der Macht durchzogenes Phänomen führen und damit die mythenbildenden Potenziale des Motivs der ‚reinen' Wissenschaft stärken.

Die Analyse audiovisueller Aufzeichnungen von Deutschstunden der 1970er bis 1980er Jahre hat zeigen können, dass dieser Gebrauch des Motivs der ‚reinen' Wissenschaft in ‚Nach-Wende-Narrativen' ihre Vorläufer in der Inszenierung und Darstellung von Unterricht in der DDR selbst findet. Das bedeutet gerade nicht, dass der Unterricht sich ideologischer Einflussnahme enthielt, sondern dass er – wie im Falle der von uns analysierten Unterrichtsaufzeichnungen aus dem Deutschunterricht – auf Wissenschaft als Möglichkeit des Erreichens immer gültiger und eindeutiger Wahrheit setzte. Der Lehrer inszeniert dieses, indem er Inhalte des Unterrichts unterschiedslos – ob historische Ereignisse oder moralische Urteile – als Fakten handhabt. Die Parteilichkeit des Marxismus-Leninismus, die Parteilichkeit eines Dichters zur Zeit der Russischen Revolution wird so jedenfalls nicht als historische Perspektivierung beobachtbar gemacht. In unserem Fall wurde diese Inszenierung des Lehrers durch die Produktion von Bildern einer ausdrucksstarken Lehrkraft mit hoher, sachlich begründeter Autorität durch die Filmenden unterstrichen – hier wird das filmische Bild des die ‚Sache' beherrschenden, einen klaren Unterrichtsgang strukturierenden und gleichzeitig von der ‚Sache' auch emotional eingenommenen Lehrers, der die Schüler versucht, genau damit auch anzusprechen, gezeigt.

Archive

Archiv der BBF | Bibliothek für Bildungsgeschichtliche Forschung des DIPF | Leibniz-Institut für Bildungsforschung und Bildungsinformation.
Audiovisuelle Aufzeichnungen von Schulunterricht in der DDR. Forschungsdatenzentrum Bildung (fdz), DIPF | Leibniz-Institut für Bildungsforschung und Bildungsinformation, Frankfurt am Main, DOI: 10.7477/4:2:0.

Literatur

APW (1979a). Vervollkommnung und Weiterentwicklung des Volksbildungswesens in den achtziger Jahren, Grundmaterial II, Band 1.
APW (1979b). Vervollkommnung und Weiterentwicklung des Volksbildungswesens in den achtziger Jahren, Grundmaterial II, Band 2.
APW (1987). Allgemeinbildung und Lehrplanwerk. Ausgearbeitet von einem Autorenkollektiv unter Leitung von Gerhart Neuner. Berlin: Volk und Wissen.
Ash, T. G. (1997). Wissenschaft, Politik und Modernität in der DDR – Ansätze zu einer Neubetrachtung. In K. Weisemann, P. Kröner & R. Toellner (Hrsg.). *Wissenschaft und Politik – Genetik und Humangenetik in der DDR* (1949–1989), (S. 1–25). Münster: LIT.
Baader, M., Caruso, M., & Reh, S. (2023): *Einleitung* (i.d.B).
Bialas, V. (1978). Die Konzeption der wissenschaftlich-technischen Revolution und die historische Kategorie ‚Wissenschaftlich-technische Revolution' (S. 362–369). In H. J. Sandkühler (Hrsg.). *Die Wissenschaft der Erkenntnis und die Erkenntnis der Wissenschaft*. Stuttgart: Metzlersche Verlagsbuchhandlung.
Biesenbaum, H. (1990). Aufrichtig und Parteilich. Ansprüche und Widersprüche im Lehrplan Deutsche Sprache und Literatur. *Praxis Deutsch 90* (Nr. 102), 4–6.
Bienioschek, H., & Schmidt, G. D. (1990). Für eine Erneuerung des Physikunterrichts und der Forschungen zur Physikmethodik. *Zur Theorie und Praxis des Physikunterrichts, Jg. 28*(1/2), 10–17.
Burrichter, C., & Diesener, G. (Hrsg.) (2002). *Auf dem Weg zur „Produktivkraft Wissenschaft"*. Leipzig: Akademische Verlags-Anstalt. Daston, L., & Galison, P. (2007). *Objektivität*. Frankfurt/Main: Suhrkamp.
Engelhardt, K. v. (2023): *‚Wissenschaftlichkeit' ohne ‚Parteilichkeit'? Der naturwissenschaftliche Unterrichtsfilm der DDR* (i.d.B.).
Eichler, W., & Uhlig, C. (1993). Die Akademie der pädagogischen Wissenschaften der DDR. Was sie wollte, was sie war und wie sie abgewickelt wurde. In P. Dudek & H. E. Tenorth (Hrsg.), *Transformationen der deutschen Bildungslandschaft. Lernprozess mit ungewissem Ausgang. Zeitschrift für Pädagogik,* 30. Beiheft, 115–126.
Friedrich, B. (1990). Deutschunterricht heute und morgen. *Deutschunterricht, Jg. 1990, 43*(2/3), 103–110.
Friedrich, B. (1991). Von der Schwierigkeit, die unmittelbare Vergangenheit als Geschichte zu begreifen. *Praxis Deutsch, Jg. 1991, 105,* 4–6.
Fuhrmann, E. (1997). Führung, Aktivierung und Selbsttätigkeit im Fachunterricht vor und nach der Wende. Didaktik und kultureller Wandel. Aktuelle Problemlagen und Veränderungsperspektiven. In J. Keuffer & M. A. Meyer (Hrsg.), *Studien zur Schul- und Bildungsforschung* (S. 154–174). Weinheim: Deutscher Studienverlag.
Greven, M. T. (2008). Moderne und Postmoderne in der Politik. *Zwischen ahistorischer Ignoranz und visionärer Euphorie. Anmerkungen zu Klaus von Beymes Umgang mit Epochenbegriffen*. In U. Schneider & L. Raphael (Hrsg.), *Dimensionen der Moderne* (S. 43–60). Frankfurt/Main: Peter Lang.
Heun, H.-G. (1978). Einsatz von Fernsehaufzeichnungen bei der Entwicklung pädagogischer Fähigkeiten in Seminaren der Didaktikausbildung von Lehrerstudenten (S. 110–128). In Institut für Film, Bild und Ton (Hrsg.). *Materialien des V. Gemeinsamen Seminars von Wissenschaftlern der DDR und der UdSSR vom 20.–26. September 1978 in der DDR*. Berlin.
Jessen, R. (2004). Zwischen Bildungsökonomie und zivilgesellschaftlicher Mobilisierung. In H. G. Haupt & J. Requate (Hrsg.). *Aufbruch in die Zukunft* (S. 209–231). Weilerswist: Velbrück Wissenschaft.

Kämper-van den Boogaart, M. (2019). Fach und Disziplin. Deutschunterricht und Germanistik. *Halbjahresschrift für die Didaktik der deutschen Sprache und Literatur, Didaktik Deutsch, Jg. 24* (Nr. 46), 25–31.
Klaus, G., & Buhr, M. (Hrsg.) (1964). *Philosophisches Wörterbuch.* Leipzig: VEB Bibliografisches Institut Leipzig.
Klaus, G., & Buhr, M. (Hrsg.) (1974). *Philosophisches Wörterbuch.* 10., überarb. u. erw. Aufl., Leipzig: VEB Bibliografisches Institut Leipzig.
Kocka, J. (1993). Die Geschichte der DDR als Forschungsproblem. Einleitung. In J. Kocka (Hrsg.), *Historische DDR-Forschung. Aufsätze und Studien* (S. 9–26). Berlin: Akademie.
Kocka, J. (1998). Wissenschaft und Politik in der DDR. In J. Kocka, Jürgen & R. Mayntz (Hrsg.), *Wissenschaft und Wiedervereinigung. Disziplinen im Umbruch* (S. 435–460). Berlin: Akademie.
Kreisel, M. (1996). *Leistungsermittlung und Leistungsbewertung im Muttersprachlichen Unterricht der DDR. Klassen 5–10. Determinanten und Tendenzen.* Frankfurt a. M.: Peter Lang.
Laabs, H. J., Dietrich, G., Drefenstedt, E., Günther, K.-H., Heidrich, T., Herrmann, A., Kienitz, W., Kühn, H., Naumann, W., Pruß, W., Sonnenschein-Werner, C., Uhlig, G. (Hrsg.) (1987). *Pädagogisches Wörterbuch.* Berlin: Volk und Wissen.
Malycha, A. (2002). „Produktivkraft Wissenschaft" – Eine dokumentierte Geschichte des Verhältnisses von Wissenschaft und Politik in der SBZ/DDR. In Burrichter, Clemens & Diesener, Gerald (Hrsg.). *Auf dem Weg zur „Produktivkraft Wissenschaft"* (S. 39–105). Leipzig: Akademische Verlags-Anstalt.
Malycha, A. (2008). *Die Akademie der Pädagogischen Wissenschaften der DDR 1970–1990. Zur Geschichte einer Wissenschaftsinstitution im Kontext staatlicher Bildungspolitik.* Leipzig: Akademische Verlagsanstalt.
Malycha, A. (2009). Wissenschaft und Politik. Die Akademie der Pädagogischen Wissenschaften der DDR und ihr Verhältnis zum Ministerium für Volksbildung. *Die Hochschule: Journal für Wissenschaft und Bildung, Jg. 18* (Nr. 2), 168–189.
Ministerium für Volksbildung (Hrsg.) (1950). *Verordnung über die Unterrichtsstunde als Grundform der Schularbeit, die Vorbereitung, Organisation und Durchführung der Unterrichtsstunde und die Kontrolle und Beurteilung der Kenntnisse der Schüler.* Berlin: Volk und Wissen.
Ministerrat der Deutschen demokratischen Republik, Ministerium für Volksbildung (Hrsg.) (1969). *Präzisierter Lehrplan für Deutsche Sprache und Literatur Klasse 8.* Berlin: Volk und Wissen.
Ministerrat der Deutschen demokratischen Republik, Ministerium für Volksbildung (Hrsg.) (1979). *Lehrplan Deutsche Literatur Klasse 9.* Berlin: Volk und Wissen.
Mirschel, V. (2013). Anmerkungen zu den Unterrichtsaufzeichnungen in der APW. In H. Schluß & M. Jehle (Hrsg.), *Videodokumentation von Unterricht. Zugänge zu einer neuen Quellengattung* (S. 253–272.). Wiesbaden: Springer VS.
Münkler, H. (2009). *Die Deutschen und ihre Mythen.* Berlin: Rowohlt.
Pollack, D. (2004). Wie modern war die DDR? In H. Hockerts (Hrsg.), *Koordinaten deutscher Geschichte in der Epoche des Ost-West-Konflikts* (S. 175–205). München: Oldenbourg.
Projekt Ideologie-Theorie (1979). *Theorien über Ideologie.* Berlin: Argument.
Raphael, L. (1996). Die Verwissenschaftlichung des Sozialen als methodische und konzeptionelle Herausforderung für eine Sozialgeschichte des 20. Jahrhunderts. In *Geschichte und Gesellschaft, Jg. 22* (Nr. 2), 165–193.
Raphael, L. (2008). Ordnungsmuster der Hochmoderne? Die Theorie der Moderne und die Geschichte der europäischen Gesellschaften im 20. Jahrhundert. In U. Schneider & L. Raphael (Hrsg.), *Dimensionen der Moderne* (S. 73–91). Frankfurt/Main: Peter Lang.

Reh, S., & Jehle, M. (2020). Visual History of Education – Audiovisuelle Unterrichtsaufzeichnungen aus der DDR. In M. Corsten, M. Pierburg, K. Hauenschild, B. Schmidt-Thieme, U. Schütte, S. Zourelidis (Hrsg.), *Qualitative Videoanalyse in Schule und Unterricht* (S. 349–370). Weinheim/Basel: Beltz.

Rosenow, O. (1970). *Die Vertiefung und Weiterentwicklung der marxistisch-leninistischen Kenntnisse der Lehrer und Erzieher unter Leistung des Direktors an der Schule als wichtigste Voraussetzung für Wissenschaftlichkeit und Parteilichkeit des Unterrichts.* (maschinenschrft. Diss).. Potsdam: Pädagogische Hochschule.

Sandkühler, H. J. (Hrsg.) (1978). *Die Wissenschaft der Erkenntnis und die Erkenntnis der Wissenschaft.* Stuttgart: Metzlersche Verlagsbuchhandlung.

Schreinert, G., Siebenbrodt, M., Hujer, D., Müller, H., Bütow, W., Kalcher, U. (Hrsg.) (1969). *Unsere Muttersprache 8.* Berlin: Volk und Wissen.

Schulz, D. (1998). *Zum Leistungsprinzip in der DDR.* Politische und Pädagogische Studien. Köln/Weimar/Wien: Böhlau.

Sandkühler, H.-J. (Hrsg.) (1978). *Die Wissenschaft der Erkenntnis und die Erkenntnis der Wissenschaft.* Stuttgart: Metzlersche Verlagsbuchhandlung.

Spiewak, M. (2013, 11. Oktober). Ost-Lehrer sind besser. *Zeit Online.* https://www.zeit.de/gesellschaft/schule/2013-10/laendervergleich-ost-west-bildung [01.11.2022].

Szöllösi-Janze, M. (2004). Wissensgesellschaft in Deutschland: Überlegungen zur Neubestimmung der deutschen Zeitgeschichte über Verwissenschaftlichungsprozesse. *In Geschichte und Gesellschaft 30* (Nr. 2), 277–313.

Wiegmann, U. (2013). Der Frosch im Dienste gesellschaftlicher Systemauseinandersetzung. Versuch der videografischen Analyse und videologischen Interpretation einer Unterrichtsaufzeichnung. In H. Schluß & M. Jehle (Hrsg.), *Videodokumentation von Unterricht. Zugänge zu einer neuen Quellengattung* (S. 123–158.). Wiesbaden: Springer VS.

Wolf, F. (1928/1969): *Kunst als Waffe.* Leipzig: Reclam.

Zacharias, E.-L., Reinelt, H., Ehrlich, L., & Tille, H. (Hrsg.) (1974). *Lehrbuch für den Literaturunterricht in den Klassen 8–10. Zur Entwicklung der Literatur und bedeutender Dichterpersönlichkeiten.* Berlin: Volk und Wissen.

Abstract: This article deals with the impact of the motif of 'scientificity' in school teaching, which played a major role in the GDR. Based on a 'Post-Wende' debate about the scientificity of German language teaching in the GDR, and against the background of an understanding of science and partisanship in pedagogical discourses of the GDR, records from German language and literature lessons of the 1970s and 1980s are examined. It becomes apparent that scientificity is staged here as an orientation towards unquestionable facts – even when it concerns poetry interpretations and moral judgments. The produced images of a teacher clearly structuring the lessons and his objectively legitimized authority offer starting points for the myth of a 'pure' science, not thwarted by questions of politics and power.

Keywords: GDR, School History, Educational Myths, German Lessons, Class Videography

Anschrift der Autorinnen

Cäcilia von Malotki, M.A., Bibliothek für Bildungsgeschichtliche Forschung (BBF) des
DIPF | Leibniz-Institut für Bildungsforschung und Bildungsinformation,
Warschauer Str. 34–38, 10243 Berlin, Deutschland
E-Mail: malotki@dipf.de

Prof. Dr. Sabine Reh, Humboldt-Universität zu Berlin,
DIPF | Leibniz-Institut für Bildungsforschung und Bildungsinformation,
Warschauer Straße 34–38, 10243 Berlin, Deutschland
E-Mail: sabine.reh@hu-berlin.de

Felix Linström/Katja Koch/Tilman von Brand/Juliane Lanz/Clemens Decker/
Kristina Koebe

Die Relevanz Pädagogischer Lesungen als Quelle der historischen Bildungsforschung

Zusammenfassung: Der vorliegende Beitrag konzentriert sich auf die Pädagogischen Lesungen als bislang vernachlässigter Quellenbestand für die historische Bildungsforschung in der DDR. Zunächst werden die Pädagogischen Lesungen als institutionalisierter Erfahrungsaustausch umrissen, um so die Wirkung und Grenzen des Formats innerhalb der DDR-Unterrichtspraxis aufzeigen zu können. Anhand verschiedener schulischer Aspekte – Hilfsschule, Literaturunterricht, Wehrerziehung sowie dem Sport – wird die Bedeutung der Quelle exemplarisch aufgezeigt. So soll eine (Quellen-)Grundlage für die Entmythisierung des DDR-Unterrichts zugänglich gemacht werden.

Schlagworte: Pädagogische Lesungen, LehrerInnenweiterbildung, DDR, Unterricht, bildungshistorische Quelle

1. Einleitung

Pädagogische Lesungen galten als ein ab den 60er Jahren in der DDR fest etablierter Erfahrungsaustausch zur Weiterbildung für praktizierende PädagogInnen, die zum einen aufgefordert waren, eigene bewährte Unterrichtsmethoden in diesen Schriften festzuhalten, und zum anderen die von anderen dargelegten Methoden in das eigene Handlungsrepertoire mitaufzunehmen. Die Pädagogischen Lesungen stellen dabei bildungshistorisch einen singulären Quellenbestand dar, der Auskunft über das pädagogische Wirken der PädagogInnen in allen Bereichen des DDR-Erziehungs- und Bildungswesen geben kann. Zur Aufarbeitung der DDR-Unterrichtswirklichkeit wurde dieser Quellenbestand nur punktuell herangezogen. Im Zuge des vom Bundesministerium für Bildung und Forschung geförderten Forschungsverbundes „Bildungs-Mythen über die DDR – Eine Diktatur und ihr Nachleben" (BMBF, 2019) wurden Teile des Quellenbestands, der sich aus rund 9500 Lesungen zusammensetzt, in der *Arbeitsstelle Pädagogische Lesungen* an der Universität Rostock sukzessive erschlossen. Zentral ist die Frage nach dem Anspruch und der Wirklichkeit des pädagogischen Handelns in den jeweiligen Praxisfeldern.

Für die Erforschung des DDR-Unterrichts bieten die Pädagogischen Lesungen einen einzigartigen Zugang gegenüber den bisher untersuchten Quellenmaterialien. Die Besonderheit besteht vor allem darin, dass das in ihnen fixierte pädagogische Handeln nicht von einer administrativen Obrigkeit, sondern von der pädagogischen Basis, den praktizierenden PädagogInnen selbst, stammt. Der vorliegende Aufsatz möchte auf die Besonderheiten des Quellenmaterials aufmerksam machen und dadurch einen Rekonstruktionsbeitrag für die historische Bildungsforschung leisten.

Zunächst werden die Pädagogischen Lesungen deskriptiv im Kontext der unterrichtsvorbereitenden Literatur und der DDR-Lehrkräfteweiterbildung verortet, um mithilfe des Educational-Governance-Ansatzes aufzuzeigen, was die Popularisierung der *Best-Practice* im Kontext der DDR-Schul- und Unterrichtsentwicklung als Weiterbildungsformat wirklich leisten konnte. In dieser Lesart sind die Lesungen aus heutiger Sicht dann wiederum auch als ein Nachschlagewerk einer Unterrichtspraxis zu verstehen, die nicht aus normierten Lehrplänen abzulesen ist. Dies soll an ausgewählten Bereichen im Kontext der Hilfsschule, dem Literaturunterricht, der Wehrerziehung sowie dem Sportunterricht deutlich gemacht werden.

2. Zur Verortung der Pädagogischen Lesungen im Kontext unterrichtsvorbereitender Literatur

Im Pädagogischen Wörterbuch der DDR werden die Pädagogischen Lesungen definiert als:

> [...] eine besondere Form der schriftlichen Fixierung des Austausches in der Praxis bewährter und erprobter Erfahrungen von einzelnen Pädagogen bzw. Pädagogenkollektiven zur Qualifizierung ihrer pädagogischen Arbeit sowie zur Vervollkommnung der Erziehungsarbeit an den Schulen und anderen Einrichtungen der Volksbildung in der DDR (Laabs, 1987, S. 284).

Generell lassen sie sich heute in eine Vielzahl von Publikationen einordnen, deren Ziel darin bestand, Unterricht zu normieren, zu lenken und oder Empfehlungen für die Vorbereitung bzw. Durchführung zu geben. Die Bandbreite reichte hier von normativen Vorgaben und Lehrplänen bis hin zu Beiträgen in pädagogischen Fachzeitschriften. Die Pädagogischen Lesungen nahmen dabei eine besondere Stellung auf der Ebene institutionalisierter Unterstützungsangebote ein, da in ihnen – zum Teil auch in den Zeitschriftenbeiträgen – ganz bewusst auf die Expertise tätiger PädagogInnen aus allen Einrichtungen des DDR-Bildungs- und Erziehungswesens (Kindergärten, allgemeinbildende Schulen, Hilfsschulen, Berufsschulen, außerschulische sowie administrative Einrichtungen) gesetzt wurde, indem ausdrücklich deren Erfahrungen und daraus abgeleitete Verallgemeinerungen den Kern dieser Schriften bildeten. Dem gingen die begründete und geforderte Orientierung an ideologischen Leitlinien und curriculare Vorgaben voraus: So wurde das eigene Handeln in den Kontext gesetzlicher Rahmenbedingungen und politischer Forderungen, z. B. Beschlüssen von Parteitagen oder Pädagogischen Kongressen, eingebettet. Der Anspruch war dabei nicht wissenschaftlich; vielmehr sollten aus reflektierter Praxis Handlungsempfehlungen erwachsen, die sich in Erziehung und Unterricht bewährt hatten. Eine zentrale Besonderheit ist hierbei, dass sich der Inhalt der Pädagogischen Lesungen aus subjektiven Erfahrungen speist, die in der Praxis generiert wurden. Gerade in diesem Punkt sind sie von großem Interesse, da hier eine „größere Anzahl von Lehrer*innen ihre Erfahrungen zur vergleichenden Betrachtung anboten. Dann nämlich relativiert die Summe der individuellen Erfahrungen einzelne Darstellungen und stellt in ihrer Gesamtheit eine Schnittstelle zwischen Theorie und Praxis dar" (Hübner & von Brand, 2021, S. 8; Wähler & Reh, 2017, S. 149). Die Initiierung einer Pädagogischen Lesung erfolgte dann wiederum zumeist durch direkte Ansprache von Seiten der FachberaterInnen oder MitarbeiterInnen übergeordneten Institutionen wie dem Bezirks- oder Kreiskabinett, mitunter entstanden Texte aber auch auf Eigeninitiative der AutorInnen (Koch & Koebe, 2021). Zentraler Anspruch an die Lesungen war, dass Lehrkräfte und PädagogInnen Unterricht auf *Erkenntnisse* und negative Faktoren etc. hin überprüfen sollten (Laabs, 1987, S. 284). Die Resultate sollten wiederum an die bildungspolitischen, pädagogischen und fachdidaktisch-methodischen Zielsetzungen rückgekoppelt werden (Hübner, 2021).

Im Sinne der Erneuerung wurden die Pädagogischen Lesungen als Erfahrungsaustausch auch als „billigste Investition" (Stoph, 1971, S. 27) in der Weiterentwicklung der schulischen Praxis betrachtet, da mit ihnen die aktuelle Bildungs- und Erziehungspraxis dargestellt, analysiert und neue Methoden beschrieben werden konnten (Koch, Koebe, von Brand & Plessow, 2019).

Zur Verallgemeinerung dieser Erfahrungen waren die Lesungen einem komplexen Selektionsprozess unterworfen, der sich im besten Fall von der Kreis- über die Bezirks- bis hin zur Landesebene zog, wo die besten Schriften im Rahmen der jährlich veranstalteten Zentralen Tage der Pädagogischen Lesungen prämiert wurden (Hübner, 2021). Dergestalt prämierte Texte wurden nicht nur über den mündlichen Vortrag im Rahmen der Zentralen Tage einem größeren Publikum zugeführt. Zur Popularisierung wurde vielmehr die Ausleihe durch die Zentralbibliothek im Haus des Lehrers, die Einzelpublikation oder der Abdruck (zuweilen gekürzter) Lesungen in den Fachzeitschriften angestrebt.

Im weiten Sinne stellten die Pädagogischen Lesungen ein Format dar, das Ideen und erfolgreiche Unterrichtsgestaltung sammelte und zum Nachahmen präsentierte. Was das Format im Kontext der Lehrkräfteweiterbildung auf der Unterrichtsebene leisten konnte, wird im Folgenden skizziert.

3. Zum Potential der Pädagogischen Lesungen im Weiterbildungssystem

Im Bereich der DDR-Lehrkräfteweiterbildung sind die Pädagogischen Lesungen als institutionalisierter Erfahrungsaustausch zu verstehen, die das verbindende Element zwischen der systematischen Weiterbildung und der Weiterbildung im Prozess darstellten (Koch & Linström, 2020). Die systematische Weiterbildung in Form des dreigliedrigen Kurssystems fokussierte sich auf die Vertiefung theoretischer Kenntnisse, während die Weiterbildung im Prozess auf die Förderung praktischer Kompetenzen ausgerichtet war. Hierin fügten sich die Pädagogischen Lesungen wie folgt ein: Die PädagogInnen reflektierten meist im Verlaufe eines Schuljahres (Linström, 2022) – zumeist initiiert durch FachberaterInnen (Koch & Koebe, 2021) – zunächst ihre subjektiv für gut befundenen Erfahrungen in den Pädagogischen Lesungen vor einem theoretischen Hintergrund und beschrieben dabei gleichzeitig die systematisch verwendeten Methoden und Formen, mit denen sie zu ihren verallgemeinerten Ergebnissen kamen. Über die Lesungen fanden die gesammelten Erkenntnisse wiederum Eingang in das Kurssystem der systematischen Weiterbildung, bspw. in Form von Lehrgangsmaterial oder u. a. auch durch Vorträge in Fachkommissionen oder Fachzirkeln. In diesem Sinne enthält das Format für die Lehrkräfteweiterbildung eine doppelte Funktion, indem (1) die Lehrkräfte in den Pädagogischen Lesungen ganz praktisch über ihr Unterrichtshandeln berichten und darüber hinaus (2) befähigt werden sollten, innovative Unterrichtsmethoden anderer in das eigene Handlungsrepertoire mitaufzunehmen. Dies entsprach dem postulierten Ziel der Weiterbildung: „die Qualität ihrer *[der PädagogInnen, Anm. d. A.]* Bildungs- und Erziehungsarbeit ständig zu erhöhen" (Direktive für die Weiterbildung der Lehrkräfte, Erzieher und Schulfunktionäre vom 20. Juli 1965, S. 172).

In der Perspektive des Educational-Governance-Ansatzes kann eruiert werden, inwiefern die Pädagogischen Lesungen ihrem postulierten Ziel gerecht wurden. Entwicklungen werden in dieser Sichtweise nicht einseitig verstanden. Vielmehr werden sie ausgelöst durch eine Vielzahl von AkteurInnen, deren Konstellationen zueinander sowie ihre unterschiedlichen Einflussmöglichkeiten (Altrichter & Maag Merki, 2016). Aus dieser Perspektive werden Bildungssysteme auch als soziale Ordnung betrachtet (Altrichter, 2019), was ebenso dem DDR-Bildungssystem und insbesondere der DDR-LehrerInnenweiterbildung als Mehrebenensystem (Koch & Linström, 2020) attestiert werden kann. Als Handlungsanleitung sollten die Pädagogischen Lesungen im schulischen Bereich demzufolge Innovationen implementieren, die als Versuch verstanden werden können, die soziale Ordnung zu transformieren (Altrichter, 2019). Der DDR-LehrerInnenweiterbildung kam dabei die vermittelnde Aufgabe zu, diese Neuerungen auf der Unterrichtsebene nutzbar zu integrieren. Dem Innovationspotential stand jedoch der Unterricht gegenüber, der seinerseits streng auf die Realisierung der Bildungs- und Erziehungsziele ausgerichtet war. Hierfür stand ein umfassendes System der Leistungssicherung bereit, zu dem heute unter anderem die „verbindliche[n] Lehrpläne, Interpretationsmaterialien und Unterrichtshilfen" (Döbert & Geißler, 2000, S. 128) gezählt werden können. Demzufolge konkurrierten hier zwei gegensätzliche Regelmechanismen, an denen sich die AkteurInnen orientieren mussten: einerseits ein staatlich regulierter Input, d. h. das Befolgen der „zentral durch staatliche Stellen vorgegebenen Regeln und Normen und an den von dieser Seite zur Verfügung gestellte[n] Ressourcen" (Altrichter, 2019, S. 58) und andererseits eine selbstgesteuerte LehrerInnenprofession, d. h. dass die „Lehrpersonen zentrale Akteure im Schulsystem sind und in die Lage versetzt werden sollen, Entscheidungen angesichts ihres Fachwissens […] zu treffen. Das impliziert beispielsweise, dass andere Akteure […] *nicht* in die Autonomie der professionellen Entscheidungsfindung eingreifen sollen" (Altrichter, 2019, S. 59). Eine Tatsache, die insbesondere in den Pädagogischen Lesungen deutlich zum Ausdruck kommt: Die AkteurInnen erhielten trotz strenger Unterrichtsvorgaben eine Möglichkeit, die zwar eingeschränkte (LehrerInnen-)Autonomie des eigenen Handelns in einem geschützten Rahmen auszuprobieren, darzustellen und zu verbreiten. Den Pädagogischen Lesungen als Innovationsvorschläge standen jedoch staatliche Vorgaben diametral entgegen.

Auch wenn den FachberaterInnen bei der weiteren Nutzung der Pädagogischen Lesungen eine wichtige Rolle zukam und sie so die Anwendung der innovativen Erfahrungen vereinzelt forcierten (Linström, 2022), so kann weiterhin nicht vollumfänglich davon ausgegangen werden, dass die für gut befundenen und multiplizierten Erfahrungen von anderen Lehrkräften gemäß der Logik von Angebots-Nutzungsmodellen (bspw. Fend, 2004) genutzt wurden.

Wenn also danach gefragt wird, was das Format auf der Schul- und Unterrichtsebene leisten konnte, dann muss das Spannungsfeld zwischen der Autonomie des professionellen Handelns und der Unterrichtsvorgaben mitberücksichtigt werden, in dem sich die AkteurInnen bewegten. Davon bleibt hingegen der erstgenannte Aspekt des Formats – die Präsentation und Multiplikation der bewährten Unterrichtspraxis – unberührt.

Für die Gegenwart bietet der in den Lesungen überlieferte praktische Erfahrungsschatz demnach einen Zugang zur DDR-Unterrichtswirklichkeit. Eine Unterrichtswirklichkeit, die sich abseits der staatlichen Vorgaben durch eine in gewissen Maßen erhaltene Restautonomie der LehrerInnenprofession entwickeln konnte. Dies wird in den folgenden Ausführungen zu den exemplarischen Themenbereichen Sonderpädagogik, Literaturunterricht, Wehrerziehung und Sport aufgezeigt.

4. Pädagogische Lesungen in ausgewählten Fachbereichen

4.1 Hilfsschule

Innerhalb des Korpus erhaltener Pädagogischer Lesungen lässt sich eine Teilmenge von rund n = 330 Lesungen identifizieren, die sich explizit, d. h. bereits im Titel auf die Arbeit mit Kindern mit Behinderung, Beeinträchtigungen oder Entwicklungsauffälligkeiten beziehen. In dieses Teilkorpus inbegriffen sind neben schulischen Themenfeldern auch vorschulische, nachschulische und außerschulische pädagogische Bereiche. Der Großteil der Lesungen im Teilkorpus thematisiert Kinder mit leichten Intelligenzminderungen, eine kleinere Teilmenge bezieht sich explizit auf Kinder mit Intelligenzminderungen mittleren Grades. Auch thematisch zeigen sich deutlich Schwerpunkte: Etwa zwei Drittel der Lesungen beziehen sich auf die Gestaltung von Unterricht (hauptsächlich Mathematik und Deutsch), knapp 14 % thematisieren die außerunterrichtliche Pädagogik und etwa 10 % die Diagnostik von kognitiven Beeinträchtigungen. Bei ersten exemplarischen Analysen werden zunächst drei Aspekte augenfällig.

Die Lesungen dokumentieren zunächst ein engagiertes und professionelles Alltagsbemühen der PädagogInnen um ein binnendifferenziertes Arbeiten mit diesen Kindern. Alle AutorInnen formulierten den Anspruch, den individuellen Anforderungen der einzelnen SchülerInnen in ausgesprochen heterogenen Betreuungssituationen in möglichst hohem Maße gerecht zu werden. Sie zeigten, wie auf Versorgungs- und Betreuungsengpässe mit Kreativität und pädagogischer Hinwendung reagiert wurde – wenn auch durchgehend unter dem Primat, die Defizite der Kinder so weit wie möglich zu kompensieren, um sie dem am Bild einer allseitig gebildeten sozialistischen Persönlichkeit gespiegelten Anspruch trotz offenkundiger Limitierungen möglichst nahe zu bringen.

Zum Zweiten zeigen die Pädagogischen Lesungen ebenso ein beachtliches Ringen um methodische Vielfalt. Hierbei bemühte man sich ausdrücklich um einen Einsatz von Vermittlungsmethoden und -materialien, die einen anschaulichen Unterricht und vielfältige Eigenaktivitäten der SchülerInnen im Unterricht ermöglichten. Die Notwendigkeit eines solchen Vorgehens begründete man unter Berufung auf entwicklungspsychologische Forschung der Zeit mit praktisch erlebten kognitiven Schwierigkeiten der SchülerInnenschaft bei der Bewältigung eher theoretisch präsentierten Lernstoffs. Wiederholt wurde betont, dass Lernen freudvoll gestaltet werden und an die individuellen Interessen der Lernenden anknüpfen müsse, um eine möglichst hohe Wirksamkeit (im Sinne eines Erreichens gesetzter Lernziele) zu erlangen. Gerade an den Hilfsschulen schien überdies ein Biotop gediehen zu sein, dessen alltägliche pädagogische Praxis deutlich an reformpädagogischem Gedankengut orientiert war (Koch & Koebe, 2019). Die Pädagogischen Lesungen spiegeln ein am einzelnen Individuum orientiertes pädagogisches Selbstverständnis, das der in der Schulstruktur angelegten Außendifferenzierung einen Binnendifferenzierungsanspruch entgegensetzte, der bislang in den Forschungsarbeiten zur DDR-Pädagogik wenig Wahrnehmung findet. Obwohl Reformpädagogik in der DDR ausgesprochen kritisch rezipiert, teilweise sogar aktiv abgelehnt wurde (u.a. Uhlig, 1994), lässt sich herausarbeiten, dass Teile reformpädagogischen Gedankenguts gerade an den Hilfsschulen des Landes offenbar als Antworten auf konkrete pädagogische Problemlagen gesehen wurden. Dennoch ist die – ab den 1970er Jahren in der DDR nachdrücklich eingeforderte – Subjektorientierung eine relative und die Hilfsschule bleibt letztendlich den zentralen pädagogischen Postulaten des DDR-Bildungssystems verpflichtet. Auch hier argumentierte man grundsätzlich leistungsorientiert, richtete das schulische und außerschulische Lernen systematisch (fach-)wissenschaftlich aus und ging von grundsätzlichen homogenen Lernzielen aus.

Drittens ergeben sich aus der Sichtung des Hilfsschulkonvoluts bemerkenswerte Erkenntnisse zum *Integrationsbegriff* der DDR-Gesellschaft und seinen Prämissen. Der Integrationsbegriff hat dabei einen doppelten Bezug: Der geschädigte Mensch könne als „integraler Anteil" (DIPF/BBF/Archiv: PL5508, S. 2) alle positiven Errungenschaften der Gesellschaft in Anspruch nehmen. Daraus aber ergäbe sich für ihn auch die Pflicht, entsprechend den eigenen Möglichkeiten (s)einen Beitrag zur Gestaltung (und auch zur Verteidigung) dieser Gesellschaft zu leisten. Die pädagogische Aufgabe der Hilfsschule wurde explizit darin gesehen, die SchülerInnen so zu unterstützen, dass sie diesen Pflichten trotz ihrer Beeinträchtigung nachkommen können, denn nur der Zusammenklang von Inanspruchnahme und Pflichterfüllung mache den Menschen zum voll integrierten Mitglied der Gesellschaft. Durchgängig wird in den Lesungen deutlich: Das Ziel der Integration, verstanden als gleichberechtigte Mitgliedschaft in der sozialistischen Gesellschaft, kann als zentraler Ankerpunkt der Legitimation der DDR-Hilfsschule sowie aller ihrer pädagogischen Bemühungen bezeichnet werden (Koch & Decker, 2021).

4.2 Literaturunterricht

Von insgesamt ca. 850 zentral ausgewählten Pädagogischen Lesungen (im Zeitraum 1963 bis 1989), die sich primär dem Deutschunterricht widmeten, thematisierten 368 vor allem den Literaturunterricht (Hübner, im Druck). Eine vertiefende Beschäftigung mit in diesem Konvolut behandelten Themen erlaubt unter anderem eine Betrachtung der Frage, in welchen Bereichen diese Texte innovative Überlegungen zur Literaturrezeption beitragen wollten und konnten. Dabei wird schnell deutlich, dass keine Neuinterpretationen literarischer Texte oder auch nur nennenswerte Modifikationen anderswo präsentierter Deutungsangebote versucht wurden. So knüpften die Pädagogischen Lesungen zum 1984 in den Lehrplan aufgenommenen Jugendroman *Den Wolken ein Stück näher* von Günther Görlich in der Auseinandersetzung mit dem Romaninhalt ohne erkennbare Brüche an die lenkenden Vorgaben der Unterrichtshilfen an (Koebe, 2020).

In Bezug auf die Unterrichtsmethodik ging es den AutorInnen dieser Lesungen offenkundig nicht darum, vollständig neue Lehr- und Lernwege zu konzipieren und damit komplette Alternativen zu bereits bestehenden Unterrichtsvorgaben zu entwickeln. Vielmehr modifizierten sie die Anleitungen der Unterrichtshilfen hinsichtlich der Vermittlungsmethoden und der im Unterricht eingesetzten Medien – erkennbar aus dem Anspruch heraus, den Unterricht abwechslungsreicher, innovativer und durchaus binnendifferenzierter zu gestalten als in anderen Empfehlungen angedacht. Damit lotet die Quelle Spielräume aus, die die Lehrkräfte bei der Ausgestaltung ihres Unterrichts durchaus hatten (u. a. Hübner, im Druck). Sie bot Raum, bislang an keinem anderen Ort behandelte und damit innovative Unterrichtspraxis zu präsentieren. Der Grad dieser didaktischen Ausdifferenzierung und teilweise auch Modifikation der Vorgaben aus den Unterrichtshilfen macht deutlich, dass es in diesem Bereich durchaus Gestaltungsräume für die einzelnen Lehrkräfte gab, was die Vorstellung eines vollumfänglich zentral kontrollierten Unterrichts konterkariert. Gleichzeitig schärfen die inhaltlichen Auswertungen der Lesungen zu verschiedenen Themen des Literaturunterrichts das Bild davon, was als Gegenstand dieses Formats in Betracht kam: Eine breite öffentliche Rezeption des Textes schien in der Regel nicht ausreichend, um eine ausführlichere Beschäftigung im Rahmen der Pädagogischen Lesungen (und sei es auch nur jenen für den außerunterrichtlichen bzw. fakultativen Bereich) zu legitimieren. Vielmehr bedurfte es i. d. R. der Rahmung durch offizielle Vorgaben in Form von Lehrplänen bzw. Unterrichtshilfen, um die Thematisierung in den Pädagogischen Lesungen zu legitimieren. Für den Literaturunterricht fehlten zwar derlei anleitende und damit den didaktischen und inhaltlichen Handlungsrahmen der einzelnen Lehrkraft eingrenzende Vorgaben, dennoch erwiesen sich die Pädagogischen Lesungen offenbar als flexibles und gleichzeitig hinreichend detailliertes Instrument zur Unterstützung von KollegInnen mittels Erfahrungsweitergabe und als damaliges maßgebliches Weiterbildungsformat in diesem Bereich. Deutlich wird dies etwa in Bezug auf die schulische und außerschulische Arbeit mit den *Schreibenden Schülern* in der DDR (Koch & Koebe, 2020). Die aus der *Schreibende Arbeiter*-Bewegung heraus entwickelte Initiative an Schulen galt fraglos als bildungspolitisch relevant, weshalb die fast vollständige Abwesenheit des Themas in den Lehr- und Lernmitteln der DDR überrascht. Ein von den mit dem Thema befassten Lehrkräften selbst identifizierter und beklagter Anleitungsmangel bewirkte, dass die Pädagogischen Lesungen zu einem der maßgeblichen Vehikel der Arbeit mit *Schreibenden Schülern* an DDR-Schulen wurden: Sie schlossen besagte Lücken, indem sie eigeninitiativ entwickelte Vermittlungswege und -methoden so aufbereiteten, dass sie anderen Lehrkräften oder PionierleiterInnen als Orientierung für eine entsprechende Zirkel- oder Unterrichtsarbeit dienen konnten. Die AutorInnen dieser Pädagogischen Lesungen beriefen sich wiederholt auf Erfahrungen, die sie im Umfeld der Arbeit mit den *Schreibenden Arbeitern* sammelten, transferierten also Erfahrungen aus anderen gesellschaftlichen Bereichen in das Teilsystem Schule. Auch den Pädagogischen Lesungen zu diesem Thema ging es primär um eine Präsentation von Lehr- und Lernwegen, nunmehr fokussiert auf die Fragestellung, welche davon für die Förderung kreativen Schreibens am geeignetsten erschienen. Vor diesem Hintergrund lässt sich dem Format für den Literaturunterricht ein beachtlicher Gestaltungswille attestieren, der aber eben offenkundig auch auf die entsprechenden Spielräume traf. Anders wäre nicht erklärbar, dass derlei Bemühungen von PraktikerInnen nicht nur durch zentrale Auswahl der entsprechenden Niederschrift goutiert, sondern auch systematisch popularisiert wurden.

4.3 Wehrerziehung

Das Format der Pädagogischen Lesungen ist auch zur Erforschung der Wehrerziehung eine wertvolle Quelle: Aufgrund der Gründung zweier deutscher Staaten wurde zur Absicherung der neuen innerdeutschen Grenze der Ausbau der militärischen Kräfte forciert. In dieser militärischen Planung der durch sowjetische Berater gestützten DDR-Führung fiel der Jugend nun eine Schlüsselposition zu (Hafenger & Buddrus, 1994). Es kam schon bald zu einer militärischen Durchdringung des Bildungsweges, um für diese Ziele die Jugend sowohl körperlich vorzubereiten als auch ideologisch einzunehmen. Dabei stellte die sozialistische Wehrerziehung der Jugend von Beginn an ein wesentliches Element der Erziehungspolitik dar (Wagner, 2009).

Die Etablierung der Wehrerziehung erfolgte seit den 1950er Jahren in Etappen und fand seinen Höhepunkt mit der curricularen Verankerung als Unterrichtsfach im Schuljahr 1978/79 (Direktive Nr. 3, 1978). Durch die Einführung als Unterrichtsfach erfolgte eine inhaltliche Verschiebung von der vormals militärpraktischen bzw. physischen Komponente, die sich in den 60er Jahren noch hauptsächlich im Freizeit- und außerunterrichtlichen Bereich abspielte, hin zu einer politisch-ideologischen Erziehung (Decker, im Druck; Sachse, 2000). Das Fehlen begleiteter Unterrichtsmaterialien aus diesem Zeitraum stützt diese Annahme. Erst kurz vor Einführung des Unterrichtsfachs erschienen auch Unterrichtsanleitungen und -handreichungen, die jedoch keiner einheitlichen Grundkonzeption folgten, sondern sich eher als punktuelle inhaltliche Beiträge für die verschiedenen Aspekte der Wehrerziehung herausstellten (Koch & Decker, 2021).

Der Erziehungsanspruch, dass die Wehrerziehung die Bereitschaft bei den SchülerInnen die „Errungenschaften ihrer sozialistischen Heimat zu verteidigen" herausbilden sollte (Gesetz über das einheitliche sozialistische Bildungssystem, 1965, § 25 Absatz 3), war geprägt von einer Erziehungstätigkeit, die sich – bis zur festen Etablierung der Wehrpflicht als Unterrichtsfach – auf eine autodidaktische Umsetzung fokussierte. So war bspw. auch bis Mitte der 70er Jahre das Geschichtsbuch gegenüber militärischen Inhalten zurückhaltend (Decker, im Druck).

Mit Ausnahme des Jahres 1966 liegen 136 Pädagogische Lesungen für den Zeitraum von 1964 bis 1989 vor, die sich mittels Stichwortsuche „*wehr-*" dem Bereich der Wehrerziehung sowohl für den schulischen als auch den außerschulischen Bereich zuordnen lassen. In den Lesungen wurden idealtypische wehrerzieherische Methoden beschrieben und die konkrete Umsetzung vor Ort anhand einzelner Fallbeispiele dokumentiert. In einer Lesung aus dem Jahr 1987 wird darauf hingewiesen, dass die Wehrerziehung aufgrund der Beeinträchtigung der Jugendlichen nicht im vollen Umfang erfolgen konnte. Das Lehrpersonal war jedoch bemüht, so weit wie möglich die Grundpositionen der Lehrplananforderung zu realisieren, und versprach sich davon eine bessere Integration der Jugendlichen in die Gesellschaft. Dazu gehörte neben Geländeübungen auch ein dreistündiges Zielschießen mit der KK-MPi, einer für die Wehrerziehung konstruierten Kleinkalibermaschinenpistole mit deutlich reduzierter Leistung (DIPF/BBF/Archiv: PL87-12-39, S. 3).

In der detaillierten Betrachtung der Lesungen für den Zeitraum vor der Einführung der Wehrerziehung als Unterrichtsfach geht hervor, dass die Umsetzung der (noch nicht verankerten) Wehrerziehung deutlich vom Engagement und Interesse der Lehrkräfte abhing. Die größte Bedeutung wurde dabei dem Sportunterricht zugesprochen. Darüber hinaus zielte die Wehrerziehung neben dem fachlichen Wissen und physischen Können auf die Ausformung von Charaktereigenschaften ab (Koebe, im Druck). Diese Dimension wird bspw. auch in den Lesungen deutlich, die sich mit der Wehrerziehung an Hilfsschulen beschäftigten. Hier wurde die Wehrerziehung als Bestandteil gesehen, die SchülerInnen „zu befähigen, ihren Beitrag zum Schutze der sozialistischen Errungenschaften zu leisten" (Koch & Decker, 2021, S. 21). Im Verständnis des Integrationsbegriffs der DDR war die Wehrerziehung demzufolge zu verstehen als Pflicht und Recht zur Teilhabe am sozialistischen Gemeinschaftsleben (Koch & Decker, 2021).

4.4 Sport

Mithilfe der Pädagogischen Lesungen lassen sich für das Schulfach Sport Aspekte der Alltagsgeschichte und der praktischen Arbeit auf der Unterrichtsebene an den Schulen ausloten.

Von den überlieferten Pädagogischen Lesungen lassen sich nach einer Titelanalyse 291 Dokumente dem Sport im Zeitraum von 1962 bis 1989 zuordnen. Dieser Bestand geht deutlich über den eigentlichen Schulunterricht und seine Gestaltung hinaus. Die VerfasserInnen der hier untersuchten Sportlesungen waren wie auch in anderen Bereichen Pädagogischer Lesungen nicht nur Lehrkräfte. Weiterhin sind Pädagogische Lesungen von KreisturnrätInnen, also kommunalen Schul- und Sportzuständigen, und PionierleiterInnen überliefert. Thematisch sind die Lesungen oftmals außerhalb des Schulsports anzusiedeln: Neben der Organisation von Exkursionen, Wettkämpfen oder Schwimmlagern gehörte hierzu auch das Finden von Lösungen für praktische Probleme sowie statistische Darstellung zur Entwicklung der Sportbeteiligungen.

Der Sport in der Schule, der neben dem Unterricht in sogenannten Schulsportgemeinschaften (u. a. Saß & Peltier, 1981), im Hort (Knappe & Köhler, 1987) und den Jugendorganisationen stattfand, hatte wichtige gesellschaftliche Aufgaben: Die im Gesetz über das einheitliche sozialistische Bildungssystem geforderte „Bildung und Erziehung allseitig und harmonisch entwickelter sozialistischer Persönlichkeiten" (Volkskammer, 1965, § 1 Absatz 1) war auch für den Sport ein Kernanliegen. Im Bereich des Sports wollte man diesen mit einer umfassenden körperlichen Grundbildung erfüllen, verbunden mit „der Herausbildung gesellschaftlich wertvoller Charaktereigenschaften und vertieften sozialistischen Überzeugungen" (Drenkow & Marschner, 1975, S. 26), so die politische Vorgabe. Gemeint waren beispielsweise Mut, Disziplin und Durchhaltevermögen. Die Pädagogischen Lesungen für den Bereich des Sports belegen, dass sich die große Mehrheit der AkteurInnen im schulischen Sport diese Ziele zu eigen machte. Es wird jedoch deutlich, dass dies im Sinne der SchülerInnen und ihrer Erziehung geschehen sollte (u. a. Lanz, 2020). Die Sportlesungen zeigen in den meisten Fällen eine hohe intrinsische Motivation des pädagogischen Personals, um die Situation an den Schulen zu verbessern. Dies wurde vor allem an der mannigfaltigen Kritik an den materiellen Rahmenbedingungen deutlich: So wurde in zahlreichen Lesungen am Rande oder auch zentral die unzureichende Ausstattung mit Material und die fehlende Infrastruktur mit Sportplätzen, Turnhallen und Schwimmhallen thematisiert. Diese Kritik war jedoch in der Regel nur der Problemaufriss und Anlass, die Lösungen – oftmals kreativ, unorthodox und immer sehr pragmatisch bspw. durch eine Arbeitsgemeinschaft *Sportgerätebau* – zur Nachahmung zu präsentieren. Zur Systemkritik sahen die AutorInnen der Sportlesungen jedoch keinen Anlass. Die Texte machen es möglich, das Handeln der PädagogInnen nachzuvollziehen und ihre Motive zu verstehen. Durch die oft schrittgenauen Anleitungen von Ideen, Unterrichtskonzepten oder Exkursionsdurchführungen wird deutlich, dass ihre Arbeit mit den Kindern und Jugendlichen im Mittelpunkt stand und wie diese umzusetzen sei.

Ein besonderer Wert kommt den Pädagogischen Lesungen im Sport heute zu, wenn diese in die universitäre Lehramtsausbildung einbezogen werden. Sie bieten Studierenden einen spannenden Gegenstand zum forschenden Lernen, der sie nicht nur zur wissenschaftlichen Auseinandersetzung befähigt, sondern auch ermutigt, komplexes LehrerInnenhandeln zu verstehen und zu reflektieren. Ebenso erkennen sie die Relevanz historischer Bildungsforschung und ziehen Schlüsse für ihre eigene zukünftige Berufspraxis (Lanz, 2022).

5. Fazit

Als Weiterbildungsformat sollten die Pädagogischen Lesungen im DDR-Erziehungs- und Bildungswesen eine Möglichkeit sein, um auf aktuelle pädagogische Problemlagen mit verallgemeinerten Erkenntnissen aus der Praxis zu antworten. Im schulischen Kontext bewegten sie sich dabei einerseits im Spannungsfeld zwischen den Unterrichtsvorgaben zur Vereinheitlichung des Unterrichts und andererseits auf der Suche nach (Unterrichts-)Innovationen, die der Autonomie der LehrerInnenprofession selbst entspringen sollten. Limitierend muss festgehalten werden, dass aus der Textanalyse nicht rekonstruiert werden kann, inwiefern die Pädagogischen Lesungen im Einzelnen gelenkte bzw. gesteuerte Texte waren. Aus ZeitzeugInnengesprächen geht zumindest hervor, dass den VerfasserInnen inhaltlich Autonomie eingeräumt wurde. Auszunehmen ist hier die Mehrheit der Einführungskapitel, in dem der jeweilige Text bildungspolitisch kontextualisiert wurde.

Sollten die Pädagogischen Lesungen damals die „billigste Investition" (Stoph, 1971, S. 27) sein, so bergen sie heute für die historische Bildungsforschung das Potential, die nach 1989 entstandenen kollektiven Bilder über den DDR-Unterricht genauer zu prüfen. Zusammenfassend lässt sich für die hier beschriebenen Bereiche konstatieren: Im Hilfsschulkontext wird das Bemühen der PädagogInnen deutlich, den individuellen Ansprüchen der SchülerInnenschaft durch professionelles Engagement zu entsprechen. Durchgängig wird, angesichts heterogener Lernausgangslagen, methodische Vielfalt postuliert, dabei wird – als Antwort auf pädagogische Fragen im Bereich der Hilfsschule – deutlich auf reformpädagogische Ideen rekurriert, die ansonsten in der DDR eher kritisch gesehen wurden. In diesem Sinne stellen die Hilfsschullesungen einen Quellenbestand dar, der das bisherige Wissen über den pädagogischen Umgang mit behinderten SchülerInnen im DDR-Bildungssystem um wesentliche Facetten erweitert.

Für den Literaturunterricht stellten die Pädagogischen Lesungen die inhaltlich konkreteste Form innerhalb der unterrichtsanleitenden LehrerInnenmaterialien dar, die gleichzeitig aber reinen Empfehlungscharakter besaßen. Die Lesungen zum Literaturunterricht greifen die didaktisch-methodischen Unterrichtsvorgaben der Lehrpläne und Unterrichtshilfen auf, um sie auszudifferenzieren und gelegentlich auch durch den Einsatz neuer Methoden oder Medien zu modifizieren. Der Vergleich zu den anderen Unterrichtsanleitungen macht deutlich, dass den Lehrkräften in den Lesungen ein nicht unerheblicher methodischer und didaktischer Gestaltungsspielraum blieb. So wird das Bild des zentral vollständig normierten Literaturunterrichts konterkariert. Hinzu kommt, dass derlei innovative Ausgestaltungen der Vorgaben zur DDR-weiten Verbreitung ausgewählt wurden, es also eine bildungspolitisch akzeptierte und beförderte Popularisierung des eigenen Gestaltungswillens der Lehrkräfte gab. Empfehlungen, wie sie die Pädagogischen Lesungen, aber auch die Fachzeitschrift *Deutschunterricht* unterbreiteten, erlauben eine vertiefende Auslotung dieser Spielräume und damit auch die Beantwortung der Frage nach dem Grad der zentralen Lenkung in Bezug auf einzelne Unterrichtsthemen. Dass hier graduelle Abstufungen zwischen verschiedenen Themen und Bereichen vorzunehmen sind, machen vor allem weniger gelenkte Bereiche wie die

Arbeit mit den *Schreibenden Schülern* an DDR-Schulen deutlich: Angesichts fehlender anderer Vorgaben und Anleitungen avancieren die Pädagogischen Lesungen an dieser Stelle zum Hauptleitfaden. Somit schließt die Dokumentation methodischer *Best-Practices* von den Lehrkräften selbst identifizierte Anleitungslücken.

Im Kontext der wehrerzieherischen Ausbildung zeigen die Pädagogischen Lesungen, inwiefern das Thema der Wehrerziehung im schulischen und außerschulischen Bereich Eingang fand, welche Methoden hier letztendlich eingesetzt wurden und welche Erziehungsziele im Vordergrund standen. Weiterhin liegt der Mehrwert der Quelle vor allem darin, dass sie Aufschluss für die Wehrerziehung im Bereich der Hilfsschule geben können.

Für die sporthistorische Forschung, die bisher den Leistungssport fokussierte, liegt mit den Pädagogischen Lesungen ein Quellenkorpus vor, der den Blick hin zum Unterrichts- und Alltagssport verschiebt. In den Lesungen wird deutlich, wie die VerfasserInnen mit pädagogischen und materiellen Problemlagen umgingen. Er zeigt, dass sich der Sportunterricht an dem zentralen sozialistischen Erziehungsziel orientierte und dabei eine grundsätzliche Schülerorientierung miteinschloss.

Darüber hinaus bieten die Pädagogischen Lesungen einen Zugang in der aktuellen LehrerInnenausbildung. Dies kann letztendlich zur Ausbildung berufsbezogener Kompetenzen von angehenden Lehrkräften beitragen.

Abschließend ist festzuhalten, dass mit den Pädagogischen Lesungen ein Fundus an erfolgreichen und bewährten Vorgehensweisen aus knapp 40-jähriger DDR-Unterrichtspraxis vorliegt. Mithilfe dieses damals selektiv (aber qualitativ) konservierten Erfahrungsschatzes ist es nun möglich, zahlreiche Facetten des Erziehungs- und Bildungssystems über das bisherige Quellenmaterial hinaus zu analysieren. Dabei steht für eine Vielzahl an Pädagogischen Lesungen der hier nicht berücksichtigten Unterrichtsfächer und -themen die systematische Erschließung und Analyse noch aus. Offen bleibt derzeit die Frage danach, ob sich die Funktion der Pädagogischen Lesungen im Laufe ihres Bestehens verändert hat und ob sich zeitspezifische Tendenzen inhaltlicher Schwerpunktsetzungen identifizieren lassen.

Archiv

Quellen aus dem *Archiv der Bibliothek für Bildungsgeschichtliche Forschung Berlin:*
DIPF/BBF/Archiv: APW PL5508
DIPF/BBF/Archiv: APW PL87-12-39

Literatur

Altrichter, H. (2019): Steuerung/Governance der Lehrer*innenfortbildung im schulischen Unterstützungssystem. In Priebe, B., Böttcher, W., Heinemann, U. und Kubina, C. (Hg.), *Steuerung und Qualitätsentwicklung im Fortbildungssystem. Probleme und Befunde – Standardbildung und Lösungsansätze* (S. 56–82). Hannover: Klett/Kallmeyer.

Altrichter, H., & Maag Merki, K. (2016). Steuerung der Entwicklung des Schulwesens. In Altrichter, H., & Maag Merki, K. (Hg.), *Handbuch Neue Steuerung im Schulsystem* (2., überarb. und aktual. Aufl.) (S. 1–27). Wiesbaden: Springer VS.

Bundesministerium für Bildung und Forschung (BMBF) (2019). *Verbundprojekt: Bildungs-Mythen über die DDR – Eine Diktatur und ihr Nachleben.* https://www.bmbf.de/bmbf/shareddocs/woWirdWasGefoerdert/de/universitaet-hildesheim-21085.html [15.03.2022].

Decker, C. (im Druck): Entstehung des Faches Wehrerziehung in der DDR. In *Fachunterrichtsgeschichte(n). Exemplarische Studien zur Erforschung der Praxis des Fachunterrichts in (bildungs-)historischer Dimension.*

Direktive für die Weiterbildung der Lehrkräfte, Erzieher und Schulfunktionäre. (1965). In Ministerium für Volksbildung (Hrsg.), Verfügungen und Mitteilungen des Ministeriums für Volksbildung (Bd. 13, S. 171–188). Berlin: Deutscher Zentralverlag.

Direktive Nr. 3 der Direktive des Ministeriums für Volksbildung zur Einführung und Gestaltung des Wehrunterrichts an den allgemeinbildenden Polytechnischen Oberschulen vom 1. Februar 1978.

Döbert, H., & Geißler, G. (2000). *Schulleistung in der DDR. Das System der Leistungsentwicklung, Leistungssicherung und Leistungsmessung.* Frankfurt a.M.: Peter Lang.

Drenkow, E., & Marschner, P. (1975). *Körperliche Grundausbildung in der sozialistischen Schule* (1. Aufl.). Berlin: Volk und Wissen, VEB.

Fend, H. (2004): Was stimmt mit den deutschen Bildungssystemen nicht? Wege zur Erklärung von Leistungsunterschieden zwischen Bildungssystemen. In Schümer, G. (Hg.), *Die Institution Schule und die Lebenswelt der Schüler. Vertiefende Analysen der PISA-2000-Daten zum Kontext von Schülerleistungen* (1. Aufl.) (S. 15–38). Wiesbaden: VS Verlag für Sozialwissenschaften.

Hafenger, B., & Buddrus, M. (1994): *Militärische Erziehung in Ost und West. Ein Lesebuch zur Kriegsbegeisterung junger Männer.* Bd. 4: Nachkriegszeit und fünfziger Jahre. Frankfurt/M.: Brandes & Apsel.

Hübner, R. (2021). *Beurteilung und Popularisierung der Pädagogischen Lesungen in der DDR.* Baltmannsweiler: Schneider.

Hübner, R., & von Brand (2021): Zur Verortung der Pädagogischen Lesungen in den Kontext unterrichtsvorbereitender Literatur der DDR – Eine Darstellung am Beispiel des Deutschunterrichts. *Schriftenreihe der Arbeitsstelle Pädagogische Lesungen an der Universität Rostock, 3*(13). https://doi.org/10.18453/rosdok_id00002721.

Hübner, R. (im Druck). *Deutschunterricht zwischen Ideologie und Innovation – die Pädagogischen Lesungen der DDR: Werkzeuge der Herrschaftsstabilisierung im Schulwesen oder Instrumente zur Steigerung der Unterrichtsqualität?* Universität Rostock.

Knappe, W., & Köhler, H. (Hrsg.) (1987): *Sport im Hort.* Berlin: Volk und Wissen.

Koch, K., Koebe, K., von Brand, T., & Plessow, O. (2019). Sozialistische Schule zwischen Anspruch und Wirklichkeit – Die Pädagogischen Lesungen als ungehobener Schatz zur Erforschung von Unterricht in der DDR. *Schriftenreihe der Arbeitsstelle Pädagogische Lesungen an der Universität Rostock, 1*(1). https://doi.org/10.18453/rosdok_id00002727.

Koch, K., & Koebe, K. (2019). Reformpädagogik in der DDR – Eine kritische Betrachtung anhand der Pädagogischen Lesungen für Hilfsschulen. *Schriftenreihe der Arbeitsstelle Pädagogische Lesungen an der Universität Rostock 3*(1). https://doi.org/10.18453/rosdok_id00002722.

Koch, K., & Koebe, K. (2020). „… die Höhen der Kultur stürmen und von ihnen Besitz ergreifen" – die Förderung „Schreibender Schüler" im Kontext umfangreicher Kulturalisierungsbemühungen in der DDR von 1957 bis 1989 im Spiegel der Pädagogischen Lesungen. *Schriftenreihe der Arbeitsstelle Pädagogische Lesungen, 2*(8). https://doi.org/10.18453/rosdok_id00002813.

Koch, K., & Koebe, K. (2021) Prozesse um Entstehung und Bearbeitung der Pädagogischen Lesungen in Zeitzeugen*innenerinnerungen. *Schriftenreihe der Arbeitsstelle Pädagogische Lesungen, 3*(10). https://doi.org/10.18453/rosdok_id00002928.

Koch, K., & Decker, C. (2021). Zwischen Drill und Lagerfeuerromantik – Wehrerziehung und Wehrunterricht an Hilfsschulen der DDR im Spiegel der Pädagogischen Lesungen. *Schriftenreihe der Arbeitsstelle Pädagogische Lesungen an der Universität Rostock, 11*(3). https://doi.org/10.18453/rosdok_id00002954.

Koch, K & Linström, F. (2020). Die Pädagogischen Lesungen im Rahmen der DDR-Lehrer*innenweiterbildung, Teil I – Eine Systematisierung. *Schriftenreihe der Arbeitsstelle Pädagogische Lesungen, 2*(7). https://doi.org/10.18453/rosdok_id00002809.

Koebe, K. (2020). „Den Wolken ein Stück näher" – eine Positionierung der Pädagogischen Lesungen innerhalb der öffentlichen und unterrichtlichen Rezeption des DDR-Jugendbuches von Günter Görlich. *Schriftenreihe der Arbeitsstelle Pädagogische Lesungen an der Universität Rostock, 6*(2). https://doi.org/10.18453/rosdok_id00002723-

Koebe, K. (im Druck). *Wehrerzieherische Elemente im DDR-Unterricht der 1960er Jahre im Spiegel von Pädagogischen Lesungen dieser Zeit.*

Laabs, H.-J. (Hrsg.) (1987). Pädagogische Lesungen. In *Pädagogisches Wörterbuch* (1. Aufl.) (S. 284). Berlin: Volk und Wissen.

Lanz, J. (2020). Zur Erziehung der „allseitig entwickelten sozialistischen Persönlichkeit". – Sportunterricht an Hilfsschulen in der DDR. *Schriftenreihe der Arbeitsstelle Pädagogische Lesungen, 2*(9). https://doi.org/10.18453/rosdok_id00002861.

Lanz, J. (2022). „Auf Augenhöhe mit anderen Fächern." Die Pädagogischen Lesungen in der DDR im Bereich des Schulsports und ihre Reflexion durch Lehramtsstudierende im Fach Sport. *Sportunterricht, 71*(3), 96–103.

Linström, F. (2022). Die Pädagogischen Lesungen im Rahmen der DDR-Lehrer*innenweiterbildung, Teil II – das Weiterbildungsformat der Pädagogischen Lesungen aus Sicht der Protagonist*innen. *Schriftenreihe der Arbeitsstelle Pädagogische Lesungen, 4*(18). https://doi.org/10.18453/rosdok_id00003974.

Saß, I., & Peltier, K. (1981). *Die allgemeine Sportgruppe. Übungsbetrieb in den Klassen 5 bis 10.* Berlin: Volk und Wissen.

Stoph, W. (1971). *Bericht zur Direktive des VIII. Parteitages der SED zum Fünfjahrplan für die Entwicklung der Volkswirtschaft der DDR in den Jahren 1971 bis 1975.*

Uhlig, C. (1994). Zur Rezeption der Reformpädagogik in der DDR in den 70er und 80er Jahren vor dem Hintergrund der Diskussion um Erbe und Tradition. In E. Cloer & R. Wernstedt (Hrsg.), *Pädagogik in der DDR. Eröffnung einer notwendigen Bilanzierung* (S. 134–151). Weinheim: Deutscher Studien Verlag.

Volkskammer der deutschen Demokratischen Republik (1965): *Gesetz über das einheitliche sozialistische Bildungssystem.* www.verfassungen.de/ddr/schulgesetz65.htm [28.10.2022].

Wagner, R. (2009). *Der vergessene Sportverband der DDR. Die Gesellschaft für Sport und Technik in sporthistorischer Perspektive.* Aachen: Meyer & Meyer Verlag.

Wähler, J., & Reh, S., (2017). Das Zentralinstitut für Weiterbildung der DDR 1962 bis 1990/1991. In Landesinstitut für Schule und Medien Berlin-Brandenburg (LISUM) (Hrsg.), *Erziehen und Bilden: Der Bildungsstandort Struveshof 1917–2017* (S. 131–166). Ludwigsfelde: LISUM.

Abstract: This contribution focuses on Pedagogical Readings (Pädagogische Lesungen) as a hitherto neglected source material for historical educational research in the GDR. First, these Pedagogical Readings are characterized by their function as an institutionalized exchange of experiences. Thus, the effect and limits of the format within GDR educational practice can be shown. The significance of the source will be exemplified by taking a closer look at various aspects of schooling – auxiliary schools, literature classes, military education, and sports. In this way, a (source) basis for the demythification of GDR teaching will be made accessible.

Keywords: Pedagogical Reading, Teacher Training, GDR, School Lessons, Educational Historical Source

Anschrift der AutorInnen

Felix Linström, Universität Rostock,
Institut für Sonderpädagogische Entwicklungsförderung und Rehabilitation (ISER),
August-Bebel-Straße 28, 18055 Rostock, Deutschland
E-Mail: felix.linström@uni-rostock.de

Prof. Dr. Katja Koch, Universität Rostock,
Institut für Sonderpädagogische Entwicklungsförderung und Rehabilitation (ISER),
August-Bebel-Straße 28, 18055 Rostock, Deutschland
E-Mail: katja.koch@uni-rostock.de

Prof. Dr. Tilman von Brand, Universität Rostock,
Institut für Germanistik,
Kröpeliner Straße 57, 18055 Rostock, Deutschland
E-Mail: tilman.von-brand@uni-rostock.de

Dr. Juliane Lanz, Universität Rostock,
Institut für Sportwissenschaft,
Justus-von-Liebig-Weg 3, 18059 Rostock, Deutschland
E-Mail: juliane.lanz@uni-rostock.de

Clemens Decker, Universität Rostock,
Institut für Sonderpädagogische Entwicklungsförderung und Rehabilitation (ISER),
August-Bebel-Straße 28, 18055 Rostock, Deutschland
E-Mail: clemens.decker@uni-rostock.de

Dr. Kristina Koebe, Universität Rostock,
Institut für Sonderpädagogische Entwicklungsförderung und Rehabilitation (ISER),
August-Bebel-Straße 28, 18055 Rostock, Deutschland
E-Mail: kristina.koebe@uni-rostock.de

Michael Corsten/Simon Gordt/Melanie Pierburg

Schicksal oder Romantik?

Identifikation und Rekonstruktion von Bildungsmythen in erzählten Bildungserfahrungen der DDR

Zusammenfassung: Bildung wird in der sozialwissenschaftlichen Auseinandersetzung häufig der Status des Mythos zugesprochen. Was bedeutet es aber, Bildung und Mythos zusammenzudenken? Insbesondere wenn dabei nicht die Absicht verfolgt wird, eine verschleiernde Zuschreibung zu entlarven, sondern den Mythen-Begriff und seine möglichen theoretischen Implikationen ernst zu nehmen. In unserem Artikel setzen wir uns mit Theorien zu Mythen auseinander und wenden sie auf Erzählungen an, unseren Forschungsgegenstand fassen wir entsprechend narratologisch. Wir rekonstruieren zwei biographische Erzählungen, die auf Bildungserfahrungen in der DDR rekurrieren, und schlagen auf dieser Grundlage Kriterien vor, mit denen mythisierendes Sprechen von Deutungsmustern abgrenzbar identifiziert werden kann. Damit verfolgen wir das Ziel, Mythen aus dem Nebel des Mythischen zu befreien und als sprachliches Repräsentationskonzept, das Individuum und Gesellschaft aufeinander bezieht, zu verstehen.

Schlagworte: Bildungserfahrungen, DDR, Mythen, Deutungsmuster, Fallrekonstruktion

> *Die Welt des Mythos ist kein bloßes Gebilde der Laune oder des Zufalls, sondern sie hat ihre eigenen Fundamentalgesetze des Bildens.*
> (Ernst Cassirer, 2010, S. 18)

1. Gibt es Bildungsmythen der DDR?

Der Begriff Bildung spielt in der deutschen erziehungs- und sozialwissenschaftlichen Diskussion eine prominente Rolle (vgl. u. a. Gordt & Becker, 2018). Der Bildung wird Einiges zugetraut. Aladin El-Mafaalani geht so weit, der Bildung einen Mythenstatus zu attestieren: „Bildung ist ein Mythos, ein kaum bestimmbarer Begriff, den man über jedes gesellschaftliche Problem stülpen kann." (El-Mafaalani, 2020, S. 13).

Dieses Argument lässt sich in zeithistorischer Absicht auf Einschätzungen des Bildungswesens der DDR übertragen. Auch diesem wurde und wird Einiges zugetraut: Es habe egalitärere Bildungschancen eröffnet, insbesondere Frauen mehr Aufstiegsmöglichkeiten geboten; es sei stärker naturwissenschaftlich orientiert gewesen, und führe heute noch dazu, dass Schüler:innen der Neuen Bundesländer in internationalen Vergleichen besser abschneiden würden (Baumert, 1994; Titz, 2013).

Solche Darstellungen erwecken den Eindruck, dass Bildungsmythen Formen eines verbreiteten Irrglaubens seien, denen ein ‚Faktencheck' entgegenzuhalten sei. Ist es aber sinnvoll, Mythen so zu begreifen? Dann wären Mythen Hypothesen (über Bildung oder sonstiges), die wie jede andere Annahme auch durch empirische Forschung mehr oder weniger widerlegt werden könnte. Das wäre allerdings sonderbar, da nicht jede wissenschaftliche Aussage ein möglicher Mythos ist; und nicht jeder Mythos potenziell ein wissenschaftliches Argument.

In unserem Beitrag gehen wir vielmehr davon aus, dass es sich bei Mythen nicht einfach um beleg- oder widerlegbare Einzelaussagen handelt, sondern um symbolisch manifestierte Sinnverweisungen. Ausgehend von der strukturalen und dramatologischen Mythenforschung (Barthes, 1957/2010; Turner, 1968) fassen wir Mythen als ausgezeichnete Erzählungen auf, die mit der Funktion einer Überhöhung der Wirklichkeit einhergehen. Mittels der wissenssoziologischen Hermeneutik (Soeffner, 1991) übertragen wir Mythen auf das säkulare Phänomen der Bildung (Abschnitt 2). Daran anschließend differenzieren wir in methodischer und methodologischer Hinsicht Themen, Deutungsmuster und Mythisierungen. Auf Grundlage dieser Unterscheidungen verfolgen wir das Ziel, auf explorative Weise nach Kriterien zu suchen, die es im Rahmen einer interpretativen Analyse erlauben, Themen, Deutungsmuster und Mythisierungen voneinander trennscharf abzugrenzen (Abschnitt 3). Anhand von zwei Fallvignetten zeigen wir einen Weg auf, wie in Auseinandersetzung mit konkreten Textrekonstruktionen Elemente der mythisierenden Rede ausgewiesen werden können (Abschnitt 4). Abschließend diskutieren wir die Erträge unserer Explorationen kritisch, insbesondere hinsichtlich ihrer Grenzen und Reichweite, inklusive eines Ausblicks auf Forschungen, die basierend auf unserem Design vorgenommen werden können (Abschnitt 5).

2. Theorien über den Mythos

Von Roland Barthes (1957/2010) stammt der Vorschlag, den Mythos als „*entwendete Rede*" (S. 273) aufzufassen. Demnach ist er eine „Weise des Bedeutens, eine Form" (S. 251). Ihm sind keine inhaltlichen Grenzen auferlegt, folglich kann alles zum Mythos werden. Die mythische Rede basiere auf einer komplexen Bedeutungsüberformung, einem sekundären semiologischen System, das aus einem mehrstufigen Zusammenspiel von Sinn und Form resultiere (S. 258). Aus diesem „Deformationsverhältnis" (S. 268) ergebe sich ein spezifisches Wissen, in dem sich eine Absicht spiegelt und gleichsam verschleiert wird (S. 270). Der Mythos sei eine besondere, „exzessiv begründete" (S. 278) Art der Rede. Barthes verdeutlicht dies anhand eines technischen Artefakts, eines in den 50er Jahren populären Automobils: „Außerhalb aller Rede [Mythologie, Anm. d. A.] ist die DS 19 ein technisch definiertes Objekt, das eine bestimmte Geschwindigkeit erreicht, einen bestimmten Luftwiderstand aufweist usw. Und genau von diesem Realen kann der Mythologe nicht sprechen." (S. 315). Es geht somit nicht darum, was in der logischen Sprachanalyse als extensionale Bedeutung verstanden wird, die Menge der mit dem Begriff bezeichneten Gegenstände (alle Citroëns dieser Baureihe), sondern um die Bedeutung der DS als Intension, als mit Begriffen und Rede implizierter Horizont und

	1. Signifikant	
Sprache	2. Signifikat	
	3. Zeichen I. SIGNIFIKANT (Bedeutung)	II. SIGNIFIKAT (Sinn)
Mythos	III. ZEICHEN (Mythos)	

Abb. 1: Sprache und Mythos nach Roland Barthes

Hintergrund von Sinnverweisungen. Auf diese Weise komme es zu einem mythisch erzeugten ontologischen Surplus[1].

Der Mythos wäre demnach mehr als die Repräsentation von Einzelheiten in der Welt. Er knüpft zwar an gebräuchliche Zeichen an, verleiht deren gegebenen Bedeutungen aber eine zusätzliche Weltschicht (ontologischer Surplus) und erzeugt so einen tradierbaren Mythos, der sich auf die zusätzlichen Merkmale der Welt bezieht. Barthes (1957/2010, S. 259) macht dies anhand des obigen Schaubilds (s. Abb. 1) deutlich:

Der Mythos als eine sekundäre Operation des Bezeichnens ist mehr als die primäre Ebene des Zeichengebrauchs, auf der das Bezeichnende (Signifikant) auf ein Bezeichnetes (Signifikat) hinweist, wie z. B. Citroën DS für das so benannte Automobil. Vielmehr enthält er eine Bedeutung, die dem Zeichen (hier aufgrund des Wortspiels „DS = *déesse*") zusätzliche Qualitäten verleiht, beispielsweise wird dem Design des Fahrzeugs eine Gottähnlichkeit zugesprochen. Der Mythos nutzt somit die in einem semantischen Netz mit einem Wort, einer Erzählung oder auch einem Bild oder Klang in Verbindung stehenden Bedeutungen, um die mit einer Bezeichnung symbolisch aufgerufene Welt epistemisch zu konsolidieren.

Auf ähnliche Weise spricht Jan Assmann von „Mythomotorik": „Die Charakterisierung fundierend und kontrapräsentisch kommt nicht dem Mythos als solchem zu, sondern vielmehr der selbstbildformenden und handlungsleitenden Bedeutung, die er für eine Gegenwart hat, der orientierenden Kraft, die er für eine Gruppe in einer bestimmten Situation besitzt. Diese Kraft wollen wir ‚Mythomotorik' nennen" (Assmann, 1992, S. 79–80). Assmann verortet dabei das transformative Potenzial auf der Handlungsebene von Kollektiven. Die Rhetorik des Mythos begründet eine Weltsicht, die für ein Kol-

---

[1] Turner (1968, S. 578) spricht von etwas, „that is pre-eminently the real". Er bezeichnet damit eine Art Gnoseologie – weltbegründende Rahmenstrukturen der Überzeugung –, die sich einer direkten oder einzelfallweisen Überprüfung an Fakten entziehen.

lektiv „selbstbildformend" und „handlungsleitend" sei, und zwar über die Vergangenheit der Gruppe hinaus noch weiter in die Gegenwart und Zukunft hinein.

Lässt sich ein solcher Mythenbegriff auf moderne Formen der Sachverhaltsdarstellung übertragen – oder droht er inflationär und demzufolge analytisch oberflächlich zu werden? Niklas Luhmann hatte Manfred Franks Rede von der „Neuen Mythologie" (Frank 1982) relativiert, indem er betonte, dass die gesamtgesellschaftliche Integrationsfunktion, die dem klassischen Mythos zugeschrieben wird, von Formen „gepflegter Semantiken" (Luhmann 1987) ersetzt werde, die als Reflexionskommunikation bzw. „Rechtfertigungsordnung" (Boltanski & Thévenot, 2010) die Funktionsweise moderner Teilsysteme der Gesellschaft symbolisch stütze. Deshalb können wir mit Luhmann oder Boltanski & Thévenot die Frage stellen, ob Bildung oder Bildungsdiskurse als Semantik des Erziehungssystems kommunikationstheoretisch als funktionales Äquivalent zu (Bildungs-)Mythen angesehen werden können. Als Reflexionscode mit rationalen Ansprüchen bewegten sich Bildungssemantiken dann in einem rational rekonstruierbaren Raum von Gründen. Dennoch bleibt empirisch offen, ob nicht auch Bildungssemantiken die gnostische Qualität einer „prä-eminenten Realität" erlangen, die das „must be" einer „Welt-Notwendigkeit" ausdrücken, und so den surplus-ontologischen Status des Mythos erzeugen. Unter welchen gesellschaftlichen Bedingungen treten dann Bildungsmythen auf? Spielen dabei etwa historische Transformationsprozesse eine Rolle, in denen etablierte Ordnungen der Gesellschaft und deren Bildungssysteme wie im Fall der DDR suspendiert worden sind? Erfüllen Mythisierungen so die Funktion des sozialen und biographischen Anschließens an eine politisch diskreditierte Vergangenheit?

Wir wollen dies im Weiteren am Beispiel von bildungsbiographischen Erzählungen konkreter untersuchten. Um jedoch prüfen zu können, ob eine bildungsgeschichtliche Mythisierung tatsächlich vorliegt, bedarf es methodologischer Kriterien, die wir im folgenden Abschnitt anhand der Unterscheidung von Themen, Deutungsmustern und Mythisierungen entfalten.

3. Methodologische Überlegungen

3.1 Deutungsmuster und Mythen als Strukturen kollektiver Wissensproduktion

Nach Turner (1968) stellt der Mythos eine grundlegende Glaubensstruktur dar, die eine Überhöhung alltäglicher Deutungen aufweist. Insofern bietet die (wissenssoziologische) Deutungsmusteranalyse (Meuser & Sackmann, 1992; Oevermann, 1973/2001a) einen passenden methodischen Rahmen. Ursprünglich wird im Ansatz der Deutungsmusteranalyse eine „Kontinuität zwischen Alltagswissen und Wissenschaft" (Oevermann, 1973/2001a, S. 10) angenommen. Deutungsmuster müssten „(i) vor allem einen hohen Grad der situationsübergreifenden Verallgemeinerungsfähigkeit besitzen, (ii) sich in der Unterdrückung bzw. Auflösung potentieller Krisen bewährt haben und (iii) angesichts der von daher erforderlichen Anwendbarkeit auf eine große Bandbreite konkret verschiedener Handlungssituationen einen hohen Grad von Kohäsion und innerer

Konsistenz aufweisen" (Oevermann, 2001b, S. 38). Kurzum: Deutungsmuster enthalten einen praktisch-rationalen Bezugspunkt in der Bewältigung von sozialen Situationen und/oder Krisen, an denen sie sich in säkularer Hinsicht bewähren können.

Dabei sind Deutungsmuster zwar ähnlich „liminal" (Turner, 1968; S. 579) wie Mythen, d. h. durch sie werden Grenzen eines Deutungsrahmens gebildet und ggf. auch verändert. Dabei müssen sie nicht ausschließlich als eine transzendente, auf Sakrales verweisende oder diese substituierende Form der Realitätskonstruktion aufgefasst werden. Im Vergleich zu Deutungsmustern weisen Mythen jedoch eine Form der „Überhöhung des Alltags" (Soeffner, 1991) auf, die den Alltag in eine weiter gefasste, verallgemeinerbare Welt situiert. Oevermann unterscheidet auf ähnliche Weise „Deutungsmuster" und „Ideologien": „Im Unterschied zu Ideologien müssen Deutungsmuster wie selbstverständlich die Gültigkeit der ihnen innewohnenden Überzeugungen verbürgen. Ideologien hingegen werden auch bei Bezweiflung aufrechterhalten" (Oevermann, 2001b, S. 38).[2]

Entscheidend ist, dass Mythen eine Symbolisierungsstruktur aufweisen, die zwar ebenfalls generalisierender Art sei, sich allerdings einer Deutungsmuster ähnlichen Form der Verbürgung durch lebenspraktische Bewährung entziehen. Auf diese Weise hatten wir an anderer Stelle Mythen als einen „Bezugsraum des Kollektiven" aufgefasst, der Darstellungen der Welt „im Modus einer nicht verbürgten Rede fortsetzbar [macht], einer Erzählung, die womöglich nur um ihrer selbst willen – ihrer Auszeichnung als überlieferte Erzählung – erzählt wird" (Corsten & Jafke, 2021, S. 3). Diese Beobachtung verdeutlicht, dass Mythen herausgehobene Erzählfiguren enthalten. In methodischer Absicht analysieren wir nun biographische Stegreiferzählungen, um anhand solcher Erzählfiguren Kriterien für die Identifikation mythisierenden Sprechens zu erarbeiten.

3.2 Mythisierungen in biographischen Stegreiferzählungen

Als retrospektive Formen der Sachverhaltsdarstellung weisen Erzählungen und speziell autobiographische Stegreiferzählungen, mit denen wir es hier im Engeren zu tun haben, ein nicht unkompliziertes Verhältnis zur Wahrheit auf (Bourdieu, 1990; Corsten, 1994; Niethammer, 1991). Insbesondere Formen von Rechtfertigungsgeschichten (Lehmann, 1983) sind im Hinblick auf die verzerrte Darstellung von Erinnerung hin untersucht worden (Peneff, 1993; Welzer, 2004), häufig auch im Kontext der biographischen Erinnerung historisch fragwürdiger Zeiten und Ereignisse. Aber allein die selektive oder

---

2 Wir unterscheiden in unserer Herangehensweise Mythen von Deutungsmustern, um eine Form der Sinnbildung sowohl zu bestimmen als auch zu untersuchen, die einen Bezugsraum eröffnet, der alltagsbezogene „Weltinterpretationen" (Oevermann, 1973/2001a, S. 8) übersteigt. Ideologien eignen sich dafür nur eingeschränkt, weil sie stärker politisch konnotiert sind und als „quasi strategische Rechtfertigung von objektiven Interessen" (Oevermann, 2001b, S. 38) prozessieren, womit immer auch eine bewusste Instrumentalität verbunden ist.

verdrehte Darstellung von erinnerten Sachverhalten muss gemäß unserer obigen Begriffsbestimmung keine Form von Mythos oder Mythisierung darstellen, auch wenn vorausgesetzt wird, dass es kaum erzählerische Wiedergaben von Ereignissen gibt, die deckungsgleich mit ihrem tatsächlichen Verlauf sind. Erzählungen besitzen zwar in der Regel eine Funktion im Rahmen der Aushandlung von Vergangenheit (Herz, 1996; Herma, 2019). Gleichwohl lassen sich Typen nach ihren jeweils unterschiedlichen sozialen und biographischen Funktionen differenzieren. So besitzen Mythen die soziale Funktion der Schaffung eines überhöhten Bezugsraums für kollektive Deutungen bzw. Sinngebungen. Wir fragen deshalb danach, *wie sich die Herstellung mythischer Überhöhung in autobiographischen Erzählungen manifestiert.* Unsere Zielsetzung ist explorativ und geschieht in methodologischer Absicht. Wir untersuchen autobiographische Stegreiferzählungen, um Erzählelemente, Figuren oder Konstruktionsweisen zu identifizieren, die wir als mythisch ausweisen.

Wir greifen dazu auf einen Textkorpus von Interviews mit rund 60 Personen zurück, die in der DDR geboren wurden und dort aufgewachsen sind. Die Personen wurden jeweils dreimal im Zeitraum zwischen 2001 und 2010 interviewt. Insofern weisen die Interviews reichhaltiges Material der erzählten Erinnerung im Lebenskontext der DDR auf, besonders auch zu Erfahrungen mit dem Bildungssystem und den damit verbundenen Organisationen. In unserer Darstellung greifen wir zwei Fälle exemplarisch heraus, um spezifische Formen der Mythisierung sinn-rekonstruktiv herauszuarbeiten.

Zur Vororientierung bzw. methodologischen Sensibilisierung der Analyse nutzen wir die Möglichkeit, zwischen Themen, ihrer Deutung und ihrer Mythisierung zu unterscheiden. Einzelne Äußerungen einer Erzählung lassen sich somit *erstens* als Beitrag zu einem bestimmten Thema rekonstruieren. Dies ist die Ebene, auf der in der Regel eine inhaltsanalytische Untersuchung von Texten ansetzt. Von Interesse für unsere Analyse sind solche Äußerungen, die sich als Beitrag zum Thema ‚Bildung in der DDR' im weitesten Sinn verstehen lassen. *Zweitens* werden Themen in der Regel im Rahmen eines Deutungsmusters elaboriert. So kann zum Beispiel das Thema Lehrperson, das zum Themenkomplex Bildung und Schule gehören würde, von einer Sprecher:in vor dem Hintergrund des Deutungsmusters ‚Vorbildhaftigkeit – Vorbildfunktion' erörtert werden. Dabei entstünde im Rahmen eines alltagsweltlichen Vollzuges von Lebenspraxis das Deutungsmuster ‚Vorbildhaftigkeit' und müsste sich – im Sinne Oevermanns – dort auch bewähren. Lehrpersonen würden im Rahmen dieses Deutungsmusters sich durch Taten auch in den Augen der Beteiligten (Schüler:innen, Eltern, Kolleg:innen) als Vorbild erweisen oder nicht. Eine solche handlungsorientierende Funktion eines Deutungsmusters ließe sich somit praktisch erfüllen bzw. ‚wahr machen'. Zu einer Mythisierung oder einem Mythos käme es *drittens* erst dann, wenn die Deutung des Vorbilds auf spezifische Weise überhöht werden würde und sich von der Einbettung in konkrete Handlungsvollzüge ablöste, etwa als Alltagsheld:innengeschichte von der Lehrperson X und ihren großartigen Taten.

Mit dieser interpretativen Heuristik von (1) Themen, (2) Deutungsmustern und (3) Mythisierungen wenden wir uns nun der konkreten Analyse des Interviewmaterials zu.

4. Fallrekonstruktionen

Im Folgenden gehen wir auf zwei ausgewählte Fallvignetten ein, in denen sich verschiedene Mythen erkennen lassen. Während sich bei Winfried Cremer ein Mythos melancholischer Autoritätsgläubigkeit rekonstruieren lässt, finden wir bei Maria Findig einen Mythos romantischer Vergemeinschaftung. Durch den anschließenden Vergleich beider Fallvignetten lassen sich Kriterien identifizieren, die es erlauben, Mythisierungen von Deutungsmustern systematisch abzugrenzen.

4.1 Winfried Cremer

Winfried Cremer ist 1967 geboren, in einer ländlichen Region der DDR aufgewachsen und zum Zeitpunkt des Interviews ca. 35 Jahre alt. Am Beginn des Interviews erzählt er ausgehend von der Beschreibung der sozialen Lage seiner Herkunftsfamilie von seiner Schulzeit sowie der damit verbundenen Rolle bei den Jungen Pionieren. Als prägende Merkmale seiner autobiographischen Erzählung fällt die iterative Verwendung relativierender Formulierungen auf. Außerdem deutet er die Erinnerungen an die eigene Kindheit in Schule und außerschulischen Bildungseinrichtungen sowohl vor dem Hintergrund der damaligen autoritären politischen Bedingungen als auch hinsichtlich seiner aktuellen Verhältnisse. So generalisiert er seine eigenen Kindheitserfahrungen und stellt sie als typisch für seine Generation dar, welche er im Sinne einer kollektiven Identität interpretiert, die von geteilten Autoritätserfahrungen durchdrungen ist.

Seine Eingangserzählung beginnt mit einer Relativierung, dass er trotz seiner sozialen Herkunft, die er damit beschreibt, dass seine Familie „auf der sozialen Leiter nich sehr weit oben" stand, dennoch zur „Klassenspitze" gehörte. Bereits hier zeichnet sich die für ihn typische Erzählfigur ab, Erinnerungen nicht nur zu beschreiben, sondern vor seinem aktuellen Wissen zu interpretieren. Dabei zeigt sich, dass Cremer der sozialen Herkunft im Bildungswesen und darüber hinaus Bedeutung zuspricht. Zugleich konstatiert er, in den Bildungsorganisationen der DDR aufgrund seiner sozialen Lage nicht diskriminiert worden zu sein, indem er relativierend kommentiert: „[D]as hat ja trotzdem […] für mich […] keene negativen Auswirkungen jehabt". Allerdings führt er aus, dass er als Klassenbester „ooch Gruppenratsvorsitzender" werden sowie sich im Vorstand der außerschulischen Gruppe engagieren musste. Mit dieser Position war er in der „untersten sozialistischen Strukturhierarchie" eingebunden und damit Teil der Verhältnisse. Zwar gibt er an, dass die von ihm eingenommene Rolle formal auf Freiwilligkeit beruhte, jedoch distanziert er sich mit dem Wortwitz zugleich wieder davon, dass er die Position aufgrund „eenes Sprachfehlers, den wahrscheinlich viele Ehrenamtsleute ham, man kann nich ‚nee' sagen", auszuführen hatte. Mit der Ironisierung umschreibt er seinen fehlenden Mut, gegen die Autoritäten in Schule und außerschulischer Jugendgruppe zu opponieren. Jener humorvolle Hinweis zeugt davon, äußeren Ansprüchen gerecht werden zu wollen. Entsprechend empfindet er die Teilnahme als einen Zwang, den er über einen Vergleich von sich als Schüler als „kleener Zwerg", der sich den Erwachsenen unterordnen musste, noch sprachlich verschärft. Diese Unterordnung stellt er als selbstverständlich und für die Zeit typisch dar, womit er zugleich den Druck, dem er und seine Klassenkamerad:innen ausgesetzt waren, unterstreicht: „Und wenn en Lehrer sagt, der und der macht das und das, dann das war einfach nicht, dass da en Schüler sagte, nee. Das gabs nicht".

Beginnt Cremer in der Sequenz noch mit der Veranschaulichung der eigenen Erfahrung, wechselt er allmählich die Bezugsperspektive und rekurriert zunehmend auf die gesellschaftlichen Umstände, mit denen sich seine Generation auseinandersetzen musste. Mit „der ganze Gesellschaftsaufbau [war] von unten bis oben […] autoritär" deutet er entsprechend seine Kindheits- und Schulerfahrung. Cremer legitimiert über die Verallgemeinerung für die gesamte Altersgruppe sowohl sein Handeln als auch seine biographische Entwicklung. Außerdem geht er auf Distanz zu den damaligen politischen Umständen, denen er sich unterordnen musste. Die Beschreibung seiner Sozialisationsbedingungen setzt somit den Rahmen seiner möglichen Handlungen, die er zudem als ein von außen auferlegtes Schicksal deutet:

> Also war man wusste wo, mal lax jesprochen, man wusste, wo der Hammer hängt. […] Und den wollte man nich abkriegen. Also hat man sich, was den Ossis vorjeworfen wird, hat man sich jefügt. Also wir, mein Alter, is da als Kind schon reinjewachsen. Und das werden wir rumtragen.

In seiner Erzählung zur eigenen Rolle in der Schule und der außerschulischen Jugendgruppe zeigt sich ein Deutungsmuster von Autorität, das in einen typisierenden Zeitkontext gestellt wird. Seine Bildungssozialisation wurde folglich von Zwängen bestimmt, die das individuelle Selbstwirksamkeitspotenzial einschränken. In diesem Sinne musste er und überhaupt mussten sich alle Gesellschaftsmitglieder dem eigenen Schicksal beugen. Durch die Bezüge auf seine Generation sowie die gesellschaftlichen Verhältnisse verlässt die Erzählung die individuelle Ebene, wie das oben genannte Zitat zeigt, das als Konklusio der Sequenz dient. Denn nicht nur übernimmt er im Sinne einer Transformation die Perspektive der Westdeutschen auf die Ostdeutschen, sondern überträgt die eigene biographische Erfahrung auf seine Generation, für die er düstere, melancholisch gestimmte Zukunftsaussichten skizziert. Da die Angehörigen seiner Generation sich dem eigenen Schicksal ergeben und nicht in der Lage sind, sich von ihrer Erfahrung zu emanzipieren, seien sie auch in der Zukunft und damit für ihr gesamtes Leben, selbst unter neuen politischen Bedingungen, geprägt. Das Deutungsmuster lebensbestimmender unterdrückender Sozialisationserfahrungen schlägt so in einen melancholischen Mythos einer verhängnisvollen Autoritätsgläubigkeit um.

Die Erinnerung der eigenen Kindheit in Schule und außerschulischen Bildungseinrichtungen werden vor dem Hintergrund der autoritären politischen Verhältnisse gedeutet und auf die aktuellen Verhältnisse übertragen. Dadurch werden die Kindheitsprägungen generalisiert und im Sinne einer kollektiven Identität interpretiert, die von einem geteilten Autoritätsglauben durchdrungen ist. Diese biographische Entwicklung wird als Verhängnis gedeutet, wodurch auch die zukünftigen Lebensaussichten melancholisch gestimmt sind.

4.2 Maria Findig

Maria Findig ist 1976 geboren, in einer Kleinstadt in der DDR aufgewachsen und zum Zeitpunkt des Interviews ca. 25 Jahre alt. Am Beginn des Interviews beschreibt sie ihre Schulzeit und Partizipation bei den Jungen Pionieren. In der Eingangserzählung geht sie retrospektiv auf den Zwang ein, dieser Organisation beigetreten sein zu müssen, wovon ausgehend sie von der ambivalenten Beziehung ihrer Eltern zum politischen System der DDR berichtet. Diese waren nicht „in der Partei", opponierten allerdings auch nicht. Die Betonung, dass ihr Engagement für die Jungen Pioniere ein relevanter Aspekt ihrer Kindheit war, und dass sie dort eine Gemeinschaft fand, die starken Einfluss auf ihre Persönlichkeitsentwicklung hatte, auch wenn sie a posteriori deren ideologische Dimension kritisch anerkennt, ist ein entscheidender Aspekt ihrer biographischen Erzählung.

Zeitlich verortet Findig ihre kritische politische Einstellung in der siebten Schulklasse, als sie im Staatsbürgerkundeunterricht mit der DDR-Ideologie und ihrer inhärenten Ablehnung kapitalistischer Staaten erstmals konfrontiert wurde. Dies erzeugte eine Differenzerfahrung samt der Konsequenz, die damit verbundenen gesellschaftlichen Tendenzen in ihr Weltbild integrieren zu müssen. Die mit der *Wende* einhergehenden politischen Wandlungen erschienen ihr zunächst als Lösung des Konflikts, mitunter da sie die gesellschaftlichen Transformationsprozesse als positiv konnotiertes Gemeinschaftserlebnis empfand. Damit geht in der Erzählung die nachträgliche Zuschreibung einher, den mit dem Systemzusammenbruch assoziierten Wegfall des Pionier-Kollektivs verkannt zu haben. Den biographischen Verlust kompensierte sie zeitweise mit dem Anschluss an die Punk-Szene, bis die Suche nach der verlorenen Gemeinschaft – als Folge ihrer Tätigkeit als Streetworkerin nach dem Studium – sie zu ihrem ehrenamtlichen Engagement bei den Pfadfindern führte.

Die Jungen Pioniere als außerschulische staatliche Organisation nehmen in Findigs biographischer Erzählung eine zentrale Bedeutung ein. Zwar spricht sie dem politischen System der DDR einen Zwangscharakter zu, den sie beispielsweise in der Schule in Form von Konflikten mit Lehrerpersonen erfährt, davon grenzt sie die Jugendorganisation allerdings entschieden ab. Obwohl sie retrospektiv die Jungen Pioniere als Teil des Staatssystems einordnet und mit der sozialistischen Ideologie verbindet, bleibt ihr nicht-erwachsenes Ich davon in der Erzählung unberührt, „weil als Kind hat mer da ja überhaupt keine Ahnung […], ha[b] […] das auch nie mit den Pionieren gleichgesetzt, weil die Pioniere warn für mich ein wichtiges Element meiner Entwicklung". Insofern erzählt Findig aus ihrer Erwachsenenperspektive, von der sie ihre Erinnerungen aus der Kindheitsperspektive differenziert, welche vor weltbildlichen Zugriffen aufgrund ihrer damaligen Unwissenheit geschützt waren. So kann Findig ihre Partizipation bei den Jungen Pionieren ohne ideologische Indoktrination schildern und sie als wichtige Sozialisationsinstanz für ihre eigene Entwicklung darstellen. Ihrem kindlichen Ich schreibt sie auf der Erfahrungsebene den Zugang zur Welt durch ein Kollektiv zu, während ihr erwachsenes Ich retrospektiv die ideologische Komponente identifiziert. Sie schildert, sich „schnell bei den Pionieren eingefunden" zu haben und „Gruppenratssprecher" geworden zu sein. Diese Funktion erscheint in der Erzählung nicht als Produkt eines Zwangs, sondern als Ergebnis ihrer willigen Integration in das Kollektiv. Ihre Freude an der außerschulischen Jugendorganisation steigert sich zur begeisterten Teilnahme an den internationalen Treffen der „Thälmannpionieren". Zwar erkennt sie ex post die politische Stoßrichtung der Zusammenkünfte, doch „als Kind hat mer sich natürlich überhaupt kein Kopf da gemacht", vielmehr „war [es] halt toll".

In der biographischen Erzählung beschreibt Findig ihre Sozialisation in der DDR als Möglichkeit, in einem institutionellen Kollektiv aufzugehen und parallel aufgrund kindlicher Naivität von ideologischen Vereinnahmungen geschützt zu sein. Hier zeigt sich das Deutungsmuster der Gemeinschaft, das sich in der Erzählung aus den Erfahrungen in der Bildungsorganisation speist. Findigs positive Welt- und Selbsterfahrungen bei den Jungen Pionieren sind durch eine Vergemeinschaftung charakterisiert, die sie aufgrund gelebter Ähnlichkeit als beziehungsstiftend empfindet und dabei in einen größeren Referenzrahmen überträgt:

Ich denk das is so 'n Grund bei vielen Menschen, auch Kindern, dass mer irgendwo 'ne Zugehörigkeit brauch. Man sucht was. Und das war so 'ne Sache, das war'n Pioniere, die tragen alle 'n Halstuch. (I: hm) Ich denke, das 's auch so 'n bisschen bei den Pfadfindern, was mich so reizt (irgendwie). Dieses man hat was, wo man sich halt drüber identifizieren kann. Das is meine Gruppe. Ich gehör dazu. Ich bin dort wer. (I: hm) Und da war's mir auch wichtig, nie 'n Mitläufer zu sein, sondern halt immer 'n, 'ne Rolle (z), 'ne besondre Rolle zu spielen.

Das Erleben von Gemeinschaft ist hier nicht nur ein Phänomen, das sich in der Biographie verorten lässt, sondern das Ergebnis einer Suchbewegung, die sich aus dem generalisierten sozialen Bedürfnis nach Zugehörigkeit speist. Das Finden jener, gepaart mit dem Ankommen in dem Kollektiv, spiegelt sich in der Erzählung in dem Halstuch, das bei den Jungen Pionieren getragen wird und als kollektivierendes Erkennungszeichen fungiert. Es zeigt an, der symbolisierten Gemeinschaft sowohl zugehörig als sich auch dieser sicher sein zu können und auf keine individualisierten Inklusionsbemühungen angewiesen zu sein. Mit der automatisierten Inkludierung verbindet sich eine Subjektivierung, denn statt dass das kollektivgetragene Kleidungsstück dazu führt, Individualität zu verlieren, wird so sicher gestellt, dass Individualität überhaupt stattfindet. Die Zugehörigkeit erschafft die Möglichkeit der Selbstverortung sowie Selbstbestimmung und entfaltet das Potenzial, die Gemeinschaft mitzugestalten. Die Pioniere erscheinen nicht als Ausdruck eines schicksalhaften Zwangs, wie bei Cremers Erzählung, sondern als institutionalisiertes Selbstwirksamkeitspotenzial. Auch sprachlich wechselt am Ende der Sequenz das generalisierende und distanzierende „man", in das stärker identifizierende „mein", „ich" und „mir". Das Deutungsmuster der Welterklärung schlägt so in einen

Mythos der vergemeinschafteten Selbstverklärung um, indem eine romantisch überhöhte Welt erzeugt wird, die dem Individuum ‚seinen' Platz zuweist.

Findig assoziiert die Jungen Pioniere mit einer Welt, in der das überindividuelle Bedürfnis, Kollektivität und Individualität miteinander zu vereinigen, urwüchsig erfüllt war. Diese ‚romantische' Suche nach Vereinigung und Harmonie zwischen Gemeinschaft und Individuum (vgl. White, 2008, S. 106–108) zeigt sich in ihrer Erzählung als anthropologische Notwendigkeit und wird durch das Tragen der Halstücher ‚metaphorisch' – als „Symbol as Archetype" (Frye, 1990, S. 95) – verbildlicht. In der idealen Welt einer ursprünglichen Gemeinschaft kam das Selbst zu sich; ihr Verlust zieht Kompensationsstrategien nach sich, die das Leitbild kontinuieren. Die Suche nach dem vergemeinschaftenden Kollektiv wird so zum Mythos, welcher auf die Zukunft verweist, sich durch ihre Biographie hindurchzieht und das verlorene Ideal der Jungen Pioniere romantisch fortzuschreiben sucht.

4.3 Vergleich Cremer und Findig

Die Interviewsequenzen von Winfried Cremer und Maria Findig weisen zwei wesentliche Gemeinsamkeiten auf: die lebenslaufbezogene Thematisierung der Jungen Pioniere als Teil des staatlichen Systems der DDR und die daraus resultierende Frage nach der Systemloyalität. Während Cremer die Integration in die außerschulische Bildungsorganisation mit seinem herkunftsunabhängigen Erfolg in der Schule erläutert, konstatiert Findig den kollektiven Zwang zum *Pioniersein,* um dann die ambivalente Haltung der Eltern zu den politischen Verhältnissen zu problematisieren. Beide offenbaren so eine distanzierte bis kritische Haltung zum System der DDR und unterstellen in der Kommunikationssituation eine Westperspektive, wie sich in den Erklärungen der Begrifflichkeiten und Erläuterungen der Einstellungen zeigt, an die sie anknüpfen, womit sich Rechtfertigungsmuster entwickeln. So konterkariert Cremer seinen Schulerfolg mit der damit assoziierten Position bei den Jungen Pionieren, die er als Nachteil deklariert. Der Gruppenratssprecher erscheint in seiner Schilderung als Marionette des politischen Systems und die Einwilligung in diese Funktion vor allem als Ausdruck, sich einer übergeordneten Hierarchie unterwerfen zu müssen. Dabei bewahrt der Wortwitz des Nicht-Nein-Sagen-Könnens zwar die eigene Persönlichkeit als Komponente des Handelns, der „kleene Zwerch" kann sich aber nicht gegen das System der Riesen bzw. die Hierarchie konstituierenden Erwachsenen auflehnen. Die kritisch reflektierte Systemloyalität oszilliert hier zwischen Zwang und Versagen und wird über die Ohnmachtsstellung des Kindes gerechtfertigt. Hingegen ist bei Findig das Pionierwerden zunächst ein Ausdruck von Unfreiheit, jedoch verweist die Integration in die Organisation in der Narration schließlich auf Gemeinschaft und ein Selbstfindungspotenzial – beides bleibt aufgrund der kindlichen Naivität von ideologischer Indoktrination unberührt. Die Systemloyalität zeigt sich so im Integrationsaspekt, wird aber durch das Erklären des Immunseins des Kindes vom politischen Ballast befreit. Dadurch werden Erfahrungen der Vergemeinschaftung und Vergesellschaftung über die Jungen Pioniere möglich, ohne die eigene Identität den als Unrecht empfundenen politischen Verhältnissen unterordnen zu müssen. Das konstatierte anthropologische Grundbedürfnis nach Kollektivität – als Voraussetzung für Individualität – rechtfertigt so die Partizipation.

In den Narrationen gehen diese rechtfertigenden Deutungsmuster in Mythisierungen über. Bei Cremer transformiert die Darstellung seiner Kindheit in eine Kollektivdiagnose. Den „Hammer", den *man* nicht abkriegen wollte, bedrohte eine ganze Generation der DDR, und es sind schließlich die „Ossis", die sich „jefügt haben". Die Erfahrungen des Zwangs und des Unterordnens werden einer zeitlich und geographisch verorteten und konstruierten Gruppe zugesprochen. Aus dem biographischen Einzelfall wird so ein Exempel für ein kollektives Schicksal, das nicht nur in der Vergangenheit Bestand hatte, sondern – und das ist zentral – in die Zukunft verlängert wird. Die überhöhende Identifikation zeigt sich in dem „Wir", das den Ballast der Geschichte rumtragen wird und in dem sich der Mythos schicksalhafter Autorität finalisiert. Auch bei Findig wandelt sich die Erzählung in eine kollektive Zuschreibung, die sich auf ein menschliches Bedürfnis nach Kollektivität bezieht und über die Pioniere als gesellschaftliche Einrichtung adressiert wird. Der Bezugsraum der Aussagen und der Übergang in eine bildliche Sprache mit dem Verweis auf die Halstücher zeigt ebenso eine Überhöhung an, die sich mit der Generalisierung verbindet. Die aufgebrachte anthropologische Komponente stellt einen überzeitlichen Geltungshorizont heraus, der sich in der biographischen Erzählung in dem Muster einer unabgeschlossenen Suchbewegung offenbart.

In der Gegenüberstellung der Interviewsequenzen von Cremer und Findig offenbaren sich vier Merkmale, die qualitativ einen Übergang von einem Deutungsmuster der Rechtfertigung in ein mythisierendes Sprechen, das den aufgerufenen Rahmen überschreitet, anzeigen: (1) *Generalisierung* als Hinweis, dass dem Selbst in der Erzählung etwas Typisches widerfährt bzw. dass es in zeit- und ortsrelative typische gesellschaftliche Muster involviert ist, zu denen erst retrospektiv Distanz eingenommen werden kann. (2) *Kollektivierung,* die anzeigt, dass das Selbst als Teil einer Gruppe zu verstehen ist, aus dessen Perspektive es einen generalisierten Bezug zur Welt erläutert. (3) *Entzeitlichung,* durch die der temporäre Bezugsraum ausgeweitet wird, sodass ein Hier-Jetzt in der biografischen Repräsentation überschritten und in die Zukunft verlängert wird. (4) *Überhöhung,* mit der sich die Erzählung zu einer gesteigerten Bedeutsamkeit verdichtet. Der Weltbezug wird so auf eine spezifische Weise eingefärbt, verliert eine potenzielle Neutralität und schließt sich in dieser Form ab.

Die genannten Elemente schlagen wir als Kriterien vor, um die narrative Hervorbringung des mythisierenden Sprechens zu identifizieren. Im Mythos erkennen wir eine dramaturgische Steigerung eines Deutungsmusters, das sich anhand jener typischen Merkmale rekonstruieren lässt. Damit ist das mythische Sprechen keine außeralltägliche Sonderform des Erzählens und auch keine Abweichung vom vernunftorientierten Sprechen, sondern eine alltägliche Weise der sinnstiftenden Kommunikation, in der Selbst- und Weltbezüge relationiert und verdichtet werden und so dramaturgische Signifikanz erhalten.

5. Diskussion der Befunde und Ausblick

Anhand der exemplarischen Rekonstruktion zweier Fallbeispiele konnten wir im vierten Kapitel über einen Vergleich vier Identifikationsmerkmale herausarbeiten, die es ermöglichen, die mythisierenden Passagen innerhalb von bildungsbiographischen Narrationen ausfindig zu machen. Mythisierungen dieser Art können als Auszeichnungen autobiographischer Erfahrungen gelesen werden. Sie kennzeichnen die besondere Bedeutung biographischer Sinnzusammenhänge und stellen zugleich eine spezifische Art der Sinnverknüpfungsleistung dar. Dabei verleihen sie erzählten biographischen Verläufen eine abschließende bzw. geschlossen wirkende Gestalt. D. h., sie setzen insofern auch eine Art Schlusspunkt und negieren somit eine mögliche Fortsetzung biographischer Kontingenz.

Freilich ist dies in den kontrastierten Fällen auf unterschiedliche Weise geschehen. In einem Fall (Maria Findig) führt eine romantische Mythisierung der Kollektive der Kindheit zu einer Vergrößerung der Bedeutung des Individuums durch sein Aufgehen in der Gruppe. In dem anderen Fall (Winfried Cremer) wird die Bedeutung der Bildungserfahrung des Individuums als die ‚Last' einer verhängnisvollen kollektivbiographischen Bürde konstruiert. Die mythische Konstruktion von ‚Größe' bzw. ‚Schwere' vermittelt der Narration eine besondere symbolische Kraft, die ohne weitere Begründung oder Erläuterung auskommt. Dennoch handelt es sich bei beiden Formen der bildungsbiographischen Mythisierung um Re-Integrationen von Individuum und Gesellschaft über die Zeit, und zwar sowohl um die Integration der gesellschaftshistorischen Zeit (DDR-Gesellschaft und wiedervereinigte Gesellschaft) als auch der biographischen Zeit (Bildungserfahrungen der Kindheit und aktuelle Haltungen zur eigenen Lebenssituation). Die Mythen der aufgebürdeten sozialisatorischen Last und des in der Gruppe aufgehenden Individuums ermöglichen somit Kontinuitätsfiguren, die Realitäten des biographischen und sozialen Wandels (und ggf. auch Brüche) überbrücken bzw. wieder zusammenfügen. Bildung ist dabei nicht schlicht als schulische oder außerschulische Ausbildung, sondern als Herausbildung einer bedeutungsaufgeladenen Subjektivität (Subjektfigur) zu verstehen. Darin liegt auch das ontologische Surplus der Subjekt-Bildungs-Mythen, indem sie eine Welt der Selbstbezugnahme des Subjekts eröffnen.

Gleichwohl lassen sich an unsere Analyse verschiedene Fragen herantragen. Erstens können wir hier noch nicht zeigen, ob die operativen Modi der Mythisierung, die wir mit den vier Merkmalen *Generalisierung, Kollektivierung, Entzeitlichung* und *Überhöhung* angegeben haben, lediglich zur Analyse von Textmaterial (womöglich vorwiegend in narrativer Form) taugen, oder ob sie sich auch auf andere Medien der Symbolisierung wie Bild (visuelle Komposition) oder Musik (Klangkompositionen) übertragen lassen. Wären also beispielsweise Ikonen oder Hymnen (oder gar Schnulzen) Mythen in medial anders vermittelten Gattungen, die sich letztlich ähnlichen Formen der Bedeutungsstrukturierung verdanken? Roland Barthes Verdienst ist es sicherlich gewesen, mit dem strukturalen Mythenbegriff ein Angebot vorzulegen, das er auch auf Bilder oder Musik übertragen hat. Eine zweite Frage ergibt sich in Bezug auf den Charakter der symbolischen Kraft, die mit dem Mythos einhergeht. Bleibt diese eine verschleierte

Technik der Durchsetzung von Bedeutung, oder können die Wirkungen des Mythos im Prozess mythischer Bedeutungszuschreibung sichtbar oder gar gestaltbar gemacht werden? Womöglich ist in der symbolischen Kraft des Mythos das Moment des Ästhetischen enthalten – gerade im Sinne von *aísthēsis* (altgriechisch) für die Art der Wahrnehmung von Welt. Mit dem Mythos wäre dann über die bloßen Wahrnehmungen hinaus das Anzeigen oder Verweisen auf etwas Überlieferungswertes mitgegeben, das zugleich auch nebeneinanderstehende Bezeichnungen zusammenbringt und perspektiviert. Ästhetisch betrachtet brächte der Mythos somit etwas zur Anschauung *(θεωρία)*. Drittens bleibt das Verhältnis von Mythos als symbolische Form und seiner Funktion für die soziale (kommunikative, hier: biographische) Praxis noch unbestimmt. Zwar konnten wir Kriterien vorlegen, die zur Identifikation von Mythen beitragen, allerdings ist damit das Auftreten oder die Entstehung von Mythen an sich noch nicht erklärt. Hier muss weiter erforscht werden, welche Funktionen Mythen im Rahmen biographischer Selbstdarstellungen (vor anderen in einer sozialen Situation) besitzen, und auch welche zeithistorischen Bezugsräume (Legitimationsprobleme einer vergangenen biographischen Involvierung in einer historisch desavouierten Gesellschaft) mit hineinspielen. Sowohl in den Fällen Findig als auch Cremer wäre dies naheliegend, allerdings reicht der Kontrast zweier Fallrekonstruktionen zur Beantwortung nicht aus.

Der wesentliche Ertrag des vorliegenden Beitrags besteht im Aufweis von vier Identifikationsmerkmalen, die sich auf weitere Analysen bildungsbiographischer Narrationen übertragen lassen. Daher wäre in Anschlussstudien auch in erster Linie zu überprüfen, ob sich die von uns vorgeschlagenen Kriterien bei der narrativen Rekonstruktion einer größeren Zahl von Bildungsgeschichten als Analyseraster bewähren. Sollte dies der Fall sein, könnte anschließend genauer Ausschau gehalten werden nach möglichen Funktionen bildungsbiographischer Mythisierung, indem Mythen und soziale Konstellationen der biographischen Rechtfertigung in Zusammenhang gebracht werden. Weiter ließe sich untersuchen, inwiefern dabei ausschließlich Formen der tendenziell verschleiernden Gestaltschließung in mythisierten Narrationen vorherrschen oder ob sich auch Formen einer ästhetisch-reflexiven Mythengestaltung auffinden lassen. Und nicht zuletzt wäre in Studien auf ganz anderer Materialbasis (aber womöglich mit ähnlichem zeithistorischen Bezugsraum) zu untersuchen, ob sich in weiteren ästhetischen, kommunikativen Medien (wie Bildern oder Musik) ebenfalls Mythisierungen anhand der von uns vorgeschlagenen Kriterien identifizieren ließen. Schließlich ermöglicht die Auseinandersetzung mit Mythen es, einer besonderen Form der Sinnstiftung nachzugehen und dabei die Relationierung sowohl von Selbst- als auch von Weltbezügen in den Blick zu nehmen, um das Verhältnis von Individuum und Gesellschaft zu rekonstruieren.

Literatur

Assmann, J. (1992). *Das kulturelle Gedächtnis. Schrift, Erinnerung und politische Identität in frühen Hochkulturen.* München: Beck.
Barthes, R. (2010). *Mythen des Alltags.* Berlin: Suhrkamp (franz. Original: 1957. Paris: Éditions du Seuil).

Baumert, J. (1994). Bildungsvorstellungen, Schulleistungen und selbstbezogene Kognitionen in Ost- und Westdeutschland. In D. Benner & D. Lenzen (Hrsg.), Bildung und Erziehung in Europa. *Zeitschrift für Pädagogik,* Beiheft 32 (S. 272–276). Weinheim/Basel: Beltz.
Boltanski, L., & Thévenot, L. (2010). *Über die Rechtfertigung.* Hamburg: Edition.
Bourdieu, P. (1990). Die biographische Illusion. *BIOS – Zeitschrift für Biographieforschung und Oral History, 15*(1), 75–81.
Cassirer, E. (2010). *Philosophie der symbolischen Formen.* Erster Teil. Die Sprache. Hamburg: Meiner.
Corsten, M. (1994). Beschriebenes oder wirkliches Leben. *BIOS – Zeitschrift für Biographieforschung und Oral History, 7*(2), 185–205.
Corsten, M., & Jafke, L. (2021). Mythos. In M. Berek, K. Chmelar, O. Dimbath, H. Haag, M. Heinlein, N. Leonhard, V. Rauer & G. Sebald (Hrsg.), *Handbuch Sozialwissenschaftliche Gedächtnisforschung* (S. 1–13). Wiesbaden: Springer VS.
El-Mafaalani, A. (2020). *Mythos Bildung. Die ungerechte Gesellschaft, ihr Bildungssystem und seine Zukunft.* Köln: Kiepenheuer & Witsch.
Frank, M. (1982) *Der kommende Gott. Vorlesungen über die Neue Mythologie.* I. Teil. Frankfurt/M.: Suhrkamp.
Frye, N. (1990). *Anatomy of Criticism.* Princeton & Oxford: Princeton University Press.
Gordt, S., & Becker, R. (2018). Bildung. In J. Kopp & A. Steinbach (Hrsg.), *Grundbegriffe der Soziologie* (S. 53–55). Wiesbaden: VS Springer.
Herma, H. (2019). *Bezugsräume des Selbst.* Weinheim: Juventa.
Herz, T. A. (1996). Die „Basiserzählung" und die NS-Vergangenheit: zur Veränderung der politischen Kultur in Deutschland. In L. Clausen (Hrsg.), *Gesellschaften im Umbruch: Verhandlungen des 27. Kongresses der Deutschen Gesellschaft für Soziologie in Halle an der Saale 1995* (S. 91–109). Frankfurt/M.: Campus.
Lehmann, A. (1983). *Erzählstruktur und Lebenslauf.* Frankfurt/M.: Campus
Luhmann, N. (1987). Brauchen wir einen neuen Mythos? In N. Luhmann (Hrsg.), *Soziologische Aufklärung. Bd. 4,* (S. 254–274). Opladen: Westdeutscher Verlag.
Meuser, M., & Sackmann, R. (Hrsg.) 1992. *Analyse sozialer Deutungsmuster.* Pfaffenweiler: Centaurus.
Niethammer, L. (1991). Kommentar zu Pierre Bourdieu: Die biographische Illusion. *BIOS – Zeitschrift für Biographieforschung und Oral History, 3*(1), 91–93.
Oevermann, U. (1973/2001a). Zur Analyse der Struktur sozialer Deutungsmuster. In: *Sozialer Sinn. Zeitschrift für hermeneutische Sozialforschung, 2*(1), 3–33 (ursprüngliche Fassung 1973. MPI für Bildungsforschung: Berlin).
Oevermann, U. (2001b): Die Struktur sozialer Deutungsmuster – Versuch einer Aktualisierung. In: Sozialer Sinn. *Zeitschrift für hermeneutische Sozialforschung, 2*(1), 35–81.
Peneff, J. 1993. Myths in life stories. In R. Samuel & P. Thompson (Hrsg.), *The myths we live by* (S. 36–48). London: Routledge.
Soeffner, H.-G. (1991). *Die Ordnung der Rituale.* Frankfurt/M.: Suhrkamp.
Titz, C. (2013). *Leistungsgefälle zwischen Schülern in Ost und West ist gravierend.* https://www.spiegel.de/lebenundlernen/schule/laendervergleich-ostdeutsche-schueler-in-mathe-besser-als-westdeutsche-a-927216.html [11.10.2021].
Turner, V. (1968). Myth and Ritual. In D. L. Sills (Hrsg.), *International Encyclopedia of the Social Sciences.* Bd. 10 (S. 576–582). New York: Macmillan.
Welzer, H. (2004). *Das kommunikative Gedächtnis.* München: Beck.
White, H. (2008). *Metahistory. Die historische Einbildungskraft im 19. Jahrhundert in Europa.* Frankfurt/M.: Fischer.

Abstract: In the social science debate, education is often attributed the status of myth. But what does it mean to think about education and myth together? Especially if the intention is not to expose a veiling attribution, but rather to take the concept of myth and its possible theoretical implications seriously. In our article, we explore theories of myth and apply them to narratives. We reconstruct two biographical narratives that refer to educational experiences in the GDR and, on this basis, propose criteria with which mythicizing speech can be clearly identified from interpretive patterns. Our aim is to liberate myths from the fog of the mythical and to understand them as a linguistic concept of representation that relates the individual and society to one another.

Keywords: Educational Experiences, GDR, Myths, Interpretive Patterns, Care Reconstruction

Anschrift der AutorInnen

Prof. Dr. Michael Corsten, Universität Hildesheim,
Institut für Sozialwissenschaften,
Universitätsplatz 1, 31141 Hildesheim, Deutschland
E-Mail: corsten@uni-hildesheim.de

Dr. Simon Gordt, Universität Trier,
Fachbereich I – Bildungswissenschaften
Professur für Schulpädagogik mit den Schwerpunkten Erziehung und Bildung,
Universitätsring 15, 54296 Trier, Deutschland
E-Mail: gordt@uni-trier.de

Dr. Melanie Pierburg, Universität Hildesheim,
Institut für Sozialwissenschaften,
Universitätsplatz 1, 31141 Hildesheim, Deutschland
E-Mail: pierbu@uni-hildesheim.de

Teil II: Geteilte Narrative und Mythen? Die DDR und ihre transnationalen Verflechtungen

Gert Geißler/Ulrich Wiegmann

Sowjetisierung

Zur Geschichte west- und ostdeutscher Narrative über die Schule und Pädagogik in der SBZ/DDR

> **Zusammenfassung:** Sowjetisierung hatte in den beiden nach 1945 entstandenen deutschen Staaten politisch diametral unterschiedliche Bedeutung. Der Beitrag zeichnet anhand von Publikationen, die sich auf Entwicklungen im Bildungswesen beziehen, den Umgang mit dem Verhältnis zwischen der SBZ/DDR und der Sowjetunion nach.
>
> **Schlagworte:** Kalter Krieg, ost-westdeutsche Systemauseinandersetzung, Schulgeschichtsschreibung, Sowjetpädagogik, Vergleichende Erziehungswissenschaft

Am 8. Juni 1945 wurde den noch unter sowjetischer Kommandantur stehenden Schuldezernenten aller Berliner Bezirke versichert, es bestehe „nicht die geringste Absicht, eine Sowjetisierung der deutschen Schule durchzuführen oder das deutsche Schulwesen nach sowjetischem Muster aufzubauen" (Geißler, 2002, S. 11). Das auf sowjetischer Seite seit längerem feststehende politische Postulat – es sei falsch und den gegenwärtigen Entwicklungsbedingungen nicht entsprechend, „Deutschland das Sowjetsystem aufzuzwingen" (Dokumente, 1970, S. 175) – wurde drei Tage später nach einer Zusammenkunft der KPD-Führung mit Stalin im „Aufruf des ZK der KPD" landesweit öffentlich gemacht (Keiderling, 1997). Wie auch immer sich die ‚Entwicklungsbedingungen' später in der DDR änderten, die Zuschreibung von ‚Sowjetisierung' traf bis zuletzt auf schroffe Ablehnung.

Anders in der Bundesrepublik Deutschland, wo ‚Sowjetisierung' die gesamtgesellschaftlichen Vorgänge in der aus der Sowjetischen Besatzungszone (SBZ) hervorgegangenen Deutschen Demokratischen Republik (DDR) schon nach kurzer Zeit abwertend kennzeichnete (Jarausch & Siegrist, 1997, S. 16). So konnte unter Beifall bei der SPD, in der Mitte und rechts am 9. März 1951 im Deutschen Bundestag erklärt werden, das „System von Pankow", also das der DDR, sei „die völlige Entdeutschung und die völlige Sowjetisierung der Politik" (Albrecht, 1985, S. 925).

Nachstehend soll der Geschichte des Umgangs mit ‚Sowjetisierung' in der SBZ/DDR und der Bundesrepublik anhand publizistisch verbreiteter Narrative nachgegangen werden. Materialgrundlage bilden ost- und westdeutsche Veröffentlichungen unterschiedlicher Provenienz, die die bildungsgeschichtlich relevante Beziehung der Sowjetunion zur SBZ und sodann zur DDR thematisiert haben. Aus arbeitsökonomischen Gründen ziehen wir dabei vor allem Schriften heran, die Akteuren in beiden Staaten jeweils zentrale Bezugspunkte für die Verbreitung der jeweiligen Narration bedeuten konnten. Das sind für die Bundesrepublik in erster Linie und vor allem zunächst ministeriell verantwortete oder geförderte Veröffentlichungen; für die DDR sind es stetig aktualisierte bildungshistorische Monografien, die für das durch die SED als Staatspartei geltend gemachte Geschichtsbild stehen. Nach einer Rekonstruktion der West- (1.) und Ost-Narrative (2.) beziehen wir uns auf generalisierende Aussagen in bildungsgeschichtlicher Literatur nach 1989 (3.)

1. Sowjetisierungsnarration West

1.1 Politische Kampfschriften der 1950er Jahre

Als Herausgeber und Vertreiber der meisten Schriften, die sich einschließlich solcher zu Schule und Erziehung mit der Entwicklung in der ‚Ostzone' befassten (Körner, 2008), zeichnete das *Ministerium für gesamtdeutsche Fragen* (BMG) (Creuzberger, 2008). Hinzu kamen neben Broschüren zur sog. *Ostkunde* (Weichers, 2013; exemplarisch Lohmüller, 1954) solche der Vertriebenenverbände und der *Kampfgruppe gegen Unmenschlichkeit* (Friedrich, 1951). Ausnahmslos standen die mit dem Erziehungswesen befassten Autoren[1] unter dem Eindruck von Erfahrungen, die sie zuvor in der SBZ, teils auch noch in der DDR gemacht hatten.

Zunächst, wie in einer Broschüre von 1950 über die „Sowjetisierung der deutschen Länder" teils mit reichlich unzutreffenden Informationen,[2] wurde das Thema allmählich konkreter und informierter aufgenommen. Eine erste umfangreiche „Sammlung von Zeugnissen der Sowjetisierung und Russifizierung" des „mitteldeutschen Schulwesens" lag 1952 vor (Bundesministerium, 1952). Die Termini Russifizierung und Sowjetisierung etikettierten allerdings lediglich die generelle Missbilligung und Ablehnung der von deutschen Traditionen abweichenden Schulpolitik in der SBZ/DDR, mithin ohne besondere Rücksicht auf die tatsächliche Adaption des sowjetpädagogischen Vorbilds. Schwerpunkte bildeten die ideologische Grundlegung der Bildungspolitik und Pädago-

---

1 So u.a. Dübel, Siegfried (1924–2017), geb. in Magdeburg, CDU, 1946 Kreisjugendreferent Blankenburg/Harz, Neulehrer, 1947 Pädagogik- und Psychologiestudium in Halle, 1948 Flucht nach West-Berlin; Wendt, Emil (geb. 1899–1965), SED, Grundschulreferent im Ministerium für Volksbildung des Landes Brandenburg, 1949 in der Deutschen Verwaltung für Volksbildung tätig, seit Anfang 1951 in der Bundesrepublik.

2 Als „maßgeblicher Sowjetisator der Ostzone" vorgestellt, wurde dem SED-Chef W. Ulbricht eine russische Ehefrau zugeschrieben, bei der es sich um „die ehemalige Sekretärin des Sowjetmarschalls Schukow" handele (Bundesministerium, 1950, S. 31).

gik, der Unterrichtsinhalte sowie der Lehreraus- und -weiterbildung, dabei insbesondere die Rolle der FDJ und die Kooperation von Schule und Elternhaus.

Im vom BMG zwischen 1953 und 1969 herausgegebenen und in insgesamt 965 000 Exemplaren verbreiteten Taschen- und Nachschlagebuch *SBZ von A bis Z* (Bundesministerium, 1953–1969) wurde die Entwicklung von Gesellschaft und Politik in der DDR konzentriert vorgetragen. Die erste Auflage 1953 datierte den Beginn einer Epoche verschärfter Sowjetisierung des Schulwesens auf das Jahr 1950. Begründet wurde das mit der marxistisch-leninistischen Pflichtschulung aller Lehrer, den neuen Lehrplänen und Lehrbüchern sowie der Zunahme der gesellschaftlichen Arbeit der Schulen. Als weitere Belege angeführt wurden das Prinzip bolschewistischer Parteilichkeit, die Leitung des Volksbildungswesens durch in der Sowjetunion geschulte Kader, die allgemeine Durchsetzung von Russisch als erster Fremdsprache obligatorischer Allgemeinbildung und die Einführung eines durchorganisierten Überwachungssystems in den Schulen.

In der zweiten Hälfte der 1950er Jahren entfaltete sich der Sowjetisierungsvorwurf weiter. Im Fokus standen die Pionierorganisation, die in der Bundesrepublik 1951 verbotene FDJ, die Schule im Allgemeinen und die Schulbücher (Diederich & Blage, 1955) im Besonderen, dazu die Jugendpolitik, die Erwachsenenbildung und die Lage an den Universitäten (Müller & Müller, 1953, 1994; Kludas, 1957; Quell, 1963/64). Übergreifende Darstellungen bezogen sich von den „Tierexperimente Pawlows" (Möbus, 1957b, S. 53) her auf die „kommunistische Erziehung", die auch in diesem Licht als „bolschewistischer Angriff auf die deutsche Wesensart" (Dübel, 1953, S. 35) verstanden werden konnte. Als Resultat sowjetpädagogischer Erziehung sei im Fall der Wiederherstellung der Einheit Deutschlands mit Fanatikern, Isolationisten, wendigen Mitläufern und Widerstandsdenkern zu rechnen (Dübel, 1953, S. 36–37). Allemal ließe sich die verheerende Wirkung dieser Erziehung für „die verschiedenen Entwicklungsstufen" der in der „Zone" Heranwachsenden mühelos spezifizieren (Dübel, 1957, S. 51–52, 78–79). Das Ergebnis unterdrückter Persönlichkeitsentwicklung und die Ausbildung eines engen und einseitigen Gesichtskreises sei „für die Jugend vernichtend". Nicht weniger gelte das für die parteilicher Indienststellung ausgesetzten und durch außerunterrichtliche und außerschulische Verpflichtungen belastete Lehrerschaft (Möbus, 1957a, 14–22). Man sei mit einem Unterrichtswesen konfrontiert, das sich aus der „Ideologie von Marx und Engels" ergeben habe und den Menschen „verwirrt, geistig hilf- und ratlos" mache (Köhler, 1957, S. 39–55).

Was konkret das „sowjetzonale Schulwesen" anbelangte, so suchte insbesondere die *Vereinigung der aus der Sowjetzone verdrängten Lehrer und Beamten e. V.* zu belegen, dass sich dieses nach „Anordnung und nach Vorbild Moskaus" entwickele (Informationsdienst, 3/1956, S. 2). Ausgeführt würden die jeweiligen Maßnahmen von einer mit „Bolschewisierung" befassten „deutschsowjetischen Schulverwaltung" (Informationsdienst, 2/1956, S. 2), von „Pankower Schattenbilder[n] Moskaus" (Informationsdienst, 4/1957, S. 1), von einer „deutschsowjetischen Funktionärsbürokratie" oder auch von der „Protektoratsregierung Moskaus" (Informationsdienst, 12/1959, S. 13). Die meist nicht genannten Verfasser suchten sich so einer „ideologischen Offensive" der „Zonenmachthaber" entgegenzustellen, die ihnen im Blick auf „kommunistische Tarnorganisationen" in der Bundesrepublik wie dem *Schwelmer Kreis* (Dudek, 1993, S. 71) oder der westdeutsche Kinder und deren Eltern einbeziehenden ostzonalen „Ferienaktion" (Geißler, 2013, S. 806, 860–861, 866) umso bedrohlicher erschien (Creuzberger & Hoffmann, 2014). Besonders beunruhigte, dass mit dem sich in der DDR anbahnenden Aufbau einer zehnklassigen Pflichtschule die „Argumente der kulturellen Agitation der SED unter den Pädagogen der Bundesrepublik" an Gewicht gewinnen könnten (Informationsdienst, 5/1956, S. 2–3).

Zurückhaltend waren dagegen die Bewertungen in der vierten Auflage des SBZ-Handbuchs von 1958. Für die Erziehungswissenschaft wurde angesichts kritischer Positionierungen in der Pädagogik der DDR nur die „Orientierung" am sowjetpädagogischen Modell vermerkt. Erwähnung fand zudem erstmals die Bezugnahme der „sowjetzonalen Pädagogik" auf das klassische pädagogische Erbe in Deutschland (Bundesministerium, 1958, S. 89, 93). Der im Handbuch an anderer Stelle erstmals eingeführte Leitbegriff „Sowjetisierung" unterstrich jedoch nochmals die politisch fundamentale Gegensätzlichkeit des östlichen Systems.

Wie auch sonst in der Politikwissenschaft der westlichen Welt (Birke & Neumann, 1959, S. 333–375) gab es auch in der akademischen Pädagogik keinen Zweifel an einer durchgreifenden Sowjetisierung im östlichen Machtbereich. Sie lasse schon vom „Charakter des autoritären Systems" her kaum Spielraum, nur Unterschiede im Stand und im Tempo ihrer Entwicklungen zu (Reble, 1958, S. 277–278) Diese Aussage für die ‚Ostzone' zu konkretisieren, fiel jedoch insoweit schwer, als die Autoren auf „eigene frühere Erfahrungen drüben, auf Freundesberichte, auf amtliche Verlautbarungen hüben und drüben und auf ziemlich lückenhafte Literatur" (Reble, 1958, S. 225) angewiesen waren. Erst recht traf das auf den Informationsstand über reale sowjetische Verhältnisse zu. Sowjetisierung blieb für das Bildungsgeschehen in der DDR ein vages Theorem.

Die mit Abstand kenntnisreichste Schrift zu Schule und Pädagogik in der DDR legte gleichsam zur akademischen Fundierung westdeutscher Sowjetisierungsdarstellungen der damalige Direktor des Bonner *Studienbüros für Jugendfragen* vor. Verbunden mit der Einarbeitung persönlicher Erfahrungen in der DDR bis 1956 ging es ihm eingehend darum, das Grundlagengefüge, dazu System und Denkmethoden der „sowjetzonalen Pädagogik" und Schulpolitik bloßzulegen. Als Quelle bezeichnete er den „bolschewistisch interpretierten Marxismus". Diesem entstamme die „Bejahung der Einheitsschule, das Prinzip des gleichen Rechts auf Bildung für alle, die Weltlichkeit des Unterrichts, der monopolistischen Staatsschule sowie das intellektualistisch-rationale Denken und Handeln im pädagogischen Raum, aber auch die Forderung nach Unentgeltlichkeit der Ausbildung, nicht zuletzt die Auffassung von der ausschließlichen politischen Verantwortung des Pädagogen" (Mieskes, 1960, S. 167). Nicht minder konstitutiv für dieses Schulwesen sei neben „vielfach traditionellen pädagogischen Auffassungen und Praktiken" sowie den „laufenden gesellschaftlich-politischen Tagesnotwendigkeiten" die „sowjetische pädagogische Theorie und Praxis". Ihrer Grundstruktur nach sei die sowjetzonale Schule „heute ein bloßer Abklatsch der sowjetischen" (S. 169) und die Einführung der zehnklassigen Pflichtschule seit 1959 „die endgültige Angleichung an das

Schulwesen der UdSSR" (S. 184). Allerdings fordere der polytechnische Gedanke „die westliche Pädagogik zur unmittelbaren Stellungnahme und Auseinandersetzung heraus" (S. 234).

Insgesamt wurden Schule und Erziehung der DDR in westdeutschen Publikationen auch zu Ende der 1950er Jahre als abschreckendes, totalitäres Gegenbild zur Entwicklung in der Bundesrepublik dargestellt – ein Vorgehen, das nicht minder die östliche, auf den Antagonismus von Kapitalismus und Sozialismus fixierte Seite praktizierte (Zwei Entwicklungswege 1963; später Girbig & Leonhardt 1981). Beiderseits ging es um fundamentale Auseinandersetzung, um Propaganda in wechselseitiger Niedergangserwartung, ohne Interesse daran, sich auf die konkurrierenden Verhältnisse mehr als zu Demonstrationszwecken nötig einzulassen.

1.2 Bedeutungsverlust der Sowjetisierungsnarration seit den 1960er Jahren

Die sechste Auflage von „SBZ von A bis Z" 1960 verwies weiterhin auf den Einklang zwischen „sowjetzonaler und sowjetischer Pädagogik" (Bundesministerium, 1960, S. 111), ließ den griffigen Begriff der Sowjetisierung aber fallen. Allemal deuteten sich bei nach dem Mauerbau dramatisch schwindender Wiedervereinigungsperspektive erste Veränderung in der Wahrnehmung des DDR-Bildungswesens an. Die wissenschaftlichsystematische Beschäftigung (Helmchen 1981) mit dem anderen deutschen Staat, nun eines mit nicht absehbarer Bestandsdauer, wurde unabdingbar. Bei fortan genauerer Beobachtung traten ‚im anderen Teil Deutschlands' gegenüber der Sowjetunion schulsystemische Eigenheiten und Innovationen hervor, die das Sowjetisierungskonzept zunehmend um sachliche Substanz und politischen Bildungswert brachten. Zu konstatieren war der Aufbau der polytechnischen zehnklassigen Pflichtschule (POS), dazu eingreifende Veränderungen in den Inhalten und bei der Gestaltung des Schulunterrichts, ebenso in der Lehrerausbildung, der beruflichen Bildung, im Landschulwesen, in der Abiturstufe und auf anderen Gebieten mehr. Seitenblicke (Kleßmann & Wagner, 1993, S. 479–480) auf Bildungsanstrengungen und Reformideen im östlichen Nachbarstaat lagen nahe. Zuletzt und zu einer Zeit, in der in der Bundesrepublik bildungsreformerische Überlegungen immer stärker aufkamen, stießen selbst die entschiedensten Kritiker der DDR auf „erörterungswürdige [...] Elemente der sowjetzonalen Bildungskonzeption" (Wendt, 1965, S. 305). Zwar sei das einheitliche sozialistische Bildungssystem „als Ganzes nur negativ erörterungswürdig", es sei aber angeraten, sich mit bestimmten Einzelheiten dieses Systems auseinanderzusetzen, „um ihnen die Faszination zu nehmen" (S. 311). Das betreffe insbesondere die *polytechnische Bildung und Erziehung*, die *Spezialschulen*, die *außerschulischen Arbeitsgemeinschaften*, die *Abiturklassen* der Berufsausbildung, die *Tagesschulen*, die *Pädagogischen Lesungen*, auch den *Schulfilm*, so die zur sexuellen Aufklärung eingesetzte dreiteilige DEFA-Reihe ‚Beziehungen zwischen Jungen und Mädchen' (S. 310/11).

Schon seit dem sog. „Sputnik-Schock" von 1957, im bald darauf diagnostizierten „Bildungswettlauf zwischen Ost und West" (Froese, Hass & Anweiler, 1961), ließ sich annehmen, dass hinter den fortlaufenden Weltraumerfolgen der Sowjets fundamentale bildungssystemische Leistungen standen. Es schien, als sei gerade das totalitäre Sowjetsystem, womöglich auch die DDR, imstande, „technische Erfolge besser zu leisten und zu bewältigen als wir das heute können" (Küppers, 1960, S. 180). Befürchtungen kamen auf, das westdeutsche Bildungswesen könne den industriegesellschaftlichen Anforderungen künftig angesichts des Mangels an qualifizierten Nachwuchskräften nicht hinreichend gewachsen sein.

Autoren, die das ostdeutsche mit dem sowjetischen Bildungswesen nahezu gänzlich gleichsetzten (Roggenkamp, 1961, S. 13) oder denen für die DDR die regierungsamtlichen Bezeichnungen „Mitteldeutschland, Sowjetzone oder SBZ" nicht genug waren, indem sie von „Sowjetdeutschland" sprachen (Riemschneider, 1963, S. 3), standen zusehends solchen gegenüber, die mit ‚Sowjet' wenig anfangen konnten (Richert, 1964). Etwa ab Mitte der 1960er Jahre und bekräftigt durch die auf ‚Wandel durch Annäherung' gerichtete neue Ostpolitik der sozial-liberalen Koalition setzte sich die Ansicht durch, dass für die Bildungspolitik der DDR schon seit etwa 1963 nicht mehr von einer „Nachahmung des sowjetischen Vorbildes" gesprochen werden könne (Mende, 1971, S. 128). In der Vergangenheit sei „vielfach globalen Werturteilen der Vorzug gegenüber differenzierter Sachbeurteilung gegeben" (Vogt, 1967, S. 6) worden. Den schroff auf ‚Sowjetisierung' abhebenden Texten der 1950er Jahre wurde in der akademischen Zunft der wissenschaftliche Charakter zunehmend abgesprochen (Ruhloff, 1968).

Auch im Bundestag gehörte ‚Sowjetisierung' kaum noch zum Sprachgebrauch. Solcher Wandel zeigte sich nicht anders bei politisch interessierten Zeitgenossen, so in großen Teilen der akademischen Jugend, die sich eher auf die Auseinandersetzung mit dem Nationalsozialismus und der Elterngeneration einstimmte. Gleichwohl blieb der Sowjetisierungsbezug unterschwellig in großen Teilen der Medienlandschaft und im konservativen Lager wirkmächtig und nutzbar, wenn der parteipolitische Gegner getroffen und unter Bezug auf die Schule in der ‚Zone' und deren ‚kommunistische Einheitsschule' vor ‚Experimenten' in der Bundesrepublik gewarnt werden sollte. Später sollten es nachlassendes Interesse und wachsende Unkenntnis (Anweiler, Fuchs, Dorner & Petermann, 1992, S. 10) sein, mit denen ‚der Osten' nahezu beliebige Zuschreibungen (Boßmann, 1978) auch von ‚Sowjetisierung' der Erziehung und der Schule erfahren konnte.

Universitär war spätestens seit den 1970er Jahren eine spezialisierte Forschung (Busch, 1991) zum Bildungswesen der DDR etabliert. Getragen wurde auch diese weitgehend von Personen, die biografische Bezüge zum ‚Osten' Europas, dem früheren Deutschland und/oder der SBZ/DDR hatten. Von dieser Seite her war schon zu Beginn der 1960er Jahre der bisherige Umgang mit der sog. ‚bolschewistischen Überformung' oder ‚Transplantation des Sowjetischen Modells' in ‚Mitteldeutschenland' beklagt worden:

„Wie drüben, zeigt sich zumeist auch bei uns schon von der Titulierung her, auf jeden Fall aber in der Diktion, ob der Verfasser nur ein übernommenes oder subjektiv gewonnenes Vorurteil zu exemplifizieren sucht – oder das so anders Erscheinende nüchtern zu erfassen, auf die Voraussetzungen hin zu befragen und abschließend zu beurteilen versucht" (Froese, 1962, S. 15).

Vor allem aber die mit nun hoher – in der DDR übrigens nie erreichter – Sachkennerschaft vorangekommene Beschäftigung mit der Geschichte des sowjetischen Bildungswesens (Anweiler & Meyer, 1961) hatte sichtbar gemacht, dass die an eigener Kontur und Leistungsfähigkeit gewinnende Schule der DDR mit der sowjetischen bei seriöser Betrachtung nicht einfach gleichgesetzt werden konnte. Generell wurde im osteuropäischen Raum nun eher eine sowjetkommunistische „Überlagerung nationaler Traditionen gerade auch im Schulwesen" angenommen. Zu fragen sei aber weiterhin, ob „wir es mit einer zunehmenden *Integration des Bildungswesens* im sowjetischen Machtbereich zu tun haben, oder ob umgekehrt die nationalen Differenzierungstendenzen stärker sind" (Anweiler, 1968, S. 12). Hinzu kam die Akzeptanz des politisch systemübergreifenden Bildungsvergleichs. Denn sowohl im Westen wie im Osten würden sich gleichermaßen „Aufgaben der Anpassung des jeweiligen Bildungssystems an die Gegebenheiten und Anforderungen der Gegenwart und Zukunft" stellen (Vogt, 1964, S. 12), so ein damaliger Nachwuchswissenschaftler.[3]

In einer für den Bundestag im Sommer 1969 erstellten „Vergleichenden Darstellung des Bildungswesens im geteilten Deutschland" wurde festgehalten, es bestehe „weitgehende Übereinstimmung darüber, daß die westlichen und östlichen Gesellschafts- und Herrschaftssysteme trotz ihrer erheblichen Unterschiede in Teilbereichen miteinander vergleichend betrachtet werden können" (Deutscher Bundestag, 1969, S. 4).[4] Gegen diesen Trend stand zu dieser Zeit allein noch eine profunde Abhandlung über die *Pädagogik der DDR in Theorie, Forschung und Praxis,* in der wie in keiner anderen auch auf die einzelnen Disziplinen dieser Pädagogik eingegangen wurde. Bei aller Kennerschaft hielt ihr Autor aber daran fest, dass auf dem Gebiet der DDR eine „Sowjetisierung der deutschen Schule" stattgefunden habe. Noch bestehende Unterschiede würden die „Gleichschaltung" im Wesentlichen nicht beeinträchtigen (Mieskes, 1971, S. 12–13).

Politisch passfähiger und finanziell gefördert ging die neuere westdeutsche Forschung spätestens seit den 1970er Jahren an solchen Pauschalitäten vorbei, fand aber monografisch zu keiner Sicht, die Schulsystem, Schule und Pädagogik gleichermaßen miteinander zu verklammern vermochte. Denn Erkundungen zur ostdeutschen Erziehungswissenschaft lagen abseits der neuen, bei einigen historischen Bezugnahmen vornehmlich vergleichend und modernisierungstheoretisch ausgreifenden Forschung, die das östliche Bildungssystem als Variante des Umgangs mit allgemeinen industriegesell-

---

3 Vogt, Hartmut (1923–2004), Neulehrer, 1948 Dolmetscherprüfung für Russisch, 1951 Russischlektor HU Berlin, 1956 Prom., 1958 Westdeutschland, 1962 wiss. Assistent b. Froese (Marburg), 1970 Prof. PH Ruhr bzw. Univ. Dortmund, bis 1982 Leiter der Forschungsstelle für Vergleichende Erziehungswissenschaft.

4 In der überarbeiteten und veröffentlichten Fassung waren nach regierungsinternem Befinden insbesondere der entscheidende Einfluss sowjetischer Pädagogen hervorgehoben und die positive Bewertung des mathematisch-naturwissenschaftlichen Schulbereichs abgeschwächt worden (Edition, Sitzung am 2. Juli 1969, TOP 5).

schaftlichen Herausforderungen zu erkunden suchte. Der ‚marxistisch-leninistischen Pädagogik' und ihrem Zusammenhang mit der ‚Sowjetpädagogik' wurde nicht mehr näher nachgegangen. Immerhin waren in die Charakterisierung des Erziehungswesens und der pädagogischen Theorie der DDR die in den 1950er Jahren akkumulierten Merkmale der ‚Sowjetisierung' eingegangen und auch in den 1960er Jahren noch, meist mit Rückgriff auf Quellen des vorangegangenen Jahrzehnts, reproduziert worden (Möbus, 1965, S. 8; ausführlich hierzu Tenorth & Wiegmann, 2022, S. 324–342). Zwar gab es in diesen Zusammenhängen Bezugnahmen vor allem auf kollektiverzieherische Praxen, die Lehrplanreform oder die allgemeine ideologische Grundlegung, doch zu einer eingehenden Beschäftigung mit der Rolle ‚sowjetpädagogischer' Grundbegriffe kam es nicht. Wenig gewichtet blieb so die Tatsache, dass das ‚Studium der Sowjetpädagogik' vom Beginn der 1950er Jahre, obwohl als Schulungsprogramm nicht fortgesetzt, Nachhaltigkeit besaß. Denn die tragenden Säulen des zu dieser Zeit mit den Leitbegriffen Erziehung, Bildung und Unterricht adaptierten Paradigmas sowie das nahezu bis zum Ende der DDR geltende Verständnis der Schule als ‚Zentrum der Erziehung' (Tenorth & Wiegmann, 2022, S. 501, auch 420, Fn. 283), mithin als einer Instanz, die mit dem Unterricht als „Kernstück" (Neuner 1987, 685) die Sozialisation der jungen Menschen entscheidend beherrschen könne, wurden für das Profil der ‚pädagogischen Wissenschaften' und die Berufsrolle der Lehrpersonen in der DDR bestimmend.

Eine 1973 und in zweiter Auflage 1977 von einem Mitarbeiter der Universität London vorgelegte Studie zur „Bildungspolitik in der BRD und DDR" verwies eher beiläufig und nur für die 1950er Jahre auf sowjetische Einflüsse und erklärte die Bildungsentwicklung in der DDR stattdessen weitgehend aus eigendynamischen ökonomischen und bildungssystemischen Problemlagen (Hearnden, 1973). Andere Forschungsanstrengungen und Quellendokumentationen (Baske & Engelbert, 1966) machten sichtbar, was in der inzwischen regen, propagandistisch angelegten monografischen Selbstdarstellung auf Seiten der DDR kaum oder nicht berichtet wurde. Darüber hinaus gab es Anstrengungen, der Wirklichkeit von Schule in der DDR über Analysen zur Unterrichtsgestaltung näher zu kommen (Reinermann, 1983).

Wichtigstes Publikationsorgan für die Forschung zum DDR-Bildungswesen war seit 1966 die in Nachfolge des bisherigen *Informationsdienst[es] für freiheitliche Erzieher* unter neuer Herausgeberschaft erscheinende Zeitschrift *Pädagogik und Schule in Ost und West* geworden. Über mehr als zweieinhalb Jahrzehnte dokumentierte und analysierte ihre universitär verankerte Autorenschaft eingehend die jeweils aktuellen Entwicklungen im Schulwesen vor allem der DDR. Damit entstanden wichtige Grundlagen für größere monografische Projekte vor allem der späten 1980er Jahre.

Lexikalisch verdichtet ging 1973 der Gesamtertrag der DDR-Forschung (Hüttmann, 2008) einschließlich jener zum Bildungswesen in das vom BMG herausgegebene DDR-Handbuch ein. Das Werk wurde 1979 völlig überarbeitet und nochmals 1985, nun in zwei Bänden, veröffentlicht. Mit dem früheren Handbuch *SBZ von A bis Z* hatte die im Politikwechsel mittlerweile an eine ‚systemimmanente Betrachtungsweise' gehaltene Publikation nur noch den Gegenstand gemeinsam. Über das „Einheitliche sozialistische Bildungssystem" informierte ohne jeden Bezug zur Sowjetunion jeweils ein sorgfältig deskriptiv-wertneutral gehaltenes, die östlichen Verlautbarungen und Darstellungen referierendes Hauptkapitel. Mit Blick auf die vermeintlich immer systemrelevanteren Spezialschulen (Geißler, 2022) stand allerdings die in der DDR „offiziell gültige Charakterisierung des allgemeinbildenden Schulsystems als Einheitsschule" in der Kritik (Ludz, 1979, S. 306). Allemal aber trugen die neuen Handbücher dazu bei, Klischees über die Schule im ‚anderen Teil Deutschlands' abzutragen. Politisch beinahe schon steril gehalten, bedienten sie sich der Sowjetisierungsnarration ebenso wenig wie jene detaillierten Beschreibungen, die inzwischen zu einzelnen Aspekten eines deutsch-deutschen Bildungsvergleichs oder ausschließlich zu Schule und Erziehung in DDR erschienen waren (exemplarisch Rauchfuss, 1979; Vogt, 1969).

Beobachter, die stärker auf bildungshistorische Perspektive hielten, konstatierten zwar weiterhin, dass „die in der Sowjetunion kontinuierlich wirkenden Faktoren, Prinzipien und Ziele von der DDR übernommen" worden seien, räumten aber ein, bei deren konkreter Ausformung hätten sich in struktureller und curricularer Hinsicht „einige Unterschiede" ergeben (Baske, 1980, S. 142). Mitte der 1980er Jahre wurde dann geltend gemacht, dass die Bildungssysteme in der DDR und der Sowjetunion sich in vielen Bereichen so ausgeformt hätten, dass von „zwei unterschiedliche[n] Entwicklungswege[n]" (Waterkamp, 1985, S. 180) gesprochen werden könne. Früher unter Sowjetisierung dargestellte Sachverhalte wurden seit den 1960er Jahren und zuletzt in einer ersten historisch angelegten Monografie zu Schulpolitik und Schulsystem in der DDR (Anweiler, 1988) unter dem Begriff „Überformung" abgehandelt.

Letztes Zeugnis dieser Forschungsrichtung, der sich 1987 ein ergiebiges Handbuch zuordnete (Waterkamp, 1987), war ein profunder, materialreich erarbeiteter *Vergleich von Bildung und Erziehung in der Bundesrepublik Deutschland und in der Deutschen Demokratischen Republik* (Anweiler et al. 1990). Als das Werk schließlich erschien, stand die DDR bereits im Begriff, Geschichte zu werden. Damit konnte es den Autoren zum Vorwurf gemacht werden, dass sie auf politisch gesamtsystemischer Ebene vielleicht zu eng und zu genau an völlig ungleichen Vergleichsgegenständen gearbeitet, sich auf anderes nicht eingelassen hatten. Den bleibenden Sachgehalt ihrer Arbeit konnte das nicht schmälern.

2. Sowjetisierungsnarrativ Ost

2.1 Momente schulhistorischer Entwicklung bis zur Zäsur von 1953

Was die schulpolitische Entwicklung in der SBZ und nachfolgend in den Jahren der DDR anbelangt, so hatte für die Moskauer Führungsgruppe der KPD bereits Ende April 1945, kurz vor ihrer Rückkehr nach Deutschland, die „12-klassige Einheitsschule" als Verbund von acht-, wenn möglich auch neunjährige Pflichtschule und anschließender „Oberstufe" als Reformziel festgestanden (Geißler, 2017, 69–71). Wie die „Einheitsschule", so gehörten auch die gleichfalls vorgesehene Staatlichkeit und die Weltlichkeit des Schulwesens zu den Zielvorstellungen. Auf neuer gesetzlicher Grundlage setzte

1946 eine ‚demokratische', auf soziale Öffnung gerichtete Umgestaltung des Schulwesens ein (Geißler, 2000, S. 159–197). Diese war vom Ideengut des gesamten linken politischen Lagers in Deutschland inspiriert. Doch schon vor Gründung der DDR kündigte sich eine Tendenzwende an. Sie zeigte sich in den Beiträgen des erziehungswissenschaftlichen Fachorgans der SBZ (Tenorth & Wiegmann, 2022) sowie in Publikationen sowjetischer Autoren, die in Übersetzungen zugänglich gemacht wurden.

Zunehmend kamen nun jene schulpolitischen und schulpädagogischen Prinzipien ins Spiel, die in der Sowjetunion während der 1930er Jahre in Abkehr von westlich inspirierter Reformpraxis geltend gemacht worden waren (Anweiler, 1988, bes. S. 40–58). Diese Praxis habe zu ‚Verirrungen' geführt, aus denen die ‚Lehren' gezogen worden seien (Konstantinow, 1948). Gänzlich dann im Zuge der politischen Blockkonfrontation und des Kalten Krieges zu Beginn der 1950er Jahre kam es so auch in der DDR zur radikalen Abkehr von westlicher Reformpädagogik. Vorbildgebend für die inhaltliche Gestaltung der allgemeinbildenden Schule in der DDR wurde das sowjetische Muster (Helmert, 1994) einer durchgehend verwalteten, in allen Belangen streng reglementierten Schule. Der auf dem Verordnungsweg[5] vorangetriebene „Bruch mit der Reformpädagogik" (Schneller, 1955, S. 62) erfolgte wie vordem in der Sowjetunion im gesellschaftspolitischen und ökonomischen Interesse an der Steigerung schulischer ‚Leistungsfähigkeit'. Zugleich gewann, dem sowjetischen Modell ähnlich, die Implementierung von Organisationsstrukturen der SED sowie des Kinder- und Jugendverbandes an den Einzelschulen eine neue Dynamik.

Schwerpunkte des im Schuljahr 1951/52 an allen Schulen einsetzenden ‚Studiums der Sowjetpädagogik'[6] waren die ‚führende Rolle des Lehrers', die Allgemeine Didaktik und die sog. Fachmethodiken (Fachdidaktiken). Praxisnah ging es dabei um Stundentypen, die Kontrolle der Schülerleistungen durch Prüfungen, um die ‚Kollektiverziehung', die Herstellung von ‚bewusster Disziplin' von Bewusstheit und Aktivität der Lernenden, dazu um die Verhältnisbestimmung von Vererbung und Milieu und erstmals auch um die ‚polytechnischen Erziehung'. Insgesamt zeichnet sich in den diversen ministeriellen Maßnahmen die Leitvorstellung einer sozialistisch-konservativen Lern- und Leistungsschule ab. Im Hintergrund standen sowohl in der DDR als auch in der UdSSR, hier mit Bezug zum zaristischen Gymnasium, traditionelle Schul- und Unterrichtsvorstellungen.

Monografisch dominierten mit späteren Nachauflagen weiterhin die erstmals 1948 und 1949 erschienenen Lehrbücher sowjetischer Pädagogen (Jessipow & Gontscharow, 1949; Ogorodnikow & Schimbirjew, 1949). Von deutscher Seite trat 1951 allein die von einem altkommunistischen Pädagogen verfasste Schrift „Stalin über Volksbildung und

---

5 Verordnung über die Unterrichtsstunde als Grundform der Schularbeit, die Vorbereitung, Organisation und Durchführung der Unterrichtsstunde und die Kontrolle der Kenntnisse der Schüler. Vom 4. Juli 1950 (Auszüge u. a. in Dokumente, 1970, S. 365–367). Die Verordnung wurde im Dezember 1959 durch § 4 der Schulordnung ersetzt (Geißler, 2000, S. 473).
6 Zu den intensivsten Formen dieses ‚Studiums' gehörten seit August 1949 Spezialehrgänge für ‚Lehrergenossen' an SED-Parteischulen. Durchgearbeitet wurde das Lehrwerk von Jessipow & Gontscharow.

Erziehung" (Brumme, 1951) hinzu, diese ganz darauf gerichtet, die neue Erziehungsdoktrin zu vermitteln.[7] Ansonsten hielt sich die universitäre Pädagogik mit ‚sowjetpädagogisch' relevanten Publikationen eher zurück, sodass sich die pädagogischen Periodika neben Übersetzungen aus dem Russischen mit Texten von Schulfunktionären und einigen sehr jungen Nachwuchswissenschaftlern anreicherte. Im erziehungswissenschaftlichen Leitorgan „Pädagogik" erreichten Darstellungen zur sowjetischen Pädagogik und Schule 1953 einen Anteil von über 20 Prozent aller Aufsätze (Langewellpott, 1973, S. 141; Tenorth & Wiegmann, 2022).

Nach dem politisch einschneidenden Beschluss der SED-Führung vom Juli 1952, mit dem „planmäßigen Aufbau des Sozialismus" beginnen zu wollen, trat der Plan hinzu, auch die 1946 festgelegte Schulstruktur zu verändern. So wurde spätestens seit November 1952 in der SED-Führung erwogen, die achtjährige Grundschule und die vierjährige Oberschule durch eine Zehnklassenschule zu ersetzen, wie sie jüngst in der Sowjetunion[8] vorgesehen worden war. Gegen diese Absicht trug das Volksbildungsministerium jedoch eine Reihe von Sacherwägungen vor, so vor allem, dass eine solche Zehnklassenschule nicht hinreichend auf den Übergang zu den „technischen und anderen Hochschulen" würde vorbereiten können. Schließlich wurde entschieden, mit dem im September 1953 beginnenden neuen Schuljahr sowohl die seit 1950 verschiedentlich eröffneten Zehnklassenschulen als auch die Oberschulen auf der Grundlage der achtjährigen Pflichtschule zu einer dreijährigen Oberschule ‚neuen Typs' zusammenzuführen, die zu den Hoch- und Fachschulen führen sollte (Baske & Engelbert, 1966, S. 230–231; Geißler, 2000, S. 345–378; auch Günther & Uhlig, 1974, S. 174–180).

Der Plan ging klar über das hinaus, was die sowjetischen Bildungsoffiziere vor ihrem Abzug 1950 in einer letzten Denkschrift zur Fortführung der „Schulreform" angeraten hatten, nämlich die Grundschulbildung zu verbessern und nach acht Jahren den Grundschulabschluss für alle Kinder zu gewährleisten (Geißler, Blask & Scholze, 1996, S. 144). Allein der durch sowjetisches Eingreifen am 9. Juni 1953 veranlasste „Neue Kurs" der SED, weit mehr noch aber der Aufstand vom 17. Juni 1953 (Geißler, 2000, S. 378–402; Häder & Wiegmann, 2004), führte dazu, dass das mit weiteren Maßnahmen verbundene schulische Sowjetisierungsprojekt schlagartig aufgegeben wurde. Be-

---

7   Brumme hatte in Jena im Herbst 1949 eine Vorlesung über die „Sowjetpädagogik" begonnen, die indes kaum besucht worden war. Seine 1951 aus dieser Lehrveranstaltung hervorgegangene Schrift erschien 1974 unter dem Titel „Probleme des wissenschaftlichen Sozialismus" im Verlag „Roter Druckstock" in Frankfurt a. M. Mieskes wertete sie als „wohl eine der primitivsten Abhandlungen", „die im geisteswissenschaftlichen Bereich der deutschen Universitäten je eingereicht und angenommen worden sind" (Mieskes, 1960, S. 163).

8   In der UdSSR bestand seit 1934 ein Schulaufbau mit vierjähriger oblig. Elementarschule, in größeren Siedlungen und in den Industriegebieten einer siebenjährigen unvollständigen „Mittelschule" mit Anschluss an das technische Berufs- und Fachschulwesen sowie in Städten und Großstädten einer zehnjährigen vollständigen „Mittelschule", die zu den Universitäten und Hochschulen führte. 1952 wurde der Aufbau einer obligatorischen Zehnklassenschule proklamiert. In den baltischen Sowjetrepubliken konnte die vollständige Mittelschule abweichend elf Schuljahre umfassen. Über eine Aufnahmeprüfung war der Hochschulzugang überwiegend erst nach mindestens zweijähriger Berufspraxis im Fernstudium möglich.

obachter in der Bundesrepublik kommentierten das mit der Bemerkung, in der Sowjetunion sei man nicht erfreut gewesen, „dass eine Satellitenregierung plötzlich danach trachtete, ihren Entwicklungsstand zu kopieren" (Informationsdienst, 3/56, S. 1).

2.2 Schulhistorische Bezugnahmen in Monografien aus der DDR.

Unterdessen war im *Deutschen Pädagogischen Zentralinstitut* (DPZI) (Zabel, 2009) in Berlin-Ost daran gearbeitet worden, der neuen Lehrerschaft eine Schrift verfügbar zu machen, die das in den sowjetischen Handbüchern angelegte sowjetpädagogische Grundmuster eingängig auf die konkreten Gegebenheiten[9] der DDR bezog. Verfasst vom Direktor des Instituts, erschien sie zu Jahresbeginn 1953 unter dem Titel *Grundlagen und Grundsätze der Erziehung, Bildung und des Unterrichts in der deutschen demokratischen Schule* (Dorst, 1953).[10] Die ihr zugedachte Orientierungsfunktion für die Schule in der DDR konnte die Darstellung mit der schulpolitischen Kurskorrektur nach Stalins Tod am 5. März 1953 und dem 17. Juni 1953 sowie der folgenden, bis 1958 reichenden Periode schulorganisatorischer Experimente (Anweiler, 1988, S. 50) und weitreichender schulpolitischer Verunsicherung (Geißler, 1992) nur noch eingeschränkt erfüllen.

Allerdings hielt sich das offen sowjetpädagogische Konzept noch für einige Zeit in Teilen der Lehrerbildung. So ging 1954 ein für die Ausbildung von Lehrpersonen der Klassen 1 bis 4 verfasstes Lehrmaterial (Einführung, 1954, S. 109–125) in den Druck, das sich des Schrifttums sowjetischer Verfasser von Ende der 1940er Jahre bediente. Am Beispiel der frühsowjetischen Pädagogik warnten die Autoren davor, Vorbilder „in der westlichen, besonders der amerikanischen Pädagogik zu suchen". „Verräter und Agenten" seien es gewesen, die in den ersten Jahren der Sowjetmacht das „imperialistische" Gedankengut propagiert hätten, um „die Schule als Hauptfeld der kulturellen Revolution zu liquidieren" (Einführung, 1954, S. 112).[11]

Als 1957 in Ostberlin eine als halbamtliches ‚Lehrwerk' verfasste, mit 16 Auflagen bis in die 1980er Jahre fortgeschriebene *Geschichte der Erziehung* (Wiegmann, 2007, S. 107–140) erschien, schloss die Darstellung auch erste schulhistorische Rückblicke

---

9 In der Lehrerbildung galten sowjetische Handbücher für die Unterrichtsarbeit in der DDR als nicht geeignet. 1953 wurde auch im Vorwort zum letzten Werk dieser Gattung, das 1950 in Moskau erschienen war, davor gewarnt, „in dem Buch eine Anleitung zum gedankenlosen Kopieren" zu erblicken. Das Werk biete jedoch u. a. der deutschen Schule die Chance, „eine nationale Pädagogik unter stärkster Berücksichtigung des eigenen pädagogischen Erbes zu entwickeln" (H. Müller, in Melnikow, 1953, S. 6).
10 Westdeutscher Analyse bedeutete die Schrift später das Aufkommen einer „direktivistischen systematischen pädagogischen Wissenschaft" (Langewellpott, 1973, S. 161).
11 Die Teile III–IV des „Lehrbuchs" („Theorie des Unterrichts"; „Schulleitung und Schulverwaltung") erschienen nicht mehr. Teil II „Theorie der Erziehung und Bildung" wurde 1954 nur noch in mehreren Bögen publiziert. Der Text markiert den Tiefpunkt theoriebeanspruchender Bemühungen in der DDR. Das eingesehene Exemplar befindet sich in der Bibliothek für Bildungsgeschichtliche Forschung (Berlin) unter der Registratur 2014.16.

auf den „Neuanfang" in der SBZ und DDR ein. Die Autoren vermieden es, die Bedeutung der „Sowjetpädagogik" in früherer Weise hervorzuheben. Anerkennend hielten sie lediglich fest, dass diese Pädagogik „eine Fülle von Anregungen und Erfahrungen [vermittelt habe], die bei schöpferischer Anwendung auf die deutschen Verhältnisse eine große Hilfe sein konnten" (Geschichte, 1957, S. 481). Von „Russifizierung" oder „Sowjetisierung" konnte mithin keine Rede sein. Zugestanden wurde lediglich, dass es bei der Anwendung sowjetischer Erfahrungen in mancher Hinsicht zu „Überspitzungen" gekommen sei (S. 482). Schon in der zweiten, nach dem 17. Juni 1953 erschienen Auflage der *Grundlagen und Grundsätze* war eingeräumt worden, dass es „nicht wenige Beispiele für die ungenügende, einseitige, grobe und mechanische Darstellung der neuen weltanschaulichen und ideologisch-politischen Inhalte der Bildungs- und Erziehungsarbeit" gegeben habe und gebe (Dorst, 1953, S. 42).

Als 1959 eine erste monografische Selbstdarstellung zur Schulgeschichte der DDR vorlag, wurden in dieser die schulpolitischen Turbulenzen von 1952/53 mit glättenden Formulierungen und einer kritischen Bemerkung zur Nachahmung von in der UdSSR populär gewordenen kollektiverzieherischen Organisationsformen nahezu übergangen (Die Schule, 1959, S. 39). Die „neue Schule" war demnach von Anfang an ein Werk, mit dem sich unter zielgerichteter Führung der SED die bildungspolitischen Forderungen progressiver deutscher Pädagogen des 19. Jahrhunderts und vor allem die der revolutionären Arbeiterbewegung erfüllt hätten. Bei dessen Zustandekommen seien die sowjetischen Bildungsoffiziere als gute Ratgeber und Helfer aufgetreten, so „bei der Überwindung der ungeheuren materiellen Schäden", aber auch im „Kampf gegen faschistische und andere imperialistische Pseudotheorien" (S. 12).

Bei der Bezugnahme auf die Rolle der Sowjetunion verweilten auch spätere schulhistorische Darstellungen vornehmlich in der Besatzungszeit. Als entscheidend für die Schulreform habe sich die Befehlsgewalt der Sowjetischen Militäradministration (SMAD) erwiesen. Den deutschen Verwaltungen ermöglichte sie, entsprechende Ausführungsbestimmungen zu erlassen und einheitlich zu handeln. Tatkräftig und „unnachgiebig" hätten sowjetische Bildungsoffiziere beispielsweise auch die Wiederaufnahme des Schulbetriebs und die „Demokratisierungs- und Entnazifizierungsmaßnahmen" unterstützt und kontrolliert. „Unschätzbare Hilfe" sei bei der Umerziehung und „ideologische[n] Aufklärung" geleistet worden. Hervorgehoben wurden die hilfreichen Begutachtungen von Lehrplan- und Lehrbuchentwürfen, ebenso die in Übersetzung erschienene sowjetische Literatur. Diese habe „die Bekanntschaft mit Werken der Klassiker des Marxismus-Leninismus und der sowjetischen Pädagogik" gebracht und „tiefgreifende Veränderungen im pädagogischen Denken" bewirkt (Günther & Uhlig, 1974, S. 80–81).

Der Sowjetisierungsschub vom Beginn der 1950er Jahre erschien in einem Konferenzbeitrag von 1971 als große „Bewegung […] zum systematischen Studium der sowjetischen Pädagogik" beim „Übergang zum Aufbau der sozialistischen Schule" (Uhlig, 1976, S. 159). Für die spätere Zeit wurde ein Bild „fruchtbare[r] Beziehungen", der „brüderliche[n] Zusammenarbeit" und des „gegenseitigen kameradschaftlichen Erfahrungsaustausches" der Pädagogen beider Länder entworfen. In neuer Qualität sei es zu vielfältigen „Formen der Kooperation auf dem Gebiet der pädagogischen Forschung" gekommen (S. 159). Diese hätten sich, so äußerste sich einige Jahre später der Präsident der Akademie der Pädagogischen Wissenschaften, in die „multilaterale Zusammenarbeit der Pädagogen der Länder der sozialistischen Gemeinschaft" eingefügt (Interview, 1977, S. 965). Formen einer ‚Zusammenarbeit', die über Konferenzen (Günther, 2000, S. 549–553) und Studienreisen hinausging, blieben freilich die Ausnahme. Zu diesen gehörte hauptsächlich das 1978 von Wissenschaftlern aus der DDR und der UdSSR verfasste Lehrwerk Pädagogik (Pädagogik, 1978).[12]

Die westdeutsche Narration, in der die Eigenleistungen der DDR nicht anerkannt oder geringgeschätzt wurde, traf auf östlicher Seite allemal auf brüske Zurückweisung. Die These von einer vorgeblichen „Sowjetisierung" sei eine gegen die „offensichtlichen und international anerkannten Erfolge des Schulwesens der DDR" gerichtete „staatlich gesteuerte [...] Sprachregelung", mit der zugleich der „Notstand des westdeutschen Bildungswesens" überspielt werden" solle (Günther, 1967, S. 972). Gut zehn Jahre später und mit größerem historischem Abstand hieß es, zu Beginn der 1960er Jahre sei in Westdeutschland die „gängige Kurzformulierung für die [...] Stoßrichtung des bundesdeutschen Antikommunismus auf pädagogischem und schulpolitischem Gebiet" geprägt worden. Mit großem Aufwand an Verleumdungen und Entstellungen habe man versucht, „die gesamte Schulentwicklung in der DDR als Aufeinanderfolge von Etappen fortschreitender Sowjetisierung zu charakterisieren". Allerdings sei seit 1966/67 eine taktische Umorientierung der Ostforschung erfolgt, denn die „Sowjetisierungslegende" hätte sich nicht mit der inzwischen im Westen gängig gewordenen „Konvergenztheorie" und der Konzeption des Brückenschlags vertragen. So habe es sich als zweckmäßiger erwiesen, „auch auf schulpolitischem Gebiet die Besonderheiten der DDR gegenüber anderen sozialistischen Ländern zu betonen sowie irgendwelche Gemeinsamkeiten mit der BRD zu erfinden und in den Vordergrund zu spielen" (Uhlig, 1976, S. 159). Doch festgeschrieben war, dass es sich bei dem westdeutschen Sowjetisierungsnarrativ um „eine der verbreitetsten und hartnäckigsten Legenden" zur Geschichte der sozialistischen Schule handele (Uhlig, 1985, S. 46).

Erst kurz vor dem Untergang der DDR, als die Rede vom ‚Sozialismus in den Farben der DDR' aufkam, deuteten sich in der bildungshistorischen Darstellung Blickänderungen an. Die zehnjährige polytechnische Oberschule wurde nun als die eines ‚unverwechselbaren Typs' einer sozialistischen Schule gewürdigt, die in progressiven deutschen bildungspolitischen Traditionen, insbesondere in denen der ‚revolutionären deutschen Arbeiterbewegung' stehe.

Bei der Durchsetzung der „antifaschistisch-demokratischen Schulreform" wurde der Besatzungsmacht erneut die Rolle „uneigennütziger" Helfer und Begleiter zugeschrieben (Thesen, 1989, S. 472). Nach Gründung der DDR habe es jedoch „Überspitzungen" gegeben, „sowohl in der Tendenz, sowjetische Erfahrungen linear und nicht ausreichend

---

12 Die Publikation war nicht dazu bestimmt, die in der Lehrerbildung der DDR oder gar in der UdSSR verbindlichen Programme und Materialien zu ersetzen. Ein vollamtliches, einzig zugelassenes Lehrbuch der Pädagogik gab es in der DDR nicht.

theoretisch reflektiert zu übernehmen, als auch in der Abkehr von der Reformpädagogik" (S. 473). Eingeräumt wurde die „unverarbeitete Übernahme von Unterrichtsmodellen aus der Sowjetunion", desgleichen die administrativ gescheiterte Einführung der Elfklassenschule 1953 (S. 483). Im weiteren Verlauf aber sei es gelungen, „idealisierte Vorstellungen von der sowjetischen Schule und Tendenzen der schematischen Angleichung an das sozialistische Bildungswesen in der Sowjetunion zu überwinden und einen spezifischen Beitrag zur Entwicklung der marxistisch-leninistischen Pädagogik zu leisten" (S. 489). Das waren in gewundenen Formulierungen bislang nicht übliche Distanzierungen von der „Sowjetpädagogik" und ihrer historischen Einordnung.

3. Ausblick: „Sowjetisierung" in bildungsgeschichtlichen Forschungen nach 1989

„Sowjetisierung" war bei allem, was nach 1989 in der deutschen Erziehungswissenschaft und in der bildungshistorischen Forschung zur Debatte stand, nur ein nachrangiges Thema, teils auch ein solches, das sich im Grunde erledigt hatte. Es brauchte fast ein Jahrzehnt, ehe es wie in zeitgeschichtlichen Betrachtungen (Lemke, 1999) auch bildungsgeschichtlich wieder aufgenommen wurde.

Eine Arbeit von 1999 beschrieb „Sowjetpädagogik" als ein spezifisch „deutsches Konstrukt". Entstanden sei dieses im Ergebnis einer eigenständigen, gebrochenen und nicht vollständigen Rezeption, die lediglich „Elemente von Pädagogik, Bildungspolitik und Bildungspraxis" in der UdSSR, insbesondere solche der 1930er und 1940er Jahre, erfasst habe (Lost, 2000, S. 15, 30). Damit war die Annahme einer sehr weitgehenden Identität von Pädagogik und Schule in der DDR mit der in der UdSSR zwar abgewiesen, doch sprach die Darstellung durchaus dafür, dass die deutsche Rezeption den politisch-ideologische Kern von „Sowjetpädagogik" nicht etwa verfehlt, sondern ihn im Anschluss an die Axiome deutscher kommunistischer Pädagogik vielmehr voll erfasst hatte. Geschehen sei das zunächst anhand der autorisierten Abhandlungen der „führenden Sowjetpädagogen" als „Lehre", seit der zweiten Hälfte der 1950er Jahre dann als „Prinzipien- und Programmsystem" (Lost, 2000, S. 27).

Ansonsten aber fand das Thema nur beiläufig und in der nun schon länger etablierten westdeutschen Lesart Beachtung. Im *Handbuch der deutschen Bildungsgeschichte* war von „Orientierung an sowjetischen Erfahrungen" (Baske, 1998, S. 17) die Rede. Diese Orientierung sei im Laufe der Nachkriegsjahrzehnte „unterschiedlich" ausgefallen, und sie habe in der praktischen Politik zu „unterschiedlichen Konsequenzen" geführt. Bei grundsätzlicher Übereinstimmung in den Zielstellungen sei die DDR im Bildungsbereich „vielfach eigene Wege" gegangen und der Sowjetunion bei der Lösung mancher Fragen „sogar zeitlich voraus" gewesen (Baske, 1998, S. 17). Bei anderen Autoren ergab die rückblickende Betrachtung, dass das sowjetische Vorbild „zwar hier und da zu erkennen" sei, aber vom Begriff „Sowjetisierung" her die Besonderheit des Bildungssystems der DDR eher „verkannt als aufgehellt" würde (Tenorth, 1997, S. 95). Oder es wurde konstatiert, dass im Bildungssystem der DDR die „Eigendynamik und Entwicklungslogik der deutschen Bildungsgeschichte des 20. Jahrhunderts" sichtbar geblieben sei (Cloer, 1998, S. 304).

Dagegen wird sich Wesentliches nicht sagen können, auch wenn die Feststellungen nichts mehr von der Dynamik des vergangenen Geschehens erkennen lassen.

Literatur

Albrecht, W. (Hrsg.) (1985). *Kurt Schumacher. Reden – Schriften – Korrespondenzen 1945– 1952.* Berlin/Bonn: Dietz Nachf.
Anweiler (1968). *Die Sowjetpädagogik in der Welt von heute.* Heidelberg: Quelle & Meyer.
Anweiler, O. (1988). *Schulpolitik und Schulsystem in der DDR.* Opladen: Leske + Budrich.
Anweiler, O., & Meyer, K. (Hrsg.) (1961). *Die sowjetische Bildungspolitik seit 1917. Dokumente und Texte.* Heidelberg: Quelle & Meyer.
Anweiler et al. (1990). *Vergleich von Bildung und Erziehung in der Bundesrepublik Deutschland und in der Deutschen Demokratischen Republik.* Köln: Wissenschaft und Politik.
Anweiler, O.; Fuchs, H.-J., Dorner, M., & Petermann, E. (1992) (Hrsg.). *Bildungspolitik in Deutschland 1945–1990. Ein historisch-vergleichender Quellenband.* Bonn: Bundeszentrale für politische Bildung.
Baske, S. (1980). *Das Problem der Eigenständigkeit der DDR im Bereich der Bildung und Erziehung.* In Mampel, S., & Thalheim, K. C. (1980) (Hrsg.). *DDR – Partner oder Satellit der Sowjetunion?* (S. 120–134). München: Politica.
Baske, S. (1998). *Grund und Rahmenbedingungen.* In *Handbuch der deutschen Bildungsgeschichte.* Band VI. *1945 bis zur Gegenwart.* Zweiter Teilband. *Deutsche Demokratische Republik und neue Bundesländer* (S. 3–25). München: C. H. Beck.
Baske, S., & Engelbert, M. (1966) (Hrsg.). *Zwei Jahrzehnte Bildungspolitik in der Sowjetzone Deutschlands. Dokumente.* 2 Bde. Berlin: Quelle & Meyer.
Birke, E. & Neumann, R. (1959) (Hrsg.). *Die Sowjetisierung Ost-Mitteleuropas. Untersuchungen zu ihrem Ablauf in den einzelnen Ländern.* Frankfurt/M & Berlin: Metzner.
Boßmann, D. (1978). *Schüler über die Einheit der Nation. Ergebnisse einer Umfrage.* Frankfurt/M.: Fischer.
Brumme, H. (1951). *Stalin über Volksbildung und Erziehung.* Berlin & Leipzig: VWV.
Bundesministerium für gesamtdeutsche Fragen (1953–1969). (Hrsg.). *SBZ von A–Z. Ein Taschen- und Nachschlagebuch über die Sowjetische Besatzungszone Deutschlands.* 1.–11. Aufl. Bonn: BMG; ab 1960 Deutscher Bundesverlag.
Bundesministerium für gesamtdeutsche Fragen (1950) (Hrsg.). *Die Sowjetisierung der deutschen Länder.* Bonn: BMG.
Bundesministerium für gesamtdeutsche Fragen (1952) (Hrsg.). *Das Erziehungswesen der Sowjetzone. Eine Sammlung von Zeugnissen der Sowjetisierung und Russifizierung des mitteldeutschen Schulwesens.* Bonn: BMG.
Busch, F. W. (1991). *Vergleichende Bildungsforschung vor neuen Aufgaben.* In *Bildung und Erziehung.* Göttingen: Vandenhoeck & Ruprecht, 44 (01), 5–26.
Cloer, E., & Wernstedt, R. (1998). *Theoretische Pädagogik in der DDR. Eine Bilanzierung von außen.* Weinheim: Dt. Studienverlag.
Creuzberger, S. (2008). *Kampf um die Einheit. Das gesamtdeutsche Ministerium und die politische Kultur des Kalten Krieges 1949–1969.* Düsseldorf: Droste.
Creuzberger, S., & Hoffmann, D. (2014) (Hrsg.). *„Geistige Gefahr" und „Immunisierung der Gesellschaft". Antikommunismus und politische Kultur in der frühen Bundesrepublik.* München: Oldenbourg.

Deutscher Bundestag – 5. Wahlperiode. Drucksache V/4609. *Vergleichende Darstellung des Bildungswesens im geteilten Deutschland.* 4. August 1969, 4.

Die Schule in der Deutschen Demokratischen Republik (1959). Berlin: VWV.

Diederich, M., & Blage, Fr. (1955). *Das Schulbuch in der Sowjetzone. Lehrbücher im Dienste totalitärer Propaganda.* Bonn: BMG.

Dokumente zur Geschichte des Schulwesens in der Deutschen Demokratischen Republik. Teil 1. 1945–1955, ausgewählt von Uhlig, G., eingel. von Günther, K.-H., & Uhlig, G. (1970). Berlin: VWV.

Dorst, W. (1953). *Erziehung, Bildung und Unterricht in der deutschen demokratischen Schule. Grundlagen.* Berlin: VWV. (1. und 2. Auflage).

Dudek, P. (1993). *Gesamtdeutsche Pädagogik im Schwelmer Kreis. Geschichte und politisch-pädagogische Programmatik 1952–1974.* Weinheim/München: Beltz Juventa.

Dübel, S. (1953). *Deutsche Jugend im Wirkungsfeld sowjetischer Pädagogik.* Bonn: BMG.

Dübel, S. (1957). *Die Situation der Jugend im Kommunistischen Herrschaftssystem der sowjetischen Besatzungszone Deutschlands. Bonner Berichte aus Mittel- und Ostdeutschland.* Bonn: BMG.

Einführung in die Pädagogik. Lehrbuch für den Unterricht an Instituten für Lehrerbildung. (1954). Teil 1. *Grundlagen der Pädagogik.* Herausgegeben im Auftrag des Ministeriums für Volksbildung. Als Manuskript gedruckt. Berlin: VWV (Autoren: H. Buerschaper, E. Drefenstedt, H. Grabenitz, P. Kunath, H. Stolz, Prof. Dr. W. Wolf).

Edition „Die Kabinettsprotokolle der Bundesregierung" online. (1969).

Friedrich, G. (1951). *Die Freie Deutsche Jugend. Stoßtrupp des Kommunismus in Deutschland.* (Überreicht vom Bundesminister für Gesamtdeutsche Fragen). Köln: Kölnische Verlagsdruckerei.

Froese, L. (1962). *Die Sowjetisierung der deutschen Schule. Entwicklung und Struktur des mitteldeutschen Bildungswesens.* Freiburg/Basel/Wien: Herder.

Froese, L.; Hass, R., & Anweiler, O. (1961). *Bildungswettlauf zwischen West und Ost.* Freiburg: Herder KG.

Geißler, G. (1992). *Zur erziehungswissenschaftlichen Diskussion in der DDR 1955 bis 1958.* In *Zeitschrift für Pädagogik,* 38 (6), 913–940. Weinheim/Basel: Beltz Juventa.

Geißler, G. (2000). *Geschichte des Schulwesens in der Sowjetischen Besatzungszone und in der Deutschen Demokratischen Republik 1945 bis 1962.* Frankfurt/M.: Peter Lang.

Geißler, G. (Hrsg.) (2002). *Schulreform und Schulverwaltung in Berlin. Die Protokolle der Gesamtkonferenzen der Schulräte von Groß-Berlin Juni 1945 bis November 1948.* Frankfurt/M.: Peter Lang.

Geißler, G. (2013). *Schulgeschichte in Deutschland. Von den Anfängen bis zur Gegenwart.* Frankfurt/M.: Peter Lang.

Geißler, G. (2017). *Das „Gesetz zur Demokratisierung der deutschen Schule" in der Sowjetischen Besatzungszone Deutschlands. Administrative Verfahren und Entscheidungsprozesse.* In Banse, G.; Kirchhöfer, D., & Uhlig, Ch. (Hrsg.). *Schulreform 1946 in der Sowjetischen Besatzungszone Deutschlands* (S. 67–131). Frankfurt/M.: Peter Lang.

Geißler, G. (2022): *Spezialschulen und Spezialklassen in der DDR. Ein Überblick.* In *Die Jenaer ‚Spezi'. Von der Spezialschule (1963) zum Carl-Zeiss-Gymnasium Jena (2021)* (S. 56–65). Jena: DominoPlan.

Geißler, G.; Blask, F., & Scholze, T. (1996). *Schule. Streng vertraulich! Die Volksbildung der DDR in Dokumenten.* Berlin: BasisDruck.

Geschichte der Erziehung (1957). Berlin: VWV.

Girbig, R.-J., & Leonhardt, A. (1981). *Schule im Abseits. Zur antikommunistischen Zielsetzung und Funktion der politischen Bildung der Jugend in der BRD.* Berlin: VWV.

Günther, K.-H. (1967). *Deutsch-sowjetische Beziehungen auf pädagogischem Gebiet.* In *Pädagogik* 21, 11. Berlin: VWV, 965–978.
Günther, K.-H. (2000). *Rückblick. Nach Tagebuchnotizen aus den Jahren 1938 bis 1990.* Frankfurt/M.: Peter Lang.
Günther, K.-H., & Uhlig, G. (1974). *Geschichte der Schule in der Deutschen Demokratischen Republik 1945 bis 1971.* Berlin: VWV.
Häder, S., & Wiegmann, U. (2004). *„Am Rande des Bankrotts ..."* Intellektuelle und Pädagogik in Gesellschaftskrisen der Jahre 1953, 1956 und 1968 in der DDR, Ungarn und der CSSR. Frankfurt/M.: Peter Lang
Hearnden, A. (1973). *Bildungspolitik in der BRD und DDR.* Düsseldorf: Schwann.
Helmchen, J. (1981). *Die Pädagogik und das Bildungssystem der DDR im Spiegel der bundesrepublikanischen Erziehungswissenschaft – ein Beitrag zur Geschichte der pädagogischen DDR-Forschung und der DDR-Bildungsforschung in der Bundesrepublik Deutschland.* Diss. Oldenburg: Masch. Ms.
Helmert, G. (1994). *Schule unter Stalin 1928 bis 1940. Über den Zusammenhang von Massenbildung und Herrschaftsinteressen.* Berlin: Harrassowitz.
Hüttmann, J. (2008). *DDR-Geschichte und ihre Forscher. Akteure und Konjunkturen der bundesdeutschen DDR-Forschung,* Berlin: Metropol.
Informationsdienst für freiheitliche Erzieher. Herausgegeben durch die Vereinigung der aus der Sowjetzone verdrängten Lehrer und Beamten. Düsseldorf (1954–1965).
Interview (1977). In *Pädagogik* 32 (11), S. 961–965. Berlin: VWV.
Jarausch, K. H., & Siegrist, H. (1997). *Amerikanisierung und Sowjetisierung. Eine vergleichende Fragestellung zur deutsch-deutschen Nachkriegsgeschichte.* In dies. (Hrsg.). *Amerikanisierung und Sowjetisierung in Deutschland 1945–1970.* Frankfurt/M. & New York: Campus, S. 11–46.
Jessipow, B. P., & Gontscharow, N. K. (1949): *Pädagogik. Lehrbuch für pädagogische Lehranstalten.* Berlin: VWV.
Keiderling, G. (1997). *Scheinpluralismus und Blockparteien. Die KPD und die Gründung der Parteien in Berlin 1945.* In *Vierteljahreshefte für Zeitgeschichte.* München: Walter de Gruyter, 45 (2), 257–296.
Kleßmann, Ch., & Wagner, G. (Hrsg.) (1993). *Das gespaltene Land. Leben in Deutschland 1945–1990. Texte und Dokumente zur Sozialgeschichte.* München: C.H. Beck.
Kludas, H. (Hrsg.) (1957). *Zur Situation der Studenten in der Sowjetzone,* hrsg. vom Bundesministerium für gesamtdeutschen Fragen. Bonn: BMG.
Konstantinow, N. A. (1948). *30 Jahre Sowjetpädagogik.* Berlin & Leipzig: VWV.
Köhler, H. (1957). *Die Situation der Schule in der Sowjet-Zone.* In *Der Wegweiser. Zeitschrift für das Vertriebenen- und Flüchtlingswesen,* hg. vom Arbeits- und Sozialminister des Landes Nordrhein-Westfalen. Vortragsheft 11. *Ostpädagogik. Ein wichtiger Zweig der Ostforschung. Vorträge gehalten auf Arbeitstagungen des Wissenschaftlichen Rates der deutschen Pestalozzi-Gesellschaft.* Düsseldorf.
Körner, K. (2008). *Ein „Phänomen" wird entlarvt. Antikommunistische Schriften aus der Frühzeit der Bundesrepublik.* In Lokatis, S., & Sonntag, I. (Hrsg.), *Heimliche Leser in der DDR. Kontrolle und Verbreitung unerlaubter Literatur* (S. 156–167). Berlin: Ch. Links.
Küppers, H. (1960): *Bildung und Erziehung in Europa im gesellschaftlichen, wirtschaftlichen und technischen Wandel unserer Zeit. Achtes Europäisches Gespräch in der Engelsburg Recklinghausen.* Köln-Deutz: Bund-Verlag
Langewellpott, Ch. (1973). *Erziehungswissenschaft und pädagogische Praxis in der DDR.* Düsseldorf: Schwann.
Lemke, M. (1999). (Hrsg.). *Sowjetisierung und Eigenständigkeit in der SBZ/DDR (1945–1953).* Köln/Weimar/Wien: Böhlau.

Lohmüller, J. (1954). (Hrsg.). *Sowjetzone, Osten, Ostkunde in Erziehung und Unterricht.* Trier.
Lost, Ch. (2000). *Sowjetpädagogik. Wandlungen Wirkungen Wertungen in der Bildungsgeschichte der DDR.* Hohengehren: Schneider.
Ludz, Ch. (1979). *DDR-Handbuch.* Köln: Wissenschaft und Politik.
Melnikow, M. A. (1953). *Die Anfangsschule. Ein Handbuch für Lehrer.* I. Teil. Berlin: VWV.
Mende, K.-D. (1971). *Schulreform und Gesellschaft in der DDR 1945–1965.* Stuttgart: Klett.
Mieskes, H. (1960). *Pädagogik des Fortschritts? Das System der sowjetzonalen Pädagogik in Forschung, Lehre und Praxis.* München: Juventa.
Mieskes, H. (1971). *Die Pädagogik der DDR in Theorie, Forschung und Praxis. Entwicklung und Entwicklungsstand. Zweiter Teil. Das pädagogische Gesicht der Erziehungs- und Bildungswirklichkeit der DDR.* Oberursel/T.: Finken.
Möbus, G. (1957a). *Die psychologische Situation des Lehrers in der Sowjetzone.* In *Der Wegweiser. Zeitschrift für das Vertriebenen- und Flüchtlingswesen, hg. vom Arbeits- und Sozialminister des Landes Nordrhein-Westfalen,* Vortragsheft 11. Ostpädagogik. Ein wichtiger Zweig der Ostforschung. Vorträge gehalten auf Arbeitstagungen des Wissenschaftlichen Rates der deutschen Pestalozzi-Gesellschaft. Düsseldorf.
Möbus, G. (1957b). *Kommunistische Jugendarbeit. Zur Psychologie und Pädagogik der kommunistischen Erziehung im sowjetisch besetzten Deutschland.* München: Juventa.
Möbus, G. (1965). *Unterwerfung durch Erziehung.* Mainz: v. Hase & Koehler.
Müller, M., & Müller, E. E. (1953). *„ ... stürmt die Festung Wissenschaft!". Die Sowjetisierung der mitteldeutschen Universitäten seit 1945,* hrsg. vom Amt für gesamtdeutsche Studentenfragen des Verbandes Deutscher Studentenschaften und „colloquium", Zeitschrift der freien Studenten Berlins. Berlin-Dahlem.
Neuner, G. (1987) *Schulpolitisch-pädagogische Entwicklungen und Aufgaben der Pädagogik in Lehre und Forschung.* In *Pädagogik* (42), 684–703. Berlin: VWV.
Pädagogik. (1978), 4. Aufl. 1983. Berlin: VWV.
Ogorodnikow, I. T., & Schimbirjew, P. N. (1949). *Lehrbuch der Pädagogik.* Berlin: VWV.
Quell, H.-M. [o. J., 1963/64]. *Die „sozialistische" Hochschule. Aspekte des Hochschulwesens in der SBZ.* Berlin: Verband Deutscher Studentenschaften.
Rauchfuss, D. (1979). *Hochschulreife und Facharbeiterbrief. Die Integration von allgemeiner und beruflicher Bildung in der Sekundarstufe II. Eine vergleichende Untersuchung von Bundesrepublik Deutschland und Deutscher Demokratischer Republik.* Wiesbaden: Harrassowitz.
Reble, A. (1958). *Lehrerbildung in Deutschland.* Rattingen: A. Henn.
Reinermann, U. (1983). *Zur Methodik der Erziehung und des Unterrichts auf der Primarstufe in der DDR und in NRW – Schwerpunkte und Innovationen.* Teil 1. Dortmund: Schwann.
Richert, E. (1964). *Das zweite Deutschland. Ein Staat, der nicht sein darf.* Für die Fischer Bücherei bearb. Gütersloh: Sigbert Mohn.
Riemschneider, E. G. (1963). *Veränderung der deutschen Sprache in der sowjetisch besetzten Zone Deutschlands seit 1945.* Sonderausgabe für das Ministerium für gesamtdeutsche Fragen. Düsseldorf: Schwann.
Roggenkamp, J. G. [o. J., 1961]. *Die sowjetische Erziehung. Ihre Struktur und ihre Tendenzen in Dokumenten dargestellt.* Düsseldorf: Patmos.
Ruhloff, H.-J. (1968). *Beiträge zum Bildungswesen und zur Bildungspolitik in der DDR.* In *Pädagogik und Schule in Ost und West 6* (S. 170–179). Paderborn: Schönigh.
Schneller, W. (1955). *Die deutsche demokratische Schule.* Berlin: VWV.
Tenorth, H.-E. (1997). *Die Bildungsgeschichte der DDR – Teil der deutschen Bildungsgeschichte.* In Häder, S., & Tenorth, H.-E. (Hrsg.). *Bildungsgeschichte einer Diktatur. Bildung und Erziehung in SBZ und DDR im historisch-gesellschaftlichem Kontext* (S. 68–69). Weinheim: Böhlau.

Tenorth, H.-E., & Wiegmann, U. (2022). *Pädagogische Wissenschaft in der DDR. Ideologieproduktion, Systemreflexion und Erziehungsforschung. Studien zu einem vernachlässigten Thema der Disziplingeschichte deutscher Pädagogik.* Bad Heilbrunn: Klinkhardt.
Thesen. Zur Geschichte der zehnklassigen allgemeinbildenden polytechnischen Oberschule in der Deutschen Demokratischen Republik (1989). In *Pädagogik*, 44 (6), S. 449–537). Berlin: VWV.
Uhlig, G. (Leiter des Autorenkollektivs) (1974). *Zur Entwicklung des Volksbildungswesens in der Deutschen Demokratischen Republik in den Jahren 1949–1956.* Berlin: VWV.
Uhlig, G. (1976). *Die Hilfe der Sowjetunion bei der Entwicklung unseres Bildungswesens seit 1945 und ihre Verfälschung durch die „pädagogische Ostforschung" in der BRD.* In *Die marxistisch-leninistische Pädagogik – eine streitbare Waffe im Kampf gegen den Antikommunismus. Materialien der gemeinsamen Konferenz der Akademie der Pädagogischen Wissenschaften der DDR und der Akademie der Pädagogischen Wissenschaften der UdSSR. 16. bis 18. November 1971* (S. 156–178). Berlin: VWV (2. Aufl.).
Uhlig, G. (1985). *Referat zu den Thesen über die Hauptetappen zur internationalen Geschichte der sozialistischen Schule.* In *Hauptetappen zur internationalen Geschichte der sozialistischen Schule. Beiträge der wissenschaftlichen Konferenz der Sektion Pädagogik der Karl-Marx-Universität Leipzig und der Forschungsgemeinschaft „Geschichte der Schule und der Pädagogik sozialistischer Länder". Leipzig, 10.–12. Oktober 1985* (S. 30–55). Leipzig: KMU.
Vogt, H. (1964). *Gegenwartsprobleme der Sowjetpädagogik.* Braunschweig: Westermann.
Vogt, H. (1967). *Bildung für die Zukunft. Entwicklungstendenzen im deutschen Bildungswesen in Ost und West.* Göttingen: Vandenhoeck & Ruprecht.
Vogt, H. (1969). *Bildung und Erziehung in der DDR. Sozialistisch-industriegesellschaftliche Curriculum-Reform in Kindergarten, Schule und Berufsbildung.* Stuttgart: Klett.
Waterkamp, D. (1985). *Das Einheitsprinzip im Bildungswesen der DDR.* Köln/Wien: Böhlau.
Waterkamp, D. (1987). *Handbuch zum Bildungswesen der DDR.* Berlin: Spitz.
Weichers, B. (2013). *Der deutsche Osten in der Schule. Institutionalisierung und Konzeption der Ostkunde in der Bundesrepublik in den 1950er und 1960er Jahren.* Frankfurt/M.: Peter Lang.
Wendt, E. (1956). *Die Entwicklung der Lehrerbildung in der SBZ seit 1945.* Bonn: BMG.
Wendt, E. (1965). *Erörterungswürdige Elemente der sowjetzonalen Bildungskonzeption.* In *Informationsdienst für freiheitliche Erzieher*, S. 305–313.
Wiegmann, U. (2007). *Die „Geschichte der Erziehung" in ihrer 14. Auflage – Evaluationskonflikte.* In Häder, S., & Wiegmann, U. (Hrsg.), *Die Akademie der Pädagogischen Wissenschaften der DDR im Spannungsfeld von Wissenschaft und Politik* (S. 107–140). Frankfurt/M.: Peter Lang.
Zabel, N. (2009). *Zur Geschichte des Deutschen Pädagogischen Zentralinstituts der DDR. Eine institutionsgeschichtliche Studie* (Diss.). Chemnitz.
Zwei Entwicklungswegs unserer Nation und ihre Widerspiegelung im Schulbuch. Berlin: VWV.

Abstract: Sovietization had diametrically different political meanings in the two German states that emerged after 1945. The article traces the handling of the relationship between the Soviet Zone of Occupation (SBZ)/German Democratic Republic (GDR) and the Soviet Union on the basis of publications relating to developments in education.

Keywords: Cold War, East-West German System Conflict, School Historiography, Soviet Pedagogy, Comparative Educational Science

Anschrift der Autoren

Prof. [i.R.] Dr. Gert Geißler, Bibliothek für Bildungsgeschichtliche Forschung (BBF) des
DIPF | Leibniz-Institut für Bildungsforschung und Bildungsinformation,
Warschauer Straße 34–38, 10243 Berlin, Deutschland
E-Mail: geissler@dipf.de

Prof. [i.R.] Dr. Ulrich Wiegmann, Bibliothek für Bildungsgeschichtliche Forschung (BBF) des
DIPF | Leibniz-Institut für Bildungsforschung und Bildungsinformation,
Warschauer Straße 34–38, 10243 Berlin, Deutschland
E-Mail: u.wiegmann@imail.de

Jane Weiß

30 Jahre Freundschaft, Partnerschaft und Austausch: Die verflochtene Mythologisierung der Bildungskooperationen von Finnland und DDR[1]

Zusammenfassung: Der Beitrag beschäftigt sich mit der inhaltlichen und prozessualen Grundlegung der mythischen Narration von der Übernahme des DDR-Bildungssystems durch Finnland. Diese überzeichnete Erzählung wurde im Zuge des deutschen PISA-Schocks bedeutsam. Anhand wissenschaftlicher Literatur, der Einordnung in die zeitgeschichtlichen Kontexte sowie auf archivalischen Quellen basierend werden die Entstehung, Formen und Themen der Bildungszusammenarbeit Finnland-DDR präsentiert und deren wechselseitige prozessuale Mythologisierung resümiert.

Schlagworte: Bildungszusammenarbeit, DDR, Finnland, Mythologisierung, Verflechtung

1. Die Bildungskooperation Finnland-DDR zwischen Mythologisierung, Nostalgie und Kritik

Das überragende Abschneiden Finnlands in der internationalen Schulleistungsstudie PISA im Jahr 2000 (OECD, 2001) erneuerte in Deutschland nicht nur die seit längerem vorhandene Idealisierung Skandinaviens im Bildungsbereich (vgl. Oelkers, 2008; Waldow, 2010), es brachte nebenbei eines der aussagekräftigsten (Bildungs-)Narrative der Nachwendezeit zum Vorschein: Finnlands Bildungssystem wäre eine Kopie des Bildungssystems der DDR und deshalb so enorm leistungsfähig und Siegerin des ‚Bildungswettbewerbs' (vgl. Lambrecht, 2009).[2] Aus diesem Grunde musste sich im Jahr 2002

---

1 Der vorliegende Beitrag entstand im Projekt „‚Bildung für alle'. Eigen- und Fremdbilder bei der Produktion und Zirkulation eines zentralen Mythos im transnationalen Raum" im Rahmen des Forschungsverbunds „Bildungs-Mythen über die DDR. Eine Diktatur und ihr Nachleben", gefördert vom Bundesministerium für Bildung und Forschung. Einen bedeutsamen Teil der Archivrecherchen und Dokumentenaushebung hat Jan Uredat vorgenommen. Ihm gilt mein großer Dank. Ebenso bedanke ich mich bei den Gutachtenden für die wertvollen und bereichernden Hinweise.

2 In Wikipedia – Quelle für die Erforschung kollektiven Gedächtnisses (vgl. z.B. Pentzold, 2009; von der Beck, Oeberst, Cress, Back & Nestler, 2015) – findet sich unter dem Stichwort „Bildungssystem in Finnland" folgender Eintrag: „Als die deutsche Presse 2001, nach Veröffentlichung der ersten PISA-Ergebnisse, auf das finnische Bildungssystem aufmerksam wurde, wurden diese Reformen der 1960er und 1970er Jahre teilweise als Übernahme des Schulsystems der DDR dargestellt" (https://de.wikipedia.org/wiki/Bildungssystem_in_Finnland#Geschichte [09.06.2022]).

die damalige gesamtdeutsche Bildungsministerin Edelgard Buhlmann im Deutschland-Radio Berlin die Frage gefallen lassen: „Ist es nicht ein bißchen absurd, Frau Bulmahn, da reisen nach der ersten PISA-Studie die Bildungsexperten nach Finnland und die Finnen sagen: ‚Ja, wir haben das von der DDR eigentlich gelernt.'" (Hartmann, 2007). Bemerkenswerterweise ist, wie es dieses Zitat schon andeutet, diese Idee der Anleihen und Übernahme, demnach eines Bildungstransfers DDR-Finnland, im kollektiven Gedächtnis *beider* Länder verankert (vgl. Oittinen, 2010; Kaunismaa, 2018; Jaakonsaari, 2013). Konträr zur positiven Bezugnahme – zumeist ostdeutscher Provenienz – heißt es in Finnland jedoch heute „Es stinkt nach der DDR" (Hentilä, 2012, S. 39), wenn es gilt, öffentlich Kritik zu üben. Das gilt ebenso für Verweise auf die Geschichte des finnischen Bildungssystems mit Bezügen zur DDR (vgl. Kaunismaa, 2018; Suomenmaa, 2016; Särkiö, 2020). Es bestehen teils positive oder neutral formulierte Bezüge zur ‚DDR-Geschichte' in Finnland, wie z.B.: „Die vielgelobte finnische Gemeinschaftsschule orientierte sich am Modell des DDR-Schulsystems. Das Gesundheitssystem war sehr ähnlich und auch die zahnärztliche Versorgung war Teil der staatlichen Krankenversicherung" (Oittinen, 2010).[3] Dennoch beherrscht seit 1990 ein ungleich negativer Blick auf diese Vergangenheit die finnische Öffentlichkeit (vgl. Hentilä, 2012).

Hinweise auf eine intensive und nachhaltige Bildungszusammenarbeit finden sich schon *vor* 1989 in wissenschaftlicher Publikation und archivalischen Dokumenten beider Länder, den Status eines Mythos, einer überzeichneten Erzählung in Öffentlichkeit und kollektivem Gedächtnis, erhielt sie in der Bundesrepublik Deutschland jedoch erst mit dem Pisa-Schock. Nun zeigte sich die Funktion und der Sinn dieser Narration im Kontext der deutschen Wiedervereinigung und den damit verbundenen Transformationsprozessen: Der oftmals pauschalisierenden Entwertung ostdeutscher Biographien und dem hegemonialen Diskurs über ‚die' DDR (vgl. u. a. Miethe, 2019) konnte ein ‚Beweis' der Sinnhaftigkeit und Rechtfertigung der Existenz und des Lebens in der DDR entgegengesetzt werden. Der empfundenen dauerhaften und absoluten Unterlegenheit konnte eine punktuelle Überlegenheit gegenübergestellt werden, die vor der Weltöffentlichkeit scheinbar objektiv ‚bewiesen' wurde. Die Erzählung wird so zum Mythos, denn, so Barthes, „Der Mythos ist ein Wert, er muß nicht von der Wahrheit gebilligt werden; nichts hindert ihn daran, ein permanentes Alibi zu sein" (Barthes, 1957/2003, S. 270). Die von Barthes beschriebenen „Mythen des Alltags" (Barthes, 1957/2003) zeichnen sich weiterhin durch eine „mitteilsame Doppeldeutigkeit" (Barthes, 1957/2003, S. 271), einen „Doppelcharakter" aus „in der Art einer zugleich wahren und irrealen Geschichte" (Barthes, 1957/2003, S. 277). Dieser funktionale Charakter des Mythos lässt sich hinsichtlich der Frage des Bildungstransfers DDR–Finnland mit Assmann (1992) als eine der „Formen von Vergangenheitsbezug [zusammenfassen], die aus der Vergangenheit eine identitätsfundierende, handlungsleitende und gegenwartsdeutende Kraft schöpfen" (Assmann, 1992, S. 41). Konträr zur (ost-)deutschen Erzählung der erfolgreichen Adaption ‚ihres' Bildungssystems, das ab 1990 in seinen Grundzügen verschwand und dem

---

3 Übersetzung: Noah Petri, 2022.

bundesrepublikanischen angepasst wurde (vgl. u. a. Döbert, Weishaupt & Fuchs, 2002), erhalten in der finnischen Erzählung nach 1990 die Beziehungen zur DDR vornehmlich die Funktion einer politisch-kulturellen Abkehr und ebenso einer Alibi-Funktion im Bartheschen Sinne, denn, so stellt Hentilä fest: „Heute gibt es in Finnland kaum ein gesellschaftliches Problem, an dem nicht eine in den 1970er-Jahren nach DDR-Vorbild verwirklichte Reform schuld wäre" (Hentilä, 2012, S. 40).

Der Komplexitätsreduktion – ebenso ein Funktionsmerkmal von Mythen (vgl. Assmann, 1992, S. 39) – in der mythischen Erzählung von der Übernahme des DDR-Bildungssystems durch Finnland will dieser Beitrag mit Komplexität und Differenzierung begegnen. Dabei werden im Folgenden zunächst knapp die vorhandene wissenschaftliche Literatur resümiert, anschließend die zeitgeschichtlichen Kontexte hinsichtlich der Bildungszusammenarbeit der DDR, des Verhältnisses von DDR, BRD und Finnland dargelegt und im Weiteren anhand archivalischer Quellen die Entstehung, Formen und Themen der Bildungszusammenarbeit Finnland-DDR präsentiert. In einem knappen Fazit werden diese Prozesse hinsichtlich der Frage der Mythologisierung noch einmal resümiert.

2. Die Bildungskooperation von Finnland und DDR im Spiegel wissenschaftlicher Publikationen

In wissenschaftlicher Publizistik findet sich im Wesentlichen die Erzählung der Anleihen, der Vorbildnahme des Modells des DDR-Bildungssystems durch die Finn*innen, aber auch die einer wissenschaftlichen und bildungspolitischen Beratung finnischer Bildungsreformer*innen und -funktionsträger*innen durch Fachleute aus der DDR. Z. B. konstatieren Lindemann und Müller schon 1974:

> In keinem anderen nichtkommunistischen Land hat die DDR in der Vermittlung ihrer Konzepte der Bildungspolitik so viele Erfolge wie in Finnland aufzuweisen. Der DDR ist es gelungen, finnische Pädagogen davon zu überzeugen, daß für die Schulreform in Finnland manches aus der DDR übernommen werden kann (Lindemann & Müller, 1974, S. 168).

Auch Lübbe,[4] selbst Anfang der 1970er Jahre als Deutschlektor in Finnland tätig, berichtet in seinen Ausführungen über vielfältige Austauschbeziehungen finnischer und DDR-Universitäten vor allem auf dem Gebiet der Pädagogik (vgl. Lübbe, 1981, S. 184). In diesem Zusammenhang verweist er auf den offiziellen Besuch des finnischen Unterrichtsministers Ulf Sundqvist zusammen mit dem Rektor der Hochschule Joensuu im Jahr 1972 in der DDR und konstatiert: „In einem Gespräch mit der FDJ-Zeitung ‚Fo-

---

4 Peter Lübbes Ausarbeitungen sind im Bereich der qualifizierten Zeitzeugenberichte zu verorten. Seine Ausarbeitungen werden vor diesem Hintergrund auch kritisch rezipiert (vgl. Löschmann, 2008).

rum' erklärt Sundqvist, Finnland sei sehr an engen Beziehungen zu Einrichtungen des Bildungswesens in der DDR gelegen. Er vermutet, die Finnen seien allerdings ‚überwiegend die nehmenden Partner'" (Lübbe, 1981, S. 182).

In beiden Publikationen wird die Vorbildnahme der DDR vor allem im Kontext der finnischen Bildungsreform Ende der 1960er/Anfang der 1970er Jahre thematisiert und dort verortet und damit in Bezug zu einer Gesamtreform des Bildungssystems in Sinne einer Einheitsschule gesetzt. Daneben werden jedoch punktuelle inhaltliche Schwerpunkte genannt, die andeuten, dass vor allem das finnische Interesse im Bildungsbereich über strukturelle Fragen hinaus reichte, z. B. bei Fragen und Themensetzungen bezüglich des polytechnischen Unterrichts, der Sportförderung, der Berufsausbildung und Hochschulbildung und der Jugendpolitik und Jugendarbeit der DDR. So konstatieren beispielsweise Lindemann und Müller: „Man darf nicht verkennen, daß die Finnen bei ihrer Schulreform manche Anregungen aus der DDR übernommen haben, sich die Kontakte zwischen der DDR-Jugendorganisation FDJ und den Jugendorganisationen Finnlands befriedigend entwickeln […]" (Lindemann & Müller, 1974, S. 155–156).

Nach 1989 gestaltet sich das Bild in der wissenschaftlichen Publikation bezüglich der Finnland-DDR-Frage recht einheitlich, und das sowohl auf finnischer als auch deutscher Seite. Hinsichtlich des finnischen Verhältnisses zu beiden deutschen Staaten stellt beispielsweise Forsberg fest: „For example, the educational reform that was undertaken in Finland in the early 1970s was influenced by the GDR model" (Forsberg, 2000, S. 6–7). Im deutschen Blick auf dieses Verhältnis beschreibt Griese für das Gebiet des Bildungswesens eine „Erfolgsgeschichte für die DDR" (Griese, 2006, S. 136) und konstatiert: „Hier wurde schon in zeitgenössischen Bestandsaufnahmen der Erfolg der DDR bei der Vermittlung ihrer Konzepte in der Bildungspolitik anerkannt, weil die finnische Schulreform der 70er Jahre vom DDR-Modell beeinflusst war" (Griese, 2006, S. 255). Griese befindet weiterhin, dass sich die DDR „für die Umgestaltung des finnischen Schulwesens erfolgreich als Anschauungsbeispiel präsentieren" konnte (Griese, 2006, S. 255). Auch verweist sie auf gewachsene gute persönliche Beziehungen von DDR-Bildungsakteur*innen und finnischer Schulverwaltung, vor allem in der Person des Schulreformers Reino Oittinen. Einen Modell-Charakter des DDR-Bildungssystems für die finnische Schulreform sieht auch Oelkers in einem Vortrag von 2008:

> Finnische Parlamentarier besuchten im Vorfeld des Entscheids auch die damalige DDR und liessen sich beraten. […] Die polytechnische Oberschule der DDR, die nach 1959 zehn Klassen umfasste, war eines der Modelle für die Veränderung der finnischen Sekundarschule. Das gilt zum Teil auch für das neue, durchgehende Curriculum (Oelkers, 2008, S. 9).

Westphal, ebenfalls ehemaliger DDR-Deutschlektor in Finnland, berichtet über die finnische Wertschätzung der „‚Kontinuität'" und „‚Durchlässigkeit'" des Systems sowie die Kompatibilität der Abschlüsse in der DDR (Westphal, 2011, S. 111) und verweist in seinen Ausführungen auf einen weiteren Schwerpunkt: die frühkindliche Erziehung in der DDR, die ebenso das Interesse der finnischen Seite geweckt hätte. Er bescheinigt der DDR, in Finnland das Bild von den „unbestrittenen Erfolgen des Bildungssystems der DDR" (Westphal, 2011, S. 111) erzeugt zu haben.

Malinen, finnischer Bildungshistoriker und mehrfach in die Bildungskooperationen von DDR und Finnland involviert (vgl. Malinen, 2009, S. 84), differenziert in seinen Ausführungen. Zum einen konstatiert er, dass „[…] die Schulsysteme in der Sowjetunion und später auch in der DDR als Beispiele dienten. Die finnischen Schulbehörden und Jugenddelegationen unternahmen damals zahlreiche Reisen im Zeichen des Kulturaustausches vor allem in diese Länder […]" (Malinen, 2009, S. 84). Zum anderen erklärt Malinen im Gegensatz zu den anderen Darlegungen: „Die administrative Struktur der Grundschule war jedoch hauptsächlich dem schwedischen System nachempfunden. In den offiziellen Plänen wurde nirgends darauf hingewiesen, dass die Grundschule nach sozialistischem Modell geplant wurde" (Malinen, 2009, S. 85).

Deutlich werden in diesem knappen Review mehrere Aspekte. Zum einen finden sich recht wenige konkrete Verweise auf Bildungskooperationen von DDR und Finnland bzw. die Anleihen oder gar finnischen Adaptionen aus dem Bildungssystem der DDR. So bleibt weitgehend im Dunklen, welche Praktiken und Inhalte die Kooperationen hatten, wer die entscheidenden staatlichen und pädagogischen Institutionen und Akteur*innen waren. Es ist zum anderen auffällig, dass ein großer Teil der Ausführungen ohne Quellenverweise – mit Ausnahme von Müller und Lindemann (1974), Lübbe (1981) und Griese (2006) – auskommen. In den rezipierten Darlegungen wird im Weiteren schwerpunktmäßig auf die strukturellen Aspekte von Bildungssystemen, vor allem die Frage der Einheitsschule und den damit verbundenen schulpolitischen und -theoretischen Aspekten, verwiesen. Wie sich im Folgenden zeigen wird, war dies jedoch nur *eine,* wenngleich auch wichtige Facette der Zusammenarbeit. Dieses leicht ‚verschwommene', ‚abgedunkelte' Bild dieser Zusammenarbeit ist m.E. ein weiteres Anzeichen für eine überzeichnete Erzählung, eine Mythologisierung und Kollektivierung der Erinnerung.

3. Die DDR im internationalen Bildungskosmos – ‚Freunde sein und Freunde werben'

Die Bildungszusammenarbeit von DDR und Finnland war Teil eines Programmes von weit verzweigten internationalen Bildungskooperationen (vgl. Weiss, 2020). Anlass der Zusammenarbeit war der jeweils stattfindende gesellschaftliche Transformationsprozess, wie der antikoloniale Befreiungskampf bzw. eine sozialistische Revolution oder, wie im Falle der skandinavischen bzw. nordischen Länder, angestrebte Bildungsreformen (vgl. Weiss, 2020). Der überwiegende Teil der Bildungskooperationen der DDR hatte ihren Kontext in den Ideen und Traditionen der sozialistischen bzw. kommunistischen Bildungszusammenarbeit, die – vor allem auf Lenin zurückgehend – internationalistisch ausgerichtet war. Faktisch entstand, insbesondere nach der Welle der Entkolonialisierungen ab Mitte des 20. Jahrhunderts, ein weltweit wirksames, politisches, sozio-ökonomisches und transkulturelles Netz grenzüberschreitender Beziehungen der sich als sozialistisch erklärenden Nationalstaaten, kommunistischer/sozialistischer Parteien, afrikanischer, asiatischer und lateinamerikanischer Befreiungsbewegungen und sogenannter junger befreiter Nationalstaaten auf einem „nicht-kapitalistischen Entwicklungsweg" (Sánchez-Sibony, 2014; Rupprecht, 2015; Miethe & Weiss, 2020). Fragen von Bildung und Erziehung spielten in Konzept und Praxis des proletarischen bzw. sozialistischen Internationalismus eine Schlüsselrolle (vgl. Miethe, 2020, S. 34).

Die internationale Bildungszusammenarbeit der DDR war eingelassen in das außenpolitische Ziel der nachhaltigen Verortung und Etablierung im politischen Weltsystem: „Wir wollen nicht nur Freunde sein, sondern auch Freunde werben", heißt es in einem Protokoll einer Sitzung der Sektion Pädagogik der Kulturabteilung zur „auslandsinformatorischen Arbeit" im Jahr 1955.[5] Neben diesem Netz von Bildungskooperationen im sozialistischen oder sozialismusaffinen Staatenraum baute die DDR ganz bewusst und mit Bedacht Kontakte und Kooperationen mit dem westlichen, dem ‚kapitalistischen Ausland' auf. Dafür wurde das außenpolitische Strukturprinzip der „friedlichen Koexistenz" (vgl. Muth, 2000, S. 44–47) bedeutsam. Seine Basis war die Gleichberechtigung der Staaten sowie die Anerkennung deren politischer als auch territorialer Integrität (Muth, 2000, S. 45). Diese „Kooperationsformel" (Bruns, 1985, S. 48) war die Grundlage bilateraler Zusammenarbeit der DDR mit ‚nicht-sozialistischen' Staaten. Wirksam wurde sie vor allem mit der zunehmenden internationalen Anerkennung der DDR am Ende der 1960er bzw. Anfang der 1970er Jahre, als die Blockkonfrontationen an Schärfe verloren (vgl. Muth, 2000, S. 45). In die Beziehungen zwischen Finnland und DDR war sie jedoch von Anfang an als Strukturprinzip eingeschrieben. Dies ist ein besonderer Fall und war nur möglich, weil Finnland sowohl die DDR als auch die BRD zunächst völkerrechtlich nicht anerkannte, jedoch zu beiden Staaten diplomatisch gleichwertige Beziehungen unterhielt (vgl. Putensen, 2000; Hentilä, 2006; Griese, 2006).

Während im sozialistischen Kontext – vor allem in der Bildungszusammenarbeit mit den verschiedenen sogenannten Volksdemokratien Europas – von Seiten der DDR ein starkes Interesse am gegenseitigen Lernen, dem fachlichen Austausch und ggfs. das Adaptieren von Bildungskonzepten erkennbar war, die DDR demnach sowohl Lehrende als auch Lernende sein konnte, scheinen im Kontakt mit dem westlichen Staatenraum das Propagandieren eines sozialistischen Bildungssystems und die Erfolge seiner Implementierung am Beispiel DDR vorrangig. Hierbei ging es maßgeblich um die ‚Werbung um Freunde' für das neue Schulsystem und damit auch den neuen, den *anderen* deutschen Staat. Dabei trat die DDR primär als Gebende und Lehrende auf.[6]

---

5 Protokoll über die Sitzung der „Sektion Pädagogik" (18. 2. 55), BArch DR2/5492, S. 8.
6 Das trifft auch auf den Austausch und den Kontakt mit den befreiten Ländern, den ‚jungen Nationalstaaten' oder auf ‚national befreite Länder' mit einer ‚sozialistischen Orientierung' zu – auch hier trat die DDR in einer gebenden Position in Erscheinung. Hierbei sind diese Vorgänge jedoch im Kontext postkolonialer Strukturen einzuordnen (vgl. Schuch, 2013; Weiss, 2020).

4. Das Dreieck DDR – Finnland – BRD

Im Feld der DDR-Forschung wird immer wieder diskutiert, inwiefern diese isoliert ohne Blick auf die BRD möglich wäre und umgekehrt (vgl. u. a. Kleßmann, 1993, 2006; Fullbrook, 2004; Jarausch, 2004) und bezogen auf deutsche Bildungsgeschichte formulieren Glaser und Miethe berechtigte „Zweifel an einer separaten Entwicklung der ostdeutschen und westdeutschen Bildungs(reform)geschichte nach 1945" (Miethe & Glaser, 2018, S. 226). Im Fall Finnland–DDR stellt sich diese Frage kaum, denn in diesem Themenfeld ist es unumgänglich, auf die deutsch-deutschen Verflechtungen hinzuweisen (vgl. dazu Putensen, 2000; Hentilä, 2006; Griese, 2006). Es handelt sich hierbei um ein Beziehungsgeflecht von DDR–Finnland–BRD – ich benenne es als ein Dreieck.[7]

Unzweifelhaft waren die Beziehungen zwischen Finnland und der DDR besondere, und das in beide Richtungen. Für Finnland wurde die Beziehung zur DDR zum Sonderfall im Kalten Krieg, denn es war das einzige westliche nicht-sozialistische Land, das gleichgewichtige Beziehungen zu beiden deutschen Staaten unterhielt (vgl. u. a. Putensen, 2000; Hentilä, 2006). Finnland erkannte zunächst völkerrechtlich weder die Bundesrepublik Deutschland noch die Deutsche Demokratische Republik an. Für die DDR wurde Finnland zum außenpolitischen Sonderfall, zu einem außenpolitischen ‚Schwerpunktland', wie es zeitgenössisch hieß, und zu *dem* Staat ‚entgegengesetzter und anderer gesellschaftlicher Ordnung', mit dem sie die intensivsten Beziehungen führte. Für Finnland wurden die Beziehungen zur DDR und zur BRD zum Prüffall für ihre erklärte und vertraglich vorgegebene Neutralität[8] und für die DDR war die „Finnland-Option" ein möglicher Weg bzgl. der internationalen Anerkennung (Hentilä, 2012, S. 35). Würde hier die völkerrechtliche Anerkennung als eigener Staat gelingen, könnte dies Strahlkraft für die Akzeptanz in weiteren kapitalistischen – vor allem wurde hier zunächst an die skandinavischen Länder gedacht – Staaten haben, so der Wunsch und die Utopie (vgl. Griese, 2006, S. 13). Gleichzeitig war jedoch der neutrale Status Finnlands zunächst der Hinderungsgrund für diese ersehnte Anerkennung, denn Finnland erklärte und praktizierte penibel gleichwertige Beziehungen zu beiden deutschen Staaten und akzeptierte von daher auch die Hallstein-Doktrin (vgl. Kilian, 2001). Auf finnischem Boden befanden sich die beiden deutschen Staaten in einer permanenten gegenseitigen

---

7 Eine ähnliche Formulierung findet sich in wissenschaftlicher Publizistik für das Verhältnis von DDR–Schweden–BRD (vgl. z. B. Muschik, 2005). Allerdings gibt es bisher keinen mir bekannten systematischen Vergleich beider Fälle, sodass die folgenden Ausführungen zum Dreieck DDR–Finnland–BRD diese Vergleichsdimension derzeit noch aussparen muss.

8 Die Beziehung von Finnland und Russland und folgend der Sowjetunion ist eine sehr spezifische. Große Teile Finnlands waren von 1809 bis zur finnischen Unabhängigkeit ein russisches Großfürstentum. Finnlands militärisches Bündnis mit den Nationalsozialisten im zweiten Weltkrieg gegen die Sowjetunion und die finnisch-ns-deutsche Niederlage führten u. a. zum sogenannten Beistandspakt vom April 1948 mit der Sowjetunion, dem „Vertrag über Freundschaft, Zusammenarbeit und gegenseitigen Beistand zwischen der Republik Finnland und der Union der Sozialistischen Sowjetrepubliken" (vgl. Putensen, 2000, S. 323–325). Dieser Vertrag verpflichtete Finnland u. a. zur Loyalität gegenüber der Sowjetunion. Im Zuge des Kalten Krieges nahm Finnland in Folge dessen eine neutrale Haltung ein.

„Lauerposition" (Menger & Putensen, 2000, S. 89) – zumal beide antagonistische Ziele verfolgten. Diese Situation nahm bisweilen auf beiden Seiten groteske Züge an und verlangte von den Finn*innen ein Höchstmaß an Diplomatie. Auch wenn die Bundesrepublik Deutschland aus mehreren Gründen der überlegenere *player* in dieser Arena war und die staatliche Anerkennung der DDR durch Finnland bis 1973 erfolgreich hinauszögern konnte, „gelang es trotz intensiver Anstrengungen nicht, die DDR in Finnland völlig zu marginalisieren" (Griese, 2006, S. 255). Da die DDR bis Anfang der 1970er Jahre nicht über einen offiziellen internationalen Status verfügte, bot die Zusammenarbeit auf kulturellem Gebiet einen Ersatz für die klassische Diplomatie und Außenpolitik (vgl. Griese, 2006, S. 37). Zunächst übernahmen die jeweiligen Handelsvertretungen der DDR und der BRD in Finnland die Rolle von Botschaften.

Die deutsch-deutsch-finnischen Kontakte nach 1945 entsponnen sich vor dem Hintergrund einer Jahrhunderte alten Tradition deutsch-finnischer Verbindungen und Gemeinsamkeiten (vgl. Hösch, 1990; Menger & Putensen, 1993; Hösch & Beyer-Thoma, 1993; Hösch, Griese & Beyer-Thoma, 2003). Vor allem auf kulturellem Gebiet, vornehmlich in der finnischen bürgerlichen Bildungsschicht, war ein starkes Interesse an deutscher Kunst- und Kulturproduktion vorhanden (vgl. Griese, 2006, S. 266). Die DDR musste und wollte sich demnach als eigenständiger ‚neuer' deutscher Staat und in klarer Abgrenzung zur Bundesrepublik in finnischer Politik und Öffentlichkeit erst etablieren, was ihr seit Ende der 1950er Jahre zunehmend gelang. In der BRD verbreitete sich parallel eine „Nervosität über Erfolge der DDR" (Griese, 2006, S. 269). Als einer dieser Erfolge werden zeitgenössisch, aber auch retrospektiv-historisierend die Beziehungen und die Zusammenarbeit auf dem Gebiet der Bildung betrachtet.[9] Im Dreieck DDR–Finnland–BRD wurden diese gleichwohl völlig konträr bewertet. Aus Sicht der BRD gewann hier die DDR auf dem Gebiet des „Bildungswettlauf[s] zwischen West und Ost" (vgl. Froese, 1961) an unliebsamem Vorsprung (vgl. Griese, 2006, S. 269). Dieses Konkurrenzverhältnis zeigt sich auch im Quellenmaterial, wenn z. B. der bedeutsame und einflussreiche finnische Pädagoge und Schulreformer Matti Koskenniemi (vgl. Skiera, 2009) sein bevorzugtes Interesse am DDR-Schulsystem und seinen Wunsch nach Besuch und Austausch 1963 bei den entscheidenden Stellen der DDR damit begründete, dass das Bildungssystem der BRD auf „Vorkriegsstand von 1939 zurückgeblieben ist und es in der DDR sehr neue und interessante Methoden in der Erziehung und Ausbildung von Pädagogen gibt".[10] Für Finnland wiederum konnte die DDR etwas anbieten, das von großem Interesse war: die Erfahrungen in der Durchführung einer umfassenden und erfolgreichen Bildungsreform, die als Kernziel die Chancengleichheit im Bildungssystem anstrebte (vgl. Banse, Kirchhöfer & Uhlig, 2017). Finnland selbst be-

---

9 ‚Erfolg' beschreibt in diesem Kontext den Aufbau langanhaltender, intensiver und offensichtlich tragfähiger Kooperationen und Arbeitsbeziehungen.
10 Vieillard, Einladung von Herrn Prof. Dr. Koskenniemi (23.01.1963), BArch DR 2/7410. Karl-Heinz Günther, zu diesem Zeitpunkt stellvertretender Direktor des DPZI, lernte diesen 1962 während eines Studienaufenthaltes in Warschau kennen und setzte sich für seine Einladung in die DDR durch das DPZI ein (vgl. Vieillard, Finnland (20.11.62), BArch DR 2/7410).

zweckte mit seinen schulreformerischen Bemühungen die Auflösung regionaler Unterschiede im Angebot an Schulen und damit Bildungsinhalten sowie -zertifikaten, die Hebung des allgemeinen Bildungsniveaus, Chancengleichheit als Unabhängigkeit von sozialen, ‚ethnischen', geschlechtlichen und regionalen Kategorien bzw. Bedingungen im Bildungszugang sowie als unabhängig von dem Erwerb von Leistungen rspt. Zertifikaten (vgl. Sarjala, 2008; Matthies & Skiera, 2009). Über diese Fragen wurde in Finnland seit den 1930er Jahren nachgedacht und diese als angedachte Reformen ab 1960 in bildungspolitischen Debatten öffentlich diskutiert. Mit dem finnischen Schulgesetz von 1968 waren dann die entscheidenden Reformen in Gang gesetzt, an deren Ende ab 1975 die breite Etablierung und Durchsetzung eines einheitlichen Bildungssystems (Kuikka, 2009), eines, wie Malinen es benennt, „gesamtschulartigen Schulsystems" (Malinen, 2009, S. 84) steht. Dessen Grundlage bildet die neunjährige „Peruskoulu" (Grundschule), daran anschließend besteht die Option einer dreijährigen Berufsausbildung oder der Besuch der Oberstufe mit dem Abschluss des Abiturs (vgl. u. a. Juva, 2008; Matthies & Skiera, 2009; Böhm, 2015). Besonders in der Phase der Diskussion dieser umfangreichen und weitreichenden Reformen in den 1960er Jahren entstanden und verfestigten sich die Kontakte zur DDR auf dem Gebiet des Bildungswesens, die bis zum Ende der DDR anhielten, wie im Weiteren näher ausgeführt wird.

In dieser Konkurrenzsituation und Verflechtung im Kontext des Kalten Krieges emanzipierte sich, so meine leitende Annahme, die DDR in dieser Beziehungsgeschichte zunehmend und ging ihre eigenen Wege. Insbesondere im Bereich der Bildung konnte sie mit einem starken Selbstbewusstsein eigene Akzente setzen.

5. Themen, Formate und Akteure der Bildungszusammenarbeit von Finnland und DDR

Wie oben dargelegt, war die Bildungszusammenarbeit von DDR und Finnland in die auswärtige Kulturpolitik der DDR eingelassen. Entscheidende Akteure der DDR in Finnland waren von daher die 1953 etablierte DDR-Handelsvertretung in Helsinki, die im Jahre 1956 gegründete Freundschaftsgesellschaft „Suomi–DDR–Seura" (Gesellschaft Finnland–DDR) und das im Oktober 1960 in Helsinki eröffnete DDR-Kulturzentrum (KUZ), dessen Aufgabenspektrum mit dem bundesrepublikanischen Goethe-Institut vergleichbar war (vgl. Griese, 2006, S. 104). Die Zusammenarbeit mit Finnland war in der DDR ähnlich komplex und auf vielen verschiedenen Ebenen und Positionen der Leitung und Administration im DDR-Bildungswesen verortet. Zum einen sind hier die drei leitenden Ministerien zu nennen: Ministerium für Volksbildung, Staatssekretariat, später Ministerium für Fach- und Hochschulwesen, Staatssekretariat für Berufsbildung.[11] Zum anderen waren einzelne Universitäten – z. B. in Rostock, Greifswald,

---

11 Die institutionellen Einbindungen in die Bildungszusammenarbeit von Finnland und DDR zeigen sich in den Akten der angegebenen Archive mit Beginn der Beziehungen ab Mitte der 1950er Jahre. Vertraglich bilateral festgehalten sind sie u. a. nachvollziehbar an den ab

Berlin, Leipzig – stärker in Kooperationsverbindungen involviert, hauptsächlich jedoch die Pädagogischen Hochschulen Potsdam und Erfurt/Mühlhausen, die seit Mitte der 1960er Jahre in regelmäßigem Kontakt mit den pädagogischen Fakultäten der Universität Helsinki und Jyväskylä standen.[12] Daneben gab es seit 1966 Verbindungen zum Deutschen Pädagogischen Zentralinstitut (DPZI) und nachfolgend der Akademie der Pädagogischen Wissenschaften (APW), im Weiteren bestanden Schulpartnerschaften, wie z.B. zwischen der Amur-Schule in Tampere und der Friedrich-Engels-Oberschule in Karl-Marx-Stadt.[13]

Sicherlich war es kein Zufall, und das verweist auf den Stellenwert von Bildung innerhalb der Kulturzusammenarbeit, dass das Kulturzentrum in Helsinki mit einer Rede von Robert Alt eröffnet wurde, einem der einflussreichsten und bedeutsamsten Erziehungswissenschaftler der DDR (vgl. Friedrich, Kirchhöfer & Uhlig, 2006), zu diesem Zeitpunkt sowohl Präsident der „Gesellschaft für kulturelle Beziehungen mit dem Ausland" (GkV) als auch Professor für Erziehungswissenschaft und Dekan der Pädagogischen Fakultät der Humboldt-Universität. Zwar findet sich in dieser Rede kein Bezug zu Fragen der Erziehung und Bildung,[14] doch nutzte Alt diese Reise für eine, wie er es seinem Reisebericht bezeichnet, „erste Fühlungnahme" mit Kolleg*innen der Pädagogischen Hochschule Jyväskylä.[15] Gleichwohl gab es schon im Vorfeld Formen von Wissenschaftleraustausch (vgl. dazu auch Hietala, 2017) – Austausch von Schriften, Büchern, Briefen, Vorträge an Universitäten –, z.B. zwischen der Universität Helsinki und der Pädagogischen Hochschule Potsdam seit 1954[16] sowie im Jahr 1959 eine De-

---

Mitte der 1970er Jahren mit der staatlichen Anerkennung der DDR offiziell abgeschlossenen Arbeitsvereinbarungen (vgl. z.B. Arbeitsplan zwischen der Republik Finnland und der Regierung der Deutschen Demokratischen Republik über die kulturelle und wissenschaftliche Zusammenarbeit in den Jahren 1976 und 1977 (24. Juni 1976), KA, Opetusministeriön kansainvälisten asiain osaston arkisto, 9 Kulttuurisopimus.) Im Weiteren siehe Griese (2006).

12 Kaiser, Auswertung eines Besuches einer finnischen Delegation an der Pädagogischen Hochschule Potsdam in der Zeit vom 18.4.–24.4.1966 (28.4.1966), U Potsdam, Rektorat, 947, Bd. 5; Freundschaftliche Vereinbarung zwischen der Universität Jyväskylä und der Pädagogischen Hochschule Potsdam (23. April 1966), BArch DR2/24803, sowie Große, Brief an Handelsvertretung in Finnland, enthält Informationen zum „Maßnahmeplan des Ministeriums für Volksbildung mit der Republik Finnland" (19.10.1967), BArch DR 2/24803.

13 Vgl. dazu beispielsweise DIPF/BBF/Archiv: DPZI/APW 2968 Bd. 1 und 2, DIPF/BBF/Archiv: DPZI/APW 5011, Bd. 1, DIPF/BBF/Archiv: APW 6878, DIPF/BBF/Archiv: APW 7069, Bd. 1, DIPF/BBF/Archiv: APW 15667.

14 Vgl.: DIPF/BBF/Archiv: Alt 28. (Robert, Alt, Eröffnungsrede Kulturzentrum Helsinki Oktober 1960).

15 Alt, Robert, Kurze Information über meine Reise nach Finnland vom 2.–8. Oktober 1960 (12.12.1960), HUB, UA, Rek. 02, Rektorat 1945–1968, Rek. 02-646. Die Beziehungen zur Pädagogischen Hochschule und späteren Universität Jyväskylä waren auch in der Folgezeit, insbesondere hinsichtlich Fragen der Lehrer*innenbildung, sicherlich die intensivsten, war Jyväskylä doch das finnische Zentrum der Lehrer*innenbildung, Lehrplangestaltung, Didaktik und erziehungswissenschaftlicher Forschung (vgl. Kurth, 2005; Skiera, 2009, S. 115–119).

16 Jung, Beziehungen zum kapitalistischen Ausland (18. Januar 1955), BArch DR 2/5537.

legation von fünf hochrangigen Vertretern der finnischen Schulverwaltung (gleichwertig mit Ministerium) an der Pädagogischen Fakultät der Humboldt-Universität zu Berlin.[17] Im selben Jahr der Eröffnung des DDR-Kulturzentrums in Helsinki fand ein paar Wochen später die erste Ausstellung zum Bildungswesen der DDR in Finnland statt – eine Lehrmittelausstellung in der Amur-Schule in Tampere.[18] Nun folgten Schritt für Schritt: im November 1960 weilte der finnische Unterrichtsminister Heikki Hosia zu einem ersten – allerdings als inoffiziell bezeichneten Besuch – in der DDR. Er besuchte u. a. eine Schule, die Humboldt-Universität, und führte Gespräche im Staatssekretariat für Hoch- und Fachschulwesen sowie im Ministerium für Volksbildung.[19] Ein Gegenbesuch des Ministeriums für Volksbildung erfolgte im Mai 1961. Im Herbst 1961 folgte die erste offizielle Delegation der finnischen Seite mit Reino Oittinen, Leiter der finnischen Schulbehörde und ab 1964 Unterrichtsminister.[20] Anlässlich der „Weltfestspiele der Jugend und Studenten" weilte Bildungsminister Lemnitz 1962 in Helsinki und traf dort den Unterrichtsminister Hosia, mit dem er weitere „mündliche Absprachen" traf.[21] Im Mai 1964 besuchte Margot Honecker, frisch gekürte Bildungsministerin der DDR, mit einer ersten offiziellen Delegation Finnland.[22] Dieser Besuch gilt als Grundstein für die immer weiter und kontinuierlich ausgebaute Zusammenarbeit, die bis 1989 andauerte (vgl. Griese, 2006, S. 136).

Die Formate der Kooperationen reichten vom Austausch von Fachliteratur und Forschungsergebnissen, gegenseitigen Besuchen von Bildungsadministration, Hochschullehrer*innen, Lehrer*innen, Wissenschaftlicher*innen, wechselseitigen Fachvorträgen, Schulbesichtigungen mit Unterrichtshospitationen, Teilnahme an Kolloquien und Tagungen bis hin zu gemeinsamen pädagogischen Kolloquien, Ausstellungen zum Bildungssystem der DDR in Finnland sowie die Erprobung von Unterrichtsmaterialien der DDR an finnischen Experimentierschulen.[23]

Die gemeinsamen Themen wiesen deutlich über den Fokus einer Gesamtschulreform und die damit verbundenen Debatten zur Einheitsschule bzw. einem Einheitsschulsystem hinaus und waren äußerst vielfältig. Im Kontext schulreformerischer Diskussionen ging es u. a. um schulstrukturelle Fragen, wie den Abbau der Land-Stadt-Differenz und das Bereitstellen qualitätsvoller Schulbildung auch im ländlichen Raum.[24] Ebenso wa-

---

17 (05.11.1959), DIPF/BBF/Archiv: DPZI/APW 16419, (Aktennotiz zu einem Telefonat).
18 Wolff, (5.11.1960), DIPF/BBF/Archiv: DPZI/APW 16419 (Pressemitteilung an die Pressestelle der Humboldt-Universität).
19 Höhne, Kurzer Bericht über die Betreuung des finnischen Unterrichtsministers Herrn Heikki Hosia (28.11.1960), BArch DR 2/7410.
20 U. a.: Plan für den Aufenthalt der finnischen Delegation vom 14.–21.10.1961 (undatiert), BArch DR 2/7410.
21 Finnland (1963), BArch DR 2/7410, S. 1.
22 Vgl. BArch DR 2/24017.
23 Vgl. Anm. 11.
24 Z.B. Brandstädter (Kulturattaché, Handelsvertretung der DDR in der Republik Finnland), Die finnische Schulreform und sich daraus ergebende Maßnahmen zur weiteren Zusammenarbeit zwischen Volksbildungsreinrichtungen der DDR und Finnlands (28.3.1968), BArch DR 3/24675.

ren die Fragen der Durchlässigkeit der jeweiligen Bildungssysteme und damit des Abbaus von sozialen Disparitäten im Schulbereich von großem Interesse.[25] Daneben lassen sich folgende inhaltliche Schwerpunkte, die insbesondere die finnische Seite interessierte, nach Aktenlage beschreiben: der polytechnische Unterricht, die Lehrer*innenaus- und Weiterbildung, Unterrichtsdidaktik und Lehrmittelgestaltung, frühkindliche Bildung und Vorschulerziehung, Fragen der Persönlichkeitsentwicklung, das Sonderschulwesen, Berufsausbildung und das Hochschulwesen.[26] Darüber hinaus wurden Fragen der Allgemeinbildung und des Umgangs mit Heterogenität und Begabungen (Einheit und Differenzierung),[27] der Kollektiv- und Persönlichkeitserziehung in der Schule[28] und der Geschlechtergerechtigkeit[29] immer wieder gesetzt. Letzteres forcierte vor allem die finnische Seite beharrlich als ein Diskussionsthema. Ein weiterer wichtiger Schwerpunkt war die Jugendarbeit (vgl. Lübbe, 1981; Griese 2006; Hentilä, 2006).

Zu Besuch in die DDR kamen sowohl Amtsträger*innen und Mitarbeitende der finnischen bildungspolitischen Administration (Schulbehörden, Unterrichtsministerium etc.) als auch pädagogische Praktiker*innen (Lehrkräfte, Erzieher*innen) als auch Theoretiker*innen (Wissenschaftler*innen aus Pädagogik, vor allem Lehrer*innenbildung, Fremdsprachendidaktik, Psychologie).[30] Aus der DDR weilten in Finnland vorrangig ebenso bildungspolitische Funktionsträger*innen und Wissenschaftler*innen der Fachdidaktiken ausgewählter pädagogischer Felder sowie insbesondere der Lehrer*in-

---

25 Siehe u.a. Gerth, Materialien zur Schulentwicklung in Dänemark, Finnland, Island, Norwegen und Schweden, (undatiert), 6 Seiten zu Finnland, DIPF/BBF/Archiv: DPZI/APW 6878.
26 Vgl. dazu u.a. folgende Akten: DIPF/BBF/Archiv: APW 2968 Bd. 1 und 2, DIPF/BBF/Archiv: APW 5011, Bd. 1, DIPF/BBF/Archiv: APW 6878, DIPF/BBF/Archiv: APW 7069, Bd. 1, DIPF/BBF/Archiv: APW 15667, DIPF/BBF/Archiv: APW 5009. DIPF/BBF/Archiv: APW 8843 Bd. 3, BArch DQ 400-288, BArch DR1 10191, BArch DR 2 17211, BArch DR 2/13789, BArch DR 2/13798, DR 2/7410, DR 3 1790, Bestände und Akten Kansallisarkisto (Finnisches Nationalarchiv), Universitätsarchiv Erfurt, Bestand Pädagogische Hochschule Erfurt/Mühlhausen: 8907.
27 Noch für ein im November 1989 geplantes gemeinsames Kolloquium stand diese Thematik auf der Tagesordnung (vgl. Hunneshagen et al., Thesen für das Kolloquium der Akademie der Pädagogischen Wissenschaften der DDR/Pädagogisches Forschungsinstitut der Universität Jyväskylä, Finnland, vom 14.11. bis 17.11.1989 in Berlin (undatiert), DIPF/BBF/Archiv: DPZI/APW 14036).
28 Z.B. Glocke, Teildirektive (13.6.1977), Universitätsarchiv Erfurt, Bestand Pädagogische Hochschule Erfurt/Mühlhausen: 8907.
29 Z.B. Nainen DDR: SSÄ (Frauen in der DDR) (undatiert), KA, DDR-Kulturzentrumin arkisto, 1 Painotuotteet (1969–1971); Rinne, Seppo/Tasa-Arvoasiain Neuvotteukunta (Rat für Gleichstellung), Polytekninen Yleissivistävä Koulutus DDR:SSÄ (Die polytechnische allgemeinbildende Schulbildung in der DDR) (3.5.1974), KA, Tasa-arvoasiain neuvottelukunta, Tasa-arvoasiain neuvottelukunnan I arkisto, Julkaisut (1974–1975) Hc:2; Müller/Huster, Abschlusseinschätzung über den Aufenthalt der Delegation sammon takojat Finnland vom 30. Juni bis 24. Juli 1987 am Zentralinstitut der Pionierorganisation „Ernst Thälmann", Außenstelle „Fritz Heckert" Hartenstein (18. August 1987), DIPF/BBF/Archiv: FDJ JP 18.
30 Vgl. dazu Anm. 19.

nenbildung. Pädagogische Fachkräfte hingegen kamen zwar in Kontakt mit den finnischen Gästen, reisten selbst jedoch nicht nach Finnland.[31]

6. Blicke, Perspektiven und Urteile – verflochtene Mythologisierung

Mit dem Aufbau und der Gestaltung dieser vielfältigen und mehrdimensionalen Beziehungen zu Finnland ging die DDR über den sozialistischen Bildungsraum hinaus und stellte sich dem Urteil einer Vertreterin der nicht-sozialistischen Welt, die ihr trotz Kaltem Krieg die Chance „einer fairen Beurteilung" (Hentilä, 2012, S. 32) offerierte. Gleichzeitig urteilte ebenso die DDR in Bezug auf das finnische Bildungssystem und begleitete damit die finnische Bildungsreform. So befanden Erziehungswissenschaftler*innen beispielsweise die Ausstattung der finnischen Schulen in den 1960er Jahren „mit Lehr- und Anschauungsmitteln […] unzulänglich", das Leistungsniveau in der „Peruskoulu" der 1970er Jahre zu niedrig.[32] Doch auch die DDR-Seite musste sich kritischen Fragen nach der Einführung des Wehrunterrichtes, den Intentionen einer „politisch-ideologische[n] Erziehung" sowie Fragen nach Problemen in der Herstellung von Geschlechtergerechtigkeit stellen.[33] Die Bildungskader konstatierten in ihren Berichten u. a.: „Auch lehnen die Freunde militärisches Spielzeug ab"[34] oder sind konsterniert über Fragen nach Geschlechtergerechtigkeit: „Während des Besuches des Kindergartens in Hartenstein vertraten sie mehrmals ihre Vorstellung, daß in dieser spezifischen Tätigkeit der Erziehung der Vorschulkinder männliche pädagogische Kräfte arbeiten müssten. Unsere Argumente hierzu wurden weniger akzeptiert."[35]

Für Finnland war der Austausch mit der DDR auf dem Gebiet des Bildungswesens, so zeigen es die Akten bei aller gebotenen quellenkritischen Vorsicht, durchaus sinnhaft und vorteilhaft und diente sicherlich nicht nur dem ‚neutralen Ausgleich' der Kontakte zur BRD. Das zeigt sich, so meine These, ganz deutlich darin, dass die Beziehungen auch nach 1973,[36] der offiziellen staatlichen Anerkennung von DDR und BRD durch die

---

31 Vgl. Anm. 19.
32 Die finnische Schulreform … (1968), BArch DR 3/24675, sowie z.B. Löschmann, M. (Leiter des Deutschlektorats), Halbjahresbericht 1969/70 (15.2.1970), BArch DR 3/24675.
33 Siehe z.B. Müller, Sabine (pseudonymisiert), Bericht über den Arbeitsbesuch von Genn. Prof. Dr. sc. Sabine Müller (pseudonymisiert) an der Universität Jyväskylä, Republik Finnland (27.11.84), U Potsdam, Direktorat für Internationale Beziehungen und Öffentlichkeitsarbeit, 5916.
34 Abschlusseinschätzung über den Aufenthalt … (1987), DIPF/BBF/Archiv: FDJ JP 18, S. 5.
35 Vgl. Abschlusseinschätzung über den Aufenthalt … (1987), DIPF/BBF/Archiv: FDJ JP 18, S. 4.
36 Im Dezember 1972 wurde der „Vertrag über die Grundlagen der Beziehungen zwischen der Bundesrepublik Deutschland und der Deutschen Demokratischen Republik" unterzeichnet. Der sogenannte Grundlagenvertrag trat im Sommer 1973 in Kraft und entspannte die deutsch-deutschen Beziehungen. Schon im Januar 1973 wurden die deutschen Handelsvertretungen zu offiziellen Botschaften umgewandelt und die beiden deutschen Staaten von Finnland staatlich anerkannt (vgl. Griese, 2006, S. 193–204).

Finn*innen, nicht versiegten, vielmehr verstetigt und zunehmend so etwas wie einen tradierten Charakter erhielten. Auch die kulturpolitischen Bemühungen blieben, so Griese von Seiten der DDR konstant, im Gegensatz zur BRD, die ihre kulturellen Bemühungen und Investitionen drastisch reduzierte (vgl. Griese, 2006, S. 202–203).

Auf Seiten der DDR gab es zu keinem Zeitpunkt die Illusion, dass es sich in Finnland um eine sozialistische Bildungsreform handeln könne, genauso war auf finnischer Seite völlig unstrittig, dass es sich in der DDR um ein sozialistisches Bildungssystem handelte. In Finnland bestand zweifellos vor dem Zusammenfall des sogenannten Ostblocks parteiübergreifend in weiten Teilen der politischen Elite das Bild vom deutschen kommunistischen Musterland DDR (vgl. Hentilä, 2012), der Mythos vom perfekten Sozialismus – einschließlich eines leistungsfähigen Bildungssystems –, der sich nach 1989 zu einem Mythos der Schuld wandelte. Die DDR konnte sich in dieser bilateralen Beziehung in einer Art Selbstmythologisierung als allwissend, erfahren und uneingeschränkt erfolgreich im Aufbau eines besseren deutschen Bildungssystems präsentieren. Diese erzählende Selbststilisierung wurde nach der Wende mit dem finnischen PISA-Erfolg, sozusagen post mortem, zur weltweiten Erfolgsgeschichte des DDR-Bildungssystems. Besonders drastisch zeigt sich „die ganze beeindruckende Kraft des Mythos" (Barthes, 1957/2003, S. 279) und die Funktion einer Mythologisierung im Vergleich: Die Beziehungen zwischen Schweden und der DDR waren, kulturpolitisch wie auch im Bereich der Bildungszusammenarbeit, ähnlich gestrickt (vgl. Muschik, 2005; Abraham, 2007; Linderoth, 2007; Almgren, 2013 [2009], S. 209–303), doch den Status eines Mythos erreichten sie bisher nicht.

Ob trotz dieser intensiven Beziehungen der Kontakt mit Finnland für die DDR eher ein Reibungspunkt war, mit dem die DDR vor allem die Darstellung ihrer ‚sozialistischen Errungenschaften' polieren konnte, oder der gebende Aspekt im Vordergrund stand sowie ob darüber hinaus das zirkulierende pädagogische Wissen auf beiden Seiten Wirksamkeit in Pädagogik und Bildungspolitik entfaltete, wird noch Thema weiterer Forschungen sein.

Archive

Bundesarchiv Koblenz (BArch)
Archiv der Bibliothek für Bildungsgeschichtliche Forschung des Deutschen Instituts für Internationale Pädagogische Forschung in Berlin (DIPF/BBF/Archiv)
Archiv der Universität Potsdam (U Potsdam)
Archiv der Humboldt-Universität zu Berlin (HUB, UA)
Universitätsarchiv Erfurt
Kansallisarkisto (KA), Finnisches Nationalarchiv (Standorte Helsinki & Jyväskylä)
Kansan Arkisto (KansA), Volksarchiv Helsinki

Literatur

Almgren, B. (2013 [2009]). *Inte bara Stasi … Relationer Sverige-DDR 1949–1990* (rev. ed.). Stockholm: Carlsson Bockförlag.

Abraham, N. (2007). *Die politische Auslandsarbeit der DDR in Schweden. Zur Public Diplomacy der DDR gegenüber Schweden nach der diplomatischen Anerkennung* (1972–1989). Münster: LIT.

Assmann, J. (1992). Frühe Formen politischer Mythomotorik. Fundierte, kontrapräsentische und revolutionäre Mythen. In D. Harth & J. Assmann (Hrsg.), *Revolution und Mythos* (S. 39–61). Frankfurt/M.: Fischer.

Banse, G., Kirchhöfer, D., & Uhlig, C. (Hrsg.) (2017). *Schulreform 1946 in der Sowjetischen Besatzungszone Deutschlands.* Frankfurt/M.: Peter Lang Edition.

Barthes, R. (1957/2003). *Mythen des Alltags.* Frankfurt/M.: Suhrkamp.

Böhm, J. (2015). Gemeinschaftsschule in Finnland/Finnish Comprehensive School. *Bildung und Erziehung, 68*(2), 189–214. degruyter.com/downloadpdf/j/bue.2015.68.issue-2/bue-2015-0206/bue-2015-0206.pdf [14.10.2019].

Bruns, W. (1985). *Die Außenpolitik der DDR.* Berlin: Colloquium.

Döbert, H., Weishaupt, H., & Fuchs., H.-W. (Hrsg.) (2002). *Transformation in der ostdeutschen Bildungslandschaft. Eine Forschungsbilanz.* Opladen: Leske u. Budrich.

Forsberg, T. (2000). *A friend in need or a friend indeed? Finnish perceptions of Germany's role in the EU and Europe.* Helsinki: Finnish Institute of International Affairs.

Friedrich, B., Kirchhöfer, D., & Uhlig, C. (Hrsg.) (2006). *Robert Alt (1905–1978).* Frankfurt/M.: Peter Lang.

Froese, L. (Hrsg.) (1961). *Bildungswettlauf zwischen West und Ost.* Freiburg: Herder.

Fullbrook, M. (2004). Approaches to German contemporary history since 1945: Politics and paradigms. *Zeithistorische Forschungen/Studies in Contemporary History* 1, 31–50.

Griese, O. (2006). *Auswärtige Kulturpolitik und Kalter Krieg: die Konkurrenz von Bundesrepublik und DDR in Finnland 1949–1973.* Wiesbaden: Harrassowitz.

Hartmann, R. (2007). Das DDR-Angebot für Annette Schavan. *Ossietzky, Zweiwochenschrift Politik/Kultur/Wirtschaft 5.* sopos.org/aufsaetze/45f66ccb20702/1.phtml.html [16.01.2021].

Hentilä, S. (2006). *Neutral zwischen den beiden deutschen Staaten: Finnland und Deutschland im Kalten Krieg.* Berlin: Berliner Wissenschafts-Verlag.

Hentilä, S. (2006). *Der Einfluss der DDR auf Finnland. Vortrag am 16. Juni um 18 Uhr in der Stiftung Archiv der Parteien und Massenorganisationen der DDR im Bundesarchiv, Berlin.* https://blogs.helsinki.fi/shentila/files/2005/04/SAPMOVortrag.pdf [08.06.2022].

Hentilä, S. (2012). Unrechtsstaat DDR? Die finnische Sicht vor und nach der Wende. In D. Nakath & D. Putensen (Hrsg.), *Unrechtsstaat DDR? Sichtweisen in europäischen Nachbarländern* (S. 29–41). Potsdam: WeltTrends.

Hietala, M. (2017). *Finnisch-deutsche Wissenschaftskontakte. Zusammenarbeit in Ausbildung, Forschung und Praxis im 19. Und 20. Jahrhundert* (Schriftreihe des Finnland-Instituts in Deutschland, Band 13). Berlin: Berliner Wissenschafts-Verlag.

Hösch, E. (Hrsg.) (1990). *Finnland-Studien.* Wiesbaden: Harrassowitz.

Hösch, E., & Beyer-Thoma, H. (Hrsg.) (1993). *Finnland-Studien II.* Wiesbaden: Harrassowitz.

Hösch, E., Griese, O., & Beyer-Thoma, H. (Hrsg.) (2003). *Finnland-Studien III.* Wiesbaden: Harrassowitz.

Jaakonsaari, L. (15.01.2013). Peruskoulu on merkittävä saavutus Suomen historiassa [Kolumne]. *Kaleva.* https://www.kaleva.fi/peruskoulu-on-merkittava-saavutus-suomen-historias/1838844 [29.06.2022].

Jarausch, K. (2004). „Die Teile als Ganzes erkennen.". Zur Integration der beiden deutschen Nachkriegsgeschichten. *Zeithistorische Forschungen/Studies in Contemporary History* 1, 10–13.

Juva, S. (2008). Das finnische Bildungssystem im Überblick. In J. Sarjala & E. Häkli (Hrsg.), *Jenseits von PISA. Finnlands Schulsystem und seine neuesten Entwicklungen. Schriftenreihe des Finnland-Instituts in Deutschland* (Bd. 10, S. 58–78). Berlin: Berliner Wissenschafts-Verlag.

Kaunismaa, K. (15.12.2018). Voimmeko oppia DDR:n kokemuksista? [Können wir von den Erfahrungen der DDR lernen?]. Turun Sanomat. Ts.fi/puheenvuorot/4415867/Voimmeko+oppia+DDRn+kokemuksista [18.01.2021].

Kilian, W. (2001). *Die Hallstein-Doktrin. Der diplomatische Krieg zwischen der BRD und der DDR 1955–1973. Aus den Akten der beiden deutschen Außenministerien* (ZGF 7). Berlin: Duncker & Humblot.

Kleßmann, C. (1993). Verflechtung und Abgrenzung. Aspekte der geteilten und zusammengehörigen deutschen Nachkriegsgeschichte. *APuZ* 29–30, 30–41.

Kleßmann, C. (2006). Spaltung und Verflechtung – ein Konzept zur integrierten Nachkriegsgeschichte 1945–1990. In C. Leßmann & P. Lautzas (Hrsg.), *Teilung und Integration: die Doppelte deutsche Nachkriegsgeschichte als wissenschaftliches und didaktisches Problem* (S. 20–37). Schwalbach: Wochenschau.

Kuikka, M. (2009). Zur Entwicklung des finnischen Schulsystems. In A.-L. Matthies & E. Skiera (Hrsg.) *Studien zum Bildungswesen und Schulsystem in Finnland, Geschichte, Struktur, Institutionen und pädagogisch-didaktischen Konzeptionen, bildungs- und sozialpolitischen Perspektiven* (S. 57–79). Bad Heilbrunn: Julius Klinkhardt.

Kurth, J. (2005). *Die Geschichte der finnischen Schule. Von den Anfängen der Volksbildung bis zur Einrichtung der Gesamtschule.* (Dissertation). Dortmund: Universität Dortmund. https://www.d-nb.info/997707798/34 [15.10.2019].

Lambrecht, W. (2009). Von Finnland lernen, heißt von der DDR lernen? In T. Großbölting (Hrsg.), *Friedensstaat, Leseland, Sportnation? DDR-Legenden auf dem Prüfstand* (S. 289–303). Bonn: Links.

Lindemann, H., & Müller, K. (1974). *Auswärtige Kulturpolitik der DDR: Die kulturelle Abgrenzung der DDR von der Bundesrepublik Deutschland.* Bonn: Neue Gesellschaft.

Linderoth, A. (2007). *Der Kampf um Anerkennung: Die Auspolitik der DDR gegenüber Schweden 1949–1972.* Älmhult: Perspektiv och Tid.

Löschmann, M. (2008). Später Dank an Peter Lübbe – Aus meinem Finnland-Kapitel. *Herderblog.net. Neue Diskussionen über das alte Herderinstitut.* http://herderblog.net/2014/01/12/2029/ [20.06.2022].

Lübbe, P. (1981). *Kulturelle Auslandsbeziehungen der DDR: Das Beispiel Finnland.* Bonn: Friedrich-Ebert-Stiftung.

Malinen, P. (2009). Vertiefender Exkurs II: Ausländische Einflüsse bei der Gestaltung der finnischen Grundschule. In A.-L. Matthies & E. Skiera (Hrsg.), *Studien zum Bildungswesen und Schulsystem in Finnland, Geschichte, Struktur, Institutionen und pädagogisch-didaktische Konzeptionen, bildungs- und sozialpolitische Perspektiven* (S. 83–87). Bad Heilbrunn: Julius Klinkhardt.

Menger, M., & Putensen, D. (Hrsg.) (1993). *Finnland und Deutschland – Forschungen zur Geschichte der beiden Länder und ihrer Beziehungen.* Hamburg: Dr. Kovač.

Menger, M., & Putensen, D. (2000). Finnlands Stellung zwischen der BRD und der DDR (1949–1972). In R. Bohn, J. Elvert & K. C. Lammers (Hrsg.), *Deutsch-skandinavische Beziehungen nach 1945.* Stuttgart: Steiner.

Miethe, I. (2019). Dominanzkultur und deutsche Einheit. *Berliner Debatte Initial* 30, 5–19.

Miethe, I. (2020). The Worldwide Dissemination of Workers' Faculties and the Character of Educational Cooperation among the Socialist States. In I. Miethe & J. Weiss (Hrsg.), *Socialist Educational Cooperation and the Global South* (S. 29–50). Berlin: Peter Lang.

Miethe, I. & Glaser, E. (2018). Bildungsreformen diesseits und jenseits der Mauer: Verflechtungsgeschichte als theoretisches Konzept? In W. Göttlicher, J.-W. Link & E. Matthes (Hrsg.), *Bildungsreform als Thema der Bildungsgeschichte* (S. 213–230). Bad Heilbrunn: Julius Klinkhardt.

Muth, I. (2000). *Die DDR-Außenpolitik 1949–1972. Inhalte, Strukturen, Mechanismen.* Berlin: Links.

Muschik, A. (2005): *Die beiden deutschen Staaten und das neutrale Schweden. Eine Dreiecksbeziehung im Schatten der offenen Deutschlandfrage 1949–1972.* Münster: LIT.

OECD (2001). *Lernen für das Leben. Erste Ergebnisse der internationalen Schulleistungsstudie PISA 2000.* Paris: OECD.

Oelkers, J. (2008). Bildung neu denken [Vortragsscript]. https://www.uzh.ch/cmsssl/ife/dam/jcr:00000000-4a53-efb3-ffff-ffffebb71a9f/316_BildungFakultaet.pdf [29.06.22].

Oittinen, H. (05.10.2010). DDR – Väärin yhdistetty [DDR – falsch verbunden]. Voima. Voima.fi/arkisto-voima/ddr-vaarin-yhdistetty-2/ [18.01.2021].

Pentzold, C. (2009). Fixing the floating gap: The online encyclopaedia Wikipedia as a global memory place. *Memory Studies, 2*(2), 255–272. https://doi.org/10.1177/1750698008102055.

Putensen, D. (2000). *Im Konfliktfeld zwischen Ost und West: Finnland, der Kalte Krieg und die deutsche Frage (1947–1973)* (Schriftenreihe der Deutsch-Finnischen Gesellschaft e.V., Bd. 3). Berlin: Berlin-Verlag.

Rupprecht, T. (2015). *Sowjetischer Internationalismus nach Stalin: Interaktion und Austausch zwischen der UdSSR und Lateinamerika während des Kalten Krieges.* Cambridge: Cambridge University Press.

Sánchez-Sibony, O. (2014). *Red Globalization. The Political Economy of the Soviet Cold War from Stalin to Khruschev.* Cambridge.

Sarjala, J. (2008). Zur Geschichte des finnischen Schulwesens. In J. Sarjala & E. Häkli (Hrsg.), *Jenseits von PISA. Finnlands Schulsystem und seine neuesten Entwicklungen. Schriftenreihe des Finnland-Instituts in Deutschland* (Bd. 10, S. 41–57). Berlin: Berliner Wissenschafts-Verlag.

Schuch, J. (2013). *Mosambik im pädagogischen Raum der DDR. Eine bildanalytische Studie zur „Schule der Freundschaft" in Staßfurt.* Wiesbaden: Springer VS.

Skiera, E. (2009). Reformpädagogik und Innere Schulreform in Geschichte und Gegenwart – Das Beispiel Finnland. In A.-L. Matthies & E. Skiera (Hrsg.), *Studien zum Bildungswesen und Schulsystem in Finnland, Geschichte, Struktur, Institutionen und pädagogisch-didaktische Konzeptionen, bildungs- und sozialpolitische Perspektiven* (S. 101–116). Bad Heilbrunn: Julius Klinkhardt.

Suomenmaa (21.10.2016). Kokoomuksen kasvatusterveiset kuin suoraan DDR:stä [Erziehungsgrüße der Nationalen Sammlungspartei – wie direkt aus der DDR]. Leitartikel. https://www.suomenmaa.fi/paakirjoitus/kokoomuksen-kasvatusterveiset-kuin-suoraan-ddrsta/ [29.06.22].

Särkiö, Pekka (11.11.2020). Tiedän paikan armahan? [Ich kenne einen geschützten Ort?]. Blog der Zeitschrift Kotimaa. https://www.kotimaa.fi/blogit/tiedan-paikan-armahan/ [29.06.22].

von der Beck, I., Oeberst, A., Cress, U., Back, M., & Nestler, S. (2015). Hätte die Geschichte auch anders verlaufen können? Der Rückschaufehler zu Ereignissen in Wikipedia. In T. Wozniak, U. Rohwedder, & J. Nemit (Hrsg.), *Wikipedia und die Geschichtswissenschaften* (S. 155–174). Berlin: De Gruyter.

Waldow, F. (2010). Der Traum vom „skandinavisch schlau Werden". *Zeitschrift für Pädagogik, 56*(4), 497–511.

Miethe, I. & Weiss, J. (2020). Socialist Educational Cooperation and the Global South. In I. Miethe & J. Weiss (Hrsg.), *Socialist Educational Cooperation and the Global South* (S. 7–25). Berlin: Peter Lang.

Weiss, J. (2020). Decolonization and Difference in the Context of the German Democratic Republic's Educational Co-operation Programs (2020). In M. Caruso & D. Maul (Hrsg.), *Decolonization(s) and Education New Polities and New Men* (S. 211–232). Frankfurt/M.: Peter Lang.

Westphal, W. (2011). *Sprachpolitik in den Farben der DDR. Finnland 1978–1984. Eine Fallstudie.* Hamburg: Dr. Kovač.

Abstract: The article deals with the substantive and procedural grounding of the mythical narrative of Finland's takeover of the GDR education system. This overdrawn narrative became significant in the wake of the German PISA shock. Based on scientific literature, classification in the contemporary historical contexts as well as on archival sources, the emergence, forms and themes of the educational cooperation between Finland and the GDR are presented and their mutual processual mythologization is summarized.

Keywords: Educational Cooperation, GDR, Finland, Mythologization, Entanglement

Anschrift der Autorin

Dr. Jane Weiß, Humboldt-Universität zu Berlin,
Institut für Erziehungswissenschaften, Abteilung Historische Bildungsforschung,
Unter den Linden 6, 10099 Berlin, Deutschland
E-Mail: jane.weiss@hu-berlin.de

Sónia Vaz Borges

Teaching Math as a Narrative of Solidarity[1]

GDR Educational Cooperation and Unforeseen Collaborations in the FRELIMO Mozambican Math Textbooks (1971–1975)

Abstract: The period between 1960 and 1974 constituted the time span of the liberation struggles from Portuguese colonialism in several colonized territories in the African continent. The struggles that developed then can be also described as a Bulimundo period. Bulimundo, a Guinean and Creole expression, meant bulir o mundo – to agitate the world. In a way, it means to set a revolution in motion. It was also in this time span that the liberation movements in Portuguese-speaking Africa, such as FRELIMO (Mozambique, the PAIGC (Cape Vert and Guinea-Bissau) and the MPLA (Angola), developed anticolonial and decolonial educational practices. This article focuses on the production and circulation of the two math textbooks developed between 1969 and 1973 for Mozambican schools. It uncovers a narrative of transnational solidarity and unforeseen collaborations that went beyond the ideological trench warfare of the Cold War in the context of the liberation movements during in 1960s and 1970s. Based on interviews and German archival material, the article analyses the political messages incorporated in the textbooks' exercises, keeping in mind the period of armed liberation struggle and the transition to socialism, the political direction the territory was heading towards following independence.

Keywords: Solidarity, Mozambique, Mathematics Teaching, German Democratic Republic, Textbook

1. Frelimo, the development of an educational structure in exile, and international solidarity

The Mozambican National Liberation Front (FRELIMO) was founded in 1962, during a conference that took place in Dar es Salaam. The formation of FRELIMO was a result of the struggle of three diasporic anticolonial movements united against Portuguese rule in Mozambique. The source of unity between them was the struggle against Portuguese colonial domination, exploitation and forced labour and many other aspects of colonial rule in the territory. From the very beginning, education in general and the creation of their own education facilities in particular were among the biggest challenges that the

---

[1] Article partly financed by Humboldt University, Berlin under the collaborative project 'Bildung-Mythen über die DDR – Eine Diktatur und ihr Nachleben' (MythErz) where I served as research assistant (2019–2021), and by the Department of history of the Drexel University in Philadelphia where I now serve as assistant professor in the History Department and in the Africana Studies Program.

liberation movement had to face, especially since they were an exiled movement under the protection of the Tanzanian government at the time.

The first FRELIMO Congress that took place in 1961 was devoted to the "practical and pressing tasks of transforming itself into a national liberation movement rather than defining at that stage concretely the aims of the movements, or social and economic policies after independence" (Mondlane, 1972, p. 27). Eduardo Mondlane, the first president of the FRELIMO, summarized in this way the most pressing matters for the new organization: consolidation, mobilization, preparation for war, education, and diplomacy. To develop and consolidate the structure of FRELIMO, the promotion and acceleration of training of cadres, the promotion of literacy activities and the creation of schools 'wherever possible' became a central aspect of the struggle. The focus on literacy was not only generally assistentialist, it was an imperative for the young movement, since an estimated 98 % of Mozambique's population was illiterate, essentially due to the Portuguese restrictive colonial education policies (Mondlane, 1972, p. 27). "Educate man to win the war, create a new society, and develop the country" became an important slogan for FRELIMO during the liberation struggle (Machel, 1973).

With its headquarters located in Tanzania, an influx of refugees from Mozambique came to the country and increased during late 1964, not only to join the FRELIMO struggle but also to run from the vicissitudes of war. The Liberation Front sought strength and legitimacy through a mixture of humanitarian projects, including the creation of an all-important educational facility, the *Instituto Moçambicano* (1964–1968). This institution aimed to provide and regulate education for the refugee youth and others who were not able to read or write. According to Mondlane,

> This Institute is separate from the political body of FRELIMO but caters to the needs of the refugees from Mozambique who have yet to complete secondary education. The institute will provide housing for 50 students, and educational and cultural facilities for any Mozambican refugees who wish to partake them. The Institute's activities also include a general survey of the refugees in Tanganyika and neighbouring countries in order to assess the number and needs of these peoples. In addition, literacy programs are needed to reach millions of our people who are not able to read or write. We believe that without at least literacy our efforts for a stable, progressive, and peaceful Mozambique cannot be crowned with success. We, therefore, appeal to all those who believe in the effectiveness of these programs to give us whatever help they can afford (Mondlane, 1972, pp. 161–162).

Due to internal conflicts between students, teachers and administrative personal, the Institute closed its doors in 1968. As a substitute, the FRELIMO high school opened in 1970 in Bagamayo, a historic town north of Dar es Salaam (Castiano, 1997, p. 81). Other FRELIMO schools existed in the Tanzanian territory, predominantly in refugee camps in Bagamoyo, Rutumba, and Tunduru. After 1975, FRELIMO established other schools in the Mozambican liberated areas, For instance, in Cabo Delgado and Niassa (Castiano, 1997, p. 81).

International solidarity is a topic that has been widely studied, and the relationship between the German Democratic Republic (GDR) and Mozambique is no exception. Earlier studies include *The Foreign Policy of the GDR in Africa (Winrow, 1990); Wir haben Spuren hinterlassen! Die DDR in Mosambik* (Roos, Voß, 2005), and *The GDR Development Policy in Africa: Doctrine and Strategies Between Illusions and Reality 1960–1990. The example (south) Africa* (van der Heyden, 2013), focusing on the GDR's development policy commitment and cooperation between the two territories. More recent work from Katrin Bahr (2020), *Postkoloniale Solidarität: Alltagsleben von DDR-Bürgern in Mosambik, 1979–1990,* focuses on the everyday life and work of development workers and their families sent by the GDR to Mozambique between 1979 and 1990. Specifically, in the field of education, is important to point out *Mosambik im pädagogischen Raum der DDR. Eine bildanalytische Studie zur 'Schule der Freundschaft' in Staßfurt* (Schuch, 2013) and *Legacies of Socialist Solidarity: East Germany in Mozambique* (Müller, 2014). Both works focus on the cooperation between the GDR and Mozambique through the creation of the *Schule der Freundschaft* in Staßfurt, the presence of Mozambican students in the GDR, and the legacies of socialist beliefs and practices.

The prominent role of the GDR was felt in all aspects of solidarity. Peter Spacek, a reporter from the GDR who visited the FRELIMO liberated areas in 1970, described some of the material aspects of this solidarity in his information report about the visit as follows,

> I was able to see for myself how tangible and effective the GDR's solidarity aid is: many blankets, fabrics from which uniforms were made, aluminium and tableware (apparently all the cooking pots used in the liberated area), educational materials. It's certainly not world-shattering, but one is deeply moved when one sees in the primitive schools that they are the notebooks from the GDR in which children are writing. Almost everywhere I was asked about Joachim Kindler, who had worked as a teacher in the Mozambique institute in Dar es Salaam. He is well known and must enjoy an unbelievable reputation in the FRELIMO.[2]

International education support for FRELIMO schools came from several places, among them the Tanzanian government, the American Committee for Africa, the Ford Foundation, the Swedish International Development Authority (SIDA), as well as religious organizations such was the Lutheran Church in the Netherlands and the Protestant church (BEK) in the GDR, both of which had joined the anti-racism program of the World Council of Churches in 1969 (Schleicher & Schleicher, 1998). However, major support for the FRELIMO educational project came from the Committee for Solidarity with the Peoples of Africa (1960), an Eastern German organization, replaced in 1963 by the Afro-Asian Solidarity Committee (AASK).

---

2 Informationsbericht über meine Reise in das befreite Gebiet von Mozambique (27.03.1970), BArch DZ 8/163/51.

In the following text, I will focus on Kindler and what is probably his main contribution to the advancement of education in the context of the liberation struggle in Mozambique: the math textbook for schools that he authored while cooperating with the FRELIMO. I will argue that although political antagonism existed during the Cold War, the liberation struggles in the Global South, in this case in Mozambique, proved to be spaces where political and ideological differences, especially in the field of educational, came to co-exist and collaborate. This was demonstrated in relation to the supply of resources – human and material – as well as the creation of educational instruments as was the case of the math textbook for the first and second grade. The sources for this discussion include German archival materials as well as interviews with different international experts who, having worked in Mozambique during and after the liberation struggle as teachers in the 1960s and 70s, have their own personal archives with materials that could not be found in state archives and school libraries.

On this basis, I will first present insights on the conditions behind the production and printing of the textbook, highlighting the main figures and processes behind it. Second, I will focus on the circulation of the textbook within the liberation movements in the African continent, followed by an analysis of the textbook content and the diverse intellectual, political, social influences and ambitions imbedded in its lessons. And finally, I will follow the life and use of the math textbook after independence and place its making within the bigger picture of the international solidarities and collaborative dynamics in and towards the Third World.

2. The math textbook and international collaborative solidarities

The GDR was already active in the first of these educational institutions. One of the pioneering experts sent was Joachim Kindler, about whom expectations had run high from the very beginning:

> I want to thank you personally and the Africa Committee very much for everything that you have done and are doing to support the liberation struggle. The latest consisting in having sent Mr. Kindler to us to teach at the Mozambique Institute. I have already met and talked with Comrade Kindler, and I have been impressed by his high sense of duty and his apparent knowledge of what he is here for. Comrade Kindler is already engaged in educational programs while he is learning Portuguese. I am certain that he will succeed in co-operation with other members of the staff of the Mozambique Institute in creating an important Centre for the education of Mozambican revolutionaries.[3]

Joachim Kindler, a teacher from Magdeburg in the GDR, arrived in Dar es Salaam in June 1967. During a visit to the GDR, Eduardo Mondlane had discussed with the Solidarity

---

3   Sonderausbildungsprogramm für FRELIMO (20.11.1967), BArch DZ 8/163/51.

Committee the possibility of sending teachers as a way of supporting the FRELIMO liberation struggle. After him, several other teachers followed including a biology teacher Hans-Jochen Roos, from 1973 to 1975, and Otto Beholz, a teacher of practical work and physics from 1970 to 1972, who taught at the FRELIMO school in Bugamoyo (Roos, 2005). Both became part of a group of teachers from Mozambique and other countries, who were supporting the FRELIMO schools. In the booklet presenting the Mozambique Institute, Janet Mondlane, director of the school, stressed that the teachers in the Institute came "from all over the world. Most of our teachers have been expatriates trained in their fields, coming to us from all over the world – Swedish, Indian, American, English, Czech, German, white Mozambican and of course our own people."[4]

It was in this solidarity milieu that specific educational materials were developed or translated to be used in FRELIMO schools. The flow of educational knowledge coming from the GDR in general (and not only from Kindler) gained momentum. One example was the translation of GDR materials including *Abriss der Allgemeinen Didaktik* (Outline of general didactics, published in Berlin in 1965), and *Psychologie für Lehrer und Erzieher* (Psychology for teachers and educators, published in Berlin in 1970).[5] The report mentioning the need to have these materials translated gave the following justification,

> I have prepared a proposal showing the relevant sections of the books that need to be translated. We have had the opportunity here in Dar es Salaam to have them printed, with the assistance of the Mozambique Institute. Only then a proper basis would be available and a teaching on a Marxist basis would be possible. It would be essential that the teachers themselves have a book to study that has a clear Marxist message, a book with which they can also work in the country itself. I therefore propose to take Comrade Kindler out of his teaching position in the GDR for a certain period of time and use him for the translation. [...] FRELIMO is interested in including Marxism-Leninism in its teaching program. This would require another teacher who can teach the basics of pedagogy, psychology, and Marxism-Leninism in Portuguese [...]. For us, it would be a worthwhile task to prepare such teaching materials for pedagogy, psychology, didactics, and Marxism/Leninism, i.e., to translate them from GDR editions. Thus, achieving and demanding a clearer orientation towards socialism. [...] Everything I have found here so far in the Portuguese language is a product of the capitalist social order, mostly of Brazilian or North American origin (the latter are translations for Brazil). They are not suitable for progressive education.[6]

This report shows that liberation fighters did differentiate between diverse types of educational expertise. Not only was Kindler, the first Eastern German to work in the exile schools, already a central reference, but Mozambicans identified his work with discipli-

---

4 In BArch DZ 8/163/51.
5 Bericht über die Lehrarbeit an der FRELIMO Schule (23.06.1971), BArch, DZ 8/163/51.
6 Bericht über die Lehrarbeit ... (1971), BArch DZ 8/163/51.

nary knowledge and not with the more ideological aspects of cooperation, for which they envisioned having another person in charge. It was within this context of ideological solidarity and awareness of the subject-related forms of knowledge that the FRELIMO math textbook for first and second grade was designed by a collective of people and influences. Kindler directed these efforts from the very beginning.

William Minter and Ruth Minter,[7] two US American teachers who worked closely with Kindler in the making of the math textbook, described their collaboration, as well as the making of the textbook:

> In addition to me, other math teachers of the FRELIMO school included Joachim kindler, from GDR, who was a very experienced math teacher, and also I was not an experienced teacher. I had an undergrad major in mathematics, but I never taught mathematics. We teachers in the same area consulted with each other on curriculum and so […], we worked together in terms of the math curriculum for the Frelimo itself. I don't know from where the idea came from. If FRELIMO asked Kindler, or if Kindler suggested it to FRELIMO in doing a first-grade math book. In any case Kindler and I were mandated to cooperate in producing a draft. I don't remember details about, but what he supplied with, was clear the most important role, was his experience as a teacher. He also was an accomplished artist, so the illustrations were all his. […] Math teaching and curriculum for primary school was not my career. It was an interlude.[8]

Although an international community was involved in the making of this textbook, the dominance of GDR math teachers was evident even after the publishing of the book. In Minter's words:

> I actually didn't see a copy of the book when it came out in 1971, but since it was in use by the time I re-joined the FRELIMO school, in 1974, I came to see Jan Draisma, one of my classmates, and Kindler was back in Tanzania, and we were briefly among the DDR teacher in Tanzania in Bagamoyo, there was 5 them, I saw the book again. And in Bagamoyo, I taught math again. […] We would meet on a daily basis when we were both in Dar es Salaam, we would both sit at the table in the teacher quarters where we had our meals, and we would sit together, and we would talk about how a set of pages should look like. All the details I can remember from that collaboration is that the interaction went well. It was a productive interaction that both of us saw as productive, he [Kindler] was clearly the senior person, but he was also someone dogmatic, open to the questions, so he as a senior person he essentially established an

---

7   William Minter and Ruth Minter, both taught, first in Dar-es Salaam (Mozambique Institute), then in Bagamoyo. After independence, they moved with the FRELIMO school to Ribáuè, in the northern province of Nampula.
8   Online interview with William Minter, located in Washington DC, USA. Interview conducted on February 1st, 2021.

atmosphere of collaboration and mutual respect, which was also the mandate from FRELIMO, which was suppose for us to collaborate. And we were able to combine.[9]

The authors concluded the first draft of the first textbook in 1969 and they requested the printing of 25,000 copies from the Verlag Volk und Wissen in Berlin.[10] Kindler added instructions for the printing,

> As attachment I am sending you the manuscript of the mathematics book for the first grade. I also enclose a copy of the few handwritten texts. Hereby I want to avoid possible errors. The individual pages of the manuscript usually contain completed problems. For this reason, I propose to keep the chosen format for printing. Changing the content of the individual pages would lead to methodological difficulties. Since the school in Mozambique does not have any resources, it is absolutely necessary to insert the strips of different lengths indicated in the manuscript. In various tasks to be completed by the students, circles, squares, dots, or lines have been used. The same representation should be used in the book. Changes would lead to contradictions with the text. This is also true for the drawings. To facilitate the preparation of the drawings, I have enclosed a number of pictures. However, I have only been able to borrow these pictures and will have to return them when the work is completed. I am also enclosing some brochures that may give some hints for the preparation of the drawings. Since people here are waiting very much for the book, I would like to ask you to inform me as soon as possible about the progress of things.[11]

Despite the urgency of the request for the production and printing of the manual and the exchange of correspondence to this end, revealing the impatience and anxiety again and again, the question of mathematics textbooks for the first and second grade remained unresolved some months: "We wait for them with urgency und expect a lot from them".[12] The urgency of having the math textbook ready was that it played a big role in the plans for teacher training and further education.[13] The first 34 copies would only be ready in 1971 and sent out the same year.

---

9   Online interview with William Minter, located in Washington DC, USA. Interview conducted on February 1st, 2021.
10 Volk-und-Wissen-Verlag was a German publishing house that published almost all school textbooks in the GDR until German reunification as Volk-und-Wissen Volkseigener Verlag Berlin. It was one of the publishers of the school library with focus on math education.
11 Ministerium für Volksbildung. Stellv. des Ministers. Genosse Machacek (04. 02. 1969), BArch DZ 8/163/51.
12 "Immer wieder die Frage nach die Mathematik Lehrbüchern für die erste und zweite Klasse auf. Man erwartet Sie dringend und erhofft sich viel davon". Beholz, Bericht über Tätigkeit in Dar es Salaam (16. 9. 1970), BArch DZ/8/163/51.
13 For this purpose, and accompanying the mathematics textbook, Kindler developed a third document "Teacher's Manual. Mathematics 2. Class", a teacher's guide whose purpose was to help in class preparation and how best to teach the exercises in the book. The typewritten doc-

In Berlin, behind the printing process, there were several partnerships between publishers and financing organizations working together. The Conference of Nationalist Organizations of the Portuguese Colonies (CONCP), founded in 1961, appears in the first and second grade textbook as its editor. In addition to CONCP and AASK and other international funds, another major funder of the production of these books was the Lutheran Church and the fundraising campaigns carried out in the GDR such as *Brot für die Welt* in 1971. The World Council of Churches (WCC), that has already been involved in the liberation movements since the early 1960s, embarked in 1968 "on a vigorous campaign against racism" and undertook "a crash program to guide the Council and the members' churches in the urgent matter of racism" (Adler, 1974, p. 3). The leading body of the Federation of Lutheran Churches in GDR passed a resolution on 12 January 1971 to support the Program to Combat Racism (PCR). At the same time, it announced a conscientization Program and a collection of gifts for the liberation movements in the congregations (Adler, 1974, p. 42).

Insights into this collaboration in the GDR, and the WCC position in the fight against racism and struggle for human rights, were approached by Elisabeth Adler in an interview, providing some information on the controversies raised by the printing of the book due to its content. According to Adler,

> There were small controversies on the side-lines. We had received hard copies of these textbooks for geography and mathematics from the Solidarity Committee of the GDR. One, two, three, four, five picture examples were listed, and two had two rifles and three footballs and so on. There were also military pictures in it. We thought about whether we should publish something like that in our material or not. We then looked for a middle ground, so as not to wake all the sleeping dogs. We had to confront the fact that there was a war there, and we couldn't just gloss over it. We gave educational and humanitarian support, but we had to remain aware that it was for a liberation movement (Krusche, 1998, p. 162).

3. Circulation across liberation struggles – Guinea Bissau and Angola

Although the story of this mathematics textbook may seem, at first sight, to represent a classical bilateral cooperation, the subsequent history of the textbook shows a higher level of transnational complexity. The development and production of such educational materials and curricular documents during the liberation struggle was neither new, nor limited to the cooperation with Mozambique. Earlier, during the course of the struggle, the African Party for the Independence of Guinea Bissau and Cape Verde (PAIGC) had developed several textbooks from first to sixth grade for their militant schools. Some of them were printed, such as the reading textbooks from first to fourth grade, other

ument was used in the first teachers' training course in Bagamoyo, in 1971. Online Interview with Jan and Frouke Draisma, conducted on May 3rd, 2021.

were typewritten, photocopied, bound and then put into use in schools in the liberated areas and boarding schools located in neighbouring countries (Vaz Borges, 2019). When Kindler's textbook was available, representatives of other liberation movements also requested them. In a letter to the AASK, Agostinho Neto, the leader of the Popular Movement for the Liberation of Angola (MPLA), expressed an interest in the math textbook for first and second grade, requiring about 100,000 copies of each.[14]

It was not only the MPLA that was interested in the textbook but also the PAIGC in Guinea-Bissau. Therefore, the first 34 textbooks mentioned previously were to be distributed between the three liberation movements – FRELIMO, MPLA and the PAIGC – in order to follow the plan of action decided during the visit of the GDR delegation to Mozambique.[15]

In 1971, reports included the total cost of printing the existing 239,772 textbooks: 11 million GDR-Mark. Many textbooks were shipped to the different liberation movements. The reports state that,

> The mathematics books were given as follows: Official handover by Heinz. H. Schmidt in Tanzania. Shipment to MPLA: 7.5.1971, 75,000 copies, 94 boxes with MS E. Andre; to FRELIMO, 11.5.1971, 75,000 copies, 100 boxes, Ms Prignitz; to PAIGC, 11.6.1971, 50,000 copies, 65 boxes, Ms Elbe.[16]

Beyond the interest showed by the MPLA and PAIGC, the circulation of the math textbook was also a GDR project. In 1969, a letter was sent from the Ministry for Foreign Affairs of the German Democratic Republic (MfAA) to the Head of the Trade Representation of the GDR in Guinea, concerning the math textbook for the Portuguese-speaking political organizations. The GDR's idea of having the book distributed to other territories was purposeful as the following extract from the letter shows,

> Since the management of the PAIGC could also be interested in such a textbook, we also offer you this manuscript in order to then increase the circulation accordingly. We therefore ask you to present the enclosed photocopy of the textbook to the responsible comrades of the PAIGC for inspection and review. If it also meets with their approval, we ask you to let us know immediately when you indicate the number of copies; any minor suggestions for changes in the content or design could still be considered. The format itself depends on the printing technique and could roughly correspond to the enclosed New Africa English Course.[17]

---

14 Movimento Popular de Libertação de Angola (29.11.1969), BArch DZ 8/163/51.
15 AASK Berlin (27.01.1971), BArch DZ 8/163/51.
16 AASK, Bericht über das Arbeitstagespräch mit dem Anlass der "Woche der Solidarität mit den um ihre Befreiung kämpfenden Völkern in Mocambique, Angola und Guinea-Bissau" in der DDR weilenden FRELIMO-Delegation am 25.10.1972 im Präsidiumszimmer des Nationalrates (29.11.1972), BArch, DZ 8/163/51.
17 AASK, Mathematikbuch für portugiesisch sprechende Organisationen (20.05.1969), BArch, DZ 8/163/51.

The textbook sent to the three movements contained adaptations, especially linguistically, to be in accordance with each territory – Mozambique, Angola, and Guinea Bissau. This was important because of the different local languages and specific terms for referring to 'farm' or 'plot of land', for instance. Consequently, a note right at the beginning of the book was made mentioning that, "In this book you will often find the word 'machamba', which is only used in Mozambique. This word means in Angola and Guinea 'lavra' and 'ponto'. 'Machamba' is derived from a Swahili word meaning 'farm' or 'plot of land'" (Kindler, 1971, p. 4). In sum, a transnational setting was not only crucial for the conception of the new textbook. The production and the subsequent distribution entanglements and circulations also showed the very active involvement of the GDR in the continent and a widespread interest in any type of educational innovation much needed during the struggles for liberation.

4. The Textbook in Use: Language, Level, Adaptions

> FRELIMO puts this new math book in your hand. This book will help you achieve a good knowledge of such an important subject as mathematics. Study it diligently and treat this book very carefully. After you, many other comrades will use it too. So, don't lose it. Don't write in it, and don't dirty it. Exercises should be done in a separate notebook. We wish you success and success in the study of mathematics. (Kindler, 1971, p. 5)

The image of a mother in front of the house saying goodbye to her children, who carried two little wooden suitcases and were dressed in a blue dress, green shorts, and white shirt, was on the introduction page of the first grade math book. This image lets us understand that they were on their way to school. The primary colours in this image, as well as the ones we see on the cover – blue, green, red, and sometimes black, white, and orange – shows the hue of colours present throughout the textbook. This ideal domestic image of the daily routine of leaving home to go to school contrasted strongly with the content of the lessons. Here the students were faced with math problems that very much represented the conditions under which they were living and learning. The cheerful image of two children saying goodbye to their mother to go to school contrasts with the image of military trucks, uniformed military personnel and rifles, mixed with zebras, elephants and ducks, traditional houses, fruits, and fishes. Moreover, a military language is clear and present; words like 'grenades', 'attack', 'guerrillas' and 'enemies' were part of the routine math exercises and teaching.

William Minter, who was highly involved on the writing of the FRELIMO textbook, described how its concept and structure were developed as well as the influences it received:

> However, what we worked very much together was the structure of the book, the conceptual basis of it. Then what it really came to be a real dialogue, about the sub-

stance of how you teach math, on the bases of both the German language text for the GDR which he had available, and so called at that time Modern Math or New Math, which was in use in Tanzania, but also being used to teach in the UK and the in the USA.[18] While I was consulting with Rosalie Dance, which was an American who had taught for quite few years in Tanzania already and was also a very experienced math teacher. I consulted with her and got both sample textbook as others from the education library in Dar es Salaam. I brought those ideas to the discussion between Kindler and I, and we reach something that my later friend […], said it was a very unique integration of these two schools of how you teach math.[19]

Consisting of 132 pages, the first grade math textbook was the first of its kind in Mozambique. Following Kindler's recommendation, some of the exercises very much resemble the GDR math textbooks of the time, especially the figures and colours and similar math exercises. The table of content indicates the teachings of sets; addition and subtraction up to 10, 20 and 100; ordinal numbers; lines and curves; line segments; multiplication and division up to 20; natural numbers up to 100; angles and the clock; figures and geometric solids. When compared with the GDR math textbook of the same decade, *Matematik. Lehrbuch für die 1. Klasse* from 1965 and the *Mathematik. Lehrbuch für die 1. Klasse* from 1968, it is impossible not to notice the complexity of the exercises (math problems, charts and calculations schemas) in the FRELIMO textbook. The presence of contents assigned to the second year of school is very visible in the FRELIMO such as the incorporation of angles, plane and solid (geometric) shapes and the use of the clock, elements that only appear in the second and third grade of GDR math textbooks (Mathematik. Lehrbuch für die 2. Klasse, 1965; Von 1 bis 1000, 1961).[20]

Jan Draisma, who taught the math textbook at FRELIMO school in Bagamoyo, described his teaching experience with this manual:

> The school also received the task of giving a teacher training course for primary school teachers from the liberated zones. I had to teach mathematics and didactics.

---

18 During the 1960s and 70s, New Math was a field of debate that went beyond education and became a political conflict between states and research institutions in the USA. According to the Philips' study, "The School Mathematics Groups (SMSG), a primary recipient of the Federal Funding and as an initiative founded by joint action of the professional organizations of mathematicians and mathematics teacher […] effectively created the 'official' version of new math." The goal was to "ensure that all students possessed an understanding of the role of mathematics in our society" and that "math should be taught as a central component of intelligent citizenship was integral to the rise and fall of the new math" (Phillips, 2015, pp. 2–4).
19 Online interview with William Minter, located in Washington DC, USA. Interview conducted on February 1st, 2021.
20 The GDR math textbooks from 1st to 10th grade were fully translated in Cuba and, for grades 1–4, a specific teachers' guide was written by four GDR specialist, including J. Sieber, one of the authors of the grade one textbook in the GDR. Excerpt of email exchange between the author and Jan Draisma, dated from 16.04.2021.

> [...] We had at our disposal a mathematics textbook entitled *Matemática 1ª Classe*, written in Dar es Salaam for FRELIMO. [...] The most difficult topic is computing sums like 8 + 5 = 13 and differences like 14 − 6 = 8. [...] For practice with students, I produced an 'arithmetic rack', of the type suggested by the textbook, but with one difference: I painted the counters in two colours, in groups of five, just as shown by Gravemeijer (1994). I remembered this way of painting from the 'counting frame' of 10 × 10 beads, which was the main instrument in my grade one classroom on the early 1950s.[21]

Indication of the use of the new math influences in the FRELIMO math textbook, were announced in 1970. A report to the WCC describing the Mozambique Institute activities mentions that

> Although the Institutional (Mozambican) educational system is certainly based on the old Portuguese type, it has made major changes in content. Since there were very few books used in the Portuguese schools that could be useful, the Institute wrote its own books, following more modern systems of teaching. The math books are in the process of printing for the first and second years, and they incorporate the system of instruction popularly known as the new mathematics.[22]

5. Unforeseen collaborations during the Cold War. Teaching math with political ambitions

The slogan, "Educate man to win the war, create a new society, and develop the country", was one of the most significant FRELIMO slogans. The words of Samora Machel echoed the aspirations of the liberation struggle. At the Third Congress of FRELIMO, which took place in February 1977, policies for development and a transition to socialism were debated and set forth. However, this transition to socialism was already in motion during the struggle, and the math textbook for the second grade is an example of this transition process, were liberation struggle and socialist ideals crossed paths. In the article "Education for socialism", Barbara Barnes raised pertinent questions, such as the following passage,

> The process of building socialism requires people with a socialist consciousness. But how is socialist consciousness formed outside the context of a socialist society? If people develop in large measure on the basis of their experiences, how can they

---

21 Copy of document generously provided by Jan Draisma, for the purpose of this article, whose original was published in ZDM Mathematics Education (2018) 50: 949–963. http://doi.org/10.1007/s11858-018-0941-5.
22 Assistance to Refugees, The Mozambique Institute (1971), Archiv für Diakonie und Entwicklung, BfdW-P:1312, p. 1.

be provided with experiences, which will enable a socialist mentality to emerge? (Barnes, 1982, p. 418).

Answers to these questions can be found right at the beginning of the math textbook for the second grade, in the opening statement, "Education is the basis of our total liberation. Education is a front of struggle as important as the line of fire" (Kindler, 1972, 5). Accompanying the statement is the red and black image of an agricultural site, supported with a building named with the image of "Dr. Eduardo Mondlane Cooperative". It is important to note in this image the representation of gender, the presence of agricultural objects such as the hoe and the manual plough, the presence of animals in the stable as well as the banana tree. We notice at the back, under a canopy, the presence of machinery such as the tractor and another machine that appears to be a small generator. This image sets the tone of the political and economic lessons we will find throughout the textbook, very much translating the socialist ideals that FRELIMO had for Mozambique.[23]

In the 144 pages of the second grade textbook exercises (more than in the first grade textbook), one finds the guerrillas in uniform and armed, doing military exercises. However, this time as the math exercises let us understand that they appear to be working in the kitchen and in the farms, working with the peasants. To give some examples, one problem asks, "During a political class, three guerrillas work in the kitchen of a base. 23 comrades from this group attend the class. How many comrades are in this group?" (Kindler, 1972, p. 23), or "A group of guerrillas sent 5 comrades to the village near their base to help the peasants. During the same time 21 comrades are washing their military uniforms and the uniforms of the comrades who are helping the peasants" (Kindler, 1972, p. 23). The exercise not only shows the collaboration between the two groups, military and peasant, but can be read as an after independence social structure, where military personnel return to their regular life in the 'National Reconstruction' project.

Cooperation and solidarity work were not left to chance, as evidenced by both the images and the exercises concerning its functioning. Here, peasants' cooperatives and fisherman cooperatives were also very visible. In one of the exercises students were asked to solve the problem, "3 groups of 7 farmers each harvest coconuts on that plantation. Another 6 people remove the shell and transport the coconuts to the cooperative's warehouse. How many people are working on that plantation?" (Kindler, 1972, p. 116). In other images, other figures in other working settings were introduced, namely the worker and the factory to produce household utensils, working tools for agriculture, stoves, and the production of automobiles and tires, thus demonstrating the path to industrialization and the formation of a working class. As the exercises show, "In a workshop 12 workers make household utensils, 24 make tools for farm work and 15 more make stoves. How many workers work in the workshop?" (Kindler, 1972, p. 68) or,

---

23 The image can be also seen as Kindler's socialist influence (as well as other GDR agents) who was an important presence in the defining of the FRELIMO educational policies, as several documents from the time stated (AASK Berlin [1971], BArch DZ 8/163/51).

"A factory that is assembling cars, 80 wheels are ready for assembly. 4 wheels determined to each car. Today the workers will assemble 36 wheels. How many wheels will be left in that factory at the end of that working day? How many cars get wheels today?" (Kindler, 1972, p. 105).

In the analysis of the math textbooks from first and second grade, the different political and educative forces that were behind the development of the lessons are clear. Here it is impossible not to see throughout the exercises and images the combination of three perspectives. One is the context of the liberation struggle, represented in the language and images used to support the exercises. Second are the socialist ideals, revealed in the book not only by Kindler's pen and the design of it, but also in the socialist ideals that it is trying to transmit as the future of a liberated country. Again, the use of language is very explicit in the exercises, such as the building of cooperatives. And third, we have these socialist ideals associated with the practice of the new math, whose complexity and implementation were brought in by USA teachers. It is noticeable that the influences of the new math, as the teaching and solving of exercises, went beyond simply the acquisition of arithmetic facts. Through text and images, math was taught as an intellectual, cultural, and political discipline. In short, the antagonistic politics of the Cold War were put into conversation and collaboration on the math textbook lessons and therefore in the classroom, embedded in the context and practices of the liberation struggle.

6. New Futures. The math textbooks after independence

The FRELIMO math textbook story didn't finish with the independence of Mozambique on 25 June 1975. Archive documents show that even after independence, 100 copies of the textbook were sent to Mozambique together with other solidarity items, including special fabrics for uniforms; blankets for sleeping; illustrative material for school lessons.[24] In the same year, due to the lack of school textbooks, Jan Draisma, responsible for the math syllabus from first to twelfth grade, together with two Mozambican teachers (Alcina Rosário and Fátima Fernandes), proposed to the ministry of education the reprinting of the Kindler textbook for grade 1, including the corresponding teachers' guide. The reprinted publication was to be used for the training of teacher educators for primary grades 1 to 4. This time the textbook was printed in Lourenço Marques, which is today known as Maputo.[25]

As documents that represent educational practice, as well as the experience and practices of the liberation struggle, school manuals provide a great source for understanding how transition processes developed throughout time, how the principles and programs of the struggle and of the envisioned society were transmitted. Mozambique certainly was a 'transition society', a term coined by Martin Carnoy and Joel Samoff, in their 1990 study *Education and Social Transition in the Third World,* meaning new societies

---

24 AASK Berlin, Genosse Samora Machel (03.12.1975), BArch DZ 8/163/51, 1971–1975.
25 Interview with Jan and Frouke Draisma, Online interview conducted on May 3rd, 2021.

that emerged from revolutionary movements in 'transition' to socialism. Even as Mozambique proclaimed to be a socialist country, Carnoy and Samoff prefer to characterize Mozambique and other postcolonial countries by using "the terms 'social transformation' and 'transition' to describe the process of transforming of one social structure into another" (Carnoy & Samoff, 1990, pp. 16–31). According to the authors, the argument presented for such an approach is that this also contributes to research on socialism by examining the practice of those who say they were building socialism in their country.

The FRELIMO math textbook, or Kindler's math book as it is more often referred to, shows us this transformation and transition, the array of collaborations, solidarity networks and forces engaged in in the process, as well as the teaching one takes from that dynamic. Usually, international solidarity is not only analysed from a hierarchical unidirectional geopolitical perspective, meaning from the North to the Global South, but also as a highly abstract process of projection of common traits, interests, and projects. The math textbook and the forces that made it possible show us a very concrete form of international collaboration, coined as solidarity by its main actors, around a textbook project of major significance for the Mozambican liberation struggle.

In other words, the math textbook also opens the door to the study of the transition process toward decolonization and how this process can be achieved. The images presented here are emancipatory ones, not only in the presence of military figures, who in this case represented the ongoing armed liberation struggle, but more important in the way the images of men, women, children, and social spaces are represented. Schools, libraries and women's independence and autonomy in daily life activities, including in the alphabetization are all important aspects in this decolonial transition. Using the math textbook to unveil the practicality of these solidarities, contributes to the visibility of new personal and political narratives, that normally escape the eyes of a macro history approach, allowing a collaboration that might otherwise would fall into social oblivion.

In a nutshell, the FRELIMO math textbooks and the forces behind them, are an example of international solidarity. They not only demonstrate the solidarity between the liberation movement and the GDR socialist solidarity, but also shine a light on how diverse forces from different backgrounds during this turbulent time of change and transitions – the *Bulimundo,* as we might call it – got involved and gave their contribution towards the understanding of the Third World, defined by Vijay Prashad not as a place but a project (Prashad, 2007, xv).

Primary Sources

(1961). Von 1 bis 1000. Rechenbuch für die 3. Klasse. Berlin: Volk und Wisseigener Verlag.
(1965). Mathematik. Lehrbuch für die 1. Klasse. Berlin: Volk und Wissen Volkseigener Verlag.
(1965). Mathematik. Lehrbuch für die 2. Klasse. Berlin: Volk und Wisseigener Verlag.
Kindler, Joachim. (1971) Matemática 1. Classe. Erfurt: Fortschritt.
Kindler, Joachim. (1972) Matemática 2. Classe. Berlin: Nationales Druckhaus Berlin.

Archives

Bundesarchiv Koblenz (BArch)
Archiv für Diakonie und Entwicklung, Evangelisches Werk für Diakonie und Entwicklung e.V. Berlin

Interviews

Jan Draisma (Netherlands) – Online interview conducted on May 3rd, 2021.
Frouke Draisma (Netherlands) – Online interview conducted on May 3rd, 2021.
Willian Minter (Washington) – Online interview conducted on February 1st, 2021.
Chris Searle (London) – Phone interview conducted on May 4th, 2021.

References

Adler, E. (1974). *A small beginning. An assessment of the first five years of the Programme to Combat Racism.* Geneva: World Council of Churches.
Bahr, K. (2020). Postkoloniale Solidarität: Alltagsleben von DDR-Bürgern in Mosambik, 1979–199 [Ph.D. thesis, University of Massachusetts Amherst]. Scholarworks UMassAmherst. https://doi.org/10.7275/19190512.
Barnes, B. (1982). Education for Socialism in Mozambique. *Comparative Education Review, 26*(3), 406–419
Carnoy, M., & Samoff, J.(1990). *Education and Social transition in the third world.* New Jersey: Princeton University Press.
Castiano, J. P. (1997). *Das Bildungssystem in Mosambik (1974–1996). Entwicklung, Probleme und Konsequenzen.* Hamburg: Institut für Afrika-Studien.
Draisma, J. (2013). *Ensinar Matemática nas Línguas Moçambicanas. Com especial atenção para as línguas do Niassa.* Maputo: JV Editores.
Draisma, J. (2018). Mathematics textbook development for primary grades and its teachers in Mozambique. *ZDM Mathematics Education, 50*(5), 949–96.
Goméz, M. B. (1999). *Educação Moçambicana. História de um Processo: 1962–1984.* Maputo: Livraria Universitária.
Groth, A. J. (1987). Third World Marxism-Leninism: The Case of Education. *Comparative Education, 23*(3), 329–344.
Heyden, U. van der. (2013). *GDR Development Policy in Africa: Doctrine and Strategies Between Illusions and Reality 1960–1990. The example (south) Africa.* Berlin: LIT.
Krusche, G. (1998). *"Alle Menschen sind frei und gleich" – die Kirche an der Seite der Unterdrückten: die Rezeption des Programms zur Bekämpfung des Rassismus in den Kirchen der DDR im Prozeß der Auseinandersetzung um die Menschenrechte.* (Ökumenische Studien, Bd. 7). Rothenburg ob der Tauber: Ernst-Lange-Institut.

Machel, S. (1973). *Educar o Homem para vencer a guerra criar uma sociedade nova e desenvolver a pátria.* (Colecção "Estudos e Orientações" Bd. 2). Maputo: Departamento do trabalho ideológico da Frelimo.

Machel, S. (1985). *An African Revolutionary. Selected speeches and writings.* London: Zed Books.

Mondlane, E. (1972). *Eduardo Mondlane.* London: Panaf Books.

Müller, T. R. (2014). *Legacies of Socialist Solidarity: East Germany in Mozambique.* London. Lexington Books.

Phillips, C. J. (2015). *The New math. A Political History.* Chicago: The University of Chicago Press.

Roos, H.-J. (2005). Unterrichten unter Palmen. Als Biologielehrer an der FRELIMO-Schule in Bagamoyo. In M. Voß (ed.), *Wir haben Spuren hinterlassen! Die DDR in Mosambik. Erlebnisse, Erfahrungen und Erkenntnisse aus drei Jahrzehnten* (p. 407–425). Münster: LIT.

Schleicher, H.-G., & Schleicher, I. (1998). Special Flights to Southern Africa: *The GDR and Liberation movements in Southern Africa.* Zimbabwe: Sapes Books Harare.

Schleicher, I. (1999). Ein Lehrer, ein Mathematik-Lehrbuch und eine schwierige Partnerschaft. In I. Schleicher (ed.), *DDR – Solidarität im südlichen Afrika. Auseinandersetzung mit einem ambivalenten Erbe* (p. 39–48). Berlin: Solidaritätsdienst-international e. V.

Schuch, J. (2013). *Mosambik im pädagogischen Raum der DDR. Eine bildanalytische Studie zur "Schule der Freundschaft" in Staßfurt.* Wiesbaden: Springer VS.

Searle, C. (1981). *We're Building the New School! Diary of a Teacher in Mozambique.* London: Zed Press.

Sieber, J., & Butzke, H. (1968). *Mathematik Lehrbuch für Klasse 1.* Berlin: Volk und Wissen Volkseigener Verlag.

Sieber, J. (1961). *Von 1 Bis 1000. Rechenbuch für die 3. Klasse.* Berlin: Volk und Wissen Volkseigener Verlag.

Prashad, V. (2007). *The Darker Nations: A People's History of the Third World.* New York: The New Press.

Vaz Borges, Sónia. (2019) Militant education, liberation struggle, consciousness. The PAIGC education in Guinea Bissau 1963–1978. Berlin. Peter Lang.

Voß, M. (2005). Gespräch mit Achim Kindler, der als Lehrer im Auftrag des Solidaritätskomitees der DDR als erster DDR-Bürger bei der FRELIMO arbeitete. In M. Voß (ed.), *Wir haben Spuren hinterlassen! Die DDR in Mosambik. Erlebnisse, Erfahrungen und Erkenntnisse aus drei Jahrzehnten* (p. 34–46). Münster: LIT.

Winrow, G. M. (1990). *The Foreign Policy of the GDR in Africa.* Istanbul: Cambridge University Press.

Wolf, A., & Tiez, W. (1965). *Mathematik. Lehrbuch für die 2. Klasse.* Berlin: Volk und Wissen Volkseigener Verlag.

Zusammenfassung: Der Zeitraum zwischen 1960 und 1974 war die Zeitspanne der Befreiungskämpfe vom portugiesischen Kolonialismus in mehreren kolonisierten Gebieten auf dem afrikanischen Kontinent. Diese Kämpfe, die sich damals entwickelten, können auch als Bulimundo-Periode bezeichnet werden. Bulimundo, ein guineischer und kreolischer Ausdruck, bedeutet bulir o mundo – die Welt aufrütteln. In gewisser Weise bedeutet es, eine Revolution in Gang zu setzen. In dieser Zeitspanne entwickelten auch die Befreiungsbewegungen im portugiesischsprachigen Afrika, wie die FRELIMO (Mosambik), die PAIGC (Kap Verde und Guinea-Bissau) und die MPLA (Angola), antikoloniale und dekoloniale Bildungspraktiken. Dieser Artikel konzentriert sich auf die Produktion und Verbreitung des zwischen 1969 und 1973 für mosambikanische Schulen entwickelten Zwei-Mathematik-Lehrbuchs. Er deckt eine Geschichte transnationaler Solidarität und unvorhergesehener Zusammenarbeit auf, die über die ideologischen Grabenkämpfe des Kalten Krieges im Kontext der Befreiungsbewegungen in den 1960er und 1970er Jahren hinausging. Auf der Grundlage von Interviews und deutschem Archivmaterial analysiert der Artikel die politischen Botschaften, die in den Übungen des Lehrbuchs enthalten sind, unter Berücksichtigung der Zeit des bewaffneten Befreiungskampfes und des Übergangs zum Sozialismus, einer politischen Richtung, die das Gebiet in die Unabhängigkeit führen sollte.

Schlagworte: Solidarität, Mosambik, DDR, Mathematikunterricht, Schulbuch

Contact

Prof. Dr. Sónia Vaz Borges, Drexel University,
Department of History,
3250-60 Chestnut Street,
Philadelphia, PA 19104, USA
E-Mail: sv683@drexel.edu

Marcelo Caruso/Luis Kliche[1]

Mythos der Etappe

Der Weg zum Sozialismus, Schulpolitik und die Nicaragua-Kuba-DDR-Beziehungen (1979–1985)

Zusammenfassung: Der vorliegende Beitrag sondiert ein bislang eher vernachlässigtes Kapitel der globalen sozialistischen Verflechtungen: Die Kooperation zwischen der DDR und Nicaragua während der ersten Jahre der sandinistischen Revolution (1979–1990) im Bildungsbereich. Der Beitrag geht der Frage nach, warum es in Nicaragua zu einer Orientierung an der DDR – in der Frage der Kaderbildung für das Schulsystem – gekommen ist. Warum sollte Nicaragua diese intensive Austauschbeziehung mit der Deutschen Demokratischen Republik unterhalten? Wie kam diese zustande? Konkurrierte die Mitarbeit Kubas in der nicaraguanischen Revolution mit anderen Referenzgesellschaften der sozialistischen Welt? Die auf Archivmaterial fußende Analyse zeigt, dass im politisch-pädagogischen Austausch ein Rationalitätsmythos, derjenige der Etappen gesellschaftlicher Entwicklung auf dem Weg zum Sozialismus, von beiden Seiten abgerufen und mobilisiert wurde. Mit dem Narrativ einer ‚Etappe', die Nicaragua vor sich und die DDR hinter sich hatte, wurden Gemeinsamkeiten konstruiert, die die Wendung der Schulpolitik hin zur DDR plausibel machten.

Schlagworte: Mythos, Nicaragua, DDR, Verflechtungen, Schulpolitik

1. Rationalitätsmythen und die Entstehung sozialistischer Vorbilder

Nachdem sie ins chilenische Exil gehen musste, scheute die ehemalige Ministerin für Volksbildung der Deutschen Demokratischen Republik, Margot Honecker, die Öffentlichkeit. 2008 ergab sich jedoch eine besondere Situation, für die sie die Zurückhaltung aufgab: Zum 29. Jahrestag der sandinistischen Revolution erhielt sie in Managua die höchste kulturelle Auszeichnung des Landes, den Orden Rubén Darío, direkt vom Präsidenten Daniel Ortega überreicht („Ehre für Erich und einen Orden für Margot Honecker", 2008). Selten wurden Persönlichkeiten außerhalb Lateinamerikas diese Ehre zuteil, aber dieser Fall lag anders. Ossiel Mendieta, eine ehemalige nicaraguanische Studentin in der DDR in den 1980er Jahren, erzählte in einem Interview: „It filled me with

---

[1] Erste Überlegungen für diesen Beitrag entstanden im Rahmen des von der Deutschen Forschungsgemeinschaft geförderten International Research Training Group „Temporalities of Future". Recherchen für diesen Beitrag erfolgten im Rahmen des Projekts „‚Bildung für alle'. Eigen- und Fremdbilder bei der Produktion und Zirkulation eines zentralen Mythos im transnationalen Raum" im Rahmen des Forschungsverbunds „Bildungs-Mythen über die DDR. Eine Diktatur und Ihr Nachleben", gefördert vom Bundesministerium für Bildung und Forschung.

such joy when I saw that they gave the medal to Mrs Honecker there on July 19th, for all the help they gave us back then. That was all deserved" (Wilm, 2012, S. 294).

Der vorliegende Beitrag sondiert ein bislang eher vernachlässigtes Kapitel der globalen sozialistischen Verflechtungen: Die Kooperation zwischen der DDR und Nicaragua während der ersten Jahre der sandinistischen Revolution (1979–1990) im Bildungsbereich. Warum sollte Nicaragua diese intensive Austauschbeziehung mit der Deutschen Demokratischen Republik unterhalten? Wie kam diese zustande? Konkurrierte die in der Forschung bekannte Mitarbeit Kubas in der nicaraguanischen Revolution mit anderen Referenzgesellschaften der sozialistischen Welt? Die hier vertretene These bezieht sich auf die Idee, dass die Sandinist/innen ihre zunehmende Orientierung an der DDR durch einen Rationalitätsmythos, den Mythos der Etappe, plausibilisierten. Dieser beinhaltete die Vorstellung, dass man in der DDR das erfolgreiche Beispiel einer entwickelten sozialistischen Industriegesellschaft vor Augen hatte, an deren frühe Etappe sich das revolutionäre Nicaragua orientieren könnte. Mit dieser überindividuell wirksamen Vorstellung konnten die nicaraguanischen Revolutionäre eine erstrebenswerte Bildungszukunft imaginieren, die sie für die Suche nach sozialistischen Referenzen jenseits des naheliegenden Vorbilds Kuba einsetzten.

Abgesehen von der Edition von Zeitzeugenerinnerungen (Harzer & Volks, 2008; Völks, 2010) und Einzelstudien über die Fragen der DDR-Nicaragua-Kooperation in der Sicherheitspolitik (Storkmann, 2014), im Gesundheitssektor (Borowy, 2017) und in der Kulturpolitik (Ferreira dos Santos & Holthaus, 2020) sind die vielfältigen Beziehungen zwischen diesen Ländern im Bereich der Schul- und Bildungspolitik kaum erforscht worden. Diese eher punktuelle Beschäftigung mit dem Verhältnis zwischen der DDR und Nicaragua steht jedoch im markanten Kontrast zu dem neueren Interesse an der Erforschung der nicaraguanischen Revolution in ihrer Transnationalität insgesamt (Christiaens & Goddeeris, 2015; Helm, 2018; Panichelli-Batalla, 2017; Pedemonte, 2021; Senger, 2018; Snyder, 2020, 2021; Wilm, 2020; Yordanov, 2020).

Der Beitrag bearbeitet die These eines Mythos der Etappe wie folgt. Zunächst wird der Begriff des Rationalitätsmythos präsentiert und die Charakterisierung von Etappen als mythenfähige Konstruktionen diskutiert (2.). Des Weiteren gibt der Beitrag einen Einblick in das ambivalente Verhältnis zwischen dem Sandinismo bzw. den Leitvorstellungen des revolutionären Bündnisses in Nicaragua mit dem Sozialismus à la DDR (3.). In einem weiteren Abschnitt werden die ersten Linien der sandinistischen Bildungspolitik, die Involvierung der DDR in den frühen Jahren der Revolution geschildert, um dabei die Attraktivität und die Probleme des kubanischen Vorbilds für die *Sandinistas* zu behandeln (4.). Die Umorientierung von Teilen der internationalen Bildungskooperation Nicaraguas mit dem Ausland zugunsten der DDR durch das Konstrukt einer gemeinsamen ‚Etappe' wird erläutert (5.). Die Schlussdiskussion kommt zum allgemeinen Problem der Rolle von Mythen in der Herausbildung sozialistischer Vorbilder zurück (6.).

2. Die ‚Etappe' als ein Rationalitätsmythos: Konturen des Begriffs

Die Denkfigur einer Etappe war eine zentrale Größe in den Diskussionen peripherer, marxistisch orientierter Bewegungen seit dem Sieg der russischen Bolschewiki-Partei im Jahr 1917. Grundlage für diese Figur war die Idee, dass sozialistische Revolutionen nur im Zuge voll entwickelter kapitalistischer Gesellschaften erfolgen könnte. Nur dort sei eine Arbeiterklasse in vollem Umfang vorhanden und diese sei das Subjekt jeder denkbarer sozialistischen Umwälzung. Diese Denkfigur, die ja in einer teleologischen, von Georgi W. Plechanow (1856–1918) geprägten Interpretation von Marx's Geschichtsverständnis bereits im späten 19. Jahrhundert verankert war, wurde im 20. Jahrhundert ins Repertoire stalinistischer Narrative zur Geschichte und Politik integriert. Diese Fixierung auf angebliche ‚Etappen', die bei der historischen Entwicklung zu durchlaufen seien, bildete ein wiedererkennbares Motiv im Kommunismus und wurde kritisch als „Etappismus" bekannt (Laclau & Mouffe, 1987/2000, S. 58–63).

Die wichtigste Folge eines Etappenschemas bestand in der Überzeugung, dass eine erste Etappe der kapitalistischen Entwicklung samt bürgerlicher Institutionen nötig sei, bevor man überhaupt von einer sozialistischen Revolution in einer späteren Etappe träumen könne. Die kapitalistische Entwicklung sei durch Bündnisse mit bürgerlich-demokratisierenden und modernisierenden Kräften zu erreichen und alle radikalen Projekte, die eine Etappe überspringen wollten, abzulehnen. Dieses Narrativ stellte ein Problem für revolutionäre Bewegungen überall außerhalb der industrialisierten Welt dar. Besonders in Lateinamerika, mit ihren industriellen Zentren inmitten von weiterhin dominanten Agrarstrukturen, wurde dies kontrovers diskutiert (Laclau, 1973). Eine neue Generation von Marxisten/innen und Revolutionären/innen forderten diese Lesart nach der erfolgreichen Kubanischen Revolution heraus, einer Revolution, die nach ‚etappistischer' Lehre nicht hätte stattfinden können (für Nicaragua: Scheulen, 1997, S. 223–224). Einerseits war mit dieser Revolution die Lehre der Etappen widerlegt, andererseits vertraten wichtige Strömungen des politischen Marxismus, die bis zur Wende im Jahr 1989 an Attraktivität wenig einbüßten, diese Lehre weiterhin.

Diese rigide Vorstellung einer Aufeinanderfolge von Entwicklungsetappen, die als ‚Leitfaden' für revolutionäre und postrevolutionäre Entwicklungen diente, und die daraus entstandene Idee, dass die DDR und Nicaragua ihre unterschiedlichen Entwicklungen über die Feststellung einer gemeinsamen Etappe ins Verhältnis setzen konnten, wird in diesem Beitrag als Rationalitätsmythos charakterisiert. Mit diesem Begriff wurden in der neoinstitutionalistischen Soziologie Narrative definiert, die Glaube und Rationalität verschränken. Solche rationalisierten Mythen dienen Akteuren und Organisationen als Orientierungsgrößen ihrer Handlungen und Entscheidungen (Meyer & Rowan, 1977). In der Idee einer gemeinsamen, aber nicht gleichzeitig stattfindenden Etappe der gesellschaftlichen Entwicklung zwischen Nicaragua und DDR flossen rationalisierte Vorstellungen historischer und gesellschaftlicher Entwicklungen, die jedoch in ihrer unbedingten Geltung den Status eines Glaubenssatzes erreichten. Bei der Diskussion um Etappen, so unsere These, sind Elemente von rationaler Analyse und Mystifizierung gleichzeitig vorhanden.

Wenn hier von einem Rationalitätsmythos die Rede ist, ist zunächst klarzustellen, dass es bei Mythen nicht um einen unwahren Glauben geht, sondern um ein normativ aufgeladenes Narrativ der „Weltdeutung und Weltgestaltung in einer säkularisierten Welt" (Hericks, 2020, S. 142), das eine an das Sakrale erinnernde Verbindlichkeit entfaltet. Wir argumentieren, dass die Orientierung Nicaraguas an der DDR in Fragen der systemischen Veränderung des Schulsystems auf einem von beiden Seiten eingesetzten Mythos der Etappe plausibilisiert wurde. Die Einschreibung der Geschichte des revolutionären Nicaraguas in ein Narrativ über den Übergang zum Sozialismus ermöglichte und legitimierte eine überzeugte Wendung der sandinistischen Revolutionäre hin zur DDR. Der Mythos der Etappe suggerierte eine Entwicklungsgemeinsamkeit zwischen beiden Ländern, die deren ansonsten evidente, kulturelle, materielle und situative Distanz überdeckte.

3. *Strange bedfellows:* Die DDR und die Ambivalenzen der sandinistischen Revolution

Als der Diktator Anastasio Somoza, seine Familie und seine Entourage am 17. Juli 1979 nach Florida (USA) flohen, endete eine lange Geschichte des Widerstands gegen eine politische Dynastie, die mit offensichtlicher Unterstützung der USA – aber auch der Bundesrepublik Deutschland – das Paradebeispiel einer schwach ausgeprägten Staatlichkeit mit prononciert repressiver Komponente und schamloser Selbstbereicherung, kurz: Bananenrepublik, darstellte (Baracco, 2005). Eine Übergangsregierung wurde gebildet, deren Kern die im Jahr 1961 gegründete Sandinistische Front der Nationalen Befreiung (*Frente Sandinista de Liberación Nacional,* FSLN) bildete. In dieser Front existierten mindestens drei Gruppierungen oder *tendencias.* Zunächst die Fraktion des „langwierigen Volkskrieges" von Tomás Borge, Innenminister während der Revolution. Diese stünde, so ein Bericht der SED, der sozialistischen Welt in Fragen des Marxismus-Leninismus am nächsten. Die sog. proletarische Tendenz, die kleinste Gruppierung, wollte die FSLN zu einer politischen Massenpartei der (urbanen) Arbeiterklasse verwandeln. Die größte Fraktion stellten jedoch die *terceristas* (Anhänger der dritten Richtung) dar, von denen die SED wusste: „Ihre ideologische Konzeption ist außerordentlich konfus. Deshalb ist diese Gruppierung gegenüber äußeren Einflüssen sehr anfällig."[2] Bei dieser Mehrheit der terceristas bildeten exponierte Vertreter der katholischen Befreiungstheologie eine wichtige Größe; diese waren für die DDR schwer zu klassifizierende Akteure. Bei all später zur Schau gestellter Solidarität war die nicaraguanische Revolution für die SED-Führung nicht ohne Weiteres in die gewöhnten Schemas zu integrieren.

---

[2] Winkelmann, Information für das Politbüro des ZK der SED. Zur gegenwärtigen Situation in Nikaragua (21. 06. 1979). Bundesarchiv (BArch), SED, DY 30 11571, Band 1, S. 5.

Bis 1990 führte die FSLN die Geschicke des Landes. Nach den Wahlen von 1984 ging die FSLN siegreich hervor und konnte wesentliche Prinzipien der Revolution in der Verfassung von 1987 verankern (Reding, 1987; Vanden & Prevost, 1993). Im Laufe der Dekade etablierte sich ein Krieg gegen eine von den USA unterstützte Armee (die „Contras"). Seine wirtschaftlichen Folgen wurden zunehmend zur größten Herausforderung für das revolutionäre Projekt. Dennoch kam der Verlust der Wahlen durch die FSLN im Februar 1990 als eine große Überraschung, während mehr oder weniger gleichzeitig die schmerzhafte Auflösung der DDR als Staatsgebilde an Fahrt gewann. Während dieser bewegten Jahre verhielt sich die FSLN geschickt und ambivalent in Fragen ihrer Annäherung an die sozialistische Welt. Wichtige Stimmen der Sandinistas, wie Humberto Ortega, erklärten, dass der Marxismus-Leninismus die Doktrin der Revolution darstellte (Schwab & Sims, 1985, S. 77). Aber die politische Entwicklung war keineswegs so eindeutig in dieser Richtung, zumal politischer Pluralismus und eine Mischwirtschaft aus sozialisierten und privaten Akteuren ungeachtet aller Rhetorik über Avantgarde und Massenpartei der Arbeiterklasse bestimmend blieben (Wright, 1990).

Die Annäherung Nicaraguas an den Ostblock war vielschichtiger und komplexer als die antikommunistische Propaganda bereits in den 1980er Jahren kolportierte. Eine gebotene Vorsicht im Kontext des Großkampfs der Weltmächte legte die FSLN an den Tag (Smith, 1991). Dies gründete in einem Autonomiedenken der FSLN und in einem Selbstbild eines frei von Blockabhängigkeiten wirksamen *protagonismo* (Wilm, 2020). Bereits im Mai 1980 trafen sich Vertreter aus der Sowjetunion, der DDR, Kuba, der Tschechoslowakei und Bulgarien, um die Frage der Hilfen für das Innenministerium in Nicaragua zu diskutieren. Kuba übernahm die Vermittlerrolle zwischen der jungen Revolution und den sozialistischen Ländern, weil die Sowjetunion äußerst vorsichtig im Einflussraum der USA agieren wollte (Yordanov, 2020, S. 883). Die gemischte Wirtschaft mit starkem genossenschaftlichem Element blieb dennoch dominant: „Ausgenommen der Versuche, umfangreiche diplomatische, kulturelle und Handelsbeziehungen mit den Ländern des Rates für Gegenseitige Wirtschaftshilfe, gibt es nichts in der Gegenwart und in der jungen Vergangenheit Nicaraguas, das mit dem ‚Realsozialismus' zu tun hätte" (Vilas, 1994, S. 210, Übersetzung MC, LK; des Weiteren: Berrios, 1984; Berrios, 1985, S. 115–122).

Vor diesem Hintergrund betrat die DDR auch sehr früh die Szene der transnationalen Verflechtungen in Solidarität mit der nicaraguanischen Revolution. Die DDR-Außenpolitik zu Lateinamerika war erratisch und von den großen politischen Prozessen in einzelnen Ländern der Region – Kuba, Chile, Nicaragua – geprägt (Krämer, 1995; Werz, 2011). Dass die Kooperationsbeziehungen zwischen Nicaragua und der DDR vielfältig und substanziell werden sollten (Borowy, 2017; Ferreira dos Santos & Holthaus, 2020; Storkmann, 2014), war nicht von Anfang an klar. Nicht nur die Sowjetunion suchte nach einer Position gegenüber den Sandinistas (Stobinski, 2008, S. 63), auch die Deutungsschemata von SED und DDR-Eliten wurden von der FSLN herausgefordert. Bereits im September 1979 äußerten sich die Nicaraguaner vor DDR-Vertretern im Geiste sozialistischer Positionierung und markierten gleichzeitig eine Distanzierung: „Die Führungskader suchen sozialistische Wege. Dabei möchten Sie ‚Fehler, die gemacht worden sind', nicht wiederholen".³ Eventuell gehörte die Entwicklung in der DDR nicht zu den nun zu vermeidenden Fehlern: „Die Leistungen der DDR sind bekannt. Sie werden als vorbildlich angesehen".⁴ Die für DDR-Beobachter nicht orthodoxe Entwicklung der jungen Revolution bestand darin, eine Frontstrategie mit bürgerlichen Kräften und mit dem katholischen Klerus zu verfolgen.⁵ Dennoch berichtete ein Gesandter im Jahr 1982: „Die Erfahrungen der SED seien sehr wertvoll, da die FSLN Kurs darauf nehme, sich schrittweise in eine marxistisch-leninistische Kampfpartei umzubilden".⁶ Schließlich spielte doch die DDR in vielen Bereichen eine wichtige Rolle für die weitere Entwicklung der Revolution, nicht zuletzt, weil die Sowjetunion auch aus Rücksicht auf die delikate Konfrontation mit den Vereinigten Staaten sehr zurückhaltend agierte (Yordanov, 2020).

4. Suchbewegungen und Übersetzungen: Frühe FSLN-Bildungspolitik, erste Formen der DDR-Bildungshilfe und das schwierige Vorbild Kubas

Erste Formulierungen einer sandinistischen Bildungspolitik in den Jahren 1979 und 1980 lesen sich wie ein ambitioniertes Programm der Bildungsexpansion und der Demokratisierung. Sozialistische Untertöne waren lediglich in der Frage der Verbindung zwischen Produktion und Schule sowie in der allgemeinen Rede von einem „neuen ökonomischen und sozialen Modell" wahrnehmbar (Arnove, 1986, S. 9–10). Die Attraktivität sozialistischer Modelle im Bereich der Bildungspolitik, anders als in Fragen des Parteiensystems und der Wirtschaft, sollte nicht unterschätzt werden, weil bspw. im Bildungsbereich die Fortschritte Kubas sogar von nicht wohl gesonnenen Beobachter/innen anerkannt wurden. Die mehrdeutige Orientierung der Sandinisten an einem sozialistischen Entwicklungsmodell war geprägt von Elementen der Basisdemokratie, der Verbindung von Lernen, Kreativität und Produktion sowie der wiederholt evozierten Verwirklichung des Neuen Menschen, in dem kubanische Sprachregelungen und christlich-befreiende Vorstellungen zusammenflossen (Arnove, 1994, S. 16). Eine stramme Ausrichtung an sozialistischen Vorstellungen hätte die kollektiven politischen Erfahrungen derjenigen Gruppen aus den Mittelschichten widersprochen, die sich für die sandinistische Sache einsetzten. Beispielsweise seien Forderungen nach „Demokratisierung" von Schulen und Bildungseinrichtungen ein wiederholtes Motiv derjenigen Mittel- und Oberschichtsschüler/innen und Studierenden gewesen, die dann zum Sandinismo kamen und wichtige Stimmen der terceristas bildeten (Rueda, 2020). Darüber hinaus stan-

---

3 Bericht über Möglichkeiten der Entwicklung kultureller und wissenschaftlicher Beziehungen mit Nikaragua (ohne Datum). BArch, Ministerium für Volksbildung, DR2 28620, S. 1.
4 Bericht über Möglichkeiten (o. D.). BArch, Ministerium f. V., DR2 28620, S. 1.
5 Bericht über den Besuch einer Studiendelegation des ZK der SED bei der Sandinistischen Front der Nationalen Befreiung Nikaraguas (FSLN) vom 08. bis 15.11.1982 (ohne Datum). BArch, SED, DY 30 11571, Band 1, S. 4.
6 Bericht über den Besuch (o. D.). BArch, SED, DY 30 11571, Band 1, S. 2.

den mit einem befreiungstheologisch überhöhten Begriff des Volkes eine Vorstellung auf dem Feld des Lernens, die jeglichen Avantgardismus und Vertikalismus ablehnte. Pädagogische Orientierungen in Nicaragua gründeten vielfach auf ein nicht vertikales Lehr-Lern-Verhältnis. Sie sahen in selbstorganisierten *(autogestionados)* Modellen des Lernens eine Umsetzung dessen, was allgemein die Selbstbildung des Volkes durch das Volk, und nicht durch die Partei oder die Avantgarde, genannt wurde (Torres, 1983).

Für unterschiedliche Nuancen dieser Position standen auch die zwei während der Revolution tätigen Bildungsminister, Carlos Tünnermann Bernheim (geb. 1933, Ministeramt von 1979 bis 1984) und Fernando Cardenal (1934–2016, Amtszeit: 1984–1990). Beide waren terceristas innerhalb der FSLN und kamen aus der nicaraguanischen Elite (Kirkendall, 2010, S. 123). Tünnermann, ein ehemaliger Rektor der Nationalen Autonomen Universität von Nicaragua und fest auf dem Boden der lateinamerikanischen Tradition der *reforma universitaria* (Caruso, 2013) stehend, hatte sich radikaldemokratisch gegen die Diktatur Somozas positioniert. Cardenal, ein jesuitischer Pater, war einer der Gründer der *Movimiento Cristiano Revolucionario* in Managua im Jahr 1973, die durch befreiungstheologische Basisarbeit viele junge Menschen für die Reihen der Revolution noch vor dem Sieg über Somoza verlocken konnte. Cardenal kritisierte immer wieder die real existierenden sozialistischen *regímenes* (Cardenal, 2010, S. 373). Somit waren beide Minister wohl dem Marxismus affin und zugeneigt. Aber Marxisten-Leninisten und orthodoxe Kommunisten waren sie nicht. Die erfolgreiche Alphabetisierungskampagne aus dem Jahr 1980, eindeutig von der kubanischen Kampagne inspiriert, war eine Idee von Tünnermann, der sie als Minister trotz aller Bedenken durchführte, und von Cardenal, der sie koordinierte (Baracco, 2005, S. 84–85; Craven, 1990; Vannini, 2007).

Vor diesem Hintergrund begann der Austausch zwischen Nicaragua und der DDR in Bildungsfragen. Bereits im September 1979, zwei Monate nach der sandinistischen Machtübernahme, fand ein erster Kontakt mit einer DDR-Delegation statt. Unter den Anwesenden nahm mit Douglas Stuart ein Stellvertreter von Tünnermann im Bildungsministerium teil. Die nicaraguanische Seite fragte nach der Mitwirkung eines „DDR-Experten" für die anstehenden Aufgaben der nationalen Konsultation in Bildungsfragen und der umfassenden Diagnose des Bildungssystems.[7] Bei all der spürbaren Affinität und Sympathie für die junge und siegreiche Revolution musste aber die DDR-Führung mit den eklektischen Sandinisten/innen umgehen. Die Berichterstattung in der DDR über die Bildungsentwicklung presste deshalb die mehrschichtige und konfliktreiche Konstellation in bekannte Schemata. In einem für das Ministerium für Volksbildung verfassten *Bericht zur Entwicklung des Bildungswesens in Nikaragua* – undatiert, aber vermutlich aus den Jahren 1981 oder 1982 – wurde die sandinistische Bildungspolitik geschildert und dabei ein Stück weit in einen DDR-Horizont übersetzt: „In Anwendung der Leninischen Erkenntnis, daß der Alphabet [sic] außerhalb der Politik steht, berei-

---

7 Erben, Bericht über Möglichkeiten der Entwicklung kultureller und wissenschaftlicher Beziehungen mit Nikaragua (ohne Datum). BArch, Ministerium für Volksbildung, DR2 28620, S. 2.

teten die Sandinisten unmittelbar nach der erfolgreichen Revolution einen Zensus vor, der ihnen Aufschluß über die Analphabetenquote im Land geben sollte"[8]. Tünnermann und Cardenal werden zwar wohl wenig an dem Satz Lenins gedacht haben, als sie die Alphabetisierungskampagne konzipierten, aber solche Formulierungen suggerierten zunehmend eine Kompatibilität des Sandinismus mit den bekannten Schemata des Marxismus-Leninismus. Auch für die *Akademie der Pädagogischen Wissenschaften* musste man bei der theoretischen Verortung der Pläne der Sandinisten die Realitäten in Nicaragua in bekannte Muster einfügen. Bereits am 1. August 1979 führte ein Mitglied einer DDR-Delegation ein Gespräch mit Tünnermann, dem frisch gekürten Bildungsminister der revolutionären Regierung. Das Delegationsmitglied informierte: „Offenbar handelt es sich zunächst um demokratische Veränderungen, die gewisse antiimperialistische Züge aufweisen".[9] Und dennoch: „Bei weiterer Ausprägung der antiimperialistischen Züge […] ist das Hinüberwachsen in den Aufbau eines sozialistischen Bildungswesens nicht auszuschließen".[10]

Obwohl theoretische und politische Übersetzungen zwischen der SED-Orthodoxie und dem stärker eklektischen FSLN nötig blieben, entschied sich die DDR sehr früh für eine vergleichsweise großzügige Unterstützung. Bereits 1980 wurde ein „Abkommen über die kulturelle und wissenschaftliche Zusammenarbeit" unterschrieben. Die DDR als Staat, aber auch die ostdeutsche Bevölkerung über gelenkte, aber nicht minder wichtige Solidaritätsaktionen insgesamt (Brunner, 2015), unterstützten die Revolution mit einer Reihe von Schenkungen. Zuerst dominierte die Sendung von knappen Materialien, beispielsweise zur Unterstützung der Alphabetisierungskampagne. Darüber hinaus wurde die erste Auflage der damals kontroversen Lese- und Grammatikbücher, die in Nicaragua mit dem Namen *Los Carlitos,* nach dem verstorbenen Gründer der FSLN Carlos Fonseca Amador, bekannt wurden, in Buchdruckereien der DDR produziert. Nicaraguaner/innen erfuhren in den Medien von den massiven Büchersendungen der DDR, die ca. 3.5 Millionen Bücher betrugen („Donación", 1984) sowie von sichtbaren Zeichen der Solidarität wie dem von der FDJ-durchgeführten Bau eines komplett ausgestatteten, polytechnischen Instituts in Jinotepe, für deren Öffnung Margot Honecker im Jahr 1984 ins Land reiste („Politécnico construido con solidaridad de la República Democrática Alemana", 1984).[11]

In einem System der Mangelwirtschaft, in der die DDR sich in den 1980er Jahren zunehmend befand, waren aber solche Transfers nicht ohne Weiteres zu halten. Sodann verlegte sich der Ressourcentransfer, wie so oft in sozialistischen Ländern, noch stärker

---

8 G. Huck, Entwicklung des Bildungswesens in der Republik Nikaragua (ohne Datum). BArch, Ministerium für Volksbildung, DR2 28620, S. 9.
9 Gottfried Uhlig, Zu einigen Entwicklungstendenzen des Bildungswesens in Nikaragua (21.08.1979). Bibliothek für Bildungsgeschichtliche Forschung (BBF) DPZI/APW 11816, 6, S. 8.
10 Zu einigen Entwicklungstendenzen …, 21.08.1979, BBF/APW 11816, 6, S. 9.
11 Auch in Nicaragua haben die FDJ-Freundschaftsbrigaden das größte Projekt ihres Wirkens überhaupt durchgeführt: das Krankenhaus Carlos Marx. Vgl. van der Hayden, 2012, S. 113.

auf die Ebene der immateriellen Leistungen in der Form des Wissenstransfers (Unfried, 2012, S. 80; 2020). Hier stand insbesondere die Zirkulation von Personen im Vordergrund. Dies zeigte sich insbesondere bei der Initiierung des Programms, das geschätzten 5000 nicaraguanischen Jugendlichen (Wilm, 2020, S. 91) ein Studium in der DDR ermöglichte. Aber darüber hinaus wurden gegenseitige Besuche und die Entsendung von Spezialisten und Experten aus der DDR bzw. von sog. Kadern aus Nicaragua zur Fortbildung in der DDR organisiert. Wenn man von den *signature projects* der polytechnischen Schule in Jinotepe und des Krankenhauses Carlos Marx absieht, fand einerseits eine De-Materialisierung der Bildungshilfe statt, die sich zunehmend auf Fragen der Qualifizierung von Personal konzentrierte. Jedoch wirkte in dieser Verschiebung des Schwerpunktes andererseits auch eine Neuorientierung des Verhältnisses Nicaragua-DDR: Die Sandinist/innen suchten nach einer besseren Organisation und Beratung in Fragen der Bildungssystemtransformation und sie waren zunehmend skeptisch, Vorbilder und Entwicklungsmodelle primär auf Kuba zu beziehen.

Kuba war geradezu prädestiniert gewesen, Nicaragua in der Entwicklung einer neuen Bildungspolitik als Vorbild zu dienen. Das Verhältnis zwischen Kuba und der FSLN bestand praktisch seit ihrer Gründung im Jahr 1961. Viele der zukünftigen *Comandantes de la Revolución* wurden auf Kuba in den Zeiten des Guerrillakrieges militärisch und politisch ausgebildet. Während der Widerstand gegen Somoza in den 1970er Jahren stärker von Costa Rica, Panama und Venezuela aus finanziert worden war, hatte Kuba eine rein politische Rolle gespielt, bspw. als es darum ging, die unterschiedlichen Fraktionen der Sandinistas kurz vor der Endoffensive zu einigen (Prevost, 1990, S. 124). Der Sieg der Revolution ereignete sich gleichzeitig mit einer Öffnung der Bündnispolitik Kubas. Eine Wende in der kubanischen Außenpolitik weg von Förderung der ländlich initiierten Untergrundkämpfe – als Strategie des *foquismo* bekannt – hin zur strategischen Einheit von antiimperialistischen Kräften wurde seit den späten 1970er Jahren praktiziert. Dabei wurde auch das strategische Bündnis zwischen Marxisten-Leninisten und Christen explizit vorgesehen (Schwab & Sims, 1985, S. 73).

Geübt in Sachen internationale Solidarität infolge der massiven Unterstützung Angolas in den 1970er Jahren, waren die kubanischen Interventionen in Nicaragua keine Improvisationen (Hatzky, 2012). Trotzdem bestand hier ein wichtiger Unterschied: Während Angola für die erhaltene Hilfe bezahlte, erfolgte die Unterstützung Nicaraguas ohne Kompensation (Snyder, 2020, S. 53–54). Ca. 33 000 Kubaner/innen wirkten in Nicaragua zwischen 1979 und 1990 mit, von denen Lehrkräfte die größte Zahl darstellten. Angesichts dieser massiven Unterstützung wirkt eine besondere Orientierung Nicaraguas an den Entwicklungen in der DDR eher unplausibel. Emily Snyder hat kürzlich die These vertreten, dass die engen Kontakte zwischen Kubaner/innen und Nicaraguaner/innen zwar ein besseres Wissen der jeweiligen Situation ermöglichten, nicht zuletzt wegen der gemeinsamen Sprache; dieses Wissen habe den Sandinistas jedoch klargemacht, dass nicht sehr viel aus der kubanischen revolutionären Erfahrung nach Nicaragua importiert werden konnte (Snyder, 2021, S. 610). Bildungsexperten aus Kuba, die im Jahr 1981 nach Managua gingen, fanden sogar sowohl die Ausstattung einzelner nicaraguanischer Schulen besser als der durchschnittlichen kubanischen und lobten einzelne Unterrichtsmethoden (Snyder, 2021, S. 628–629). Die Beziehungen zwischen Nicaragua und Kuba exponierten die junge Revolution. Vor diesem Hintergrund ist die Ankündigung Tomás Borge vom Dezember 1984 über die Rückkehr von ca. 5000 kubanischen Lehrkräften auf die Insel zu verstehen (Schwab & Sims, 1985, S. 79).

Gleichzeitig erodierte die Stellung von Kuba als privilegierter Partner in Bildungsangelegenheiten. 2000 Kubaner/innen hatten an der Alphabetisierungskampagne teilgenommen und einige blieben im Land für zwei Jahre. Ungeachtet der großen Anerkennung für diese Lehrkräfte entstanden auch zahlreiche Spannungen. Fernando Cardenal erwähnte, dass es den Kubaner/innen, besonders Lehrkräften auf dem Land, nicht gestattet wurde, atheistisches Denken zu fördern (Kirkendall, 2010, S. 136–137). Darüber hinaus verursachte die Präsenz von kubanischen Beratern/innen im Ministerium nicht wenige Konflikte. Kritiker/innen monierten, dass die alte Unterwürfigkeit gegenüber den US-Bildungsexperten nun auf die kubanischen übertragen worden war (Arnove, 1994, S. 39). Tünnermann erwähnt heute noch, dass er äußerst vorsichtig mit Einmischungen war, „so dass ich der einzige Minister war, der nie einen kubanischen Berater im Nebenzimmer hatte".[12] Er hat zudem lautstark protestiert, als die Universitätsautonomie unter Mitwirkung der kubanischen Berater/innen beim *Consejo Nacional de la Educación Superior* in Frage gestellt wurde. Arnove, der sehr früh die sandinistische Bildungspolitik an Ort und Stelle untersuchte und Zugang zu den wichtigsten Akteuren der Bildungspolitik hatte, erwähnte, dass Kubaner/innen keinen Widerspruch tolerierten, besonders wenn es um die Wissenschaftlichkeit und Korrektheit ihrer Interpretationen des dialektischen und historischen Materialismus ging (Arnove, 1994, S. 40).

Ungeachtet der ideologischen Affinität, der historisch gewachsenen Identifikationen und der kulturellen und sprachlichen Nähe scheinen die Sandinistas andere Vorbilder und Expertenräume auf ihrem intendierten Weg zum Sozialismus gesucht zu haben. Nicaraguaner/innen positionierten sich ohnehin gegenüber den Kubaner/innen als auch gegenüber den Deutschen keineswegs als Bittsteller/innen, sondern verhandelten auf Augenhöhe (Ferreira dos Santos & Holthaus, 2020, S. 40; Yordanov, 2020, S. 878). Insofern bot sich mit der DDR ein Land für Bildungskooperationen an, das die Zurückhaltung der Sowjetunion und Kuba nicht an den Tag legen musste und eine zwar wenig bekannte, aber deshalb umso interessantere und legitimiertere Bildungstradition mit sozialistischer Wendung vertrat.

5. Berlin statt Havanna: Vorbildtausch im Kontext der Bildungskooperation

Bereits in seinem letzten Amtsjahr hat sich Tünnermann offensichtlich nach Alternativen zu Kuba als Modell der Bildungsentwicklung umgeschaut. Im Februar 1984 erwähnte er im Zusammenhang mit seiner geplanten Reise nach Berlin, Leipzig und Dres-

---

12 Mail von Carlos Tünnermann an die Autoren, 22. Februar 2022.

den, dass er Möglichkeiten der Kooperation zwischen der DDR und Nicaragua „auf pädagogischem Gebiet"[13] diskutieren wollte. Es ging demnach um mehr als die bis dahin begehrten materiellen Zuwendungen aus der DDR. Er zeigte Interesse für „das polytechnische Prinzip in der Allgemeinbildung" und erwähnte die Bereiche der Vorschulerziehung, Sonderpädagogik sowie technische und berufliche Bildung.[14] In seinem Besuch in Berlin im März 1984 machte Tünnermann die Bekanntschaft Margot Honeckers, trug vor den versammelten Kadern des Ministeriums für Volksbildung und der Akademie der Pädagogischen Wissenschaften vor und besuchte einzelne Einrichtungen. Im Gespräch mit Margot Honecker präzisierte er die Themen, über die er sich eine stärkere Kooperation mit der DDR wünschte: die vorschulische Erziehung, einschließlich sonderpädagogischer Fragen; Probleme der Diagnostik; die Macht der Schulleitung; Beurlaubung von Lehrkräften.[15]

Wenige Monate später trat Margot Honecker in Managua auf. Sie eröffnete dort nicht nur die von der FDJ-gebaute polytechnische Schule in Jinotepe. Sie erhielt auch eine Ehrendoktorwürde der *Universidad Nacional Autónoma de Nicaragua,* die älteste und renommierteste Hochschule des Landes. In ihrer Dankesrede argumentierte sie mit Parallelen zwischen der Geschichte der DDR und der Lage der sandinistischen Revolution. Jede Revolution bringe einen neuen Bildungsbedarf mit sich, so Honecker. Dabei verschwieg sie, dass die DDR nicht aus einer Revolution, sondern aus einer militärischen Niederlage plus Besatzung hervorgegangen war (Münkler, 2009, S. 422–423). Der neue Bildungsbedarf in der jungen DDR sei mit der demokratischen Schulreform bearbeitet worden, d.h. mit der Brechung des Bildungsprivilegs, der Ausmerzung alles Reaktionären und der Aufwertung der Landschulen.[16] Alle angesprochenen Punkte, die Margot Honecker als Inhalte einer abgeschlossenen Etappe präsentierte, entsprachen Bildungsprioritäten der Sandinistas. Sie empfahl die DDR als Fortschrittsmodell weiter:

> Es ist erstmalig in der Geschichte unseres Volkes, daß die Schule allen Kindern, unabhängig von der sozialen Stellung der Eltern, von Weltanschauung und Religion, eine gleich hohe Bildung vermittelt, eine fundierte wissenschaftliche Allgemeinbildung, die die Bildung in den Gesellschaftswissenschaften, die polytechnische Bildung und die Körpererziehung umfaßt. Diese Schule ist nicht irgendein Denkmodell. Sie ist für Millionen Werktätige, für unsere Kinder Realität.[17]

---

13 Carlos Tünnermann Bernheim, Brief an den Botschafter der DDR in Nicaragua, Dr. März (22.02.1984). BBF, DPZI/APW 10822.
14 Tünnermann, Brief an den Botschafter, 22.02.1984, BBF, DPZI/APW 10822.
15 W. Engst, Stichpunkte für den Abschlußbericht der Delegation Nikaragua (22.03.1984). BArch, Ministerium für Volksbildung DR 11040, S. 3.
16 M. Honecker, Magnifizenz! Meine Damen und Herren! Liebe Freunde! (undatiert). BAarch, Ministerium für Volksbildung DR 11040, S. 8–9.
17 Honecker, „Magnifizenz!", undatiert, BA, Ministerium für Volksbildung, DR 11040, S. 12.

Auch der Rektor der Universität unterstrich in seiner Laudatio die Parallelen zwischen der DDR und Nicaragua als Länder, die Opfer der westlichen Propaganda seien.[18] Er erkannte die Leistungen der SED und des Volkes der DDR an und fügte über die eigenen Bildungsreformen hinzu: „Diese revolutionären Bildungsreformen bestehen nicht nur auf dem Papier, sondern sie widerspiegeln sich in der ständigen Suche nach neuen Formen, neuen Modellen für die Herausbildung des neuen Menschen, der fähig ist, den entwickelten Sozialismus zu festigen und den Aufbau des Kommunismus in Angriff zu nehmen".[19] Die hier suggerierte Übereinstimmung der Situationen – der Gründungsphase der DDR einerseits, der Lage Nicaraguas nach 1979 andererseits – war aufgrund der unterschiedlichen Geschichten und Lagen nicht voraussetzungslos. Hier konstruierten beide Seiten einen Mythos der Etappe, eine Etappe, welche die DDR angeblich hinter sich hatte, und den Sandinisten auf ihrem Weg zum Sozialismus bevorstand. Der Mythos einer im sozialistischen Narrativ definierten, und somit ‚Wissenschaftlichkeit' beanspruchenden Etappe stellte ein Motiv, in dem die Beteiligten sich wiedererkennen konnten und in dem die Rollen der Lehrmeisterin und des Schülers in Sachen Sozialismus feststand.

In Konsultationen in Berlin im März 1985 beschrieb der Generalsekretär des nicaraguanischen Bildungsministeriums die Wendung zur DDR explizit als Abkehr von der Orientierung nach Kuba. Natürlich sei man „besonders dankbar [...] in Nicaragua für die Hilfe aus Kuba im Bildungswesen", so das Protokoll eines Treffens mit den Stellvertretern Honeckers, „aber hier zeigt sich, daß Erfahrungen bereits zu stark formalisiert und zu starr in Anwendung gebracht werden. Die nikaraguanischen Genossen seien der Meinung, daß die pädagogischen Wissenschaften in der DDR *als Teil der gesamtgesellschaftlichen Entwicklung* besser entwickelt seien."[20] Letztlich hatte Kuba seine Revolution erst 1962 aufgerufen und Industrialisierung sowie weitere gesellschaftliche Entwicklung war partout nicht so klar zu identifizieren. Auf dem Weg zum Sozialismus schien ein Land, das sich auf einer weiteren Etappe befindet, die richtige Wahl für die Gestaltung der Zukunft zu sein. Sáenz gab der DDR den Vorzug im Hinblick auf die anstehenden Herausforderungen: „Da in Nicaragua gegenwärtig nicht ausreichend qualifizierte Kader zur Verfügung stehen, um ein Bildungswesen auf der Grundlage der marxistischen Erkenntnistheorie zu entwickeln – ohne dabei bereits von Marxismus-Leninismus zu sprechen – liegt die Priorität auf der Kaderqualifizierung der verschiedenen Leitungsebenen im Bildungswesen".[21] Sáenz brachte das Dilemma der nikaraguanischen Bildungspolitik unter dem neuen Minister Fernando Cardenal auf den Punkt: „Konkret heißt das, daß bisher von den kubanischen und von anderen befreundeten Län-

---

18 Verleihung der Ehrendoktorwürde an die Genossin Dr. Margot Honecker, Minister für Volksbildung der DDR (undatiert). BArch, Ministerium für Volksbildung DR 11040.
19 „Verleihung der Ehrendoktorwürde", undatiert, BA, Ministerium für Volksbildung, DR 11040.
20 Erste Sondierungen zu Bedingungen und Anforderungen zur Entwicklung des Bildungswesens der Republik Nikaragua (31.05.1985). BArch, Ministerium für Volksbildung DR 11040, S. 2. Hervorhebung MC, LK.
21 „Erste Sondierungen", 31.05.1985, BA, Ministerium für Volksbildung, DR 11040, S. 2.

dern gemachte Erfahrungen hinein zu UNESCO-Erfahrungen eine Fülle von Modellen, Ideen und Projekten vorhanden sind, *ohne genau zu wissen, was für die Entwicklung des Landes das zweckmäßigste ist".*[22]

Mit diesen Bemerkungen, die in einer Sitzung als Vorbereitung des anstehenden DDR-Besuches vom neuen Minister Cardenal fielen, traf er nicht nur auf offene Ohren, sondern auch auf Leute, die schon erheblich mehr Sicherheit an den Tag legten und die DDR durchaus als Modell für andere Staaten auf dem sozialistischen Wege positionierten (Ferreira dos Santos & Holthaus, 2020, S. 34; Weiss, 2020). Das Treffen zwischen dem Minister Cardenal und der Ministerin Honecker Mitte 1985 diente u. a. der Verstärkung dieser sich anbahnenden Identifikationen: „Genossin Honecker informierte Genossen Cardenal ausführlich über die Ziele und Aufgaben der Volksbildung der DDR und vermittelte grundlegende Erfahrungen *der verschiedenen Entwicklungsetappen des Bildungswesens unserer Republik insbesondere in der Zeit der antifaschistisch-demokratischen Entwicklungsetappe".*[23] In solchen Konsultationen zeigte sich die Wirkmächtigkeit des Etappenmythos. Die Thematisierung von der frühen Phase der DDR – „antifaschistisch-demokratische" – erfolgte einerseits auf Nachfrage von Cardenal. Sie bot aber Honecker die Möglichkeit an, die Parallelen zwischen DDR und Nicaragua herauszustellen. Was die Besucher/innen aus Nicaragua erfuhren, war somit nicht abstrakt, sondern gewissermaßen Anschauungsunterricht darüber, wie die Bildungslandschaft in Nicaragua in ca. 30 Jahren aussehen könnte.

Zu Ende seines Besuches erklärte Cardenal, dass die DDR in Sachen Bildung nach ersten Demonstrationen und Konsultationen zu einem erwägungswürdigen Modell geworden war:

In Nikaragua ist gut bekannt, daß die Tür der Deutschen Demokratischen Republik für die Zusammenarbeit weit offensteht. Er dankte für die große Solidarität der DDR mit seinem Volk. Das Ministerium für Bildung Nikaraguas sei ein ideologisches Ministerium, deshalb sei die Hilfe der DDR umso notwendiger. Diese Hilfe kann nicht jeder leisten, sie ist nicht nur eine Fachfrage. Der ideologische Kampf, in dem die DDR steht, ist dem der Situation in Nikaragua *ähnlich*. Deshalb wären die Erfahrungen der DDR so wertvoll.[24]

Cardenal beklagte außerdem, dass 75% der Lehrkräfte aus der Somoza-Zeit kamen, was insofern „eine komplizierte ideologische Arbeit" darstellte, als „das Ministerium für Bildung […] sich auf mehr, bessere und neue Bildung [orientiere]".[25] Cardenal hatte

---

22 Hervorhebung MC, LK.
23 Information zum Besuch des Ministers für Bildung der Republik Nikaragua, Padre Fernando Cardenal, in der Deutschen Demokratischen Republik (30.5. bis 6.6.1985) (undatiert). BArch, Ministerium für Volksbildung DR 11040S. 3. Hervorhebung MC, LK.
24 W. Engst, Gespräch der Minister Margot Honecker und Padre Fernando Cardenal (03.06. 1985). BArch, Ministerium für Volksbildung DR 11040, S. 1. Hervorhebung MC, LK.
25 Engst, Gespräch der Minister, 03.06.1985, BA, Ministerium für Volksbildung, DR 11040, S. 1.

sich bereits bei seinem Amtsantritt darüber beschwert, dass 60 % der Ministerialbeamten/innen noch aus der Zeit von Somoza entstammten (Arnove, 1994, S. 37). Margot Honecker pflichte ihm in dieser Prioritätensetzung der Kaderbildung bei: „Wir befinden uns in voller Übereinstimmung mit den nikaraguanischen [sic] Genossen, wenn eingeschätzt wird, daß die Schule eine politische Institution ist, die man fest in den Händen haben muß".[26] Selbstverständlich müsse das Land alles nehmen, was es braucht, aber nicht alles sei gleich wertvoll:

> Die westlichen Länder verkaufen gern ‚Schulmodelle'. Aber sie taugen nicht für die Entwicklung eines revolutionären Bildungswesens. Deshalb sollte man von ihnen nur das nehmen, was wirklich nützt, was man anwenden kann wie z. B. Lehrmitteln, Ausstattungen usw. Wichtig ist, daß die Lehreraus- und -weiterbildung, die gesamte Kaderarbeit fest in den Händen der Sandinisten ist und bleibt.[27]

So geschah es auch, mit Hilfe der DDR. Die nicaraguanische Bildungspolitik hat sich nach 1985 zunehmend auf ostdeutsche Expertise verlassen, obwohl diese von Cardenal mitgetragene Wende in seinen Memoires, anders als die Erwähnung Westdeutschlands, keine Rolle spielte (Cardenal, 2010, S. 373–374). Die Schwerpunkte der Kooperation verschoben sich zugunsten des allgemeinen Bildungssystems und dabei insbesondere der Frage der ‚Kader' im Volksbildungswesen. Bis 1990 sollten hunderte Ministerialbeamte, Verantwortliche für Bildung in Kreisen und Direktoren der Normalschulen Fortbildungskurse am Institut für Leitung und Organisation des Volksbildungswesens in Potsdam absolvieren. Zentraler Inhalt dieser Kurse war die frühe Bildungsgeschichte der DDR, also die Kenntnis derjenigen Etappe, in der sie sich die Nicaraguaner/innen wiederzuerkennen glaubten und die sie selbst immer wieder in Konsultationen abriefen.[28] Offensichtlich versprach man sich von diesem Austausch die Konturierung eines sicheren, durchdachten und systematischen Wegs zum Sozialismus. Der DDR-Sozialismus konnte schließlich auf eine relativ funktionierende Industriegesellschaft hinweisen, während in Kuba die ökonomische Entwicklung weiterhin agrarisch geprägt blieb.

6. Die Etappe: Ein Überbrückungsmythos zwischen der DDR und Nicaragua

„Die Mühen der Berge haben wir hinter uns, vor uns liegen die Mühen der Ebene". Die letzte Hälfte dieser Verse aus einem Brecht'schen Gedicht aus dem Jahre 1949 wurde zum Titel eines in Westdeutschland erschienen Buches zur sandinistischen Revolution

---

26 Engst, Gespräch der Minister, 03.06.1985, BA, Ministerium f. V., DR 11040, S. 9.
27 Engst, Gespräch der Minister, 03.06.1985, BA, Ministerium f. V., DR 11040, S. 9.
28 Bericht über die Lehrgänge zur Qualifizierung von Schulfunktionären der Republik Nikaragua am ILO im 1. Halbjahr 1985 – Schlußfolgerungen für die Weiterführung von Lehrgängen im Jahre 1986 (25.09.1985). BArch, Ministerium für Volksbildung, DR2 50497, S. 4, 12.

(Rincón & Tebbe, 1987). Man sieht, dass temporalisierte Sprachbilder aus dem DDR-Kanon für die Beschreibung politischer Aufgaben der Sandinisten auch in Westdeutschland eingesetzt werden konnten. Denn der ‚Etappismus' als ein Element des marxistischen Determinismus realsozialistischer Prägung war gewiss nicht ein in der DDR exklusiv zirkulierendes Motiv. Genauso wenig betrifft dieser Mythos der Etappe allein die nicaraguanische Entwicklung. Als rationalisierter Mythos, als eine Denkfigur, die das *sense making* im Kontext zahlreicher weiterer Faktoren zur Gerinnung bringt, hatte dieser Mythos breite Verwendung bei Vergleichen zwischen den anfänglichen Phasen des Aufbaus von neuen sozialistischen Gesellschaftsmodellen. Die analysierten Dokumente geben reichlich Aufschluss darüber, dass im geteilten Mythos der Etappe eine gemeinsame Wiedererkennungsfläche für die beteiligten Akteure vorlag. Für die DDR-Akteure war diese Etappe mit der Vergangenheit verbunden, also mit der ersten Phase des Aufbaus des Landes zwischen ca. 1949 und 1965. Für die Sandinistas war es eine sich aufdrängende Phase auf dem Weg zum zukünftigen Sozialismus.

Der Mythos der Etappe als gemeinsamen Erfahrungsraum wirkte auch deshalb, weil eine Reihe von kontextuellen Elementen dies förderte. Mit der DDR bot sich eine Alternative an, in der das Bildungssystem einer industrialisierten Gesellschaft sozialistischer Prägung ein besseres Vorbild für anstehende Herausforderungen abgab als das, was Kuba in jenen Jahren vorweisen konnte. Obwohl aus westdeutscher Perspektive die DDR eine Mangelwirtschaft darstellte mit ihren langen Schlangen für den Einkauf, wirkte sowohl der industrielle Charakter des Landes als auch die Lebenswelt der 1980er Jahre für viele Sandinistas gar nicht abschreckend. Ruth, eine nicaraguanische Studentin an der Jugendhochschule „Wilhelm Pieck" charakterisierte die DDR im Vergleich zu den Verhältnissen zu Hause als ein „Paradies": „Wir wollten alle so einen Sozialismus. Es war wunderbar" (zit. in Siegfried, 2021, S. 153). Nicht nur überzeugte Kader mögen so gedacht haben. Schließlich konnten Schulkinder und ihre Eltern in den nicaraguanischen Leselernbüchern für Primarschulen lesen, dass deren Druck „unter der solidarischen Mitwirkung der Deutschen Demokratischen Republik" erfolgte (*Los Carlitos 3*, 1985, S. 2). Die Sandinistas trafen außerdem auf Personen wie Margot Honecker, für die „das Recht auf eine wissenschaftliche Bildung für alle […] eine der unbestreitbaren Realitäten in der DDR [war]" (Corvalán, 2001, S. 56). Es ging nicht um ein Versprechen, so Margot Honecker weiter: „[…] Bildungsmöglichkeiten waren in der sozialistischen DDR nicht nur auf dem Papier garantiert. An dieser Feststellung mache ich heute erst recht keine Abstriche" (Corvalán, 2001, S. 68).

Aber Vorstellungen über Bildung und Gesellschaft in der DDR, Dankbarkeit wegen Solidaritätsleistungen oder das sichere Auftreten der DDR-Leitung waren fördernde Faktoren. Der Mythos der Etappe, fest eingebaut im sozialistischen Narrativ der gesellschaftlichen Transformation, tat ihr Übriges, um der Umorientierung der Sandinistas in Richtung DDR-Schulpolitik zu plausibilisieren. Über die konstruierte Gemeinsamkeit der gemeisterten bzw. zu meisternden Etappe konnte die DDR die ideologisch schwer zu charakterisierende nicaraguanische Revolution in bekannte Schemata bringen und die Sandinistas die ansonsten nicht naheliegende Orientierung an der Kaderbildung in der DDR als sinnvolle Strategie verfolgen. Somit wurde der Verweis auf die Etappe zu einem Modus der Umwandlung von *history* in eine *story* (Hericks, 2020, S. 157), innerhalb dessen das Vorbild DDR als rational und logisch für die eigene Entwicklung aufscheinen konnte.

Archive

Bundesarchiv (BArch)
Bibliothek für Bildungsgeschichtliche Forschung BBF DPZI/APW

Literatur

Arnove, R. F. (1986). *Education and Revolution in Nicaragua*. New York/Wesport/London: Praeger.
Arnove, R. F. (1994). *Education as Contested Terrain. Nicaragua, 1979–1993*. Boulder/San Francisco/Oxford: Wetview Press.
Baracco, L. (2005). *Nicaragua, Imagining the Nation: From Nineteenth-Century Liberals to Twentieth-Century Sandinistas*. New York: Algora.
Berrios, R. (1984). Nicaragua y los países socialistas. *Anuario de Estudios Centroamericanos, 10*, 43–57.
Berrios, R. (1985). Relations between Nicaragua and the Socialist Countries. *Journal of Interamerican Studies and World Affairs, 27*(3), 111–139.
Borowy, I. (2017). East German medical aid to Nicaragua: the politics of solidarity between biomedicine and primary health care. *História, Ciências, Saúde, 24*(2), 411–428.
Brunner, D. (2015). DDR ‚transnational'. Die ‚internationale Solidarität' der DDR. In A. Gallus, A. Schildt, & D. Siegfried (Hg.), *Deutsche Zeitgeschichte – transnational*. Göttingen: V&R.
Cardenal, F. (2010). *Un sacerdote en la revolución. Memorias y reflexiones sobre educación popular desde Nicaragua*. Buenos Aires: Ciccus.
Caruso, M. (2013). ‚Universidad para el pueblo'. Politisierung lateinamerikanischer Akademiker im langen 20. Jahrhundert. In M. F. Buck & M. Kabaum (Hg.), *Ideen und Realitäten von Universitäten* (S. 35–52). Frankfurt/M.: Peter Lang.
Christiaens, K., & Goddeeris, I. (2015). Beyond Western European Idealism: A Comparative Perspective on the Transnational Scope of Belgian Solidarity Movements with Nicaragua, Poland and South Africa in the 1980s. *Journal of Contemporary History, 50*(3), 632–655.
Corvalán, L. (2001). *Gespräche mit Margot Honecker über das andere Deutschland*. Berlin: Das neue Berlin.
Craven, D. (1990). The State of Cultural Democracy in Cuba and Nicaragua During the 1980s. *Latin American Perspectives, 17*(3), 100–119.
Donación de RDA para Educación. (1984). *Barricada*, S. 8.
Ehre für Erich und einen Orden für Margot Honecker. (2008). *Frankfurter Allgemeine Zeitung*. https://www.faz.net/aktuell/politik/nicaragua-ehre-fuer-erich-und-eine-orden-fuer-margot-honecker-1667696.html [02.02.2022].
Ferreira dos Santos, J., & Holthaus, M. L. (2020). Comrades or pupils? The politico-cultural cooperation between GDR and post-revolutionary Nicaragua (1979–1989). *Global histories, 6*(1), 28–46.
Harzer, E., & Volks, W. (Hg.). (2008). *Aufbruch nach Nicaragua. Deutsch-deutsche Solidarität im Systemwettstreit*. Berlin: Ch. Links.
Hatzky, C. (2012). *Kubaner in Angola. Süd-Süd-Kooperation und Bildungstransfer 1976–1991*. Berlin: de Gruyter.

Helm, C. (2018). Reisen für die Revolution. Solidaritätsbrigaden als Praktik transnationaler Solidarität zwischen der Bundesrepublik und dem sandinistischen Nicaragua. In F. Bösch, C. Moine, & S. Senger (Hg.), *Internationale Solidarität. Globales Engagement in der Bundesrepublik und der DDR* (S. 35–63). Göttingen: Wallstein.

Hericks, K. (2020). Rationalitätsmythos. Konzeptualisierung eines schillernden Begriffs. In R. Hasse & A. K. Krüger (Hg.), *Neo-Institutionalismus. Kritik und Weiterentwicklung eines sozialwissenschaftlichen Forschungsparadigmas* (S. 137–164). Bielefeld: transcript.

Kirkendall, A. J. (2010). *Paulo Freire and the Cold War Politics of Literacy.* Chapel Hill: University of North Carolina Press.

Krämer, R. (1995). De una diplomacia desaparecida. La política exterior de la República Democrática Alemana y sus relaciones con América Latina. *Estudios internacionales, 28*(110), 174–197.

Laclau, E. (1973). Feudalismo y capitalismo en América Latina. In Sempat Assadourian, C., et al., *Modos de produción en América Latina* (S. 23–46). Buenos Aires. Siglo XXI.

Laclau, E., & Mouffe, Ch. (1987/2000). *Hegemonie und radikale Demokratie. Zur Dekonstruktion des Marxismus.* Wien: Passagen Verlag.

Los Carlitos 3. Libro de Texto de Español para Tercer Grado. (1985). Managua: Ministerio de Educación.

Meyer, J. W., & Rowan, B. (1977). Institutionalized Organizations. Formal Structure as Myth and Ceremony. *American Journal of Sociology, 83*(2), 340–363.

Münkler, W. (2009). *Die Deutschen und Ihre Mythen.* Berlin: Rowohlt.

Panichelli-Batalla, S. (2017). Cuban doctors in Sandinista Nicaragua: challenging orthodoxies. *Oral History, 45*(2), 39–49.

Pedemonte, R. (2021). Les révolutions en Amérique Latine pendant la guerre froide et le rôle de l'Union Soviétique (Cuba, Chili, Nicaragua). *Guerres mondiales et conflits contemporains* (281), 83–96.

Politécnico construido con solidaridad de la República Democrática Alemana. (1984). *Barricada,* S. 1–4.

Prevost, G. (1990). Cuba and Nicaragua: A Special Relationship? *Latin American Perspectives, 17*(3), 120–137.

Reding, A. (1987). Nicaragua's New Constitution. *World Policy Journal, 4*(2), 257–294.

Rincón, C., & Tebbe, K. (1987). *Nicaragua: Vor uns die Mühen der Ebene.* Wuppertal: Peter Hammer.

Rueda, C. (2020). ¡A la huelga! Secondary Students, School Strikes, and the Power of Educational Activism in 1970s Nicaragua. *The Americas, 77*(4), 601–631.

Scheulen, H. (1997). *Übergänge der Freiheit. Die Nicaraguanische Revolution und ihr historisch-politischer Übertragungsraum.* Wiesbaden: DUV.

Schwab, T., & Sims, H. D. (1985). Cuba and Nicaragua: A Key Regional Relationship, 1979–1984. *Cuban Studies/Estudios Cubanos, 15*(2), 73–81.

Senger, S. (2018). Getrennte Solidarität? West- und ostdeutsches Engagement für Nicaragua Sandinista in den 1980er Jahren. In F. Bösch, C. Moine, & S. Senger (Hg.), *Internationale Solidarität. Globales Engagement in der Bundesrepublik und der DDR* (S. 64–92). Göttingen: Wallstein.

Siegfried, D. (2021). *Bogensee. Weltrevolution in der DDR 1961–1989.* Göttingen: Wallstein.

Smith, H. (1991). Revolutionary diplomacy Sandinista style: lessons and limits. *Race & Class, 33*(1), 57–70.

Snyder, E. (2020). Internationalizing the Revolutionary Family. Love and Politics in Cuba and Nicaragua, 1979–1990. *Radical History Review* (136), 50–74.

Snyder, E. (2021). „Cuba, Nicaragua, unidas vencerán": Official Collaborations between the Sandinista and Cuban Revolutions. *The Americas, 78*(4), 609–637.

Stobinski, P. (2008). Nicaragua war uns wichtig. Zur Geschichte der Solidarität der DDR-Bevölkerung. In E. Harzer & W. Volks (Hg.), *Aufbruch nach Nicaragua. Deutsch-deutsche Solidarität im Systemwettstreit* (S. 62–68). Berlin: Ch. Links.

Storkmann, K. (2014). East German Military Aid to the Sandinista Government of Nicaragua, 1979–1990. *Journal of Cold War Studies, 16*(2), 56–76.

Torres, R. M. (1983). *De alfabetizando a maestro popular. La Post-Alfabetización en Nicaragua (Un modelo de autoeducación colectiva del pueblo).* Managua: INIES-CRIES.

Unfried, B. (2012). Instrumente und Praktiken von ‚Solidarität' Ost und ‚Entwicklungshilfe' West: Blickpunkt auf das entsandte Personal. In B. Unfried & E. Himmelstoss (Hg.), *Die eine Welt schaffen. Praktiken von ‚Internationaler Solidarität' und ‚Internationaler Entwicklung'* (S. 73–98). Wien: Akademische Verlagsanstalt.

Unfried, B. (2020). Education as a Paradigm and as a Part of Institutionalized ‚International Solidarity' of the German Democratic Republic. In I. Miethe & J. Weiss (Hg.), *Socialist Educational Cooperation and the Global South* (S. 69–90). Berlin: Peter Lang.

van der Hayden, U. (2012). FDJ-Brigaden der Freundschaft aus der DDR – die Peace Corps des Ostens? In B. Unfried & E. Himmelstoss (Hg.), *Die eine Welt schaffen. Praktiken von ‚Internationaler Solidarität' und ‚Internationaler Entwicklung'* (S. 99–122). Wien: Akademische Verlagsanstalt.

Vanden, H. E., & Prevost, G. (1993). *Democracy and Socialism in Sandinista Nicaragua.* Boulder/London: Lynne Rienner Publishers.

Vannini, M. (2007). El tren cultural y el rescate de la memoria de la Cruzada Nacional de Alfabetización. *Transatlántica de Educación, II,* 117–124.

Vilas, C. (1994). *Mercado, Estados y Revoluciones. Centroamérica 1950–1990.* Mexiko: Centro de Investigaciones Interdisciplinarias en Humanidades.

Volks, W. (2010). ‚Carlos Marx' und ‚Ernesto Thälmann'. Nachwirkungen der DDR in Nicaragua. In T. Kunze & T. Vogel (Hg.), *Ostalgie international. Erinnerungen an die DDR von Nicaragua bis Vietnam* (S. 12–20). Berlin: Ch. Links.

Weiss, J. (2020). Decolonization and Difference in the Context of the German Democratic Republic's Educational Co-operation. In M. Caruso & D. Maul (Hg.), *Decolonization(s) and Education. New Polities and New Men* (S. 211–232). Berlin: Peter Lang.

Werz, N. (2011). Hinter der Mauer – Lateinamerika in der DDR. In D. Brunner & M. Niemann (Hg.), *Die DDR – eine deutsche Geschichte* (S. 445–464). Paderborn: Schöningh.

Wilm, J. (2012). *Nicaraguan Sandinismo, back from the dead? An anthropological study of popular participation within the Frente Sandinista de Liberación Nacional.* (PhD), University of London.

Wilm, J. (2020). On Sandinista ideas of past connections to the Soviet Union and Nicaraguan exceptionalism. In H. Francis (Hg.), *A Nicaraguan Exceptionalism? Debating the Legacy of the Sandinista Revolution* (S. 87–101). London: University of London Press: Institute of Latin American Studies.

Wright, B. E. (1990). Pluralism and Vanguardism in the Nicaraguan Revolution. *Latin American Perspectives, 17*(3), 38–54.

Yordanov, R. (2020). Outfoxing the Eagle: Soviet, East European and Cuban Involvement in Nicaragua in the 1980s. *Journal of Contemporary History, 55*(4), 871–892.

Abstract: This article explores a hitherto rather neglected chapter of global socialist entanglements: The cooperation between the GDR and Nicaragua during the first years of the Sandinista revolution (1979–1990) in the field of education. The article explores why Nicaragua came to orient itself towards the GDR on the question of cadre formation for the school system. Why should Nicaragua maintain this intensive exchange relationship with the German Democratic Republic? How did it come about? Did Cuba's cooperation in the Nicaraguan revolution compete with other reference societies in the socialist world? The analysis, based on archival material, shows that in the political-pedagogical exchange a rationalized myth, that of the stages of social development on the way to socialism, was called up and mobilized by both sides. With the narrative of a "stage" that Nicaragua had before it and the GDR behind it, commonalities were constructed that facilitated the turn of school policy towards the GDR.

Keywords: Myth, Nicaragua, GDR, Entanglements, School Policy

Anschrift der Autoren

Prof. Dr. Marcelo Caruso, Humboldt-Universität zu Berlin,
Institut für Erziehungswissenschaften,
Unter den Linden 6, 10099 Berlin, Deutschland
E-Mail: marcelo.caruso@hu-berlin.de

Luis Kliche, Freie Universität Berlin,
International Research Training Group „Temporalities of the Future in Latin America",
Boltzmannstraße 4, 14195 Berlin, Deutschland
E-Mail: luis.kliche@gmail.com

Teil III: (Post-)Sozialismus und die Arbeit an Narrativen und Mythen in transnationaler Perspektive

Tomáš Kasper

Mythos 1989

Vererbte Konzeptionen und die Sehnsucht nach der Vollendung von Bildungsreformstrategien in der tschechischen postsozialistischen pädagogischen Diskussion und Praxis[1]

Zusammenfassung: Wendejahre werden oft vereinfachend als neue Meilensteine oder Neuanfänge betrachtet. Das Jahr 1989 wurde und wird auch in der pädagogischen Diskussion als ein klarer Neuanfang angesehen. Die Sprache, Logik und das Wissen der sozialistischen Etappe werden mit dem Jahre 1989 als beendet angesehen und eine radikale, andere Etappe der Bildungstransformation basierend auf den neuen Paradigmata wird geöffnet. Der folgende Text rekonstruiert die pädagogischen Ziele und analysiert die pädagogische Sprache der Transformationsetappe (1990–1995), wobei es sich zeigt, dass das Jahr 1989 nur im begrenzten Maße als ein radikaler Neuanfang bezeichnet werden kann. Mit Hinblick auf die Fragen der grenzüberschreitenden Zirkulation, der Rezeption und Transmission, d. h. des kulturellen Transfers, will das Essay ausgewählte Ausgangspunkte und Prinzipien pädagogischen Denkens in der pädagogischen Debatte vor 1989 und deren zweites Leben in der pädagogischen Debatte nach 1989 aufzuzeigen. Aufmerksamkeit wird dabei zwei herrschenden Motiven der sozialistischen Pädagogik gewidmet: dem Dienst von Erziehungswissenschaft für den gesellschaftlichen Aufbau und dem Ziel der Vollendung einer harmonischen, allseitigen Persönlichkeit aufgrund der Erziehung und Bildung.

Schlagworte: Tschechische Republik, Bildungstransformation, Postsozialismus, Wissenszirkulation, Marxismus

1. Einführung: Historische Wendungen, ‚neue' Anfänge und ‚altes' Erbe

Wendejahre werden oft vereinfachend als neue Meilensteine oder Neuanfänge betrachtet. Das Jahr 1989 wurde und wird oft als ein solcher Wendepunkt angesehen. Die sozialistische pädagogische Debatte aus der Zeit vor 1989, d. h. vor dem Fall des kommunistischen Regimes in den Ländern Mittel- und Osteuropas, wird mit diesem Meilenstein

---

[1] Diese Studie dankt der Unterstützung des Projektes der Karlsuniversität Prag – Cooperatio und der wissenschaftlichen, institutionellen Unterstützung der TU Liberec.

als beendet angesehen. Der postsozialistische Wandel in Bildung, Schule und Erziehung, der nach 1989 in der ehemaligen Tschechoslowakei in Gang gesetzt wurde, gewann seine Legitimation und seine Ziele oft als Gegensatz zu der vor 1989 geführten pädagogischen Debatte. In der postsozialistischen pädagogischen Debatte wurden die grundlegenden Reform- und Transformationsschritte zum Gegensatz zu den wirksamen Prinzipien vor 1989 erklärt (Pařízek, 1990; Bacík, 1990). Sie wurden als ‚Korrekturen' des sozialistischen Schulprogramms verstanden.[2] All dies schuf und schafft in der pädagogischen Diskussion das Bild von 1989 als nationalen ‚Neuanfang'. Der Frage der grenzüberschreitenden Zirkulation, Rezeption und Transmission, d.h. des kulturellen Transfers von der ‚kulturellen Welt vor 1989' in die Diskussion nach 1989, wird in der öffentlichen Auseinandersetzung weniger Aufmerksamkeit geschenkt (Caruso, Koinzer, Mayer & Priem, 2014; Mayer, 2014; Schriewer, 2012).

Die Sprache, mit der die Akteure die neue Bildungsausrichtung (bezeichnet als neue, demokratische und freie Schule) nach 1989 formulierten (Blížkovský, 1991; Bacík, 1991), war oft sehr ausdrucksstark und emotional. Ebenfalls wurde das Programm der ‚freien Bildung' weitgehend in kurzer, ereignisvoller und ‚dramatischer' Zeit, also in aller Eile ausgearbeitet. Es blieb ‚keine Zeit' für eine systematische Analyse, Bewertung und tiefergehende Diskussion (Greger, 2011; Greger & Walterová, 2007). In der breiteren Diskussion dominierte, wie auch von Pädagogen reflektiert, die Überzeugung, dass die gesellschaftlichen und kulturellen Umwälzungen (auch die pädagogischen) nach der Zeit der ökonomischen Transformation, also der Etappe wirtschaftlicher Umgestaltung in den Jahren 1990–1994, erfolgreich umgesetzt werden konnten (Kalous, 1993). Ein Reformprogramm für das Bildungswesen, das eine langwierige Diskussion, Reflexion und Analyse der Entwicklungen vor 1989 erfordert hätte, erschien der sich wandelnden Tschechoslowakei nach 1989 zeit- und ressourcenaufwändig. Die tschechoslowakische[3] pädagogische Diskussion nach 1989 blickte nicht zurück darauf, was aus der alten in die sog. neue Zeit mitgenommen wurde, was bewusst wiederholt und unbewusst aus den ‚Regeln und der Logik' der ‚Vornovember'-Diskussion, d.h. vor Beginn der Proteste gegen das kommunistische Regime, übernommen wurde.

Ziel des folgenden Essays ist es, ausgewählte Ausgangspunkte und Prinzipien des pädagogischen Denkens und der pädagogischen wissenschaftlichen Debatte vor 1989 aufzuzeigen, um ihr zweites Leben in der pädagogischen Debatte nach 1989 zu beleuchten. Angesichts der Tatsache, dass die Sprache der pädagogischen Wissenschaft und der breiteren pädagogischen Debatte vor 1989 eng mit dem ‚Aufbau' einer sozialistischen

---

2 Außerdem gab es Appelle für eine ‚Rückkehr' in die Zeit vor 1948, d.h. ‚zu den Wurzeln' der Bildung und Erziehung in der freien Zwischenkriegszeit (Blížkovský, 1991, 1993; Kučerová, 1991, 1993).
3 Die Tschechoslowakei wurde am 1. Januar 1993 aufgelöst, als eine unabhängige Tschechische Republik und eine unabhängige Slowakische Republik gegründet wurden. In diesem Artikel, der vor allem die Debatte in den 1990er Jahren thematisiert, ‚osziliert' die Sprache daher zwischen den Begriffen Tschechoslowakisch und Tschechisch. Ungeachtet der Auflösung der Tschechoslowakei am 1. Januar 1993 wurden nationale Forderungen nicht zum beherrschenden Thema der tschechischen Bildungsdebatte.

Gesellschaft verbunden war und dass die pädagogischen Debatten nach 1989 ebenfalls dem Schlagwort der wirtschaftlichen und politischen Transformation folgten, kann man sich fragen, ob der Glaube an die Rolle der Wissenschaft beim ‚Aufbau' der Gesellschaft ähnliche Funktionen vor und nach 1989 hatte. Es stellen sich folgende Fragen: Was bedeutete die lange Zeit des Dienstes der Erziehungswissenschaft an den Zielen des Aufbaus der sozialistischen Gesellschaft für die pädagogische Debatte nach 1989? Inwieweit wurden die vor 1989 in der pädagogischen Sprache vorherrschenden Auffassungen, wonach Erziehung und Ausbildung eine Art Überbau der ökonomisch-sozialen Basis darstellen, in der pädagogischen Debatte nach 1989 abgeschwächt oder aufgegeben? Wurde die Auffassung von Erziehung und Bildung als Prozesse, die in erster Linie dazu dienen, gesellschaftspolitische Ziele zu erreichen, verabschiedet? Haben sich alte Motive aus der Zeit vor 1989, wie das Ziel einer harmonischen und allseitigen Entwicklung der Persönlichkeit, in der Debatte um die Humanisierung und Demokratisierung der Bildung nach 1989 behauptet bzw. verändert?

2. Die Lage und ihre Akteure

Wie die Akteure der pädagogischen Diskussion nach 1989 selbst oft und laut angaben, fehlten nach 1989 offensichtlich die Erfahrungen mit professionellen, pädagogischen Diskussionen unter freien gesellschaftspolitischen Bedingungen (Helus, 1993; Kotásek, 1993a, 1993b). Mit wenigen Ausnahmen (einige Persönlichkeiten, die teilweise aus dem Exil zurückgekehrt sind) gab es keine Ansichten, die sich auf Erfahrungen und tieferes Wissen über Bildung in demokratischer Gesellschaft und freier Marktwirtschaft stützen konnten. Der Zeitraum von 40 Jahren kommunistischer Diktatur (zwei Generationen) war so lang, dass den Bürgern die unmittelbare Erfahrung der Zeit der Freiheit fehlte. Auch die Wissenschaft konnte sich nicht auf die Arbeit von Experten stützen, die direkte Erfahrungen mit der freien gesellschaftspolitischen Situation hatten. Man muss in Kauf nehmen, dass während der 40 Jahre der totalitären Macht in der Tschechoslowakei zwei Generationen aufgewachsen sind, die begrenzte und spezifische Erfahrung mit der freien wissenschaftlichen Arbeit hatten. Die Richtung und die Agenda der breiteren gesellschaftlichen und beruflichen Bildungsdebatte wurden daher notwendigerweise aus ‚eigenen Quellen' formuliert. Ein ‚Abgang' von Pädagogen/innen der ‚Vornovemberzeit' aus der akademischen Sphäre gab es nicht. Eine Zäsur bedeutete außerdem die unerwartete und plötzliche, für Pädagogen/innen schmerzhafte und frustrierende Schließung des J. A. Comenius-Instituts für Pädagogik an der damaligen Tschechoslowakischen Akademie der Wissenschaften im Jahr 1993. Viele Mitarbeiter/innen des aufgelösten Instituts wechselten aus der Akademie der Wissenschaften in die Universitäten. Personelle Veränderungen gab es zum Teil in der Ressortforschung unter der Leitung des Bildungsministeriums. Die ‚Forscher', die vor 1989 hauptsächlich für die ‚Koordinierung' der pädagogischen Wissenschaft mit politischen und gesellschaftlichen Zielen und Strategien verantwortlich waren, waren weggegangen.

Andererseits öffnete sich die Tschechoslowakei rasch für ausländische Ansichten und Erfahrungen, insbesondere aus den westeuropäischen Ländern. Dies geschah unter dem Einfluss der Bemühungen, das Land in supranationale und europäische Strukturen und Institutionen – die OECD, in die die Tschechische Republik 1995 als erstes postkommunistisches Land aufgenommen wurde und später die Europäische Union – zu integrieren. Ausländische Experten gaben Impulse für die Gestaltung der pädagogischen, nun als ‚frei' charakterisierten Debatte, waren aber nicht für deren Ausrichtung verantwortlich und gestalteten sie nicht direkt.

Es sei auch darauf hingewiesen, dass die Bildungsdebatte, die sich an Universitäten in Prag und Brno abspielten, von Persönlichkeiten geführt wurde, die nach 1968 gezwungen waren, den akademischen und professionellen pädagogischen Raum teilweise oder ganz zu verlassen. Die Zeit des so genannten Prager Frühlings (Ende 1967–August 1968) war geprägt von den Bemühungen um politische und soziale Demokratisierung und soziokulturelle Öffnung bzw. wirtschaftliche Liberalisierung einer sozialistischen, staatlich gelenkten Gesellschaft. Diese gesellschaftspolitischen Veränderungen waren durch die ‚brüderliche' Militärhilfe und den ‚vorübergehenden Aufenthalt' der Truppen des Warschauer Paktes in der Tschechoslowakei sowie durch die anschließende ‚politische Normalisierung' (1969–1989), d.h. die Rückkehr zur politischen Ordnung vor dem so genannten Frühling 1968, beendet worden. ‚Normalisierung' bedeutete, dass die Akteure des Prager Frühlings, die ihre gesellschaftspolitisch-reformistischen Ansichten nicht aufgaben, sowie diejenigen, die mit dem Einmarsch der Truppen und dem anschließenden politischen Wandel nicht einverstanden waren, verfolgt wurden. Der Normalisierungs-Ansatz wurde im Zusammenhang mit Glasnost und Perestroika teilweise abgeschwächt. In der Tschechoslowakei gab es jedoch – anders als bspw. in Polen oder Ungarn – nur eine sehr vorsichtige Öffnung für den Glasnost-Gedanken.

Nach zwanzig Jahren politischer ‚Normalisierung' kam es zu einer ‚Reorganisierung' der Macht- und Kontrollverhältnisse über die Ordnung der pädagogischen Wissenschaft (Cach, 1991a, 1991b). Einige Akteure der pädagogischen Debatte des Vornovember hatten ihre professionelle Legitimation verloren, weil ihre Beiträge als rein ideologisch oder politisch und nicht als professionell und forschungsorientiert galten. Einige der ‚ausgeklammerten, vernachlässigten oder vergessenen' Akteure erhielten wiederum einen Raum angeboten, in dem sie mit neuem Elan programmatische Vorschläge im Bildungsbereich entwickeln konnten.

Es lässt sich also feststellen, dass die neue Bildungsdebatte unter den freien gesellschaftlich-politischen Verhältnissen der Tschechoslowakei nach 1989 von ziemlich beträchtlicher Kontinuität der Akteure geprägt war. Der personelle Wandel in der Bildungsforschung und in der universitären Lehre erfolgte nur partiell, ein Umstand, der sich von der Situation in der ehemaligen DDR unterschied. Vor diesem Hintergrund lässt sich die Frage stellen, ob man eher als von einer ‚freien Bildungsdebatte' von einer postsozialistischen Bildungsdebatte sprechen sollte (Průcha, 2000; Váňová, 2000).[4]

---

4 Selbst in diesem Rahmen ist die Frage der Aufarbeitung der kommunistischen Vergangen-

Diese Entwicklung bedeutet keineswegs, dass es keine Veränderungen in den Ansichten über die Ziele und die Richtung der Erziehungswissenschaft vor und nach 1989 gegeben hat. Das würde die erheblichen Anstrengungen vieler relevanter Akteure nach 1989 verkennen. Dennoch lässt sich die Frage stellen, inwieweit es gelang, sich von tief verwurzelten Auffassungen von Erziehung, Ausbildung und pädagogischer Wissenschaft aus der Welt vor 1989 zu lösen (Štech, 2013; Janík, Maňák, Knecht & Němec, 2010; Janík, 2013; Slavík, Štech & Uličná, 2017). Es soll gefragt werden, warum die tschechische pädagogische Forschung methodisch noch heute relativ geschlossen ist, und warum einige der Reformschritte im Bildungswesen, die Umgestaltung der Lehrerausbildung und die interdisziplinäre Zusammenarbeit der Pädagogik mit anderen Disziplinen relativ stabil blieben. Befindet sich das Land nicht teilweise in einem ‚post-sozialistischen' oder post-kommunistischen Syndrom gefangen? Wird ein Generationenwechsel dies lösen, oder ein offener und tieferer Blick auf unsere eigene Vergangenheit entstehen, einschließlich der Frage nach den Risiken, die mit der Übertragung vieler unhinterfragter Prämissen des pädagogischen Denkens verbunden sind?

Auch wenn die tschechische Republik nach mehr als dreißig Jahren nach 1989 sich selbst nicht als postkommunistisches Land oder postkommunistische Gesellschaft ansehen möchte, ist es angezeigt zu fragen, was die lange Zeit der kommunistischen Unfreiheit im kollektiven Gedächtnis, in der kollektiven Identität und im Bereich des Fachwissens hinterlassen haben könnte, auch im Bereich der pädagogischen Wissenschaft. Wir können weiter fragen, worauf man pädagogische Überlegungen stützte, als man nach 1989 von der Notwendigkeit der Humanisierung, der Differenzierung, der Individualisierung der Bildung, des aktiven Lernens, der Herausbildung der Schuldemokratie etc. sprach (Rozvaha, 1992; Kvalita a odpovědnost, 1994; Kotásek, 1991).

3. Gesellschaftlicher Umbau, Transformation der Bildung

In den Artikeln der prominenten Professorin und führenden Forscherin Jarmila Skalková aus den Jahren 1988 und 1989 findet man Hinweise, um diese Fragen zu bearbeiten. Aufgrund ihrer vielfältigen theoretischen Referenzen war Jarmila Skalková (1924–2009) eine äußerst interessante Persönlichkeit der tschechischen (tschechoslowakischen) Pädagogik. Nach ihrem Studium der russischen Sprache und Philosophie hatte sie ein Postgraduatenstudium in Moskau absolviert, bevor sie, zurück in der Tschechoslowakei, am Comenius Institut der Tschechoslowakischen Akademie der Wissenschaften in Prag war und an der Karlsuniversität arbeitete. Von 1964 bis 1968 war sie das Gesicht der Entspannungspolitik in der Pädagogik. Ihr gelang es jedoch, sich nach 1969 weiterhin beruflich zu profilieren und politisch zu engagieren. Nach 1989 beschäftigte sie sich u.a. mit geisteswissenschaftlicher Pädagogik und vertrat teilweise die so genannte humanistische Pädagogik, weil sie weiterhin die „soziale Bedingtheit

---

heit nicht ausreichend behandelt worden. In der Tat ist dies im tschechischen pädagogischen Umfeld immer noch ein problematisches Thema.

der Erziehung" (Skalková, 1989a, S. 241) stärker betonte als in diesem individualistischen Ansatz. In der Diskussion über die Humanisierung der Schule (auch in der Zeit vor 1989) wies Skalková auf die Ideen der progressiven Pädagogik von J. Dewey hin. Sie stellte jedoch fest, dass diese (idealistischen) Tendenzen der marxistischen Pädagogik beim Umbau der Gesellschaft nicht wesentlich helfen könnten. Skalková gab nicht nur die Richtung der pädagogischen Wissenschaft in der sozialistischen Zeit bis 1989 vor, sondern veröffentlichte auch mehrere Bücher, die nach 1989 zu empfohlenen Universitätslehrbüchern für Pädagogik und Didaktik wurden.

In Artikeln, die Skalková in der damals angesehenen akademischen Zeitschrift *Pedagogika* veröffentlichte, reflektierte sie über die Möglichkeiten der Entwicklung der Pädagogik und sprach über die Notwendigkeit, die pädagogische Wissenschaft (inhaltlich und methodisch) für die Ziele des damaligen so genannten gesellschaftlichen Umbaus *(Perestroika)* einzusetzen (Skalková, 1989a, 1989b). Diese Texte richteten sich sowohl an die tschechische akademische und fachliche pädagogische Gemeinschaft als auch an ein ausländisches Publikum. Die Artikel zeigen, wie die damalige Leitung des Instituts für Pädagogik der Tschechoslowakischen Akademie der Wissenschaften es als selbstverständlich ansah, dass die Aufgabe der pädagogischen Wissenschaft darin bestand, den Prozessen des gesellschaftlichen Wandels zu dienen. Gleichzeitig konnten sich Vertreter/innen der Pädagogik weder in Widerspruch zu den Schlussfolgerungen der Parteipolitik der damaligen Kommunistischen Partei der Tschechoslowakei noch konträr zu den Prämissen des Marxismus-Leninismus positionieren:

> In der Entschließung der Sitzung des Zentralkomitees der Kommunistischen Partei der Tschechoslowakei über die Aufgaben des tschechoslowakischen Bildungswesens unter den Bedingungen des Umbaus der Gesellschaft (am 30./31. März 1989) wurde betont, dass Bildung und Ausbildung einer der entscheidenden Faktoren für das kulturelle Niveau und die Selbstverwirklichung des Menschen, die Intensivierung der Wirtschaft, die Entwicklung von Wissenschaft und Technik und die qualitative Umgestaltung der Produktivkräfte sind (Skalková, 1989b, S. 601).

Die tschechische Erziehungswissenschaft hat in ihrer Geschichte mehrfach eine ähnliche Aufgabe erhalten und angenommen. Nach 1948 kam es zu einer starken Instrumentalisierung der pädagogischen Wissenschaft für gesellschaftspolitische, revolutionäre Veränderungen im Sinne des Aufbaus der kommunistischen Gesellschaft und in Übereinstimmung mit der marxistischen Theorie.[5] Ende der 1960er Jahre hat sich eine pädagogische Debatte entwickelt, die die ‚revolutionären Veränderungen' der 1950er Jahre in der Pädagogik teilweise kritisch reflektierte, ohne jedoch die theoretischen und methodologischen ‚marxistischen' Grundlagen der Erziehungswissenschaft radikal in Frage zu stellen. In den 1980er Jahren wurde in der Diskussion, in der die ‚scharfen

---

5 Wenn der Begriff ‚marxistische Theorie' im Zusammenhang mit dem pädagogischen Denken nach 1948 in der Tschechoslowakei verwendet wird, geht es eigentlich um die spezifische Doktrin des Marxismus-Leninismus.

Auseinandersetzungen in der marxistischen Pädagogik' und die Notwendigkeit der ‚Humanisierung und Demokratisierung' der sozialistischen Schulen und Pädagogik eingeräumt wurden, die Position nicht aufgegeben, dass es methodisch unmöglich sei, Pädagogik anders als ‚marxistisch' funktionell zu verstehen:

> Vom Standpunkt einer auf marxistisch-leninistischen Grundlage entwickelten Pädagogik bedeutet dies, in der oben genannten Richtung offensiver als bisher eigene Fragen zu stellen und eine eigene Konzeption der Lösung des Humanismus in der Erziehung und Bildung zu entwickeln, ihre Erscheinungsformen in der Konzeption der Erziehung und Bildung, in der Konzeption des Verhältnisses zwischen Erzieher und Zögling, in der Entwicklung und Entfaltung der Persönlichkeit des jungen Menschen, in der Konzeption der Freiheit des Individuums und der Bildung, in der Dialektik von Individuum und Kollektiv im System der Methoden der Erziehung und Bildung zu analysieren (Skalková, 1989a, S. 243).

Ob in der Debatte der 1950er Jahre, in der ‚liberalen' Sprache der späten 1960er Jahre (Zpráva, 1965; Zpráva, 1967), oder in der Rhetorik des gesellschaftlichen Umbaus der späten 1980er Jahre (Analýza, 1988), es ist im Grunde immer klar, dass der Erfolg des Gesellschaftswandels auf der Schul- und Bildungsreform beruhen sollte, die wiederum auf der wissenschaftlichen und fachlichen Grundlage der Erziehungswissenschaft bzw. Pädagogik beruhen sollte. Diese sollte nach den sog. Gesetzen der gesellschaftlichen Entwicklung eine Gesellschaftsreform unterstützen: „Der Mensch hat die Fähigkeit, eine soziale Realität zu schaffen, die auf positive Weise die moderne Wissenschaft und Technologie nutzt, um die sozioökonomische, kulturelle und gesundheitliche Sicherheit des menschlichen Lebens auf der Erde zunehmend zu verbessern" (Skalková, 1989a, S. 238). Die mit der Revolution oder dem Reformwandel der sozialistischen Gesellschaft verbundenen Begriffe wurden: pädagogische Forschung, wissenschaftlicher Fortschritt, pädagogische Prognose, wissenschaftliche Erforschung der Praxis als Voraussetzung für die Bestimmung notwendiger Veränderungen, oder etwa wissenschaftliche Erforschung der Entwicklungsperspektiven des pädagogischen Prozesses. Die Pädagogik sollte zur Steigerung der Effizienz von Bildung und Erziehung führen und mit den Prognosen über die Bedürfnisse der sozioökonomischen Entwicklung der Gesellschaft in Einklang stehen. Die pädagogische Forschung sollte in Übereinstimmung mit dem vom Staat vorgegebenen Plan im Bereich der Forschung festgelegt werden, der eine wichtige Voraussetzung für die Verwirklichung des sozioökonomischen, staatlich geplanten Wachstums der sozialistischen Gesellschaft war (Fünfjahrespläne). Pädagogische Forschung und pädagogische Wissenschaft haben dabei ihre Autonomie, kritische und offene Fragen zu stellen, weitgehend verloren. Es wurde zwar von der Notwendigkeit gesprochen, pädagogisch auf die sich ständig ausweitende und verstärkende Demokratisierung der Gesellschaft (K materiálu, 1990; Skalková, 1989c) zu reagieren, doch fehlte es in der pädagogischen Debatte an der Achtung der Vielfalt des Individuums in den Prozessen der Erziehung und Bildung. In der pädagogischen Diskussion wurde die Notwendigkeit betont, die Entwicklungsprozesse des ‚sozialistischen Humanismus' und der ‚Volksdemokratie' zu unterstützen, ohne die Risiken zuzulassen, die mit der Freiheit des Individuums, durchzudenken, geschweige denn zu verwirklichen.

Die Auffassung des wissenschaftlichen Konzepts von Erziehung und Bildung, verstärkt durch Phrasen über die Bedeutung der Ausbildung in der Zeit der wissenschaftlichen und technischen Entwicklung und einer technisch entwickelten, sozialistischen Gesellschaft, war tief in der Vorstellung vom Verhältnis zwischen pädagogischer Wissenschaft und gesellschaftspolitischen Veränderungen verwurzelt: „Unter den heutigen Bedingungen ist es besonders wichtig, das Bewusstsein für die Bedeutung wissenschaftlicher Erkenntnisse für den Aufbau des Bildungssystems ständig zu stärken" (Skalková, 1989b, S. 604). Ähnlich reflektiert Jarmila Skalková in einem Artikel mit dem passenden Titel *Intensive sozioökonomische Entwicklung und die Entwicklung des Bildungssystems* im Juni 1989 folgendermaßen:

> Es geht darum, dass die dynamische Entwicklung des Bildungswesens die Bedürfnisse der auf dem neuesten Stand der Technik entwickelten Produktion antizipiert, dass sie das Eindringen der Wissenschaft in die Produktion und ihre Konvergenz fördert, dass sie nicht nur mit den Folgen der Automatisierung der Produktion in Einklang steht, sondern auch die Arbeitnehmer angemessen für ihre aktive Teilnahme am gesellschaftlichen Leben und seine Demokratisierung ausrüstet und den Bedürfnissen der Persönlichkeitsentwicklung entspricht (Skalková, 1989c, S. 323).

Die Instrumentalisierung der Erziehungswissenschaft für die gesellschaftspolitischen Aufgaben des Umbaus war vor 1989 weit verbreitet und allgemein akzeptiert. Umso mehr war zu erwarten, dass nach 1989 die Autonomie der pädagogischen Wissenschaft und ihr Recht, gesellschaftspolitische Aufgaben zu hinterfragen, betont wurden. Die Position der Erziehungswissenschaft, die einen Methodenpluralismus und kritische Analyse fordert, hat sich jedoch nach 1989 in diesem Punkt nicht wesentlich geändert. Auch diesmal sollte die pädagogische Wissenschaft dazu dienen, ein erfolgreiches Szenario für die sozioökonomische Transformation vorzubereiten und zu einer radikalen Veränderung der Gesellschaftsordnung beizutragen. Den Begriff des Umbaus ersetzte der Begriff der Transformation. Die Verpflichtung der Erziehungswissenschaft gegenüber dieser als historisch charakterisierten Aufgabe blieb bestehen, auch wenn die betreffende Aufgabe eine ganz andere politische Färbung hatte.[6]

Liest man einige der damaligen Artikel über die Transformation des Bildungswesens in der Tschechoslowakei/Tschechischer Republik, so wundert man sich, dass der Ruf nach wissenschaftlicher Autonomie und kritischer Pädagogik nach so vielen Jahren der

---

6 Nicht nur in der damaligen tschechoslowakischen Diskussion, sondern auch in der ungarischen, polnischen, rumänischen und bulgarischen Situation gab es eine intensive Diskussion über die Rolle der Pädagogik im Projekt der Transformation der mittel- und osteuropäischen Länder (Birzea, 1994, 1996; Čerych, 1995; Mitter, 2003; Halász, 2018). Die Demokratisierung des Erziehungswesens, die Liberalisierung und die Ökonomisierung des Bildungswesens wurden von Pädagogen aus den mittel- und osteuropäischen Ländern bei gemeinsamen Treffen diskutiert.

Unfreiheit in der Wissenschaft nicht intensiver und lauter wurde. Es scheint eine Selbstverständlichkeit zu sein, dass die pädagogische Wissenschaft, die pädagogische Forschung, die Grundlage für den Erfolg des gesellschaftlichen Transformationsprozesses selbst ist:

> Die Schule entwickelt sich als Teil der gesamten Gesellschaft. Wie die Wirtschaft, so auch die Bildung, und wie die Bildung, so auch das soziale und politische Leben, denn die Produktion und die Gesellschaft als Ganzes entwickeln sich in dem Maße, in dem sich die Bildung ausbreitet. Umgekehrt fördert eine Gesellschaft, die Bildung braucht, ihre Entwicklung. Wenn unsere Gesellschaft umgestaltet werden soll, müssen die Anforderungen an Schüler und Lehrer deutlich erhöht werden (Pařízek, 1990, S. 242).

Als ob die Demokratisierung und Humanisierung der Gesellschaft nach vierzig Jahren Totalitarismus hauptsächlich auf einer rein fachlichen Ebene gelöst werden könnten, und nicht auf dem unsicheren Weg der freien bürgerlichen und fachlich kritischen, offenen Diskussion.

In dieser Hinsicht lag eine gewisse, wenngleich nicht immer bewusste Treue zur Vorstellung einer zentralen Rolle der Erziehungswissenschaft für die fachliche und wissenschaftliche Planung des Umbaus der Gesellschaft vor, ähnlich wie im Kommunismus. Nun zeigte sich diese Vorstellung im Vertrauen in die zentrale Rolle der wissenschaftlichen Pädagogik bei der Transformation des Bildungswesens nach 1989. Es ist die Übereinstimmung im vererbten Fortschrittsglauben, was ein Topos der marxistischen systematischen Pädagogik war (kritisch dazu Kotásek, 1993a), die nach 1989 wirkte. So wurden Bildungstransformationsprogramme fachlich entwickelt, um dann von der politisch vielfältig orientierten Lehrerschaft und der politisch, sozial und kulturell vielfältigen tschechischen postrevolutionären Gesellschaft akzeptiert und schließlich systematisch, ohne große Schwierigkeiten und Widersprüche, umgesetzt zu werden. Die suggestive Macht der wissenschaftlichen Prognose und der Planung von gesellschaftlicher Entwicklung wurde in der Pädagogik auch unter den radikal veränderten gesellschaftspolitischen Bedingungen nach 1989 nicht grundlegend in Frage gestellt. Das bewährte Bündnis zwischen pädagogischer Wissenschaft und Gesellschaftsreform erwies sich als stärker, als man erwartet hätte, selbst wenn die marxistische Rhetorik aufgegeben wurde:

> Trotz des breiten Spektrums an pädagogischen Auffassungen lässt sich im Großen und Ganzen sagen, dass die große Bedeutung von Wissenschaft und Technik für die Bildungskonzeption in der heutigen Zeit selbstverständlich und notwendig geworden ist. Dies zeigt sich auch in den aktuellen Bemühungen, welche die Qualität der Bildungsprozesse in den Schulsystemen weltweit verbessern (Skalková, 1992, S. 65).

Und weiter explizit funktional: „Zugleich wurde die vielseitige Funktion der Bildung, nicht nur in Bezug auf die Wirtschaft und die Arbeitswelt, sondern auch ihre gesellschaftliche Rolle, die sie in der sozialen und kulturellen Entwicklung ausübt, in diesem Land mehr als einmal erläutert" (Skalková, 1997, S. 28). Der Erfolg der neuen, liberal-demokratischen tschechischen Gesellschaft sollte weiterhin vor allem auf einem wissenschaftlich und fachlich fundierten Bildungstransformationsprogramm beruhen. Daher wurde vor allem die damalige politische Vertretung seitens der pädagogischen Fachgemeinde dafür kritisiert, dass sie den Fachleuten nicht genügend Gehör schenkte und ihre Empfehlungen für den Weg der Bildungsreform außer Acht ließ (Kotásek, 1993a, 1993b; Pařízek, 1993).

4. Erziehung und Bildung zur Harmonie und Einheit

Im Sinne der marxistischen Dialektik sollten alle Dichotomien, Dilemmata, Antinomien der Bildung usw. überwunden werden. Die dialektische Betrachtung der Erziehung und Bildung sollte es ermöglichen, alle Fallstricke, in die der Erziehungsprozess geraten kann, zu erkennen und vor allem diese Widersprüche im Rahmen einer ‚höheren' Einheit dialektisch aufzulösen bzw. zu überwinden. Dieser Ansatz wurde in der Sprache des spätsozialistischen pädagogischen Diskurses stark erweitert. Er war derart allgegenwärtig, dass das pädagogische Denken *de facto* lahmgelegt wurde, weil dieser Ansatz die Diskussion und das Denken praktisch ihrer Unterschiede und der damit verbundenen Spannungen beraubte. Die Dynamik der Widersprüche wurde durch die Dialektik überwunden, bevor die Fragen und Probleme, die auf den Widersprüchlichkeiten der Sachen basieren, richtig benannt werden konnten. Nur wenige konnten gegen das dialektische Vorgehen Einspruch erheben (es sei denn, sie lehnten die marxistische Grundlage der Pädagogik ab), weil es immer das Ziel der Einheit, der Versöhnung der Widersprüche, zu erreichen wusste. Zudem war die sozialistische pädagogische Diskussion vor 1989 bestimmt vom Ziel einer sogenannten harmonisch entwickelten Persönlichkeit. Das Problem lag jedoch darin, dass die sozialistische pädagogische Realität kaum dem Ideal einer harmonischen Persönlichkeit gerecht wurde. Dieses Ziel hat sich jedoch so sehr verfestigt, dass die Debatte nach 1989 die verlockende Idee der Erziehung und Bildung einer vielseitigen Persönlichkeit nicht völlig aufgegeben und mit neueren Mitteln weiter gepflegt hat.

Nach 1989 wiesen einige liberal positionierte Schulpsychologen und Pädagogen in ihren breit diskutierten Bildungsreformprogrammen (Svoboda ve vzdělávání a česká škola, 1991; Zásady realizace svobody vzdělávání v české škole, 1993) nicht nur auf die Utopie des pädagogischen Ziels einer sozialistischen ganzheitlichen Persönlichkeit hin (Havlínová, 1991; Kovařovic, 1998; Hausenblas, 1998), sondern vor allem auf den Widerspruch zur Bildungsrealität, in der die Bildungssituation und die Bedingungen vor 1989 als ein Prozess der Dehumanisierung, als ein Defizit des persönlichen Ansatzes in der Bildung festgestellt und beschrieben wurden (Spousta, 1992). Nichtsdestotrotz hat die pädagogische Debatte in verschiedenen Formen und Intensitäten kontinuierlich an dem Bild einer harmonisch entwickelten Persönlichkeit weitergearbeitet: „Die Bildungs- und Kulturpolitik fördert die Verbesserung jedes einzelnen Menschen und der gesamten menschlichen Welt. Sie strebt nach der vollen Entfaltung jeder Persönlichkeit, der gesamten Gesellschaft, einschließlich des Schutzes unserer Natur" (O vzdělávací a kulturní politice, 1992, S. 54). Ein ähnlich hohes Ziel setzte sich die Erziehungswissenschaft, die sich um die Kultivierung des Menschen in all seinen Bereichen im Sinne des Humanismus und der Demokratie bemühen sollte:

> Die grundlegende Aufgabe der Pädagogik, einen Beitrag zur Kultivierung des Menschen und seiner Welt zu leisten, bleibt unverändert. Doch in einer Situation neuer Hoffnungen und ständiger lokaler und globaler Krisen wächst ihre existenzielle Dringlichkeit und Bedingtheit, ihre Schwierigkeit und Verantwortung in nie gekanntem Maße. Wir brauchen eine Pädagogik zur Verteidigung des harmonischen Zusammenlebens des Menschen und seiner Welt, die Freiheitssinn und Ordnung, persönliche, soziale und ökologische Erwägungen miteinander in Einklang bringt, die individuell und universell, national und global ist, die die Chance auf eine gute Bildung und eine richtige Wertorientierung für alle verteidigt […] (Krize pedagogiky, 1994 S. 161–162).

Vor dem Hintergrund, dass die Ausgangssituation nicht mehr von dialektischer Einheit, sondern von einer zunehmend pluralistischen Gesellschaft gesättigt war, bleibt die Frage bestehen, inwieweit dieses (post)sozialistische Ideal der allseitigen Persönlichkeit bewusst auf Ausgangspunkte und theoretische Konzepte zurückgriff, die die Perspektiven der marxistischen Bildungstheorie verlassen hätten. Die damalige pädagogische Diskussion, die nach 1989 sowohl in Lehrer- als auch in Fachzeitschriften geführt wurde, bot ein Konzept an, das mit dem Bild einer Persönlichkeit arbeitete, die in der Lage ist, mit fast allen Schwierigkeiten und Widersprüchen des Lebens unter den neuen gesellschaftlichen Bedingungen fertig zu werden und sich den Herausforderungen und Bedrohungen der konsumorientierten und postmodernen Welt erfolgreich zu stellen. Auch wenn die pädagogischen Widersprüche nicht so intensiv in einer idealen Einheit harmonisiert wurden, wie in der vor 1989 geführten Debatte, war der pädagogische Optimismus jener Zeit nicht zu übersehen. Er vereinfachte die Lösung schwieriger pädagogischer Probleme erheblich und vermittelte vor allem immer wieder die Atmosphäre und den Gedanken, dass die Aufgabe der Erziehung, der Bildung darin bestand, zu einem harmonischen persönlichen Ideal zu gelangen. Als ob selbst die postsozialistische Pädagogik nicht willens oder in der Lage wäre, mit der grundlegenden Unsicherheit und basalen reflektiven Offenheit in der Bildung und Ausbildung zu arbeiten.

5. Fazit: Mythos 1989

Was ergibt sich aus den vorangegangenen Überlegungen? Zunächst einmal kann man sich fragen, welche Art von Meilenstein das Jahr 1989 in der tschechischen, aber auch in der breiteren mittel- und osteuropäischen Debatte darstellt. Ist es ein Wendepunkt, an dem das Neue beginnt und die vermeintlich alten Formeln und Grundrichtungen des pädagogischen Handelns aufgegeben werden? Kommt es zu einer grundlegenden, radikalen und sofortigen Umstrukturierung des pädagogischen Denkens und Handelns? Oder ist es ein Anfang, der in gewissem Sinne schon vor 1989 begonnen hatte, auch wenn die ‚Gründe' damals nicht so sehr in der offensichtlichen Krise des sozialistischen und marxistischen pädagogischen Denkens gesehen werden konnten. Die Erosion der sozialistischen Pädagogik wurde eher durch die Praxis der sozialistischen Schulbildung, Erziehung und Ausbildung bewirkt, in der die Delegitimierung der Prämissen der vielfach zitierten, gesellschaftlichen Bedingtheit der Erziehung und der allseitigen Entwicklung einer harmonischen Persönlichkeit offensichtlich war.

Betrachtet man die Kontinuität und Diskontinuität des pädagogischen Denkens und der pädagogischen Diskussion vor und nach 1989 in der Tschechoslowakei und der Tschechischen Republik, so kann man davon ausgehen, dass in der postsozialistischen Situation die Konzepte der sozialistischen Pädagogik eine größere Rolle spielten, als die damaligen Akteure der pädagogischen Reform zugaben. Vor allem die pädagogische Praxis sollte in den Kategorien der ‚Vornovemberzeit' verankert werden, wie bei den Konferenzen und an runden Tischen von pädagogischen Wissenschaftlern/innen mehrmals verdeutlicht wurde. Obwohl die Bildungsstrategien des letzten Jahrzehnten des 20. Jahrhunderts und die damaligen Schulreformmaterialien und Vorschläge in der damaligen Tschechoslowakei – Themen wie Humanisierung, Demokratie, Liberalisierung, Pluralität, Dezentralisierung, Partizipation, Staatsentmachtung, Schulautonomie explizit vorsahen und betonten, muss man sich trotzdem fragen, inwieweit die Prämissen der sozialistischen Pädagogik und der sozialistischen Schule tatsächlich so schnell und radikal gewechselt werden konnten. Gelang es der damaligen tschechoslowakischen Bildungsdebatte aus der sozialistischen pädagogischen Diskussion, wo die Themen der sozialistischen ganzheitlich entwickelten Persönlichkeit und der direktiven, staatlich regulierten Schulbildung dominierten, direkt in die Diskussion der demokratischen und rein liberalen Bildungsrhetorik zu wechseln und die ‚neuen' Voraussetzungen zu verinnerlichen und einzusetzen?

Auch wenn die pädagogische Sprache seit 1990 mit Themen wie liberaler Bildungspolitik, demokratischer und humanistischer Bildung keineswegs sparte, stellt sich die Frage, inwieweit sich die pädagogische Praxis in der gewünschten Richtung auch änderte (was selbst die pädagogischen Theoretiker oft in Frage stellten) und wie sich auch die pädagogische Theorie umstrukturierte. Das vorliegende Essay soll nicht mehr als auf diese Situation die Aufmerksamkeit lenken, die selbstverständlich detaillierter und quellengesättigt zu analysieren sein wird. Vorliegende Forschungsarbeiten thematisieren oft die Transformation der tschechischen Bildungslandschaft, ohne auf die ‚Folgen' der begrifflichen und theoretischen Kontinuität hinzuweisen, und arbeiten weiterhin mit dem Jahr 1989 als ‚neuer Anfang'. Sie analysieren die Bildungstransformation nach 1989 als einen Prozess, der die ‚alte' (marxistische) Grammatik der Bildungsarbeit durch eine ‚neue' (liberale und demokratische) ersetzte. Diese Arbeiten thematisieren diesen Bildungswandel als einen schrittweisen (und nicht einfachen) Prozess der Durchsetzung der Ideale des Liberalismus und der Demokratie im Bildungsbereich, der Annäherung an die Ideale des westlichen liberalen Bildungsdiskurses und der Schulpraxis.

Letzteres wurde oft als Maßstab für den Erfolg wie auch Misserfolg der Umgestaltung des tschechischen Bildungswesens und der tschechischen pädagogischen Debatte herangezogen, und zwar mit all ihren Implikationen, wie z. B. internationale Vergleichstests und deren Einfluss auf die Bildungspolitik oder die Übernahme von Bildungsstrategien der OECD und anderer supranationaler Organisationen (Kaščák & Pupala, 2011).

Literatur

Analýza československé výchovně vzdělávací soustavy. (1988). Praha: SPN.
Bacík, F. (1990). Nová společenská situace – nové možnosti a perspektivy našeho školství a pedagogiky. *Pedagogika, 49*(4), 351–355.
Bacík, F. (1991). K vývoji našeho školství a přípravě reformy. *Pedagogika, 50*(2), 129–133.
Blížkovský, B. (1991). Demokracie, odbornost a výchova. *Pedagogická orientace, 1*(1), 20–28.
Blížkovský, B. (1993). Počátky školské reformy v Československu po listopadu 1989. *Pedagogická orientace, 3*(8/9), 39–43.
Cach, J. (1991a). Poznámky k vývoji politiky a institucí v oblasti školství – léta nadějí, krizí a zklamání 1945–1990. *Pedagogika, 41*(2), 135–144.
Cach, J. (1991b). Poznámky k přípravě kritické analýzy vývoje pedagogiky v letech 1945–1990. *Pedagogika, 41*(5–6), 677–691.
Caruso, M., Koinzer, T., Mayer, Ch., & Priem, K. (Hrsg.) (2014). *Zirkulation und Transformation.* Köln/Weimar/Wien: Böhlau.
Birzea, C. (1994). *Educational Policies of the Countries in Transition.* Strasbourg: Council of Europe.
Birzea, C. (1996). Educational Reform and Power Strugles in Romania. *European Journal of Education, 31*(1), 97–107.
Čerych, L. (1995). Educational Reforms in Central and Eastern Europe. *European Journal of Education, 30*(4), 423–435.
Greger, D., & Walterová E. (2007). Transformace vzdělávacích systémů zemí Visegrádské skupiny: srovnávací analýza. *Orbis Scholae, 2*(1), 13–29.
Greger, D. (2011). Dvacet let českého školství optikou teorií změny vzdělávání v post-socialistických zemích. *Orbis Scholae, 5*(1), 9–22.
Halász, G. (2018). From deconstruction to systemic reform: Educational transformation in Hungary. *Orbis Scholae, 1*(2), 45–79.
Hausenblas, O. (1998). Místo a úloha PAU v inovacích školství. *Pedagogika, 48*(4), 351–360.
Havlínová, M. (1991). Školství a zdravý vývoj žáka. *Pedagogika, 41*(2),165–178.
Helus, Z. (1993). Od pedagogické uniformity k pedagogické pluralitě. *Pedagogika, 43*(3), 227–233.
Janík, T., Maňák, J., Knecht, P., & Němec, J. (2010). Proměny kurikula současné ćesé školy: Vize a realita. *Orbis scholae, 4*(3), 9–35.
Janík, T. (2013). Od reformy kurikula k produktivní kultuře vyučování a učení. *Pedagogická orientace, 23*(5), 634–663.
K materiálu o analýze československé výchovně vzdělávací soustavy. (1990). *Pedagogika, 69*(3), 315–322.
Kalous, J. (1993). Školská politika v České republice po roce 1989. *Pedagogika, 52*(3), 235–239.
Kaščák, O., & Pupala, B. (2011) Pisa v kritickej perspektive. *Orbis scholae, 5*(1), 53–70.
Kotásek, J. (1991). Problémy reformy vzdělávací soustavy ve světě a u nás. *Pedagogická orientace, 1*(1), 29–36.
Kotásek, J. (1993a). Vize výchovy v postsocialistické éře. *Pedagogika, 43*(1), 9–19.

Kotásek, J (1993b). Pedagogický výzkum a transformace vzdělávací politiky. *Pedagogika, 43*(4), 363–369.
Kovařovic, J. (1998). NEMES 1990–1998: Vytváření koncepce a nové formy práce. *Pedagogika, 48*(4), 344–350.
Krize pedagogiky a pedagogiky krize. Zpráva ČPdS přednesená na sjezdu ČPdS 16.9. 1994. (1994). *Pedagogická orientace, 4*(12–13), 161–162.
Kučerová, S. (1991). Výchova hodnotami a k hodnotám. *Pedagogická orientace, 1*(1), 80–84.
Kučerová, S. (1993). Filozofie výchovy a naše přítomnost. *Pedagogická orientace, 3*(6), 34–37.
Kvalita a odpovědnost. Program rozvoje vzdělávací soustavy České republiky. (1994). Praha: MŠMT.
Mayer, Ch. (2014). Circulation and Internationalisation of Pedagogical Concepts and Practices in the Discourse of Education: The Hamburg School Reform Experiment (1919–1933). *History of Education, 50*(5), 580–598.
Mitter, W. (2003). A decade of transformation: Educational policies in central and Eastern Europe. *International Review of Education, 49*(1–2), 75–96.
O vzdělávací a kulturní politice. (1992). *Pedagogická orientace, 2*(4), 54–55.
Pařízek, V. (1990). Otevřené úkoly výchovy a pedagogiky. *Pedagogika, 40*(3), 241–244.
Pařízek, V. (1993) Perspektivní varianty vzdělávací politiky. *Pedagogika, 43*(2), 115–120.
Schriewer, J. (2012). Editorial: Meaning constellations in the world society. *Comparative Education, 48*(4), 411–422.
Skalková, J. (1989a). Aktuální problémy vědního charakteru pedagogiky. *Pedagogika, 39*(3), 238–246.
Skalková, J. (1989b). Významné podněty k dalšímu rozvoji pedagogiky. *Pedagogika, 39*(4), 601–654.
Skalková, J. (1989c). Intenzivní sociálně ekonomický rozvoj a rozvoj výchovně vzdělávací soustavy. *Pedagogika, 39*(3), 323–326.
Skalková, J. (1992). Pedagogické teorie vzdělávání a vnitřní reforma školy. *Pedagogika, 42*(1), 59–68.
Skalková, J. (1997). Nepostrádáme širší diskuse k fundamentálním a prioritním problémům českého vzdělávacího systému? In *Transformace našeho školství* (S. 27–34). Brno: ČPdS.
Svoboda ve vzdělávání a česká škola. (1991). Praha.
Spousta, V. (1992). Pasivita a průměrnost. Úvaha o důsledcích komunistické dehumanizace. *Pedagogika, 42*(2), 259–268.
Průcha, J. (2000). 50 let časopisu Pedagogika: vývoj média české pedagogické vědy. *Pedagogika, 50*(4), 340–364.
Rozvaha o školství a vzdělanosti a jejich dalším vývoji v českých zemích. (1992). *Pedagogika, 42*(1), 5–18.
Slavík, J., Štech, S., & Uličná, K. (2017). Ohlédnutí za vývojem přístupů k obsahu vzdělávání, učivu a kurikulu po roce 1989. *Pedagogika, 67*(3)191–202.
Štech, S. (2013). Když je kurikulární reforma evidence-less. *Pedagogická orientace, 23*(5), 615–633.
Váňová, R. (2000). Věda o výchově na stránkách pedagogiky. *Pedagogika, 50*(4), 313–339.
Zásady realizace svobody vzdělávání v české škole. (1993). Praha.
Zpráva o naléhavých úkolech naší pedagogické vědy. (1965). *Pedagogika, 15*(4), 401–433.
Zpráva o rozvoji pedagogických věd. (1967). *Pedagogika, 17*(3), 372–377.

Abstract: Transition years are often simplistically regarded as new milestones or new beginnings. In the same way, the year 1989 was and is also seen in educational discussions as a clear new beginning. The language, logic and knowledge of the socialist era are considered to have ended in the year 1989, and a radically different stage of educational transformation based on the new paradigms begins. The following text reconstructs the educational goals of the time and analyses the educational language of the transformation stage (1990–1995), showing that 1989 can only be described as a radical new beginning to a limited extend. With regard to the questions of cross-border circulation, reception and transmission, i.e. cultural transfer, the essay aims to show selected starting points and principles of educational thought in the educational scientific debate before 1989 and its second life in the educational debate after 1989. Attention is paid to two dominant motifs of socialist pedagogy: the service of educational science for social construction and the notion of education as a basis for achieving a harmonious well-rounded personality.

Keywords: Czech Republic, Educational Transformation, Post-socialism, Knowledge Circulation, Marxism

Anschrift des Autors

Prof. PhDr. Tomáš Kasper, Technische Universität Liberec und Karlsuniversität Prag,
Pädagogische Fakultät,
Univerzitní náměstí 1, 460 01 Liberec
E-Mail: tomas.kasper@tul.cz

Iveta Kestere/Arnis Strazdins/Inese Rezgorina

"Happy Soviet Childhood"

Forgotten disciplining tools in Latvia's public space

Abstract: The idealisation of the Soviet school in the memories of teachers began almost simultaneously with the re-establishment of Latvia's independence in 1991. Memories of order and discipline in Soviet schools persistently induce nostalgia in contemporary Latvian educational space. The positive assessment of Soviet-era order generated interest in 'discipline' in the land of Soviet childhood. The museum, as an institution, is one of the custodians of the artefacts of Soviet childhood and has a 'voice' in interpreting the past and shaping collective memory. How does a museum's exposition confirm or deny the popular, still living myth of a disciplined but also happy Soviet childhood? What aspects of discipline are overtly displayed in museums and what are hidden or ignored? How does discipline fit into or resonate with the myth of the "happy Soviet childhood" propagated in the Soviet Union? We address these questions to two main sources: a textbook for teachers published in 1968, which explains the official concept of Soviet childhood, and the exhibition stand on Soviet childhood opened by the National History Museum of Latvia in 2022. The article reveals that in contemporary Latvian public space, memories focus on traditional artefacts of childhood and visual affiliation with Soviet children's political organizations, while reminders of the instruments of childhood discipline in the Soviet system are unconsciously suppressed as unattractive and contradictory.

Keywords: Childhood, Museum, Discipline, Soviet School, Soviet Latvia

1. Introduction: Soviet School Nostalgia in Contemporary Latvia

Memory is not a static source of meaning, remembering does not recapture a past reality, but reconstructs and refigures the past through the application of current mental templates and connections, which themselves are always evolving (Cubitt, 2019, p. 129). The idealisation of the Soviet school in collective memory began almost simultaneously with the re-establishment of Latvia's independence in 1991 and the first steps towards democracy. In surveys conducted in 2000 and 2002, 80.1% of teachers admitted that they positively assessed Soviet discipline and order in schools. Compulsory participation in political organisations for children and youth, collective voluntary work for common good, 'team spirit', standardised and mandatory school uniform, social equality, free hobby, and activity clubs, as well as greater authority and prestige in society for the teacher were listed among the positively assessed features of the Soviet education system (Kestere, 2002, pp. 240–241; Kestere & Lace, 2004, p. 36).[1]

---

1 The studies were conducted by the first author of this article in a team of sociologist be-

Memories of order and discipline in Soviet schools continue to be a source of nostalgia in contemporary education in Latvia, putting aside the different interpretations of recent history among Latvian and Russian ethnic communities (see Velmet, 2011, p. 190). Memories of order, predictability and social security that prevailed in the Soviet Union are juxtaposed with the rapid and sometimes chaotic reforms and the resulting social confusion that Latvia experienced after the collapse of the Soviet Union leading to the disillusionment with liberalism and democracy we experience today (see Eteris, 2018, pp. 140–144). Life in 'precarious' democracies creates favourable conditions for myths of 'secure' authoritarianism, even invoking the social stability in Russia and Belarus today as a model.

Nostalgia for the Soviet order sparked our interest in 'discipline' in the land of Soviet childhood, presented as an ideal place of unadulterated happiness and symbolic centre of Soviet life (Kelly, 2007, pp. 134–136; White, 2021, p. 123). How has this propaganda story been transformed in contemporary society? Soviet childhood is revealed in contemporary public space by mass media, including museums, where artefacts of childhood are a popular part of the display because they fit well with the traditional target audience of museums – schoolchildren and families (Smith, 2015). Museums have a 'voice' in the interpretation of the past and the construction of collective memory.

Museologists believe that the artefacts themselves are dumb, they are 'just things', and museum visitors are the ones who 'make sense of the life of things in museums' (Gaskell, 2015; Velmet, 2011, p. 205). However, the choice of objects for museum display is undeniably subjective and reflects the demand of the respective era for the presentation and interpretation of history and as such acquires a voice and is 'speaking'.

What aspects of discipline are overtly displayed in museums and what are hidden or ignored? How does discipline fit in or resonate with the myth of the "happy Soviet childhood" propagated in the Soviet Union? We addressed these questions to two samples, namely, a textbook for teachers, which offers a focused explication of the official concept of Soviet pedagogy (Ilyina, 1968/1971), and the stand dedicated to Soviet childhood opened by the National History Museum of Latvia in 2022. Having adopted case study strategies, these samples were studied in a specific context of the Soviet era between 1953 and 1985, blending description with the analyses and interpretation, and concluding with the discussion on cross-samples. The museum story is also supported by our team's findings acquired through surveying of 46 Latvian museums on the Soviet childhood exhibitions (Kestere & Strazdins, 2022).[2]

---

tween 2000 and 2002. All respondents had studied or worked in schools in Soviet Latvia, were of different ages and had at least completed secondary education.

2 An electronic questionnaire to 100 Latvian museums of different genres (history, art, cultural history, local history, memorial, and school museums) in 2019 looked to find out what story of childhood during the Soviet dictatorship between 1940 and 1941 and between World War II and 1991 the museums offer. 46 museums answered providing information about the artifacts that represent Soviet childhood.

2. Constructing the 'ideal' Soviet childhood

2.1 A central textbook for teacher training (1968–1990)

"He must be persistent, temperate, and hardened, able to control himself and influence others; if the collective punishes him, he must respect the collective and the punishment imposed. He must know how to be cheerful, lively, resourceful, able to struggle and build, able to live and love life, he must be happy" (Ilyina, 1968/1971, p. 100). The author of these lines is a Soviet pedagogical classic, Anton Makarenko (1888–1939), and the addressee is the New Soviet Man, whose fabrication was a permanent task of Soviet society from the very first years of the Soviet Union (Kestere & Fernandez, 2021; Kestere, Stonkuviene & Rubene, 2020). Makarenko retained his authority after the Stalin era as a champion of strict collectivism and discipline and became a cornerstone of Soviet pedagogy (Kelly, 2007, p. 616), like the quotation from Makarenko's article *Teachers shrug their shoulders* (1932) in this teachers' textbook from 1968 shows. Thus, several generations of Soviet teachers learned from this book the main ideas that were promoted in school practice (Bogachenko & Perry, 2013, p. 15). Latvian teachers also studied Soviet pedagogy, and Ilyina's textbook with Makarenko's quotation remained in their curricula until the 1990s.

All Baltic states were occupied by the Soviet Union in 1940, but comprehensive changes in the field of education only began after World War II. Latvian teachers had to learn Soviet pedagogy, which defined children as independent and powerful agents of the future with certain responsibilities in supporting of Soviet power (Silova & Palandjian, 2018, p. 149; White, 2021, p. 133). Soviet children were not innocent, carefree, vulnerable, and dependent creatures (Pascoe, 2012, p. 210), since the line between childhood and adulthood was blurred. Children were seen as active participants building the Communist future (Silova & Palandjian, 2018, p. 166; Kelly, 2007, p. 570). While in the public domain, along with the condemnation of Stalin's personality cult and the political 'thaw', early childhood was recognised as a "world of wonder and magic" (Kelly, 2007, p. 134), a closer look into this world reveals the steadiness of the requirement to create a Soviet citizen from an early age. Ilyina's book (1968/1971) teaches that the aim of communist education in the Soviet school was "to develop well-rounded citizens capable of building and defending a communist society" (pp. 52–53). This quotation showcases the words *build* and *defend,* which run through almost all themes in this book. Thus, alongside the "celebration of childhood innocence" (Kelly, 2007, pp. 134–136), proclaimed and enthusiastically embraced by the Soviet creative intelligentsia, pupils had to learn to identify and combat the enemies of Soviet rule. From the ages of 9–10, pupils were introduced to a gallery of children and youth heroes,[3] who "served as models of self-sacrifice, discipline, and devotion to the common

---

3 These include stories of children and youths, heroes of the Soviet Union, who killed Nazis during World War II and paid for it with their lives. See *Young Pioneers' Guide,* a book for Latvian children (Bērziņš, Špona & Treskina, 1980, p. 40–42).

cause" (Kelly, 2007, pp. 133–134). Ilyina's (1968/1971) book for teachers displays the demand for discipline and self-discipline. Using this book as a case study, we will consider discipline in Soviet pedagogy in the following three dimensions: (2.2.) discipline as a state-practiced childhood control; (2.3.) community as a disciplinarian of the child and (2.4.) discipline as a hierarchical ritual.

2.2 Discipline as a State-practiced Childhood Control

Moscow was the centre of Soviet state education control, concepts of pedagogy in all the Soviet republics were synchronised, or even disciplined. With the advent of the communists, schooling in Latvia meant not only learning literacy, but also political and social literacies (Silova & Palandjian, 2018, p. 160). Great importance was assigned in all republics to various educational institutions, through which Soviet ideology in all social groups should spread. Yet the formal education system particularly allowed to control the perception and acceptance of ideology, (Kelly, 2007, p. 93). Beyond the obstacles to Soviet education (see Gerber & Hout, 1995), official rhetoric characterized education as one of the priorities of Soviet life: "[…] Our era demands educated people who are capable not only of using the achievements of science and technology, but also of multiplying them themselves, and therefore we must learn, learn, learn, as indicated by Vladimir Ilyich Lenin" (Saulgoze, 1970).

Certainly, the Soviet school as a state-controlled institution and citadel of childhood discipline does not differ much from the image of school in the West (Pascoe, 2012, p. 214; Depaepe et al., 2000, p. 245; Foucault, 1975/1995). In Latvia, too, the disciplined pupil was by no means a Soviet innovation. Take, for instance, the article, *Discipline in Primary School,* published in September 1939, while Latvia was still an independent state. The author laments that in "the old days" pupils easier submitted to school discipline, the teacher had the right to punish pupils in various ways, but "now" it has become much more difficult to maintain discipline because some types of punishment had been banned – for instance, insulting children. Parents too often "take the children's side" so that teachers can rely only on "a strict, impartial headmaster" and a consensus among teaching staff on pupils' behaviour (Gražanskis, 1939, pp. 264–269). A continuity of discourse about discipline is apparent, after the Soviet occupation of Latvia in September 1940, referring to the crisis of education under the "old regime", now resolved with "all weapons", being the "mood of the entire class" the main one; now collectives like parents, Young Pioneers, and Komsomol may serve as role models to potential troublemakers (Liepiņš, 1940, pp. 134–138).

The Soviet version was nonetheless different from other models of discipline also with the communist ideology that introduced "additional meanings or functions" to every phenomenon (Prozorov, 2013, p. 210), including the schooling of children. In the Soviet Union, the discipline of pupils was a concern of the entire society, and not only an individual problem. Propaganda of communist ideology among children and youth was not a hidden curriculum, but an openly declared task of the entire society: "[…]

the impact of communist upbringing is ensured here not only by the school and the means of mass influence, but also by the whole reality of Soviet life" (Ilyina, 1968/1971, p. 39). A vigilant environment controlled by the public eye was certainly more reliable for raising children, while private space, including the family, was viewed with suspicion (Ilyina, 1968/1971, p. 39).

Political organisations for children and youth were instrumental in maximising public control. *Little Octobrists, Vladimir Lenin All-Union Young Pioneer Organization* (Young Pioneers) and the *All-Union Leninist Young Communist League* (Komsomol) were created by the Bolsheviks in Soviet Russia in the 1920s as incubators of the new communists. The Scouts served as an unofficial model for Pioneer activity, with the difference that Pioneer girls and boys worked together and openly engaged in the propaganda of state ideology. After World War II all three organizations were already transformed into an enforced childhood practice, supervised by the school and increasingly bureaucratised and centralised (Stonkuviene, Tilk & Kestere, 2013).

In Latvia's schools in 1967, 97% of children of the respective age were Young Pioneers, and 71% of pupils were Komsomol members (Builis, 1967, p. 11). From 1957 onwards, the Octobrists enlisted everyone who wanted to join their ranks (VĻKJS ..., 1957). The mass admission in the second half of the 1960s is also true for the Komsomol, where admission was individual. Ilyina (1968/1971) quotes the opinion of the Plenum of the Central Committee of the Komsomol in 1965: "The Komsomol takes into its ranks not a selection, not people who have not the slightest stain, not ready-made Komsomol members, but young people worthy of admission! Our Union is an organisation of mass education, it has never been and will never be a narrow sect [...]" (p. 454).

Children became Little Octobrists in their first year of school, followed by joining the Young Pioneer organisation at the age of 9–10 and the Komsomol at the age of 14–15. Membership became open to everyone, regardless of nationality, gender, or social affiliation. Involvement was virtually inevitable, as avoidance, in turn, posed serious obstacles to further education and careers. The work of children's organisations in schools was directed and supervised by state-paid officials, the Pioneer leader, and the organiser of extra-curricular work, all supervised by the Communist Party secretary at school and by the Communist Party institutions outside the school. All these organizations were centralised and uniform throughout the Soviet Union. Over time, such large-scale participation in political organizations and activities was expected to homogenize children's behaviours, actions, and appearances, ultimately resulting in the formation of an ideal Soviet citizen with common identity (Silova, 2021; Silova & Palandjian, 2018, p. 154). The Soviet system first and foremost perceived children as citizens of the state, so that virtually any activity in the interests of children may take place in these organizations, including children's theatres, drawing studios, choirs, dance groups etc. During the heyday of rock music in the late 1960s and 1970s, even rock bands could find a place there (Yurchak, 2005, p. 192). These not mandatory extracurricular institutions throughout the Soviet Union were maintained and funded by the state.

In these activities of schools and children's organisations, the discipline of the mind was closely related to the discipline of the body. Teachers learned that mental effort teaches the child discipline, willpower and establishes a work habit (Ilyina, 1968/1971, p. 59, p. 108). Hence, the discipline of mind and body had to be learned simultaneously and in unison. Soviet policy called for the direct and immediate exercise of power on the "bodily dimensions" (Prozorov, 2016, p. 59) from the very first school classes. Making sure that pupils sat correctly at their desks, "constantly and persistently reprimanding" them for incorrect posture was central (Ilyina, 1968/1971, p. 173). The ideal Soviet Man did not allow any deviations, including breaking the left-handed children and forcing them to work with the right hand (Rubene, Daniela & Medne, 2019). In addition, militarised exercises were practised in sport lessons and continued in children's organisations (Ilyina, 1968/1971, p. 173).

In addition to direct methods of disciplining the body, Soviet children worked "for the good of society" (Ilyina, 1968/1971, p. 101). In the Soviet Union, communal "socially useful labour" was seen as a morally obliging contribution to the needs of society (White, 2021, p. 125). Ilyina's book (1968/1971) devotes a chapter to it, emphasising that "man's work for the Fatherland is the only form of his morally justified existence in our country" (p. 124). The cornerstone of "socially useful labour" was practical, manual activity. Ilyina emphasized the labour curriculum from first to tenth grade and advocated tidying up the classrooms, repairing works, as well as involvement in pupil's labour units (pp. 135–141, pp. 142–144). In Latvia, in 1982, ten thousands of pupils worked in school labour units. They weeded roots, engaged in hay making and collected stones from the fields, in industrial enterprises, the service sector, commerce and medicine. The pupils of the younger grades took improvement service jobs and worked in the agricultural industry (Līvens, 1982). "Working together" taught self-discipline and helpfulness (Bogachenko & Perry, 2013, p. 14).

2.3 The Community as Disciplinarian of Childhood

The structuring of childhood in different institutions meant permanent external surveillance, regulating behaviour through public opinion, punishments, and rewards. It was important that children belonged to only one political organisation (Octobrists, Young Pioneers, Komsomol) at each stage of their lives. This meant supervision and control by a particular entity, which in turn could be held accountable for the behaviour of its members. It was the duty of every child to join the collective, to recognise its authority and its right to regulate their life: "the interests of the collective [are] superior to the personal interests" (Ilyina, 1968/1971, p. 102).

Teachers learned that fear of external disapproval and condemnation was one of the tools for disciplining children (Ilyina, 1968/1971, p. 109, p. 454). This meant humiliating the perpetrator in public meetings; teachers demanded collective negative attitudes towards perpetrators. Soviet children had to understand that the success of the collective depended on their individual behaviour, which in turn taught them to value each other's behaviour within the collective (White, 2021, p. 130). The system of collective punishment included reporting on the comrade's offence. Reporting was welcomed and positively assessed since the reporter had fulfilled their duty. Moreover, failure to report was a crime almost tantamount to disloyalty to the Fatherland (Vails & Geniss, 2006, pp. 76–77). The system of rewards and punishments also involved parents' workplaces and the residential community (Ilyina, 1968/1971, p. 39, p. 89).

At the national level, community authority was important for the absorption of political and social literacies (Silova & Palandjian, 2018, p. 160) or, in other words, for the education of children in Soviet ideology. The official Soviet childhood organizations were, at least externally, politically homogeneous, ideologically stable. Openly disputed or questioned the ideology declared by the state authorities and the social order established by the Soviet state was an exception. Some supported the Soviet way of life out of conviction, while others concealed their views out of fear, choosing adaptation as a life strategy (Zakharova, 2013, p. 210).

2.4 Childhood Discipline as a Hierarchical Ritual

In addition to public opinion, the members of the collective were organised, regulated, and disciplined by specific rituals. Looking at Soviet childhood from the perspective of Bell's (1992) theory of ritual, its key features were an unified conceptual orientation, predictable, orchestrated, sequential actions that integrate both mind and body, and a formalized social order (pp. 20–23).

School and political organisations became the official place for the practice of childhood rituals. School time was ritualized not only by the transition from one study year to another, but also by a clearly defined path of the child from one political organization to the next – first an Octobrist, then a Young Pioneer and finally a Komsomol member. Ilyina (1968/1971) depicted successive membership as the logical path of the Soviet pupil: "The Octobrists are the next Young Pioneers" (p. 443) and once a Komsomol group is formed in a class, it must prepare other Pioneers for admission to the Komsomol (p. 452). Orchestrated administration of school time, beginning with unified school timetables in all the Soviet republics, included both education and afterschool activities, supervising, controlling and hierarchizing Soviet childhood (Silova & Palandjian, 2018, p. 154).

Although all Soviet life was forward-looking and progress-oriented, the rhythm of the seasons represented "regular cycles of repetition" (Foucault, 1975/1995, pp. 149–150). The school year in the Soviet Union began on 1st September and every autumn, schoolchildren went to the farms to harvest and celebrated the Russian October Revolution; in winter, activities centred around the New Year, not Christmas; every spring, a Cleanup Day *(subbotnik)* was held, when all Soviet children and their parents worked without pay to clean up their surroundings; in spring, May Day or International Workers' Day was celebrated; during summer holidays, children were busy working in pupil labour units or going to a Pioneer camp.

The cyclical rhythm of the seasons, in turn, was permeated by daily rituals. The teenage years in Young Pioneer ranks were particularly strictly ordered in symbolic rituals, including forming a group, standing in a strict, straight line, and drilled marching (Ilyina, 1968/1971, pp. 443–444). The rhythm of marching was controlled by the sound of drums, which helped to synchronise actions performed by bodies and contributed to an "instrumental coding of the body" (Foucault, 1975/1995, p. 153). Regularly repeated rituals, including militarised sports, taught to align the own activities with those of comrades.

Rituals also included certain symbols that formed their own symbol systems (Bell, 1992, p. 26). Each Soviet children's and youth organisation had its own symbols to be worn daily, visually confirming the status of a member in the established hierarchy of organizations. The Young Pioneer tie symbolised that certain stage of childhood (Octobrists) had been successfully completed and that one could now aspire to the next stage, the Komsomol (Silova & Palandjian, 2018, p. 157). The symbolism of Soviet political organisations was the same across the vast and diverse Soviet Union: "All Octobrists wear Octobrists badges on their chests. […] When they are accepted into the Pioneers, the senior Pioneer leader ties their neckerchiefs" (Ilyina, 1968/71, p. 443). Lenin, the founder and ideologue of the Soviet state, adorned the badges of all three organisations, constituting not only one of the "endless Soviet symbols" (Yurchak, 2005, p. 89), but also embodying collective supervision. Lenin was a symbol of hard work and self-discipline, a true Soviet role model (White, 2021, p. 143).

Shared symbols and participation in community ritual action contributed to personal identification with a certain group, they allowed the child to become aware of him or herself as an accepted community member (Utkina, Mironova, Loiko & Volkov, 2016, pp. 1–4; Bell, 1992, p. 20). We now explore how the official (disciplined and happy) concept of Soviet childhood is passed on to future generations in museum exhibition today.

3. The Story of Soviet Childhood in the Museum

3.1 Representation of Soviet Childhood in the National History Museum of Latvia

The National History Museum of Latvia provides the central, official story of Latvia's history in the public space. The *national* museum is one of the symbols of the nation state, whose task is to image the nation as one community. National museums are filled with objects that claim to represent the nation, promoting domineering majority narratives of national community (Elgenius, 2015, pp. 145–149). With the restoration of Latvia's independence, the *National* History Museum of Latvia joined the list of other national museums around the world with its statutes asserting its mission as "promoting a positive image of Latvia" (Latvijas Nacionālā …, 2012, p. 2).

This museum, located in the centre of the capital city of Riga, is conveniently accessible for educational excursions, entertainment on weekends and public holidays for all visitor groups. The task of the National History Museum is quite broad ranging, including telling the visitor the entire history of Latvia. A 'synopsis' of this story is placed in one hall, designed for a specific audience – Latvian children and youth. However, it should be noted that children often visit the museum accompanied by an adult, so the addressee of the exhibition is virtually unlimited.

The museum offers a glass showcase dedicated to Soviet childhood. Above the showcase is a timeline with information (in Latvian) that Latvia remained part of the Soviet Union after 1945 and "Soviet power in Latvia restricted people's freedom and controls all areas of life". Before viewing the artefacts of Soviet childhood, the visitor is introduced to the struggle for Latvian independence (1914–1920), the national economy in the 1920s–30s, World War II and Soviet and Nazi occupations, while behind the showcase of Soviet childhood the story continues with the path to regaining Latvia's independence in 1991.

Soviet childhood is represented by nine objects (see Figure 1), and we can only imagine the complexity of the curator's task in choosing them. The objects themselves are dumb, they only come alive in dialogue with the viewer when they are integrated with 'live interpretations' (Gaskell, 2015; Velmet, 2011, p. 195, p. 205). Things are objects "to think with" (Dussel & Priem, 2017, p. 646). Museum visitors make sense of

Fig. 1: The Soviet Childhood Stand in the National History Museum of Latvia (2022).

the life of things, and things obtain and constantly change their immaterial attributions (Gaskell, 2019, p. 221; Gaskell, 2015, p. 3.). Objects in an exhibition become a trigger for the experience of the viewer, incite self-reflection, provoke a story that one would like to tell others.

Childhood has always been a heterogeneous experience (Pascoe, 2012, p. 214). In Latvia, the story of childhood memories is additionally fragmented by the heterogeneous post-Soviet community living in different linguistic and social spaces (Velmet, 2011, p. 189). For some part of the Latvia's population, the connotation or contextualisation of Soviet-era museum objects evokes memories of Soviet occupation, the subjugation of Latvians to Moscow's control and russification, while another part of society remembers the Soviet era as a positive experience when Latvian society was, at least imaginarily, united. At the same time, childhood has passed and in the adult perspective memories have become a place of nostalgia and sentiment. Eyewitnesses oftentimes come to the museum for "nostalgic images of the past engraved in the collective memory" (Depaepe, Simon & Verstraete, 2014, p. 7). Therefore, museums choose stereotypical display objects because they engage a wider range of viewers in a dialogue and satisfy the interests of a larger part of the audience (Pascoe, 2012, p. 219; Jones, 2007). The common narrative of museums around the world is that of childhood as an age of joyful innocence and carefree play, represented by those objects that are considered by adults to be characteristic of childhood, or "adult-constructed sources about children" (Pascoe, 2012, p. 209, p. 212).

The National History Museum of Latvia fits in well with the traditional display of childhood. As childhood is sentimentalised, museum expositions usually lead to a nostalgic representation of children's material culture, with toys taking centre stage (Pascoe, 2012). There are three toys on the Soviet childhood stand: a doll dressed in Latvian folk costume and given the typical Latvian girl's name *Baiba;* a toy boy *Buratino,* which is a reference to a popular Russian author's children's book but known in the world as *Pinocchio.* The third toy is a small cat, the main attraction of which lies in its moving joints, which can be activated by pressing a button at its base. The symbolism of Soviet children's political organisations takes centre stage: the visitor sees a red Young Pioneer neckerchief, a clear symbol of the organisation, and a red side cap *(pilotka),* worn by boys and girls on special occasions such as marching. There are also badges of all three organisations – the Octobrists, the Young Pioneers and the Komsomol – with Lenin's image. Finally, the stand displays a book of children's poems by a Latvian writer, *Voices of May,* with a cover depicting Octobrists and Pioneers marching to the sound of bugle and drums. Next to these objects, a brief description in Latvian is provided.

3.2 The Story of Soviet Childhood Objects

Whereas it is never sure what children did with toys and how they played with them (Pascoe, 2012, p. 212), the symbolism of the Young Pioneers' neckerchief and other children's organisations was clear. Disrespecting these symbols was a disciplinary offence, as was failure not to wear the symbols if the pupil belonged to the relevant organization. Since the symbols of Soviet children's political organisations were the same throughout the Soviet Union, the museum's exhibition appeals to a wide range of visitors – a familiar, understandable, memory-stimulating and 'safe' offer for interpretation for several generations growing up in any republic of the Soviet Union. Symbolism of organisations, "knitting societies together" (Jones, 2007, p. 6) superseded social affiliation and gender. Viewing these symbols, adults do not need specific knowledge of history, it is enough to recall their own childhood experiences. The description of the objects informs that the Octobrists badge was worn by pupils in grades 1–3, the pioneer red side cap, badge and neckerchief were worn by members aged 9–14, and the Komsomol badge was worn by members aged 14–28.

The story of political organizations is continued by Bruno Saulītis' book of children's poems *Voices of May* from 1955. Its cover pictures how membership in the Octobrists and Young Pioneer organisations was practised. The children in the picture are of different ages, two have a Pioneer neckerchief around their necks, while the chests of the younger ones are adorned with Octobrists badges. The children march together, their steps synchronised by a bugle and a drum. The ritual conveys a message to others: happy, disciplined children are marching here. They are tidy, neat, and well dressed; their lives are a celebration. The children are marching along the road, it is springtime in nature, meaning the participation in the May Day parade. Spring also symbolises the awakening of nature, the expectation of a wonderful future. The image on the cover of the children's book imposes its own interpretation on the visitor.

The content of the book remains hidden from the visitor. *Voices of May* was not a popular read for Soviet children, and the book was probably chosen for display only because of its eloquent cover image. Its author, Bruno Saulītis (1922–1970), a former combatant in the Latvian legion under the auspices of Nazi army during World War II, then imprisoned by the Soviet army, had found a chance to survive in the Soviet era by writing poems in the spirit of Soviet patriotism. This imposed Soviet patriotism was not conducive to the production of literature of high quality, which is why Saulītis' children's book has most likely faded from the memory of Soviet children. Probably for this reason, the casual visitor is unlikely to delve into this museum object.

Contrastively, the doll *Baiba* is one of the most interesting and richly interpreted objects of Soviet childhood on display. The description of the object reads: "*Baiba* doll in the folk costume of the *Bārta* region, manufactured in the *Straume* factory." Baiba is the largest of all the Soviet childhood objects on display, measuring 45 centimetres high. While the other two toys are nationally neutral, Latvian culture is celebrated through the *Baiba* doll, dressed in Latvian folk costume. This challenges the narrative of the homogeneous community of Soviet childhood proclaimed by the symbols of children's political organisations in the exhibition. Baiba is a personification of Latvians as an ethnic group and speaks to a specific audience. The doll, produced in the Soviet Union, represents a pre-Soviet Latvian identity through costume. However, Baiba is also a story of communist ideology: in the Soviet republics, external belonging to different ethnic groups was emphasised; it served as a facade for the Soviet Union's parade, as a proof that the centralised policy of russification was a fabrication of the enemies of Soviet power. The Soviet empire-building project had left sufficient space for the national cultures to survive in different Soviet republics (Silova & Palandjian, 2018, p. 167). The *Baiba* doll in the museum's exhibition also reveals its typically Soviet creation story: the description of the doll in the Museum's collections states that it was made in Soviet Latvia "on the 50th anniversary of the Communist Clean-up Day on 17 April 1969 at *Straume* factory". Hence, this doll was produced in one of the cyclical Soviet rituals, i.e. the Spring Clean-up Day, and the factory workers were not paid for making it.

The *Baiba* doll offers visitors wide room for individual stories. Baiba was too expensive for modest Soviet conditions. It was not played with; it was given as a gift, and it decorated the house. However, the doll was popular because it served as a souvenir representing 'Latvianness' in the Soviet empire and therefore often travelled abroad. For example, Baiba was sent by the Latvian Octobrists to schoolchildren in the German Democratic Republic in 1977, and the story was told in the Soviet children's newspaper *Young Pioneer* (Baiba Berlīnē, 1977). It is remarkable that the Latvian Octobrists (of course it was the teachers' idea) have chosen a souvenir that visually expresses their Latvian, not Soviet, identity. *Baiba* also travelled to the relatives in the West. During World War II, many Latvians fled the Communists and went into Western exile. They re-established contact with their relatives in Soviet Latvia only after Stalin's death. *Baiba* travelled to the other side of the Iron Curtain as a homecoming greeting. *Baiba* is another object in the story of Soviet childhood that does not require much knowledge but serves as a trigger of individual memories for a certain group of museum visitors.

3.3 Soviet Childhood in Latvian Museums

Adults with their own childhood experiences choose objects of childhood history for the museum exhibitions. "Choices matter", as Velmet writes (2011, p. 195). Museum curators make their own choices and prioritise certain objects. Consequently, exhibitions can exclude, downplay, and ignore (Velmet, 2011, p. 196). Since exclusion is inevitable, anyone can find flaws in a museum curated exhibition.

The toys displayed in the National History Museum of Latvia, if we look at the *Baiba* doll without the connotation of an object, represent a happy childhood whose story from an adult perspective is broadly similar in museums around the world (see Pascoe, 2012). Without "the supporting message" (Depaepe and Simon, 2009, p. 11) of her life story, Baiba is a beautiful but ordinary doll. The artefacts of children's political organisations are a reminder of the specificity of Soviet childhood, but their target audience is also quite broad. The symbolism of the organisations is well known to several Soviet-era generations throughout the former Soviet Union and beyond. They are templates for provoking adult memories, evoking stories to tell their pupils, children, and grandchildren. Since children's political organisations also defined Soviet childhood, their rich symbolism is popular in the exhibitions of other Latvian museums, where a special story is told. According to the survey of 46 museums, artefacts such as the Pioneers' neckerchief, bugles, drums, festive uniform, flags of children's organisations, and documentation of Pioneers' squads are stocked in collections and placed on display. Visual testimonies depict the enrolment in the Octobrists and the Young Pioneers, albums and audio recordings tell stories of life in Pioneer camps, and phonograph records offer Pioneer songs (Kestere & Strazdins, 2022).

There are no unchallenged representations of the collective past (Langenohl, 2008, p. 171). The experience of Soviet children's organizations can range from a traumatic sense of captivity and army discipline to memories of safe belonging to a community and the joy of working with others. Toys are both a story of a modest Soviet childhood and a small space of hidden resistance, where the celebration of Latvian ethnic culture plays an important role (Kestere & Fernandez, 2021). The interpretation of the exhibition at the National History Museum of Latvia is left to the viewers, mainly to their individual memories and emotions, not to their knowledge. This display of a "happy" Soviet childhood in its 'neutrality' is challenged only by the location of the Soviet childhood stand in the museum space – between the Latvian people's experience in the Soviet prison camps and the struggle for independence and freedom of the Latvian state. Overall, the representation of Soviet childhood at the National History Museum strikes a balance between stereotypes and complex interpretation, between "to provoke and surprise their visitors" (Pascoe, 2012, p. 220).

However, exhibitions are also a story of silence and evasion (Velmet, 2011). The militarisation of Soviet childhood and the strict discipline it entailed are scarcely represented in Latvian museums. The 'ugly side' of Soviet childhood is excluded. Everything related to the glorification of the Soviet army is an awkward, sensitive issue in the divided space of Latvian memory. In the official narrative of recent history, the Soviet army is first and foremost the invaders, the occupiers who subjugated the independent Baltic States by military force. But for another part of Latvian society, the Soviet Army is the winner of World War II, the liberator of Europe from fascism, and a symbol of a strong state. Recent discussions in the Parliament of Latvia *(Saeima)* show how controversial this issue is. On 31st March 2022, Law on the Safety of Public Entertainment and Festivity Events was amended stipulating that it is forbidden to "promote and glorify events containing the ideology of the Nazi and Communist regimes" (Grozījumi ..., 2022). The law banned the celebration of the entry of the Soviet Army into Latvia in 1944. During the debate in Parliament, a member of parliament from the political party *Saskaņa/Consensus,* which is mostly supported by the Russian-speaking part of Latvia's society, claimed that the liberation of Latvia was not communist ideology. Hence, he emphasised a different interpretation of historical events – only the liberation of Latvia from Nazism is important, the liberation that occurred thanks to the Soviet Army. The subjugation of an independent Latvian state to the Soviet Union by military force is excluded from this narrative.

4. Conclusion: Happiness at the Price of Discipline?

Why is the myth of a (disciplined but) happy Soviet childhood still alive? How is this myth perpetuated? One of the answers, of course, is nostalgia for childhood and youth in general, especially since the Soviet years were a stable time: "in the 1960s children were growing up in a future-orientated society, looking forward to new technological and social advances" (White, 2021, p. 146). Attitudes towards Soviet childhood converge towards this collective experience: "The shattered, derided ideal did not become less attractive because it turned out to be false […]. Revising the attributes of the Pioneer myth […], adults laugh to hide their nostalgia for their 'happy childhood'" (Vails & Geniss, 2006, p. 80). Indeed, it is possible to see the promised land of happiness beyond the Soviet militarily disciplined childhood.

Firstly, the mass inclusion of children and young people in political organisations offered attractive activities both inside and outside school. Childhood was active and busy; children could feel important. State-imposed and coordinated responsibilities made children's lives not only disciplined but also interesting. And all this was state-funded, and therefore free for all Soviet citizens. For their part, not only teachers found it easy to manage discipline-trained team members. The emphasised disciplining during school years later helped in careers, as strict discipline was a permanent feature of socialism (Prozorov, 2016, p. 294).

Secondly, the compulsory inclusion into the collective created a sense of belonging and security. Belonging to the group allowed everyone to gain individual experience within the group. Associating oneself with a larger social group creates confidence in the future (Utkina et al., 2016, p. 1). Involvement in children's political organisations helped to synchronise individual identities by accepting and including different social classes, genders, cultures, and value systems. The mutual responsibility and control of members was disciplining, but also taught friendship and helpfulness. The inevitable life practice in children's organizations was linked to romance, to the creation of a special childhood culture, the cornerstone of which was the (secret) enjoyment of freedom as opposed to strict discipline. Oppressors always leave some tiny space for the expression of oppressed interests (Scott, 1990, p. 18). The support of comrades stimulated children to adapt Soviet norms to their own interests.

Thirdly, the official demand for a sense of happiness in Soviet society was the belief that happiness really existed somewhere, or would come sooner or later. The future orientation created the feeling that the best was ahead; childhood was the path to future years of happiness. The Soviet school created a positive worldview, a worldview as ideal as the Kremlin's chimes. No matter how many times a Soviet person became convinced that the postulates of communist ideology were false, he/she still reckoned with them all his/her life (Vails & Geniss, 2006, p. 79). Soviet pedagogy also clearly conveyed the message that happiness could only be obtained in community; it was not available individually.

These positive signs of Soviet childhood exclude the humiliating and embarrassing instruments of Soviet social discipline. First, there is a fear of public condemnation and of public punishment as well as of expressing any dissenting opinion openly. A tangible example of fear is the *Baiba* doll in the National History Museum, which was produced as an ordinary Soviet toy, but at the same time served as a covert manifestation of Latvian ethnic identity. This story of Baiba is left entirely to the discretion of museum visitors. The other Soviet disciplinary tool that is concealed today is the militarisation of childhood. Objects related to the Soviet Army can be found in museum collections but are avoided in general exhibitions of childhood history. Although museums want to provoke visitors' memories, this desire obviously has its limits, namely the avoidance of the unpleasant, the avoidance of the too counter-standing memories of museum visitors. In sum, Latvian museums seem to have chosen exhibits that ignore the instruments of childhood discipline in the Soviet system which, in turn, avoids the question of the costs of disciplined childhoods and the nostalgia attached to them.

References

Baiba Berlīnē [Baiba in Berlin] (1977). *Pionieris* [Young Pioneer], 12.04.
Bell, C. (1992). *Ritual Theory, Ritual Practice.* Oxford: University Press.
Bērziņš, J., Špona, A., & Treskina, O. (1980). *Pionieru ceļvedis* [Young Pioneers' Guide]. Rīga: Zvaigzne.
Bogachenko, T., & Perry, L. B. (2013). Conceptualisations of School Relationships in Soviet and Post-Soviet Ukraine: A Comparative Analysis of Teacher Education Textbooks. *Educational Practice and Theory, 35*(1), 7–25.
Builis, A. (1967). Tautas izglītības izaugsme un sasniegumi Padomju Latvijā 25 gados [The Growth and Achievements of Education in Soviet Latvia in 25 Years]. In J. Anspaks, O. Ivaščenko, N. Klēģeris & V. Zelmenis (Eds.), *Zinātniskie raksti. Pedagoģijas un psiholoģijas zinātnes. Audzināšanas un personības attīstības jautājumi padomju skolā.* 84.sējums, 3.laidiens [Scientific Articles. Pedagogical and Psychological Sciences. Issues of Nurturing and Personality Development in the Soviet School. Volume 84, Issue 3] (pp. 4–25). Rīga: Zvaigzne.
Cubitt, G. (2019). History of Memory. In M. Tamm & P. Burke (Eds.), *Debating New Approaches to History* (pp. 127–158). London/New York/Oxford/New Delhi/Sydney: Bloomsbury Academic.
Depaepe, M., & Simon, F. (2009). Sources in the Making of Histories of Education: Proofs, Arguments, and Other Reasonings from the Historian's Workplace. In P. Smeyers & M. Depaepe (Eds.), *Educational Research: Proofs, Arguments, and Other Reasonings* (pp. 23–39). Dordrecht: Springer.
Depaepe, M., Simon, F., & Verstraete, P. (2014). Valorising the Cultural Heritage of the School Desk Through Historical Research. In P. Smeyers & M. Depaepe (Eds.), *Educational Research: Material Culture and Its Representation* (pp. 13–30). Cham/Heidelberg/New York/Dordrecht/London: Springer.
Depaepe, M., Dams, K., De Vroede, M., Eggermont, B., Lauwers, H., Simon, F., Vandenberghe, R., Verhoeven, J. (2000). *Order in Progress: Everyday Educational Practice in Primary Schools, Belgium, 1880–1970.* Leuven: University Press.
Dussel, I., & Priem, K. (2017). The Visual in Histories of Education: A Reappraisal. *Paedagogica Historica, 53*(6), 641–649.

Elgenius, G. (2015). National Museums as National Symbols. A Survey of Strategic Nation-building and Identity Politics; Nations as Symbolic Regimes. In P. Aronsson & G. Elgenius (Eds.), *National Museums and Nation-Building in Europe 1750–2010. Mobilization and Legitimacy, Continuity and Change* (pp. 145–166). London: Routledge.

Eteris, E. (2018). *Latvia in Europe and the World: Growth Strategy for a New Centennial.* Riga: RSU.

Foucault, M. (1975/1995). *Discipline and Punish. The Birth of the Prison.* New York: Vintage Books.

Gaskell, I. (2015). The Life of Things. In S. Macdonald & H. Rees Leahy (Eds.), *The International Handbook of Museum Studies: Museum Media* (pp. 167–190). Oxford: John Wiley.

Gaskell, I. (2019). History of Things. In M. Tamm & P. Burke (Eds.), *Debating New Approaches to History* (pp. 217–232, 239–246). London/New York/Oxford/New Delhi/Sydney: Bloomsbury Academic.

Gerber, T. P., & Hout, M. (1995). *Educational Stratification in Russia during the Soviet Period. American Journal of Sociology 3*, 611–660.

Gražanskis, A. (1939). Disciplīna pamatskolā [Discipline in Primary School]. *Latvijas Skola* [Latvia School], 01.09.

Grozījumi publisku izklaides un svētku pasākumu drošības likumā. Pieņemts 31.03.2022 [Amendments to the Law on the Safety of Public Entertainment and Festivity Events. Approved on 31.03.2022]. https://likumi.lv/ta/id/331357-grozijumi-publisku-izklaides-un-svetku-pasakumu-drosibas-likuma [06.10.2022].

Ilyina, T. (1968/1971). *Pedagoģija* [Pedagogy]. Rīga: Zvaigzne.

Jones, A. (2007). *Memory and Material Culture.* Cambridge: University Press.

Kelly, C. (2007). *Children's World. Growing up in Russia, 1890–1991.* New Haven/London: Yale University Press.

Kestere, I. (2002). A Few Aspects of the Soviet School System. In I. Žogla (Ed.) *ATEE Spring University 'Decade of Reform: Achievements, Challenges, Problems,' 3.* P. 237–248. Riga: Izglītības soļi.

Kestere, I., & Fernández González, M. J. (2021). Educating the New Soviet Man: Propagated Image and Hidden Resistance in Soviet Latvia. *Historia Scholastica, 7*(1), 11–33.

Kestere, I., & Lace, T. (2004). Padomju skola: ieskats tās raksturojumā un vērtējumos [The Soviet School: Its Characteristics and Evaluations]. *Pedagoģija. Latvijas Universitātes raksti* [Pedagogy. Proceedings of the University of Latvia], *670,* 34–42.

Kestere, I., & Strazdins, A. (2022). Between Nostalgia and Trauma: Representation of Soviet Childhood in the Museums of Latvia. In F. Herman, S. Braster & M. del Mar del Pozo (Eds.), *Exhibiting the Past: Public Histories of Education.* Berlin: De Gruyter. Forthcoming.

Kestere, I., Stonkuviene, I., & Rubene, Z. (2020). The New Soviet Man with a Female Body: Mother, Teacher, Tractor Driver …' *Acta Paedagogica Vilnensia, 45,* 97–109.

Langenohl, A. (2008). Memory in Post-Authoritarian Societies. In A. Erll & A. Nünning (Eds.), *Cultural Memory Studies: An International and Interdisciplinary Handbook* (pp. 163–172). Berlin: De Gruyter.

Latvijas Nacionālā vēstures muzeja Nolikums. Ministru kabineta noteikumi Nr. 924 Rīgā 2012. gada 18.decembrī (prot. Nr. 71 20.§) [Regulations of the National History Museum of Latvia. Cabinet of Ministers Regulation No.924 Riga, 18 December 2012 (Record No.71, § 20)]. https://likumi.lv/ta/id/253743-latvijas-nacionala-vestures-muzeja-nolikums [06.10.2022].

Liepiņš, R. (1940). Disciplīnas jautājumi skolā [Discipline Issues at School]. *Padomju Latvijas Skola* [Soviet Latvia School], 01.09.

Līvens, H. (1982). 20 tūkstoš palīgu veikums [The Work of 20 thousand Helpers]. *Padomju Jaunatne* [Soviet Youth], 06.08.

Pascoe, C. (2012). Putting away the Things of Childhood: Museum Representations of Children's Cultural Heritage. In K. Darian-Smith & C. Pascoe (Eds.), *Children, Childhood and Cultural Heritage* (pp. 209–221). London/New York: Routledge.
Prozorov, S. (2013). Living Ideas and Dead Bodies: The Biopolitics of Stalinism. *Alternatives: Global, Local, Political, 38*(3), 208–227.
Prozorov, S. (2016). *The Biopolitics of Stalinism. Ideology and Life in Soviet Socialism.* Edinburgh: University Press.
Rubene Z., Daniela, L., & Medne, D. (2019). Wrong Hand, Wrong Children? The Education of Left-Handed Children in Soviet Latvia, *Acta Paedagogica Vilnensia, 420,* 10–28.
Saulgoze, V. (1970). Ja esi stipras gribas cilvēks … [If You are a Strong-Willed Person …]. *Padomju Ceļš* [Soviet Way], 02.07.
Scott, C. J. (1990). *Domination and the Arts of Resistance.* New Haven/London: Yale University Press.
Silova, I., & Palandjian, G. (2018). Soviet Empire, Childhood, and Education. *Revista Española de Educación Comparada, 31,* 147–171.
Silova, I. (2021). Lessons in Everyday Nationhood: Childhood Memories of 'Breaching' the Nation. *Children's Geographies, 19*(5), 539–551.
Smith, L. (2015). Theorizing Museum and Heritage Visiting. In A. Witcomb & K. Message (Eds.), *The International Handbooks of Museum Studies: Museum Theory* (pp. 459–484). John Wiley & Sons.
Stonkuviene, I., Tilk, M., & Kestere, I. (2013). Children and Youth Organizations. In I. Kestere & A. Kruze (Eds.), *History of Pedagogy and Educational Sciences in the Baltic Countries from 1940 to 1990: an Overview* (pp. 112–127). Riga: RaKa.
Utkina, A. N., Mironova, V. E., Loiko, O. T., & Volkov, A. E. (2016). Ritual as a Method of Social Memory Content Transfer. *SHS Web of Conferences, 28,* 1–5. doi: 10.1051/shsconf/20162801142.
Vails, P., & Geniss, A. (2006). *60.gadi. Padomju cilvēka pasaule* [The 60s. The World of Soviet Man]. Rīga: Jumava.
Velmet, A. (2011). Occupied Identities: National Narratives in Baltic Museums of Occupations. *Journal of Baltic Studies, 42*(2), 189–211.
VĻKJS CK 8. plēnuma lēmums Par pasākumiem V. I. Ļeņina vārdā nosauktās pionieru organizācijas darba uzlabošanai [8th Plenum of the Central Committee of All-Union Leninist Communist League of Youth Resolution "On Measures for Improving the Work of the Lenin Pioneer Organization"] (1957). *Skolotāju Avīze* [Teacher Newspaper], 05.12.
White, E. (2021). *A Modern History of Russian Childhood from the Late Imperial Period to the Collapse of the Soviet Union.* London/New York/Oxford/New Delhi/Sydney: Bloomsbury Academic.
Yurchak, A. (2005). *Everything Was Forever, Until It Was No More: The Last Soviet Generation.* Princeton/Oxford: Princeton University Press.
Zakharova, L. (2013). Everyday Life Under Communism: Practices and Objects. *Annales. Histoire. Sciences Sociales, 68*(2), 305–314.

Zusammenfassung: Die Idealisierung der sowjetischen Schule in den Erinnerungen der Lehrer begann fast zeitgleich mit der Wiedererlangung der Unabhängigkeit Lettlands im Jahr 1991. Die Erinnerung an die Ordnung und Disziplin in den sowjetischen Schulen löst im heutigen lettischen Bildungsraum immer noch Nostalgie aus. Die positive Bewertung der sowjetischen Ordnung weckte das Interesse an „Disziplin" im Land der sowjetischen Kindheit. Das Museum ist einer der Bewahrer der Artefakte der sowjetischen Kindheit und hat eine „Stimme" bei der Interpretation der Vergangenheit und der Gestaltung des kollektiven Gedächtnisses. Inwiefern bestätigt oder dementiert die Ausstellung des Museums den populären, immer noch lebendigen Mythos einer disziplinierten, aber auch glücklichen sowjetischen Kindheit? Welche Aspekte der Disziplin werden in den Museen offen gezeigt und welche werden versteckt oder ignoriert? Wie passt die Disziplin zum Mythos der „glücklichen sowjetischen Kindheit", der in der Sowjetunion propagiert wurde, oder wie schwingt sie in ihm mit? Wir untersuchen diese Fragen anhand von zwei Hauptquellen: einem 1968 veröffentlichten Lehrbuch für Lehrer, in dem das offizielle Konzept der sowjetischen Kindheit erläutert wird, und dem Ausstellungsstand zur sowjetischen Kindheit, den das Nationale Geschichtsmuseum Lettlands 2022 eröffnete. Der Artikel zeigt, dass sich die Erinnerungen im zeitgenössischen lettischen öffentlichen Raum auf traditionelle Artefakte der Kindheit und die visuelle Zugehörigkeit zu den politischen Organisationen der sowjetischen Kinder konzentrieren, während die Erinnerung an die Instrumente der Disziplinierung der Kindheit im sowjetischen System unbewusst als unattraktiv und widersprüchlich unterdrückt wird.

Schlagworte: Kindheit, Museum, Disziplin, Sowjetische Kindheit, Sowjetisches Latvia

Contact

Prof. Dr. Iveta Kestere, University of Latvia,
Faculty of Education, Psychology and Art,
Imantas 7. līnija-1, Riga, LV-1083, Lettland
E-Mail: iveta.kestere@lu.lv

Arnis Strazdins, Mg., University of Latvia,
Faculty of Education, Psychology and Art,
Imantas 7. līnija-1, Riga, LV-1083, Lettland
E-Mail: arnis.strazdins@lu.lv

Inese Rezgorina, Mg., University of Latvia,
Faculty of Education, Psychology and Art,
Imantas 7. līnija-1, Riga, LV-1083, Lettland
E-Mail: inese.rezgorina@gmail.com

Mnemo ZIN[1]

Myth-making in Everyday Life: The 'West' in Childhood Memories and (Post)socialist Futures

Abstract: Although postsocialism is often discussed in terms of revisiting and dispelling the myths of the socialist past, this article suggests that it is more productive to understand postsocialism in terms of different kinds of mythic constructions – 'myths from the future', namely the myths of the capitalist West and East. Situating our research in the historical context of the Cold War, we approach the study of mythic constructions in state socialist and postsocialist societies through the analysis of childhood memories. In particular, we focus on how mythic constructs relate to mundane objects and everyday life as a lens through which to understand and evaluate experiences and the creation of socialist subjectivities during both late socialism and postsocialism. We aim to explore the ways in which memory narrators – those who are sharing childhood memories today – make sense of their past experiences and how they bring up and relate to these mythic constructs today. In our analysis of memories, we spotlight *myths* as they unfold in children's everyday life, while illustrating how these myths continue to animate the past and present, while contributing to collective memory.

Keywords: Mythic Constructs, Collective Biography, Memory, Postsocialism, Socialist Subjectivities

A small piece of paper, hand written, slightly crumbled after having been carefully folded and worn in a wallet. It was her father's wallet. He unfolds the paper and shows it to everybody. It's his handwriting – he had copied a text and brought it home. There are around a dozen lines, mostly words, not full sentences. The school girl reads them, and then listens. Her parents are talking. It is a poem by a young woman poet they both admire. It's 1984, early in the afternoon but already getting dark. It must be fall or winter. The girl is ten and the carefully copied lines on the folded paper do not sound like poetry to her. There's not much rhyme and no complete sentences. It's also very short in comparison to the poems she'd learned in school and this poem sounds artless. (excerpt from a memory story "Everything")

---

1 Mnemo ZIN is a composite name for Zsuzsa Millei, Iveta Silova, and Nelli Piattoeva. Our collective name is inspired by the stories from Greek mythology, especially the figure of *Mnemosyne,* the goddess of memory, daughter of Gaia, and the mother of the nine Muses.

"Everything"

… Leaves, words, tears
Tinned Food, Cats
Trams from time to time, queues for flour
Weevils, empty bottles, speeches
Elongated images on the television
Colorado beetles, petrol
Pennants, the European Cup
Trucks with gas cylinders, familiar portraits
Export-reject apples
Newspapers, loaves of bread
Blended oil, carnations
Receptions at the airport
Cico-cola, balloons
Bucharest salami, diet yogurt
Gypsy women with Kents, Crevedia Eggs
Rumors
The Saturday serial, coffee substitutes
The struggle of nations for peace, choirs
Production by the hectare
Gerovital, the Victoriei Avenue Mob
The Hymn of Romania, Adidas shoes
Bulgarian stewed fruit, jokes, sea fish
Everything

A memory about "Everything" offers a fascinating glimpse into the life of a Romanian child during the last decade of state socialism. Remembering the poem composed of a list of familiar objects from daily life – the objects that simultaneously critique that very way of life – illustrates the role of *myths* in everyday childhood and how they continue to animate both the socialist past and the postsocialist present in the narrator's views. From the perspective of a ten year-old school girl in Romania, this poem was not only short but also seemingly "artless". Yet the poem lines and words got imprinted deeply in the girl's memory, staying with her for decades after she first heard them recited and discussed by her parents. The poem was written by the poet Ana Blandiana and first appeared in print in 1984. Hours after its publication in the Romanian literary magazine *Amfiteatru,* the issue was withdrawn from circulation and its editors were fired. Meanwhile, the poem continued to circulate underground in Romania – secretly copied by hand and shared among people – and its translation spread widely through the Western media. For decades after the Cold War, the poem was carefully carried by many Romanians in their childhood memories, including the memory story of a school girl introducing the poem at the opening of this chapter.

"Everything" (or *"totul"* in Romanian) was a word that was used constantly by Ceausescu in his speeches, stressing that everything was done by the party, that the people owed him everything. The poem listed everyday things, which either existed or didn't exist in socialist Romania, and were therefore immediately familiar to everyone. For example, there was no shortage of "leaves, words, tears", but there were shortages of food in the grocery stores where the shelves were typically empty with the exception of some products – "tinned food" (because it could be stockpiled for ages and often beyond expiration dates, offering a way for the government to regulate food distribution during shortages), "export reject apples" (because all locally produced food of good quality was exported for hard currency) or "sea fish" (usually sardines from China or Vietnam, which were promoted as nutritious but usually delivered to stores as a semi frozen, semi rotten gray mass). The poem captured things in everyday life in no particular order – from the poor conditions (e.g., "the elongated images on the television" which left the pictures distorted because of the poor TV reception) to the symbols of the personality cult of Ceausescu (e.g., "receptions at the airport" accompanied by cheering people and flag waving schoolchildren or the "hymn of Romania" used as an occasion to praise the leader and remind everyone of national patriotism).

These simple words did not only draw a distinct boundary between the official view of life in Romania and the alternative perception of its everyday reality, but also reflected how people leveled and kept in secret their criticism of the regime. To endure this reality in everyday life – with either hope or cynicism – official meta-narratives were suffused with myths about the West, combining fragments of multiple contentious, yet complementary discourses, images, and objects. In his book *Everything Was Forever Until It Was No More,* Yurchak (2014) describes how Soviet citizens, most of whom were unable to travel to the capitalist western countries, constructed a mythic image of the West from bits and pieces of 'Western culture', including films, music, books, news, fashion, and mundane objects of consumption (e.g., "Adidas shoes" or "European Cup" listed in the poem). These fragmented images of the West, which often appeared in sharp contrast to the socialist reality, represented an alternative, supposedly more superior version of modernity that became both a competitor of socialist modernity and its yardstick.

Although postsocialism is often discussed in terms of revisiting and dispelling the myths of the socialist past – either in terms of its achievements (such as high quality science education) or problems (such as authoritarianism, exclusiveness, nationalism, cult of personality, or transnational chauvinism) – we suggest that it is more productive to understand postsocialism in terms of different kinds of mythic constructions, including 'the myths from the future' – namely, the myths of the capitalist West (Peshkopia, 2010). In particular, Peshkopia (2010) explains the mythic constructions of everyday life in state socialist and post-socialist societies in terms of a "fetishisation of capitalism" that adopts "a deeply ingrained teleological way of perceiving the future" (p. 23). Making the binary of the 'here' and 'there' more porous, these discourses produced a utopian future that combined elements of both what constitutes the 'West' out 'there' and what communism in its full form will (or might) become 'here'. Moreover, these myths created contexts within which critique of the regime could be formulated, such as in the poem, contributing to the formation of particular "socialist subjectivities" (Chatterjee & Petrone, 2008, p. 967).

Situating our research in the historical context of the Cold War, we approach the study of mythic constructions of the West in state socialist and post-socialist societies through the analysis of childhood memories. In particular, we focus on mythic constructs of the West in childhood memories as they relate to mundane objects and everyday life and as a lens through which to understand and evaluate experiences and "horizons of expectations of social life" (Millei, Silova & Piattoeva, 2018, p. 245). These myths also contribute to elaborating narratives of the self during both late socialism and post-socialism, thus working as self-fashioning, a form of education that happened within the public sphere. Simultaneously, we aim to explore the ways in which memory narrators – those who are sharing childhood memories today – make sense of their past experiences and how they bring up and relate to these mythic constructs in relation to their subjectivities. Following a brief explanation of our conceptual approach to the study of mythic constructs in childhood memories and our methodological approach of working with collective biography, we will present the analysis of select excerpts from childhood memories of the West produced as a part of the "Recollect/Reconnect" research study, which brought together scholars and artists from both sides of the Iron Curtain to generate and interrogate their memories of childhood and schooling during the Cold War. By spotlighting *myths* as they appeared in children's everyday life, our analysis illustrates how these myths produced subjectivities and, by animating the past and present, how they continue to contribute to our understandings of social life and collective memory.

1. Myths, Nostalgia, and Childhood Memories

To understand how mythic constructs about the West unfolded and circulated in everyday life and to make a clear differentiation between mythic constructs and false consciousness, we draw on post-Marxist theory as proposed by Laclau (in Shantz, 2000). Laclau theorizes society, individual interest, and subjectivity as discursively created through social struggles, departing from the notions of a universal, pre-defined, and economy-based class interest and a universalized agent acting against society as a whole, as in the original tenets of Marxism. The implication is that society is not structurally and economically defined but politically constructed in relation to particularities and contexts. Meta-narratives tied to a universal society and class structure, however, are not abandoned in post-Marxist theorization, since particularities are created in a relational way with meta-narratives linked to different contexts. As Shantz (2000) explains, "for Laclau, the universal lacks its own content and can only emerge from the particular, but because the universal is an 'empty signifier' we cannot determine, solely through focusing attention either to the particular by itself or the universal by itself, which particular will symbolize it" (p. 97). The relation between the constructed metanarrative and the particularity will depend on the context and any claim to universality depends on a general agreement. For us, this is the process that explains the ways in which different mythic constructs of socialism and capitalism have been created in state socialist and postsocialist societies. The often used meta-narratives – such as 'decaying capitalist society' or 'the bright future of socialist society' – function as empty signifiers derived from propagandistic ideology. They gain meaning as locally created myths attach to them. For us, the differences and heterogeneity of existing conditions and experiences in these societies, such as those described in the poem "Everything", give the particularities that help in constructing mythic constructs. In other words, utopian ideals of socialism promoted by the state and meta-narratives of capitalism were both imploded and hence re-emerged as mythic constructs. From this perspective, a mythic construct, or myth, is not a false consciousness or understanding. Rather, mythic constructs uphold the universal in different ways (whether the myth of socialism and capitalism) and are affectively invested by subjects to carry their hopes – or cynicism – into the future, while forming their subjectivities.

Here, it is also important to consider the relationship between mythic constructs and nostalgia. As Svetlana Boym (2008) notes in her reflections on the fall of the Berlin Wall, in state socialist countries "the twentieth century began with utopia and ended with nostalgia" (p. 7). While the optimistic belief in the future became irrelevant, nostalgia never went out of fashion. Yet, Boym (2008) explains that nostalgia is not always retrospective; it can be prospective as well. It is a hope for a perfect world to transcend the present. Therefore, "nostalgia for socialism [as Velikonja explains] in fact does not relate exclusively and precisely to past times, regimes, values, relations, and so on as such, but it embodies a utopian hope that there must be a society that is better than the current one" (Velikonja cited in Peshkopia, 2010, p. 4). In state socialist societies, mythic constructs of capitalism often appeared as 'myths from the future' or a form of normality. Seeking this normality often turned into nostalgia in *post*socialist societies. As we will spotlight in our analysis of childhood memories, mythic constructs are thus closely related to nostalgia. In our view, they share a utopian or teleological aspect as they project an ideal society of the future into the past or the present. And in this process, they simultaneously trouble linear time by acting as "a rebellion against the modern idea of time, the time of history and progress," turning history into private or collective mythology, revisiting time like space, and "refusing to surrender to the irreversibility of time that plagues the human condition" (Boym, 2009, p. 7).

Another commonality between mythic constructs and nostalgia is that they are not confined to individual consciousness; they are rather about "the relationship between individual biography and the biography of groups or nations, between personal and collective memory" (Boym, 2008, p. 9). Memory stories are often assembled from memory fragments that narrators piece together with the use of their imagination in which myths can help to make sense of fragments (Keightley, 2010). For us, it is not important whether these memory stories are pure or true accounts of what historically took place. Instead, we are interested in the mythic constructs carried by these memory stories. Rather than dispelling the *myths* about socialism and thus negating or even erasing experiences, we explore these mythic constructs to tell about state socialist and postsocialist societies from the points of view of those who narrate these memories. In particular, mythic constructs often appear in childhood memories, which are narrated from the positions and understandings of the present. A mythic construct in remembering also serves as a mediator that gives a material form to memory since the past is not directly accessible or fully remembered. In memory sharing, snippets of past events acquire meaning through their insertion into cultural, symbolic, and visual archetypes. These cultural references can draw on mythic constructs (Vecchi, 2018). Mythic constructs derive from "oral traditions and maintain some contact with experience and the world, as a kind of reality-in-disguise" (Vecchi, 2018, p. 2). For example, any community can come to understand themselves through these constructs that conserve memories of their experience or origins, thus becoming collective memory (Vecchi, 2018).

Methodologically, we examine the mythic constructs of the West in childhood memories using the collective biography approach, which we adapted and expanded during the "Recollect/Reconnect" research project.[2] Originally associated with the feminist collective memory work of Frigga Haug and collective (1987), collective biography as a research approach was subsequently retooled in a poststructural vein (Davies & Gannon, 2006; Gonick & Gannon, 2014) and a decolonial perspective (Silova, Piattoeva & Millei, 2018; Millei et al., 2018; Mnemo ZIN & Gannon, 2022). Collective biography foregrounds the shared generation and analysis of systematically recalled memories to explore the effects of structural, systemic, discursive, and affective processes on the emergence of particular subjects, such as the neoliberal subject, the gendered subject, and the academic subject, or the child subject (e.g., Davies & Gannon, 2006; Gonick & Gannon, 2014; Hawkins, Falconer Al-Hindi, Moss & Kren, 2016; Silova et al., 2018). As researchers adapting this method, we explored how childhoods are contoured by the powerful institutions, discourses, and practices pressing against them and at the same time describe these discourses and practices in terms of transformations. This work is positioned against those uncritical examinations that aim to provide claims to truth of a bygone era – socialism – especially in terms of how it was felt and experienced by children and now nostalgically recounted by adult narrators. Rather, we join those who engage in exploring the complexities of "social mechanisms and cultural representations" to purposefully avoid simple dichotomies between 'the regime' and 'the people', 'adults' and 'children,' or the 'public' and the 'private,' while developing concepts that describe socialist societies more aptly than "totalitarian" or "propagandist" metanarratives (Winkler, 2019, p. 4; see also Tesar, 2013). Although the project did not specifi-

---

2 The project brought together 69 academics and artists from 31 countries and six continents to generate and interrogate their memories of childhood and schooling during the Cold War. Our collective biography workshops welcomed and mixed participants who represented all career stages of academia and spanned the boundaries of science and art, biographies of East and West (a varied combination of being brought up, educated and working in spaces that we term as East and West based on the tripartite division of the world during the Cold War), and different generations (being a child during the Cold War or after the fall of the Berlin Wall).

cally aim to examine the mythic constructs of the West (or East), many memory stories spotlighted fragments of these mythic constructs, forming the analytical focus of this article.

2. Mythic Constructs in Childhood Memories

We begin our analysis of the mythic constructs of the West with a memory story about a girl in Poland whose favorite activity was writing letters to different people abroad, using a template someone shared with her:

> In 1986, she received the very first letter from the USA in her life. The letter came from Florida, from campsite owners … she did not understand a word from the letter and the leaflet sent to her. But along with the letter she also received three photos. She stared at them for hours trying to see every detail of a distant world. The photos were colorful, which was rare in Poland, because the color films were very expensive. Pictures had such a smooth texture and they even shone gently. They were printed on Kodak paper, with the Kodak logo on the back side. The quality of the photos was stunning to her. There were no such pictures in her photo album. The campground owners sent her a family photo from the pier. There were 7 people standing on the wooden platform by the sea. … They were dressed nicely, and their clothes were so colorful. Her family went on vacation only once in her life. It was a seaside holiday in Poland when she was 6 years old so she also had a photo taken on a wooden platform on the pier. But the photo taken by the Polish sea was made by a professional photographer and it was bought by her parents. So she did not have a copy of it and she would never be able to send the only copy to someone else, especially a foreigner or anyone she did not know at all. And the clothes she wore at 6 years old, when the picture was taken, were not bought in the store, but were sewn by her mother. She felt very happy to receive the letter from the USA, but unhappy at the same time as she could not communicate in English so she had never written a thank you letter to the American campground owners from Florida, USA. (excerpt from a memory story "A letter from Florida")

In this memory, photographs, as well as the child's engagement with photos and their sensory properties, provide a glimpse into the mythic construct of the capitalist West. The object is dissected and then reassembled, weaving in the child's (and the adult narrator's) pre-existing knowledge, experiences, and fantasies. The girl is not able to understand the content of the letter due to the language barrier. But she spends hours studying the three photographs received with the letter from the USA. The imagined West emerges from the color palette of the photos, the smooth and shiny texture of the photo paper on which they are printed, and the foreign letters of the company – Kodak – on the back of the photographs. The bright colors resurface in her observations about the American family in the photo, particularly their colorful clothes, which she thinks were bought from a shop rather than made at home like hers. The quality of photos and clothes, and her admiration of the family's ability to send beautiful photos to strangers – something the girl's family could not afford – references the myth of Western consumerism and abundance. There are binary constructions of prosperity versus shortage, with prosperity and a joyful lifestyle and frequent holidays associated with the West and not her life at home. At the same time, the girl seems to relate to the photographs through affinities as she goes beyond establishing and disjoining binaries: she too had an experience of a holiday, and a family photograph was taken on that journey.

Yurchak (2014) describes how Western products had a symbolic value that was higher than their material value. This explains why the packaging of Western products was a focus of admiration and equally projected the superiority of the West. The packaging was often retained, carefully mended, and exhibited in the privacy of one's home, often repurposed, but with the aim to keep the object on display. One of the memories in our archive tells of a foreign chocolate that the girl received for a special occasion. She hides it in her closet and enjoys it privately. The bright color and beautiful design of the package are important elements in the memorable experience, contributing to the delicious flavor of the chocolate. The package signals the foreign origin of the product, making it more special. In another memory, a girl spends hours under the blanket admiring French catalogs for postal order of clothes and other goods. The catalogs were brought to her by her parents who had temporarily worked in Algeria. The girl examines the catalogs in secrecy, fearing to be judged as being vain. The memory tells about transparent nylon and unshrinkable clothes made of fancy materials, which the girl's parents ordered from the catalog before their return home. But the main focus of the memory story is on the abundance of products and the beauty of people pictured on the pages of the catalogs. The girl plays a game, trying to decide which objects she would choose should she have a chance to place a postal order. But she ends with an exclamation of the impossible decision: "How to select the best from the best!"

In this and many other excerpts from childhood memories analyzed in this research, we see the mythic constructs of the West emerging as a superior form of modernity and industrial society, underlining the abnormality of existing conditions at home. As children engaged in the construction of the imaginary West through their everyday activities, they simultaneously projected ideas and ideals of a normal and desirable life and subjectivities set against the particularities of their own life. Creating certain myths with a teleological direction helped understanding how society in the present lacked certain elements and kept up hope that in the future this will not be the case. Imagining the West became an essential element of the late Soviet/socialist experience and co-constituted it as opposed to shifting the West to something unknown or irrelevant (Yurchak, 2014).

The imagined and homogenous West substituted the real one. Practices and objects that were perhaps mundane, marginal, or not even existing in the West could still in this context become central elements of the imagined West, often symbolizing better quality of products, higher living standards, and by implication better life (Seliverstova, 2017). When such imagined West confronted the 'real' West after 1990, the encounter triggered diverse feelings and unexpected reactions ranging from fascination to disappointment. Such contradictory experiences and emotions surfaced in many memory stories, including one about a much-awaited trip abroad from Croatia to Trieste in Northern Italy in the early post-socialist period. The first part of the story tells of immense excitement of finally visiting the West, and a fast-emerging disappointment from just the first glimpse. The disappointment emerges from and is communicated through comparison to an imagined ideal, drawing unexpected parallels by the child observer between a small-town market in Italy and his home area:

> Rows of stalls and stands selling cheap clothes and cheap toys reminded him of the market of his Dalmatian small-town, Sibenik. Was this all there was? Shouldn't this foreign country be more beautiful, more modern, more exciting – just completely different? He was really not interested in buying clothes in the dirty open market. (excerpt from memory "Ice cream in Trieste")

The trip takes a more positive turn when the family approaches a store – a huge yellow building with the capital letters saying "B I L L A" in bright letters – which looks more like what the boy expected to see. He also senses and is enveloped in the excitement of his family. The description of the store in the memory matches many of the binary characteristics of the imaged West that we examined earlier, from bright colors and large size to light and cleanliness:

> This has to be something special, as his father and aunt were talking about Billa for a while – this was, it seems, their ultimate goal. They never mentioned that there was anything special about this store, but he could easily sense the excitement, which emanated from them while preparing for the trip. And now he was there, and this place was a complete shock to him: there were no stores of this size in his hometown. And the lights! It was so bright inside. Also, it looked so clean, like he entered the pharmacy, not a huge busy marketplace.

What really catches the boy's attention is the oversized ice cream his father suggested. But the ice cream's taste does not differ from the one he has had at home. And the size – from being a point of awe – turns into his biggest problem and a catalyst of final disappointment. As the ice cream melts in the boy's hands, so do his dreams of and fascination with the West. Meanwhile, his trip slips back into a mundane shopping routine with the family:

> Among the sea of colorful articles, what stayed with him the longest was the ice cream. His father took him to the ice cream freezer and told him to choose one, suggesting the biggest one they had. Apparently, it was famous and his father's favorite. They left the store, he opened the ice-cream and started eating it. 'Do you like it?', his father asked. He wasn't sure though. Excitement for the huge sized ice cream in a foreign country was way stronger than enjoyment in the taste of the ice cream. Taste-wise, it was just another ice cream, nothing more or less. But the size! How-

ever, pretty soon, it was exactly the size that became problematic. The boy just could not finish this huge ice-cream. He felt bad, as he wanted to finish it, because it was obviously a special ice cream, probably some big brand he just never heard of because you could not buy it in Croatia. He also did not want to make his father mad, as throwing the food in his family was usually avoided at all cost. So he was walking down the street of Trieste/Palmanova/Graz, with this huge ice cream melting in his hand. His father noticed it, laughed, and just said 'Throw it away, it's too big for a kid, I should have known'. So he threw the ice-cream in the bin and continued shopping with his family.

Other memories in our collection invoke images of the West as exploitative and unequal. These memories also tell stories with materials or objects, referencing a lack of goods and deploying particular materials as proxies for poor resources, or referring to a lack of security and proper care for children. In one memory, the narrator describes a class activity in a school in the Kyrgyz Soviet Socialist Republic (and typical to schools across the USSR), where students were routinely asked to find newspaper articles about 'the decadent West' and share their findings with their classmates:

Every morning in their class there was politinformatsia – political information – where a classmate in charge was supposed to find a story from a newspaper showing how decadent the West was. She still depicts clearly in her mind a story about the capitalist West, where the homeless are sleeping in cardboard boxes. (excerpt from memory "Fragmented Recollections")

In this story, the narrator recalls moments of schooling that sought to widely disseminate a popular Cold War narrative about the unjust and decadent West. Such narratives were present not only in the curriculum and textbooks but also in popular children's literature. What is interesting in this memory story – and in the one we cite in the next section – is how the narrator distinguishes these views from their own understandings of and actions in the world pertaining to the ideological divide, portraying other(s) in the memory story as ideological actors and placing themselves in a neutral or even oppositional position. As claimed elsewhere (Burman & Millei, 2022), it is important to explore which kinds of post-socialist subjectivities are navigated and evoked in the memory stories:

'Child' and 'childhood' as referenced in these memories thereby allude to multiple temporalities and becomings, also including those of the present of the telling and so disclose features of the geopolitical positioning and context of the narrator and (imagined) listener. (Burman & Millei, 2022, p. 5)

Attending to these positionalities enables tracing the "culturally and politically dominant modes of subjectivity" (Burman & Millei, 2022, p. 5). The stories that reiterate negative myths of the West detach the narrator from a totalitarian post-socialist subjectivity (see Chatterjee and Petrone, 2008). In the next section we delve further into the role of adult narrators in myth-making.

3. Making sense of past experience through mythic constructs

Childhood memories analyzed in this research are not only about how the child re/creates or imagines the West through objects. The adult narrators also appear in these memories with expressions such as "I remember quite clearly" or "it is still clear in my mind", often using highly conceptual explanations unlike a child would speak. While recollecting experiences, adult narrators organize and make sense of memory fragments by mobilizing the mythic constructs. They also use notions that explain the situation in retrospect, such as 'resource distribution' or add words in the teacher's mouth to distance the narrator from claiming this construct as true and also expressing awareness of its nature as a mythic construct. Using the mythic construct in the explanation (for example, when referencing 'cruel capitalists') helps the narrator to make sense of the remembered experience. This process of remembering is highlighted in italics in the following example, as the narrator shares that this is a story or explanation heard from others, such as teachers, parents or officials, because the narrator probably suspects that, as a child, she could have not drawn on this knowledge or these kinds of conclusions:

> I remember my *teacher telling* me how this was one of the mechanisms to make sure that all people – teachers, workers, actors, directors of factories – lived equal lives unlike in the US, where black people were starving, and white capitalists lived great lives at the expense of black people. This left me in confusion thinking about these two extremes (one experienced by myself and the second described by my teacher). It was me who did not like being the object of the *government plan of resource distribution,* but at the same time feeling sorry for those victims of cruel capitalists *(as my teachers would call them)* and asking my parents if there was any possibility of bringing poor kids from the US to live with us. (excerpt from a memory "My Soviet Childhood")

Mythic constructs also help in case a confusion needs to be sorted out in the memory. This becomes clearly visible when contrasted with the everyday experience of the child marked by shortages of goods or rationing, and the child's empathy for others who live with relative abundance of products, as in this story. The mythic construct – 'poor kids in the US' – emerges as an explanation to alleviate the contradiction.

In another memory, the mythic construct is inverted as the narrator tells about a child's traveling to Hungary from Canada where he lives with his refugee family. In this memory, the narrator makes a statement about the memory being true since he remembers clearly, and the mythic construct is appropriated by the border guards as they question the family:

> *I remember quite clearly* the comments from the border guards, comments that were debriefed immediately among relatives during our trip to Hungary, as well as friends and relatives, back in the suburbs of Toronto, of course all in Hungarian. 'Why are you bringing chocolate from Canada to Hungary? We have chocolate here'; 'those kinds of diapers are bad for children. Don't you know that?'; 'Why are your children asking for water? Were they not treated well on the plane?'; 'Your children look ill and malnourished. Hopefully your relatives will be able to feed them properly when they are here at home in Hungary. (excerpt from a memory "Going Home")

The superior quality of chocolates and diapers and the service offered on the plane for those who travel from the West tells about the narrator's view of the East. It thus helps to make sense of the child's experience of being questioned at the border. In the opening memory about the poem "Everything", the narrator also draws on the mythic construct for sense-making:

> This poem was published, and *then censored, erased, and disappeared.* It was hard to get, and that's why her father had copied it. That the poem was censored and the issue of the literary magazine in which it was published was withdrawn and destroyed *didn't really puzzle her.* On the other hand, that a famous poet could write such a poem, that it got published in the first place, and that it came out *in a national (literary) magazine* – this was amazing, a complete surprise. However, *the little girl did not know how to express all this, or ask for further explanation. Asking questions, interrogating things was not part of her upbringing, neither at school, nor at home.* (excerpt from a memory "Everything")

The copy of the poem hand-copied by the father was seemingly not an ordinary experience for the girl. However, it is explained with an adult understanding of censorship to recreate the feeling of puzzlement that the child experienced as she read the list of things without understanding the poem's real meaning. The narrator continues with the story and the mythic construct of the East emerges, where children could not ask for explanations, but were expected to accept without questions what was happening around them in school and at home. This mythic construct reproduces a particular socialist subjectivity prevalent in contemporary academic literature about late socialism – the 'passive socialist child' (Chatterjee & Petrone, 2008; Millei et al., 2018). Memories also employ other mythic constructs of the East – from product shortages and central food distribution to special privileges – even when not directly experienced by the protagonist children.

For Yurchak (2014), the imagined West disappeared with the collapse of the Soviet Union. However, as we highlighted in this brief analysis of childhood memories, narrators who live today and attempt to make sense of their experiences still rely on and reproduce these mythic constructs of the West and East in their attempts to puzzle together memory fragments and make sense of their experience and subjectivities. These mythic constructs produced forms of normality in state socialist countries, a utopia of another world against which their everyday life conditions were understood. While state socialism has disappeared from history, today these myths still carry their normality and set expectations and critique towards present conditions. Therefore, instead of disappearing, these myths still animate the past and present and contribute to collective memory by offering explanations and lending vitality to feeling and being in the present. As Peshkopia (2010) explains, "the revolutions of 1989 did not – and could not – erase Eastern Europeans' perception of the future, and the survival of the mythical, heroic, and teleological view of history opened the opportunity for the emergence of new myths along with the resurrection of old ones" (p. 34). These new myths perhaps are part of nostalgia but their emotional appeal is clearly prevalent in the burgeoning representations of the former socialist experience in museums and exhibitions around the world that also reintroduce and legitimize certain historical subjectivities as real.

4. Mythic constructs animating the present: Concluding thoughts

As we highlighted in the analysis of memories created as a part of the "Recollect/Reconnect" project, mythic constructs were and still are producing an extended notion of the 'normal' as the standard against which to evaluate experiences and subjectivities of both late socialism and post-socialism (Nadkarni, 2020). The notion of the 'normal' includes "connotations of humaneness, respectability, and livability" and forms of civility and relations with the state defined in terms of values, and a moral and ethical structure (Fehérváry, 2013, pp. 40–42). The idea of the 'normal' in postsocialist societies often frames education discussions and expectations as well, from policy-makers to parents and students themselves. They also produce desirable subjectivities in the public realm to which children and adults self-fashion themselves. The 'normal' manifests itself as a critique of today's societies and governmentss inability to reach certain standards as anticipated after the end of socialism. Therefore, the idea of the 'normal' gives munition to arguments for regimes of normalization and vitalizes subject formation in line with the 'normal'. In the absence of a desired 'normality' – amidst the experiences of hopelessness, poverty, social isolation etc. – there seems to be a challenge of formulating an alternative, common future, and therefore the past, and past 'myths of the future', often remain as the central navigating points (Peshkopia, 2010).

In the present of postsocialist societies, mythical constructs of the capitalist West originating from the state socialist era may have lost their appeal as the ideal or ultimate order and a form of utopia (Peshkopia, 2010, p. 24). In sharing their childhood memories, narrators inject knowledge from their present position into their retold memories, which points to the very differences and social struggles that were possibly the undercurrents of everyday life and contributed to the creation and persistence of mythic constructs, hope, and subjectivities. German unification and the EU expansion to the former socialist states have presented an expectation – perhaps even a demand – to be like the West (both as a society and an individual), which was often experienced as an unjust and irrational regime of normativity or impossible standards, and provoked postsocialist nostalgia, projecting the disillusionment of the present to a past utopia, a myth of the West that never existed (Bednarz, 2017). Those in elite positions depoliticized nostalgia and stigmatized it as a proof for the failure of postsocialist transition. Consequently, the only possible (and promoted) way of viewing the past remained to evaluate it as an oppressive political system together with its subjects who were unlike 'the West', either real or mythical, serving as a double negation and annihilation of possible subjectivities.

In the absence of a desired future, normality for many postsocialist subjects represents a desired civic society (especially in current illiberal regimes) and a lost hope for the abundance of and meaning in life. In this context, alternative future-making is challenging (if not impossible) as long as it has to do with the utopian ideals of past socialism. Boym (2009), analyzing a song written by a famous Russian rock band Nautilus Pompilus "Good-bye Amerika" says that it is not a song about the real USA, but a farewell to the fantasy land of one's youth, as the mythical West disappears together with the real USSR. As we have illustrated in this article, these myths are still alive today and have been actively mobilized in recent conflicts, radical acts, and in relation to the war in Ukraine despite the disappearance of the Soviet Union. Therefore, the questions of how these myths animate the present, as well as legitimate and deny certain types of historical and current subjectivities remain important and urgent.

References

Bednarz, D. (2017). *East German intellectuals and the unification of Germany: An ethnographic view*. Cham: Palgrave Macmillan.
Boym, S. (2008). Nostalgia and its discontents. *The Hedgehog Review: Critical Reflections on Contemporary Culture, 9(2),* 7–18.
Boym, S. (2009). *Common places: Mythologies of everyday life in Russia.* Cambridge, MA: Harvard.
Burman, E., & Millei, Z. (Forthcoming). Post-socialist geopolitical uncertainties: Researching memories of childhood with 'child' as method. *Children & Society.* https://doi.org/10.1111/chso.12551.
Chatterjee, C., & Petrone, K. (2008). Models of selfhood and subjectivity: The Soviet case in historical perspective. *Slavic Review, 67*(4), 967–986.
Davies, B., & Gannon, S. (2006). *Doing collective biography: Investigating the production of subjectivity.* Maidenhead: Open University Press.
Fehérváry, K. (2013). *Politics in color and concrete: Socialist materialities and the middle class in Hungary.* Bloomington/Indianapolis: Indiana University Press.
Gonick, M., & Gannon, S. (2014). *Becoming girl: Collective biography and the production of girlhood.* Toronto, ON: Women's Press.
Hawkins, R., Falconer Al-Hindi, K., Moss, P., & Kren, L. (2016). Practicing collective biography. *Geography Compass, 10*(4), 165–178.
Keightley, E. (2010). Remembering research: Memory and methodology in the social sciences. *International Journal of Social Research Methodology, 13*(1), 55–70.
Millei, Z., Silova, I., & Piattoeva, N. (2018). Towards decolonizing childhood and knowledge production. In Silova, I., Millei, Z.& Piattoeva, N., (Eds.), *Childhood and schooling in (post) socialist societies: Memories of everyday life* (pp. 231–255). New York: Palgrave Macmillan.

Nadkarni, N. (2020) *Remains of Socialism Memory and the Futures of the Past in Postsocialist Hungary.* Ithaca/London: Cornell University Press.

Peshkopia, R. (2010). A Ghost from the Future: The Postsocialist Myth of Capitalism and the Ideological Suspension of Postmodernity. *Theoria: A Journal of Social and Political Theory, 57*(124), 23–53.

Seliverstova, O. (2017) Keeping alive the "Imaginary West" in post-Soviet countries. *Journal of Contemporary Central and Eastern Europe, 25*(1), 117–134.

Shantz, J. (2000). A Post-Sorelian Theory of Social Movement Unity: Social Myth Reconfigured in the Work of Laclau and Mouffe. *Dialectical Anthropology, 25*(1), 89–108. http://www.jstor.org/stable/29790626 [14.10.22].

Silova, I., Piattoeva, N., & Millei, Z. (2018). *Childhood and Schooling in (Post)Socialist Societies: Memories of Everyday Life.* Cham: Palgrave Macmillan.

Tesar, M. (2013). Socialist memoirs: The production of political childhood subjectivities. *Globalisation, Societies and Education, 11*(2), 223–238.

Yurchak, A. (2014). *Everything Was Forever Until It Was No More: The Last Soviet Generation* (Russian edition). Moscow: Novoye Literaturnoie Obozreniie.

Vecchi, R. (2018). Mythology and memory. *Memoirs: Children of Empires and European Postmemories Newsletter, 4*(3), 1–5. https://memoirs.ces.uc.pt/ficheiros/4_RESULTS_AND_IMPACT/4.3_NEWSLETTER/MEMOIRS_newsletter_26_RV_en.pdf [14.10.22].

Winkler, M. (2019). Children on display: Children's history, socialism, and photography. *Jahrbücher Für Geschichte Osteuropas, 67*(1), 3–10.

ZIN, M., & Gannon, S. (2022). Scenes From a Collective Biography of Cold War Childhoods: A Decolonial Ethnodrama. *Cultural Studies ↔ Critical Methodologies.* https://doi.org/10.1177/15327086211068194.

Zusammenfassung: Obwohl der Postsozialismus häufig unter dem Gesichtspunkt der Rückbesinnung auf die Mythen der sozialistischen Vergangenheit und deren Auflösung diskutiert wird, schlägt der vorliegende Beitrag vor, dass es produktiver ist, den Postsozialismus im Hinblick auf andere Arten von mythischen Konstruktionen zu verstehen – "Mythen aus der Zukunft". Mit diesem Begriff werden nämlich die Mythen des kapitalistischen Westens und Ostens bezeichnet. Indem wir unsere Analyse in den historischen Kontext des Kalten Krieges stellen, nähern wir uns der Untersuchung von Mythenkonstruktionen in staatssozialistischen und postsozialistischen Gesellschaften durch die Analyse von Kindheitserinnerungen. Insbesondere konzentrieren wir uns darauf, wie sich mythische Konstruktionen auf alltägliche Objekte und das Alltagsleben beziehen, um Erfahrungen und die Schaffung sozialistischer Subjektivitäten sowohl im Spätsozialismus als auch im Postsozialismus zu verstehen und zu bewerten. Unser Ziel ist es, die Art und Weise zu erforschen, in der die Erzähler/innen von Erinnerungen – also diejenigen, die heute ihre Kindheitserinnerungen weitergeben – ihrer vergangenen Erfahrung einen Sinn geben und wie sie diese mythischen Konstrukte heute aufgreifen und sich zu ihnen in Beziehung setzen. In unserer Analyse der Erinnerungen beleuchten wir die "Mythen", wie sie sich im Alltag der Kinder entfalten, und zeigen gleichzeitig, wie diese Mythen weiterhin die Vergangenheit und Gegenwart beleben und zum kollektiven Gedächtnis beitragen.

Schlagworte: Mythische Konstruktionen, Kollektives Gedächtnis, Erinnerung, Postsozialismus, Sozialistische Subjektivitäten

Contact

Prof. Zsuzsa Millei, Ph.D., Tampere University,
Faculty of Education and Culture,
Main Campus Virta, Åkerlundinkatu 5,
FI-33014 Tampere, Finland
E-Mail: zsuzsa.millei@tuni.fi

Prof. Iveta Silova, Ph.D., Arizona State University,
Mary Lou Fulton Teachers College,
PO Box 37100, Phoenix, AZ 85069-3151, USA
E-Mail: iveta.silova@asu.edu

Ass.-Prof. Nelli Piattoeva, Ph.D., Tampere University,
Faculty of Education and Culture,
Main Campus Virta, Åkerlundinkatu 5,
FI-33014 Tampere, Finland
E-Mail: nelli.piattoeva@tuni.fi

Oxana Ivanova-Chessex / Saphira Shure / Anja Steinbach (Hrsg.)
Lehrer*innenbildung
(Re-)Visionen für die Migrationsgesellschaft

2022, 328 Seiten
broschiert, € 40,00
ISBN 978-3-7799-6222-9
Auch als E-Book erhältlich

Fragen einer ›angemessenen‹ Professionalisierung von Lehrer*innen werden auf verschiedenen Ebenen und in unterschiedlichen Disziplinen diskutiert. Der Sammelband vereint Beiträge, in denen Aspekte der Eingebundenheit von Schule und Lehrer*innenbildung in migrationsgesellschaftliche Macht- und Ungleichheitsverhältnisse reflektiert werden. Dabei wird auf die allgemeinen Fragen der Lehrer*innenprofessionalisierung in der Migrationsgesellschaft fokussiert. Auf dieser Grundlage werden (re-)visionäre Überlegungen zur Lehrer*innenbildung in kontingenten gesellschaftlichen Verhältnissen entworfen.

Aus dem Inhalt:

- Lehrer*innenbildung und das Politische
- Lehrer*innenbildung und das Normative
- Lehrer*innenbildung und Gewaltverhältnisse
- Lehrer*innenbildung und Professionalisierung

www.juventa.de

BELTZ JUVENTA

Der Begriff der Individualisierung hat Einzug in die Schulen und Lehrer:innenbildung genommen und wird dort mit konkreten Maßnahmen umgesetzt. Dieser Wandel zu mehr Selbstbestimmung eröffnet zahlreiche Chancen und beinhaltet zugleich viele Risiken. Diese Chancen und Risiken nimmt der Sammelband in den Blick. Untersucht werden zum einen konkrete Umsetzungen der Individualisierung in der Schule und zum anderen jene gesellschaftlichen Entwicklungen, die wiederum maßgeblich auf die Individualisierung der Schulen einwirken (Digitalisierung, Migration, Ökonomisierung, Inklusion usw.).

Michael Röhrig / Thomas Kron / Yvonne Nehl / Felix Naglik (Hrsg.)
Individualisierung und Schule

2022, 204 Seiten
broschiert, € 26,00
ISBN 978-3-7799-6694-4
Auch als E-Book erhältlich

Aus dem Inhalt:

- Individualisierung der Schule und die gesellschaftlichen und schulorganisatorischen Einflussfaktoren
- Individualisierung in der unterrichtlichen Praxis
- Individualisierung der Schule und die Konsequenzen für die Lehrkräfteausbildung

www.juventa.de

BELTZ JUVENTA

Mit Blick auf die »verborgenen Seiten« fokussiert der Sammelband die informellen oder gar versteckten Facetten der Hausaufgabenpraxis. Dies gelingt über die Einnahme verschiedener theoretischer Perspektiven sowie durch empirische Befunde zum Hausaufgabengeschehen. Neben Schule und Unterricht erlangen dabei auch andere Institutionen sowie familiale Kontexte Aufmerksamkeit, in denen Aufgaben erteilt, erledigt, kontrolliert oder besprochen werden. Der Band verdeutlicht neben den vielfältigen Umgangsweisen mit Hausaufgaben auch deren bisweilen verborgene Bedeutung für die jeweils Beteiligten.

Karin Bräu / Laura Fuhrmann / Pia Rother (Hrsg.)
Die verborgenen Seiten von Hausaufgaben

2023, 250 Seiten
broschiert, € 42,00
ISBN 978-3-7799-6849-8
Auch als E-Book erhältlich

Aus dem Inhalt:

- Hausaufgaben auf der Vorderbühne
- Hausaufgaben auf der Seitenbühne
- Hausaufgaben auf der Hinterbühne

www.juventa.de

BELTZ JUVENTA

Das Jahrbuch für Pädagogik besteht im Jahre 2022 seit dreißig Jahren. Geschichte war darin von Anfang an ein Schlüsselthema. Es galt, den auch in der Pädagogik starken Bestrebungen einer normalisierenden Dethematisierung des Nationalsozialismus und seiner Nachwirkungen entschieden entgegenzuwirken. In diesem Jahrbuch wird die Rede vom Ende der Geschichte aus unterschiedlichen Perspektiven kritisch diskutiert; beleuchtet werden seitherige gesellschafts- und bildungspolitische Entwicklungen wie auch konkrete pädagogische Auswirkungen.

Aus dem Inhalt:

- Bildung nach dem Ende der Geschichte Bildungsregime und Transformationskrisen
- Multiperspektivische Erinnerung ‚Postkoloniale' Erziehungswissenschaft?! Transformationen der Disziplin Pädagogik im Lichte der Wiedervereinigungsprozesse nach 1990
- Vergessene Möglichkeitsräume Kein Ende der Geschichte, aber ein Ende der Alternativen? Kapitalistischer Realismus und Erziehungstheorie

Carsten Bünger / Charlotte Chadderton / Agnieszka Czejkowska / Martin Dust / Andreas Eis / Christian Grabau / Andrea Liesner / Ingrid Lohmann / David Salomon / Susanne Spieker / Jürgen-Matthias Springer / Anke Wischmann (Hrsg.)

Jahrbuch für Pädagogik 2022
30 Jahre und kein Ende der Geschichte

Jahrbuch für Pädagogik
2023, 252 Seiten
broschiert, € 42,00
ISBN 978-3-7799-7315-7
Auch als E-Book erhältlich

www.juventa.de

BELTZ JUVENTA